Steuerung von Fluchtmigration

Europäische Hochschulschriften Recht

European University Studies in Law

Publications Universitaires Européennes de Droit

Band/Volume 6769

Cathleen Laitenberger

Steuerung von Fluchtmigration

Ein Vergleich des politischen und rechtlichen Rahmens der EU und Australiens unter besonderer Beachtung individueller Flüchtlings- und Menschenrechte

PETER LANG

Berlin - Bruxelles - Chennai - Lausanne - New York - Oxford

Bibliografische Information der Deutschen Nationalbibliothek
Die Deutsche Nationalbibliothek verzeichnet diese Publikation in der Deutschen Nationalbibliografie; detaillierte bibliografische Daten sind im Internet über http://dnb.d-nb.de abrufbar.

Zugl.: Passau, Univ., Diss., 2023

D 739
ISSN 0531-7312
ISBN 978-3-631-90889-1 (Print)
E-ISBN 978-3-631-90895-2 (E-PDF)
E-ISBN 978-3-631-90896-9 (EPUB)
DOI 10.3726/b21199

Verlegt durch:
Peter Lang GmbH, Berlin, Deutschland

info@peterlang.com
http://www.peterlang.com/

Diese Publikation wurde begutachtet.

www.peterlang.com

Inhaltsverzeichnis

Abkürzungsverzeichnis

Abs.	Absatz
ACT	Australian Capital Territory
AEUV	Vertrag über die Arbeitsweise der Europäischen Union
AEMR	Allgemeine Erklärung der Menschenrechte
a. F.	alte Fassung
Art.	Artikel
AsylG	Asylgesetz
bzw.	beziehungsweise
EAG	Europäische Atomgemeinschaft
EG	Europäische Gemeinschaft
EGMR	Europäischer Gerichtshof für Menschenrechte
EMRK	Europäische Konvention zum Schutze der Menschenrechte und Grundfreiheiten (Europäische Menschenrechtskonvention)
EU	Europäische Union
EuGH	Europäischer Gerichtshof
EU-Grundrechtecharta	Charta der Grundrechte der Europäischen Union
EUV	Vertrag über die Europäische Union
EWG	Europäische Wirtschaftsgemeinschaft
EWR	Europäischer Wirtschaftsraum
FRONTEX	Europäische Agentur für die Grenz- und Küstenwache
GEAS	Gemeinsames Europäisches Asylsystem
GFK	Genfer Flüchtlingskonvention 1951
GG	Grundgesetz der Bundesrepublik Deutschland
IGH	Internationaler Gerichtshof
IPbpR	Internationaler Pakt über bürgerliche und politische Rechte
IPwskR	Internationaler Pakt über wirtschaftliche, soziale und kulturelle Rechte
IRO	International Refugee Organisation
Montanunion	Europäische Gemeinschaft für Kohle und Stahl

NGO	Non-governmental Organization (Nichtregierungsorganisation)
OSZE	Organisation für Sicherheit und Zusammenarbeit in Europa
PACE	Parliamentary Assembly of the Council of Europe (Parlamentarische Versammlung des Europarates)
PPV	Permanent Protection Visa
Protokoll 1967	Protokoll über die Rechtstellung der Flüchtlinge vom 31. Januar 1967
RL	Richtlinie
SAR	International Convention on Maritime Search and Rescue (Internationale Konvention über die Suche auf See und Seenotrettung)
Schengen II	Übereinkommen zur Durchführung des Schengener Abkommen
SOLAS	International Convention for the Safety of Life on Sea (Internationales Übereinkommen zum Schutz des menschlichen Lebens auf See)
SRSG	Special Representative of the Secretary General on Migration and Refugees (Sonderbeauftragter des Generalsekretärs für Migration und Flüchtlinge)
SRÜ	UN-Seerechtsübereinkommen
TPV	Temporary Protection Visa
UN	United Nations (Vereinte Nationen)
UN-Charta	Charta der Vereinten Nationen
UNHCR	United Nations High Commissioner for Refugees (UN-Hochkommissar für Flüchtlinge)
vgl.	vergleiche
VO	Verordnung

A. Einführung

Der medialen Präsenz der Berichterstattung über Flüchtlinge kann man sich – so scheint es – seit Jahren nicht entziehen. Die Intensität dieser Berichterstattung erfuhr jedoch mit der ‚Corona-Krise' eine Zäsur. Seit Februar 2020 stand und steht im Zentrum jeglicher Berichterstattung der Umgang mit der globalen Pandemie. Gleichwohl fanden und finden sich in den Nachrichten Berichte über Flüchtlinge, wenn auch in ihrem Ausmaß nicht vergleichbar mit der Berichterstattungslage vor der weltweiten Gesundheitskrise.

Abgesehen von dieser besonderen Nachrichtenlage der jüngsten Vergangenheit wird regelmäßig über Menschen berichtet, die ihre Heimat auf der Suche nach einem sicheren Leben verlassen. Insbesondere seit dem Bürgerkrieg in Syrien, der im Jahr 2015 begann und nach wie vor anhält, und der damit verbundenen Flucht der Bevölkerung in großer Anzahl erfährt die Problematik von Flucht und Vertreibung in der Europäischen Union (EU) eine besondere mediale, politische und gesellschaftliche Aufmerksamkeit.[1] Dabei sind Problematiken rund um Flucht und Migration keine neuen oder regionalen Erscheinungen. Flucht und Migration waren und sind zeitlose und vor allem globale Themen.

In Zeiten erhöhten Aufkommens von Fluchtbewegungen wird der Problematik rund um Fluchtmigration regelmäßig erheblich neue Relevanz beigemessen. Ist im Regelfall die Anzahl der Schutzsuchenden, die ein Land aufsuchen, auf einem Niveau, an welches die bestehenden politischen und rechtlichen Systeme zur Steuerung der Fluchtbewegungen und zur Aufnahme dieser Menschen angepasst sind, so werden diese Systeme in Zeiten plötzlich ansteigender Anzahl an Schutzsuchenden auf ihre Belastbarkeit und Funktionsfähigkeit getestet. Selten halten die bestehenden Systeme einer erhöhten Belastung Stand. Dies zeigte sich zum Beispiel anhand des derzeitig implementierten Gemeinsamen Europäischen Asylsystems (GEAS). Dieses beinhaltet unter anderem mit der Verordnung (EU) Nr. 604/2013[2] (der sogenannten Dublin III-Verordnung) eine verbindliche

---

1 Vgl. *Oltmer, Jochen*: Flucht, Vertreibung, Asyl: Gewaltmigration und Aufnahme von Schutzsuchenden im 20. und frühen 21. Jahrhundert, in: Oppelland, Torsten (Hrsg): Das Recht auf Asyl im Spannungsfeld von Menschenrechtsschutz und Migrationsdynamik, 2017, S. 109.

2 Verordnung (EU) Nr. 604/2013 des Europäischen Parlaments und des Rates vom 26. Juni 2013 zur Festlegung der Kriterien und Verfahren zur Bestimmung des Mitgliedstaats, der für die Prüfung eines von einem Drittstaatsangehörigen oder

Regelung zur Bestimmung der EU-mitgliedstaatlichen Zuständigkeit für die Prüfung von Asylanträgen. Aufgrund dieser Regelung waren Griechenland und Italien für die überwiegende Mehrheit der Schutzanträge zuständig. Die griechischen und italienischen nationalen Systeme zur Aufnahme von Schutzsuchenden waren aufgrund der Vielzahl der Anträge jedoch ausnahmslos überfordert. Die Folge war ein – so von der Presse und den Medien bezeichneter - ,unregulierter Flüchtlingsstrom'[3] von Schutzsuchenden aus den griechischen und italienischen Staatsgebieten in andere EU-Mitgliedstaaten, der vor allem gesellschaftspolitisch kontroverse Ansichten hervorbrachte. Das bestehende EU-System, insbesondere jedoch die Verordnung (EU) Nr. 604/2013 (Dublin III-Verordnung), wurde kritisch in Frage gestellt und von einzelnen EU-Mitgliedstaaten, wie zum Beispiel der Bundesrepublik Deutschland, zeitweilig ausgesetzt.

Politiker[4] in der EU setzten sich infolgedessen vermehrt mit den bisherigen Mechanismen und den rechtlichen Rahmengestaltungen der EU zur Steuerung von Flüchtlingsströmen auseinander und erklärten zum Ziel, neue Instrumente und Herangehensweisen im Zusammenhang mit dem Umgang von Schutzsuchenden entwickeln zu wollen. Eine tatsächliche Einigung hierzu dürfte jedoch aufgrund stark verschiedener Positionen schwerlich zu finden sein.[5]

Staatenlosen in einem Mitgliedstaat gestellten Antrags auf internationalen Schutz zuständig ist (Neufassung).

3 Vgl. zum Beispiel *Tagesspiegel*, Flüchtlinge: Wir können uns keinen Schlendrian leisten, vom 26.10.2015, online abrufbar unter: https://www.tagesspiegel.de/meinung/wir-konnen-uns-keinen-schlendrian-leisten-5093743.html.

4 Im Folgenden wird zugunsten einer besseren Lesbarkeit der Ausführungen auf eine ausdrückliche Gender-Darstellung verzichtet. Personenbezogene Bezeichnungen, die sich zugleich auf Frauen, Männer und Diverse beziehen, werden generell nur in der in der deutschen Sprache üblichen männlichen Form (generisches Maskulinum) angeführt. Dies soll jedoch keinesfalls eine Geschlechterdiskriminierung oder eine Verletzung des Gleichheitsgrundsatze zum Ausdruck bringen.

5 Vgl. die vorherige sowie neue Auflage von *Kau, Marcel*: Der Staat und der Einzelne als Völkerrechtssubjekt, in: Vitzthum, Wolfgang Graf/Proelß, Alexander (Hrsg): Völkerrecht. In der 7. Auflage 2016, 3. Abschnitt, Kapitel III.4, Rn. 297, S. 232 sah *Kau* die Gefahr, dass alleine aufgrund des zahlenmäßigen Umfangs des gegenwärtigen Flüchtlingsstroms die bereits detailliert ausgestalteten Verfahren des europäischen Flüchtlings- und Asylrechts zugunsten einfacher, aber noch durchführbarer Verfahrensformen abgelöst würden. In der neusten Auflage des Jahres 2019 scheint für *Kau* eine Einigung zwischen den europäischen Staaten in dieser Sache nicht absehbar zu sein, *Kau, Marcel*: Der Staat und der Einzelne als Völkerrechtssubjekt, in: Vitzthum, Wolfgang Graf/Proelß, Alexander (Hrsg): Völkerrecht, 8. Auflage 2019, 3. Abschnitt, Kapitel III.4, Rn. 297, S. 297. Zur grundsätzlichen Entwicklung des Asylsystems und

Währenddessen wurden viele Vorschläge zur Novellierung des unionseuropäischen Vorgehens hinsichtlich Fluchtmigration in der Öffentlichkeit diskutiert. So schlug zum Beispiel bereits im Jahr 2016 der damalige österreichische Außenminister *Sebastian Kurz* vor, die Struktur der australischen ‚Sovereign Borders Solution' zur Abwehr von Booten, die Schutzsuchende sowie Migranten in die EU bringen, an der europäischen Mittelmeergrenze umzusetzen.[6] Dies war kein neuer bzw. einmaliger Vorschlag; vielmehr wird der Gedanke eines dem australischen System im Umgang mit ‚unregulierten Migranten und Schutzsuchenden' vergleichbaren Vorgehens in der EU immer wieder aufgegriffen.[7]

Im Rahmen der Suche nach neuen Ansätzen zum Umgang mit gesellschaftspolitischen Problematiken wird, wie im Fall der EU und Australiens, häufig das Vorgehen von anderen Staaten adaptiert oder zumindest in seinen Grundzügen herangezogen.[8] Vordergründig liegt das Augenmerk des Staates bzw. des Staatenverbundes, der ein fremdes, bereits bestehendes System adaptieren möchte, dabei zunächst auf den politischen Auswirkungen solcher vergleichbaren Ansätze. Erwogen wird, ob die Systeme und ihre Mechanismen im Ursprungsland im Ergebnis funktionieren und wie sie von der dortigen Gesellschaft angenommen werden. Rechtliche Erwägungen hinsichtlich der Systeme und Mechanismen werden regelmäßig als unliebsam und oft als beliebig empfunden und daher nachrangig diskutiert.

Jedoch sind es die rechtlichen Grundlagen solcher vergleichbaren Mechanismen, die bei der Erwägung zur Implementierung der jeweiligen Systeme in das eigene Rechtssystem besonderer Beachtung bedürfen. Dabei ist es nicht

---

der Politisierung desselben siehe *Gammeltoft-Hansen, Thomas:* Extraterritorial Migration Control and the Reach of Human Rights, in: Chetail, Vincent/Bauloz, Céline (Hrsg): Research Handbook on International Law and Migration, 2014, Kapitel 1, S. 114 f.

6 Z. B. *Meiritz, Annett*: Australien ist auch keine Lösung, Spiegel-online vom 05.08.2016, online abrufbar unter: https://www.spiegel.de/politik/ausland/fluechtlingskrise-das-modell-australien-ist-fuer-die-eu-kein-vorbild-a-1106179.html.

7 So z. B. bereits der Vorschlag vom britischen Premierminister Tony Blair im Jahr 2003, oder vom deutschen Bundesinnenminister Otto Schily im Jahr 2004; vgl. dazu Artikel im *Stern Magazin*, Schily wird konkret, online abrufbar unter: https://www.stern.de/politik/deutschland/asyl-vorstoss-schily-wird-konkret-3078342.html; weiterhin *Ghezelbash, Daniel:* Refugee Lost - Asylum Law in an Independent World, 2018, Kapitel 7, S. 167 f.

8 Vgl. *Ghezelbash, Daniel:* Refugee Lost - Asylum Law in an Independent World, 2018, Kapitel 2, S. 20 f.

ausreichend, lediglich einzelne Maßnahmen, Mechanismen oder Instrumente gegenüberzustellen und rechtlich zu untersuchen. Um eine abschließende, aufschlussreiche Bewertung zu erhalten, müssen die Steuerungssysteme im Gesamten mit ihrem jeweiligen rechtlichen und politischen Rahmen gegenübergestellt werden.

Die Systeme der EU und Australiens zur Steuerung von Fluchtmigration stellen dabei einen besonders interessanten Vergleichsgegenstand dar. Nicht nur deshalb, weil bereits einzelne Elemente des australischen Steuerungssystems im Bereich der Migrations- und Flüchtlingspolitik zur Implementierung in der EU angedacht wurden, sondern auch aufgrund der grundsätzlichen Vergleichbarkeit der EU mit Australien bezüglich der faktischen Rahmenbedingungen, die die Migrations- und Flüchtlingspolitik prägen. Als demokratische, wirtschaftlich starke Regionen[9] sind sowohl die EU als auch Australien Ziel vieler Migranten und insbesondere auch Schutzsuchender.[10] Zwar unterscheiden sich die geographischen Gegebenheiten der Vergleichsobjekte – namentlich die besondere Insellage Australiens –, dies steht gleichwohl einer vergleichenden Betrachtung der Kontrollinstrumente zur Einwanderungssteuerung nicht abschließend entgegen.

Es stellt sich vielmehr die Frage, ob geschaffene Maßnahmen und Mechanismen des Flüchtlingsrechts und der Flüchtlingspolitik auch im jeweiligen anderen Rechts- und Politikregime der Staaten angewendet werden können.

---

9 Im Jahresranking 2018 der UN bezüglich der Entwicklungsmöglichkeiten für die Bevölkerung belegt Australien den dritten Platz hinter Norwegen und der Schweiz. Alle EWR-Staaten befinden sich in der Kategorie „Very High Human Development“, mit Rankingplätzen von Irland auf Platz 4, Deutschland auf Platz 5, Island auf Platz 6, Schweden auf Platz 7, Niederlande auf Platz 10, Dänemark auf Platz 11, *UN:* Human Development Indices and Indicators 2018 Statistical Update, S. 22. Damit zeigt sich, dass sowohl in Australien wie auch auf europäischer Ebene ein vergleichbar hoher Wohlstandsindex der Staaten besteht.

10 So stellt der Jahresbericht des UNHCR zu Flüchtlingszahlen fest, dass allein in Deutschland 161 900 (im Jahr 2018) bzw. 142 500 (im Jahr 2019) individuelle Asylanträge neu gestellt wurden, Frankreich folgt mit 114 500 (im Jahr 2018) und 123 900 Neuanträgen (im Jahr 2019); im Vergleich dazu kommt Australien „nur“ auf 28 800 Neuanträge zur individuellen Asylbeantragung in 2018, *UNHCR:* Global Trends – Forced Displacement in 2018, Trends at a Glance, sowie *UNHCR*: Global Trends – Forced Displacement in 2019, Stand: 18. Juni 2020, Kapitel 4, S. 39.

Besondere Berücksichtigung gilt dabei den universellen,[11] regionalen und nationalen Flüchtlings- und Menschenrechten.

Flüchtlings- und Menschenrechte jeder Ebene sind geprägt durch universelle Normen, die regelmäßig von der überwiegenden Mehrzahl an Staaten der internationalen Staatengemeinschaft respektiert und anerkannt werden. In der Ausformung und innerstaatlichen Umsetzung der einzelnen Regelungen, die auf diesen universellen Normen beruhen, ist jedoch jedem Staat ein souveräner Spielraum überlassen, der nur begrenzt durch universelle Rechtsprechung und verbindliche internationale Interpretationen der Normen geschlossen wird. Es ist diese Differenz der jeweils unterschiedlichen Verständnisse und Anwendungen der nationalen Flüchtlings- und Menschenrechte, die eine unterschiedliche Ausprägung und Ausformung der nationalen oder regionalen Steuerungssysteme bedingt, rechtfertigt oder für eine Einbeziehung in ein anderes Rechtssystem unvereinbar macht.

Ziel des Dissertationsvorhabens ist es, diesen Vergleich zwischen den jeweiligen rechtlichen und politischen Rahmen der Steuerungssysteme der EU und Australiens bezüglich Fluchtmigration zu ziehen.

Vorweggenommen soll klargestellt werden, dass die folgende Untersuchung sich ausschließlich auf die Steuerung von Fluchtmigration – in Abgrenzung zur (Arbeits-)Migration - beziehen soll. Das eingegrenzte Untersuchungsfeld ist daher der Umgang mit Schutzantragstellern, die unter die Definition eines ‚Flüchtlings' entsprechend dem Abkommen über die Rechtsstellung der Flüchtlinge (Genfer Flüchtlingskonvention, GFK)[12] fallen. Es ist zwischen Flucht als Migrationsform, die sich alternativlos aus einer Nötigung zur Abwanderung aus politischen, ethno-nationalen, rassistischen oder religiösen Gründen ergibt,[13] und Migration als quasi freiwillige Wanderung zu unterscheiden. Problematiken bezüglich der Steuerung von freiwilliger Arbeitsmigration, und damit verbundener Wirtschaftsmigration, sollen keinen Bestandteil der Arbeit darstellen.

11 Mit „universellen" Rechten oder auch der universellen Ebene sind im Folgenden die internationalen Rechte oder die internationale Ebene gemeint, die keinen abschließenden regionalen Bezug haben, mithin regelmäßig auf der Ebene der UN Anwendung finden. Diese sprachliche Differenzierung gebietet sich, da auch Regelungen auf EU- bzw. Europaebene internationale Regelungen sind, jedoch eine räumliche Begrenzung erfahren.

12 Abkommen über die Rechtsstellung der Flüchtlinge (Genfer Flüchtlingskonvention) vom 28. Juli 1951, in Kraft getreten am 22. April 1954.

13 *Oltmer, Jochen*: Migration vom 19. bis zum 21. Jahrhundert – Enzyklopädie Deutscher Geschichte, 3. Auflage 2016, Kapitel I.1, S. 4.

Daneben steht die Einteilung als Binnenflüchtlinge, also jene Schutzsuchende, die das Staatsgebiet ihres Heimatlandes selbst nicht verlassen. Diese Personengruppe fällt jedoch per Definition nicht unter den Flüchtlingsbegriff der GFK und wird in den folgenden Ausführungen daher nicht näher beleuchtet.

Im Folgenden wird im Allgemeinen von Flüchtlingen gesprochen, ohne damit eine Aussage über den rechtlichen Status im Einzelfall zu treffen.[14] Obgleich der Begriff des Flüchtlings regelmäßig im sprachlichen Gebrauch als selbstverständlich und als sich selbsterklärend verwendet wird, zeigen sich bei einer näheren Betrachtung allein der sprachlichen Verwendung des Flüchtlingsbegriffes in den verschiedenen Sprachen Unterschiede. Der Begriff Flüchtling sowie das englische Pendant des ‚refugees' ist in seinem üblichen sprachlichen Gebrauch nicht abschließend umschrieben und vor allem nicht universell gleichermaßen gültig.[15]

Dies verdeutlicht sich in verschiedenen sprachlichen Umschreibungen des Begriffs. Der *Duden*, als zentrales Rechtschreibwörterbuch der deutschen Sprache, der zudem das gesellschaftlich verbreitete Verständnis von deutschen Begriffen erfasst, umschreibt Flüchtling als „Person, die aus politischen, religiösen, wirtschaftlichen oder ethischen Gründen ihre Heimat eilig verlassen hat oder verlassen musste und daher ihren Besitz zurückgelassen hat."[16] Im deutschen Rechtsverständnis besteht zudem ein Unterschied zwischen den Rechtsbegriffen des Flüchtlings und Asylsuchenden.[17] Der Flüchtling wurde bereits als eine Person mit entsprechendem Schutzbedarf nach § 3 AsylG anerkannt, diese Anerkennung des Schutzbedürfnisses steht beim Asylsuchenden noch aus. Asyl im Sinne von Art. 16a Abs. 1 GG ist zudem ein spezifisches Schutzelement für politisch Verfolgte.

Das *Oxford English Dictionary* ist das umfangreichste Wörterbuch der englischen Sprache und stellt damit das Pendant zum deutschsprachigen *Duden* dar.

---

14 Dies folgt ebenfalls der Ausdrucksform des UNHCR, der auf seiner amtlichen deutschen Internetseite https://www.unhcr.org/dach/de unterschiedslos von Flüchtlingen spricht, ohne einen rechtlichen Status damit zu verbinden. Nach rechtlichem Verständnis ist zwischen Flüchtlingen, Asylsuchenden und Asylantragstellern zu differenzieren.

15 Dazu ausführlich *Marugg, Michael*: Völkerrechtliche Definitionen des Ausdruckes „Flüchtling", Ein Beitrag zur Geschichte unter besonderer Berücksichtigung sogenannter de-facto-Flüchtlinge, 1990.

16 Onlineversion des deutschsprachigen Rechtschreibwörterbuchs *Duden*, www.duden.de.

17 Ein solcher Unterschied besteht grundsätzlich auch im englischen Sprachgebrauch zwischen ‚refugee' und ‚asylum seeker'.

Die sprachliche Umschreibung des ‚refugee' im *Oxford English Dictionary* stellt auffallend auf andere Anknüpfungspunkte für die Feststellung der Flüchtlingseigenschaft ab: „A person who has been forced to leave their country in order to escape war, persecution, or natural disaster".[18]

Übereinstimmend in diesen sprachlich-gesellschaftlichen Definitionen prägt den Flüchtling der Umstand, seine Heimat verlassen zu müssen und dies nicht aus tatsächlich freiem Entschluss getan zu haben. Allerdings besteht schon hinsichtlich der die Flucht auslösenden Gründe – also namentlich aufgrund von individuellen Anknüpfungspunkten im deutschen Verständnis oder aufgrund alleiniger äußerer Einwirkungen im englischen Verständnis – eine deutliche Abweichung.

Trotz dieser sprachlichen Differenzierungen wird im Folgenden von Flüchtlingen oder Schutzsuchenden gesprochen, ohne damit im Allgemeinen einen rechtlichen Status festzulegen.

18 Onlineversion des englischsprachigen Wörterbuch *Oxford Dictionary*, www.lexico.com.

B. Gang der Arbeit

I. Methodik

Der Ausarbeitung liegt die Methode der funktionalen Rechtsvergleichung[19] zugrunde. Dabei wird durch die gewählte Fragestellung nach dem Vergleich der rechtlichen und politischen Rahmen zur Steuerung von Fluchtmigration ein sozialer Konflikt herausgearbeitet, der sowohl im australischen als auch im unionseuropäischen Rechts- und Politikraum Beachtung findet. Ziel ist es, durch die Rechtsvergleichung die Wirksamkeit des jeweiligen rechtlichen und politischen Umgangs mit Fluchtmigration zu analysieren. Entsprechend der Methodik der funktionalen Rechtsvergleichung wird dieser spezifische Konfliktbereich der Steuerung von Fluchtmigration mit Blick auf die jeweilige nationale bzw. regionale sowie globale Lage erarbeitet und vergleichend gegenübergestellt.[20]

Grundlage für diesen Rechtsvergleich liefern primär die nationalen und regionalen Rechtsvorschriften bezüglich des Flüchtlings- und Migrationsrechts sowie die sie auslegende und ausgestaltende nationale bzw. regionale Rechtsprechung und Literatur.

Darüber hinaus wird auf Literatur zurückgegriffen, die zunächst die rechtlichen Grundlagen, insbesondere auf universeller Ebene, darlegt.

Ebenso wird Literatur herangezogen, die sich bereits mit einem grundsätzlichen Vergleich dieses Konflikts befasst. Zu nennen ist hierbei insbesondere *Ghezelbash, Daniel*: Refugee Lost - Asylum Law in an Independent World, der insbesondere den Umgang mit Schutzsuchenden aus australischer sowie US-amerikanischer Perspektive darstellt, wobei einzelne Punkte auch einen Bezug zum System der EU aufweisen; sowie *Glynn, Irial:* Asylum Policy, Boat People and Political Discourse – Boats, Votes and Asylum in Australia and Italy, die insbesondere den Umgang mit Schutzsuchenden in Australien und Italien vorwiegend aus einer historischen Perspektive darstellt.

---

19 *Kischel, Uwe*: Rechtsvergleichung, 2015, Kapitel 3.B, S. 93 f.

20 Zur grundsätzlichen Methodik der funktionalen Rechtsvergleichung siehe *Kischel, Uwe*: Rechtsvergleichung, 2015, Kapitel 3.B, S. 93 f.

II. Gang der Untersuchung

Die Untersuchung beginnt mit einer umfassenden historischen Einführung in die Thematik der Flucht und Migration.

Zunächst wird die Entwicklung von Fluchtbewegungen im Laufe der Zeit dargestellt. Denn wie dabei dargestellt wird, ist die Problematik der Flucht und Migration weder eine zeitlich beschränkte und damit einmalige noch eine örtlich beschränkte und damit regionale Problematik. Die Problematik der Flucht wird zunächst als historische sowie globale Problematik erarbeitet. Im Anschluss daran wird der Schwerpunkt der jeweiligen Betrachtung der Entwicklung der Fluchtbewegungen auf die hier zu vergleichenden Regionen der EU und Australiens gelegt.

Mit der Entwicklung der Fluchtbewegungen an sich ist die Entwicklung der politischen Auswirkungen in Folge dieser Fluchtbewegungen eng verbunden. Daher schließt die Untersuchung der Entwicklung der Flüchtlingspolitik auf den jeweiligen Ebenen, namentlich der universellen, der EU-Ebene sowie der australischen Nationalebene an. Während auf der universellen Ebene insbesondere die Entwicklung von Schutzelementen zugunsten der Flüchtlinge deutlich wird, zeigen sich in der regionalen Entwicklung der Flüchtlingspolitik sowohl auf EU-Ebene wie auch auf australischer Ebene verschiedene Ansätze im Umgang mit dieser politischen Problematik.

Dieser historischen Einführung folgt die Darstellung des normativen Rahmens der Flüchtlingspolitik. Dieser erfasst Regelungen zum Schutz des Individuums sowie die gesetzlichen Regelungen hinsichtlich diverser Steuerungsmechanismen. Dazu werden zunächst die einzelnen Regelungsebenen bzw. Regelungswerke herausgearbeitet – namentlich die universelle, unionseuropäische sowie australische Ebene. Im Zentrum der Untersuchung des universellen Regelwerks des Flüchtlingsrechts steht die GFK sowie der Schutz durch universelle Menschenrechte.

Die Darstellung des normativen Rahmens des Flüchtlingsrechts auf der Ebene der EU ist geprägt von den verschiedenen Akteuren, die auf dem Gebiet der EU ihre Wirkung entfalten. Dies erfasst daher Regelwerke des Europarates sowie der EU.

Daran schließt die Darstellung des australischen Regelwerks zur Thematik der Flucht und Migration an, die insbesondere von dem australisch-spezifischen Verständnis der universellen Menschenrechte geprägt ist.

Am Ende des Kapitels über den normativen Rahmen wird eine systematische Einordnung des normativen Flüchtlingsregimes in die völkerrechtliche

Rechtsordnung herausgearbeitet, wobei die Einteilung des Flüchtlingsrechts als eigenständiges Teilrechtsgebiet, neben dem der Menschenrechte festgestellt wird.

Dem folgt mit Kapitel E der zweite Teil der Arbeit, in dessen Zentrum die Untersuchung einzelner Steuerungsmechanismen steht, die im Rechts- und Politiksystem der Vergleichsobjekte zur Steuerung von Fluchtmigration Anwendung finden. Als ein ‚Mechanismus' wird dabei eine faktische oder normative Maßnahme verstanden, die geeignet und/oder dazu bestimmt ist, den Umgang der Nationalstaaten mit Schutzsuchenden in tatsächlicher oder rechtlicher Art zu gestalten.

Die Definition des personellen Schutzbereichs stellt einen solchen Mechanismus dar, welcher als erstes beleuchtet wird. Bereits der personelle Anwendungsbereich für Schutzmechanismen weist eine unterschiedliche Ausformung auf universeller, australischer und EU-Ebene auf. Ein weiterer zu untersuchender Steuerungsmechanismus ist das Asylverfahren der Staaten bzw., im Falle der EU, des Staatenverbundes. Hinsichtlich des Asylsystems und der Asylverfahren in der EU ist zu beachten, dass dieses derzeit einer Novellierung unterliegt, sodass derzeit geltende Regelungen, aber auch geplante Vorgehensweisen in der Darstellung Berücksichtigung finden. Als letzter Mechanismus zur Steuerung von Fluchtmigration werden die bestehenden Resettlement-Programme der Vergleichsobjekte untersucht.

Sodann werden im dritten Teil der Bearbeitung in Kapitel F drei praktische Problempunkte hinsichtlich des Umgangs mit Schutzsuchenden, welche sowohl im Gebiet der EU als auch in Australien vorliegen, herausgegriffen und dargestellt.

Als zentraler Problempunkt, weil am umstrittensten, wird der Umgang mit sogenannten ‚Boat People' behandelt. Dies sind Schutzsuchende, die mittels Booten das Gebiet der EU sowie Australien erreichen, um dort Schutz zu suchen. Der faktische Umgang mit dieser Gruppierung an Flüchtlingen ist jedoch grundlegend verschieden zwischen Australien und der EU. Dies zeigt sich anhand der jeweiligen staatlichen bzw. regionalen Abwehrprogramme, die zur Bewältigung dieser Problematik implementiert wurden.

Etwas kürzer werden schließlich die praktischen Problempunkte der Verteilung von Schutzsuchenden in den Gebieten der EU und in Australien sowie Probleme bei der Rückführung von nicht (mehr) aufenthaltsberechtigten Individuen aus den Vergleichsobjekten behandelt.

Schließlich folgt das Fazit.

C. Historische Einführung – Fluchtbewegungen und Entwicklung der Flüchtlingspolitik

I. Fluchtbewegungen im Lauf der Zeit

Fluchtbewegungen sind keine einmalige Besonderheit der Geschichte, sondern eine Konstante der Historie.[21] Wie im Folgenden aufgezeigt wird, gleicht das Phänomen großer Fluchtbewegungen einer Wellenform, die sich von Zeit zu Zeit aufbäumt, und anschließend wieder abflacht.[22] Vergangene Epochen können als historische Beispiele gesehen werden.[23] In den folgenden Abschnitten wird dargestellt, dass Fluchtbewegungen neben dieser fehlenden zeitlichen Beschränkung auch keine räumliche Beschränkung kennen, sondern eine globale Problematik sind (1). Trotz der Feststellung, dass eben solche Fluchtbewegungen ein globales Phänomen sind, wird im Weiteren ein spezielles Augenmerk auf die hier besonders interessierenden Vergleichsregionen gelegt, namentlich Fluchtbewegungen in und nach Europa (2) sowie nach Australien (3).

21 *Stern, Joachim/Tohidipur, Timo:* Migration von Drittstaatsangehörigen, in: von Arnauld, Andreas (Hrsg): Europäische Außenbeziehungen, Enzyklopädie Europarecht, 1. Auflage 2014, Kapitel 14.A.I, Rn. 1, S. 771; *Arboleda, Eduardo/Hoy, Ian*: The Convention Refugee Definition in the West: Disharmony of Interpretation and Application, International Journal of Refugee Law, 1993, Vol. 5, Nr. 1, S. 68; *Münz, Rainer:* Phasen und Formen der europäischen Migration, in: Angenendt, Steffen (Hrsg): Migration und Flucht – Aufgaben und Strategien für Deutschland, Europa und die internationale Gemeinschaft, 1997, S. 35.

22 *Oltmer, Jochen*: Flucht, Vertreibung, Asyl: Gewaltmigration und Aufnahme von Schutzsuchenden im 20. und frühen 21. Jahrhundert, in: Oppelland, Torsten (Hrsg): Das Recht auf Asyl im Spannungsfeld von Menschenrechtsschutz und Migrationsdynamik, 2017, S. 105.

23 *Nuscheler, Franz*: Internationale Migration – Flucht und Asyl, 2. Auflage 2004, Kapitel 2.1, S. 32 f.

1. Flucht als historische sowie globale Problematik

Ein definierter Beginn oder zentraler historischer Ursprung der Fluchtproblematik ist nicht auszumachen.[24] Bereits die Geschichten der Bibel können als das Urbeispiel von Erzählungen über Flucht und Vertreibung gesehen werden.[25] Mögliche erstmalig auslösende Momente für das Phänomen der Flucht und Vertreibung sieht *Nuscheler* unter anderem in der Organisation der Menschen in gesellschaftlichen Verbünden sowie in der Begründung von Herrschaftssystemen.[26] Innerhalb neu begründeten Herrschaftssystemen entwickelten sich zuweilen Machtkämpfe, die zur Zerstörung bestehender gesellschaftlicher Strukturen führten. Aus dieser Zerrüttung der zunächst bestehenden Strukturen ergaben sich Grundlagen für eine Verfolgung von einzelnen Individuen innerhalb des neuen Systems. Individuen, die bisher zum Beispiel einer besonderen gesellschaftlichen Gruppierung angehörten, die nunmehr durch die neue Machtverteilung aufgebrochen oder abgeändert wurde, konnten sich fortan nicht mehr in die neu gebildete gesellschaftliche Struktur einfügen und fielen aus dieser Struktur heraus.[27] Dies führte zu existenzbedrohenden Notlagen dieser Individuen, sodass sie sich veranlasst sahen, dem neuen System zu entfliehen.[28] Damit wurden die ersten Fluchtgründe erschaffen.[29] Die Zugehörigkeit zu einer Religion

---

24 *Nuscheler, Franz*: Internationale Migration – Flucht und Asyl, 2. Auflage 2004, Kapitel 2, S. 29; *Kleist, J. Olaf*: The History of Refugee Protection: Conceptual and Methodological Challenges, Journal of Refugee Studies, 2017, Vol. 30, Nr. 2, S. 163.

25 *Nuscheler, Franz*: Internationale Migration – Flucht und Asyl, 2. Auflage 2004, Kapitel 2, S. 29.

26 *Nuscheler, Franz*: Internationale Migration – Flucht und Asyl, 2. Auflage 2004, Kapitel 2, S. 29.

27 *Nuscheler, Franz*: Internationale Migration – Flucht und Asyl, 2. Auflage 2004, Kapitel 2, S. 29; *Oltmer, Jochen*: Flucht, Vertreibung, Asyl: Gewaltmigration und Aufnahme von Schutzsuchenden im 20. und frühen 21. Jahrhundert, in: Oppelland, Torsten (Hrsg): Das Recht auf Asyl im Spannungsfeld von Menschenrechtsschutz und Migrationsdynamik, 2017, S. 75 f.

28 *Nuscheler, Franz*: Internationale Migration – Flucht und Asyl, 2. Auflage 2004, Kapitel 2, S. 29; *Oltmer, Jochen*: Flucht, Vertreibung, Asyl: Gewaltmigration und Aufnahme von Schutzsuchenden im 20. und frühen 21. Jahrhundert, in: Oppelland, Torsten (Hrsg): Das Recht auf Asyl im Spannungsfeld von Menschenrechtsschutz und Migrationsdynamik, 2017, S. 75 f.

29 *Nuscheler, Franz*: Internationale Migration – Flucht und Asyl, 2. Auflage 2004, Kapitel 2, S. 29; *Oltmer, Jochen*: Flucht, Vertreibung, Asyl: Gewaltmigration und Aufnahme von Schutzsuchenden im 20. und frühen 21. Jahrhundert, in: Oppelland, Torsten (Hrsg): Das Recht auf Asyl im Spannungsfeld von Menschenrechtsschutz und

oder einer ethnischen Minderheit sowie Wechsel von Machtverhältnissen und politischen Systemen bilden Grundlagen für Ausgrenzungen und Verfolgungen und begründen die Wanderung ganzer Völker.[30]

Es sind jedoch Änderungen sowohl der Fluchtursachen als auch der Fluchtbewegungen in jeder Epoche zu erkennen.[31]

Zu den historisch wohl bedeutendsten und prägendsten Völkerwanderungen der Moderne mit globaler Auswirkung zählen die Wanderungsbewegungen in Folge der beiden Weltkriege (1914-1918/1939-1945). Dabei suchten die Flüchtlinge während und im Anschluss an diese Kriege nicht nur innerhalb Europas, sondern weltweit Schutz im Hoheitsgebiet anderer Staaten. Eine Rückkehr in ihre Heimat war für viele Flüchtlinge nicht mehr möglich. So wird von über mindestens 50 Millionen Menschen gesprochen, die in Folge des Zweiten Weltkrieges aus ihrer Heimat vertrieben wurden oder sich auf Suche nach Schutz begaben.[32]

Die Fluchtbewegungen im zweiten japanisch-chinesischen Krieg (1937–1945) sowie im chinesischen Bürgerkrieg vor der kommunistischen Machteroberung (1927–1949) waren in ihrem Ausmaß vergleichbar mit den Folgen der beiden Weltkriege. Der zweite japanisch-chinesische Krieg sowie der chinesische Bürgerkrieg überlagerten sich zeitlich. In beiden Konflikten zusammen wird

---

Migrationsdynamik, 2017, S. 76; *Oltmer, Jochen*: Migration vom 19. bis zum 21. Jahrhundert - Enzyklopädie Deutscher Geschichte, 3. Auflage 2016, Kapitel I.1, S. 1.

30 *Hoerder, Dirk/Lucassen, Jan/Lucassen, Leo:* Terminologien und Konzepte in der Migrationsforschung, in: Bade, Klaus J./Emmer, Pieter C./Lucassen, Leo/Oltmer, Jochen (Hrsg): Enzyklopädie Migration in Europa - Vom 17. Jahrhundert bis zur Gegenwart, 3. Auflage 2010, S. 29, 42; *Nuscheler, Franz*: Internationale Migration - Flucht und Asyl, 2. Auflage 2004, Kapitel 2, S. 29 f.

31 *Nygh, Peter/Blay, Sam:* Refugees, in: Blay, Sam/Piotrowicz, Ryszard/Tsomenyi, Martin (Hrsg): Public International Law - An Australian Perspective, 2. Auflage 2005, Kapitel 12.2.1, S. 291 f.; *Kleist, J. Olaf*: The History of Refugee Protection: Conceptual and Methodological Challenges, Journal of Refugee Studies, 2017, Vol. 30, Nr. 2, S. 165.

32 *McAdam, Jane:* The Enduring Relevance of the 1951 Refugee Convention, International Journal of Refugee Law, 2017, Vol. 29, Nr. 1, S. 1, 2; *Oltmer, Jochen:* Flucht, Vertreibung, Asyl: Gewaltmigration und Aufnahme von Schutzsuchenden im 20. und frühen 21. Jahrhundert, in: Oppelland, Torsten (Hrsg): Das Recht auf Asyl im Spannungsfeld von Menschenrechtsschutz und Migrationsdynamik, 2017, S. 75; *Harris, Chauncy D./Wülker, Gabriel*: The Refugee Problem of Germany, Economic Geography, 1953, Vol. 23, Nr. 1, S. 10 spricht von 60 Millionen unfreiwillig umgesiedelten Europäern während und nach den Kriegen; so auch *Nuscheler, Franz*: Internationale Migration - Flucht und Asyl, 2. Auflage 2004, Kapitel 2.1, S. 32.

eine Gesamtzahl von 95 Millionen Flüchtlinge geschätzt.[33] Diesen japanisch-chinesischen bzw. innerchinesischen Konflikten wird daher nachgesagt, dass sie (zuweilen) die Anzahl an Flüchtlingen der europäischen Nachkriegsgeschichte übertreffen.[34]

Weitere erhebliche Fluchtbewegungen folgten regelmäßig auf Völkermorde sowie auf Ereignisse wie Dekolonisationen, Unabhängigkeitsbewegungen oder politische und militärische Instabilität.[35] Beispielhaft zu erwähnen ist die Anzahl an Geflüchteten in Folge des Vietnamkrieges (1954-1975), bei welchem Schätzungen zufolge bis zu drei Millionen Flüchtlinge aus der indo-chinesischen Region geflohen sind;[36] der Militärputsch in Chile im Jahr 1973 veranlasste bis ins Jahr 1988 über eine Millionen Menschen, Chile aus politischen Gründen zu verlassen;[37] der Konflikt zwischen der tamilischen Minderheit und der singhalesischen Mehrheit auf Sri Lanka zu Beginn der 1980er Jahre führte zu erheblichen Fluchtbewegungen der Tamilen;[38] die Konflikte im Nahen Osten, insbesondere

33 *Oltmer, Jochen:* Migration – Geschichte und Zukunft der Gegenwart, 2017, Kapitel 7, S. 145.

34 *Nuscheler, Franz*: Internationale Migration – Flucht und Asyl, 2. Auflage 2004, Kapitel 2.1, S. 32 f; *McAdam, Jane:* The Enduring Relevance of the 1951 Refugee Convention, International Journal of Refugee Law, 2017, Vol. 29, Nr. 1, S. 1, 2, wonach 100 Millionen IDP in China zu zählen seien.

35 *Oltmer, Jochen:* Flucht, Vertreibung, Asyl: Gewaltmigration und Aufnahme von Schutzsuchenden im 20. und frühen 21. Jahrhundert, in: Oppelland, Torsten (Hrsg): Das Recht auf Asyl im Spannungsfeld von Menschenrechtsschutz und Migrationsdynamik, 2017, S. 76; vgl. auch *Manning, Patrick:* Wanderung Flucht Vertreibung – Geschichte der Migration, 2007, Kapitel 9, S. 230 f.; *Kneebone, Susan:* The Pacific Plan: The Provision of ‚Effective Protection'?, International Journal of Refugee Law, 2006, Vol. 18, Nr. 3-4, S. 699 f.

36 *Oltmer, Jochen:* Flucht, Vertreibung, Asyl: Gewaltmigration und Aufnahme von Schutzsuchenden im 20. und frühen 21. Jahrhundert, in: Oppelland, Torsten (Hrsg): Das Recht auf Asyl im Spannungsfeld von Menschenrechtsschutz und Migrationsdynamik, 2017, S. 99 spricht von 1,5 Millionen Flüchtlingen allein in Folge des Vietnam-Krieges.

37 *Bolzman, Claudio*: Chilenische Flüchtlinge in Europa seit dem Militärputsch in Chile 1972 (Beispiel Schweiz), in: Bade, Klaus J./Emmer, Pieter C./Lucassen, Leo/Oltmer, Jochen (Hrsg): Enzyklopädie Migration in Europa – Vom 17. Jahrhundert bis zur Gegenwart, 3. Auflage 2010, S. 436.

38 *Lüthi, Damaris*: Sri Lanka-Tamilen in West- und Mitteleuropa seit den 1980er Jahren (Beispiel Schweiz), in: Bade, Klaus J./Emmer, Pieter C./Lucassen, Leo/Oltmer, Jochen (Hrsg): Enzyklopädie Migration in Europa – Vom 17. Jahrhundert bis zur Gegenwart, 3. Auflage 2010, S. 1011.

in Folge des Iran-Irak-Kriegs (1981-1988)[39] und in Afghanistan (zunächst aufgrund sowjetischer Besetzung zwischen 1979 und 1989 und seit 2001 aufgrund internationaler Intervention) führten zu mehreren Millionen von Flüchtlingen aus diesen Regionen.[40]

Der Hochkommissar für Flüchtlinge (United Nations High Commissioner for Refugees, UNHCR) schätzt, dass Ende des Jahres 2019 weltweit 79,5 Millionen Menschen aufgrund von Verfolgung, Konflikten, Gewalt, Verletzung von Menschenrechten oder öffentlichen schweren Unruhen als gewaltsam vertrieben gelten.[41] Dies stellt einen absoluten Höchstwert im Vergleich zu vorherigen Jahren dar. Von diesen 79,5 Millionen sind 26 Millionen vom UNHCR anerkannte Flüchtlinge,[42] 45,7 Millionen sind Binnenvertriebene und 4,2 Millionen werden vom UNHCR als Asylsuchende[43] kategorisiert.[44] 73 % der Schutzsuchenden befinden sich dabei in unmittelbaren Nachbarstaaten zu ihren Herkunftsstaaten.[45] Diese Nähe zum Heimatstaat erklärt sich zum einen aufgrund fehlender finanzieller Mittel zur Bewältigung größerer Fluchtdistanzen. Zum anderen

---

39 *Ghorashi, Halleh:* Iranische Flüchtlinge in Nord-, West- und Mitteleuropa seit 1980 (Beispiel Niederlande), in: Bade, Klaus J./Emmer, Pieter C./Lucassen, Leo/Oltmer, Jochen (Hrsg): Enzyklopädie Migration in Europa – Vom 17. Jahrhundert bis zur Gegenwart, 3. Auflage 2010, S. 646.

40 *Oltmer, Jochen:* Globale Migration – Geschichte und Gegenwart, 2012, Kapitel 5, S. 107.

41 *UNHCR*: Global Trends – Forced Displacement in 2019, Stand: 18. Juni 2020, S. 2.

42 Die Kategorisierung als vom UNHCR anerkannter Flüchtling in dieser Statistik bedeutet, dass die Flüchtlingseigenschaft entsprechend der Voraussetzungen der GFK oder des Statuts des UNHCR bereits festgestellt wurde.

43 Die Kategorisierung als Asylsuchende in dieser Statistik bedeutet, dass diese Menschen bereits einen Schutzantrag stellten, der jedoch noch nicht geprüft wurde und die Feststellung des Flüchtlingsstatus damit noch nicht erfolgte.

44 *UNHCR*: Global Trends – Forced Displacement in 2019, Stand: 18. Juni 2020, S. 2.

45 *UNHCR:* Global Trends – Forced Displacement in 2019, Stand: 18. Juni 2020, S.2; in den Global Trends des UNHCR für das Jahr 2018 belief sich der Anteil der Schutzsuchenden in den unmittelbaren Nachbarländern auf knapp 80%, *UNHCR:* Global Trends – Forced Displacement in 2018, Stand: 19. Juni 2019; vgl. dazu auch *Hoerder, Dirk/Lucassen, Jan/Lucassen, Leo*: Terminologien und Konzepte in der Migrationsforschung, in: Bade, Klaus J./Emmer, Pieter C./Lucassen, Leo/Oltmer, Jochen (Hrsg): Enzyklopädie Migration in Europa – Vom 17. Jahrhundert bis zur Gegenwart, 3. Auflage 2010, S. 37; *Oltmer, Jochen*: Flucht, Vertreibung, Asyl: Gewaltmigration und Aufnahme von Schutzsuchenden im 20. und frühen 21. Jahrhundert, in: Oppelland, Torsten (Hrsg): Das Recht auf Asyl im Spannungsfeld von Menschenrechtsschutz und Migrationsdynamik, 2017, S. 106 f.

hofft die überwiegende Anzahl der Schutzsuchenden auf eine möglichst rasche Rückkehr in ihr Heimatland, sobald die Ursache für ihre Flucht aufgehoben oder beendet wird.[46]

Über die Jahre zeigt sich eine Änderung der Ursachen der Fluchtbewegungen sowie der Verfolgungs- und Diskriminierungstatbestände.[47] In Folge des Zweiten Weltkrieges war die festgestellte Ursache für Flucht hauptsächlich das Entkommen vor einem neuen politischen Regime, das aufgrund von Bürgerkrieg oder Besetzung durch Fremdstaaten an die Macht kam.[48] Die Fluchtursachen der neueren Zeit bilden insbesondere ungleiche Lebensbedingungen in den Ländern mit erheblicher Armut, Umweltkatastrophen oder militärische Konflikte, die erheblich chaotische Verhältnisse hervorrufen.[49]

Die Konfliktregionen der letzten Jahre sind insbesondere Syrien, Venezuela, Afghanistan, Südsudan und Myanmar.[50]

---

46 *Oltmer, Jochen:* Flucht, Vertreibung, Asyl: Gewaltmigration und Aufnahme von Schutzsuchenden im 20. und frühen 21. Jahrhundert, in: Oppelland, Torsten (Hrsg): Das Recht auf Asyl im Spannungsfeld von Menschenrechtsschutz und Migrationsdynamik, 2017, S. 105 f.

47 *Nygh, Peter/Blay, Sam*: Refugees, in: Blay, Sam/Piotrowicz, Ryszard/Tsomenyi, Martin (Hrsg): Public International Law – An Australian Perspective, 2. Auflage 2005, Kapitel 12.2.1, S. 291 f; *Vrachnas, John/Bagaric, Mirko /Dimopoulos, Penny /Pathinayake, Athula*: Migration and Refugee Law - Principles and Practice in Australia, 3. Auflage 2012, Kapitel 18.1.3, S. 308; ebenso mit Bezug zum EU-Recht *Weiß, Wolfgang* in: Streinz, Rudolf (Hrsg): EUV/AEUV, 3. Auflage 2018, Art. 78 AEUV Kapitel III.2, Rn. 17, S. 889.

48 *Nygh, Peter/Blay, Sam:* Refugees, in: Blay, Sam/Piotrowicz, Ryszard/Tsomenyi, Martin (Hrsg): Public International Law – An Australian Perspective, 2. Auflage 2005, Kapitel 12.2.1, S. 291 f.

49 *Nygh, Peter/Blay, Sam*: Refugees, in: Blay, Sam/Piotrowicz, Ryszard/Tsomenyi, Martin (Hrsg): Public International Law – An Australian Perspective, 2. Auflage 2005, Kapitel 12.2.1, S. 291 f.; *Stern, Joachim/Tohidipur, Timo:* Migration von Drittstaatsangehörigen, in: von Arnauld, Andreas (Hrsg): Europäische Außenbeziehungen, Enzyklopädie Europarecht, 1. Auflage 2014, Kapitel 14.A.I, Rn. 1, S. 771; *Arboleda, Eduardo/Hoy, Ian*: The Convention Refugee Definition in the West: Disharmony of Interpretation and Application, International Journal of Refugee Law, 1993, Vol. 5, Nr. 1, S. 66-90, 72; *Vrachnas, John/Bagaric, Mirko/Dimopoulos, Penny/Pathinayake, Athula:* Migration and Refugee Law - Principles and Practice in Australia, 3. Auflage 2012, Kapitel 18.1.3, S. 308.

50 *UNHCR*: Global Trends – Forced Displacement in 2019, Stand: 18. Juni 2020, S. 3.

2. Flucht als europäische Problematik

Die Geschichte der Fluchtbewegung in Europa sowie damit der Europäischen Union ist eine mit der Geschichte der Arbeitsmigration eng verbundene Thematik. Obwohl Flucht und Arbeits- oder Wirtschaftsmigration in ihren Ursachen und ihren Folgen zu trennen sind, fällt eine solche Trennung regelmäßig aufgrund der fließenden Grenzen hinsichtlich der Bestimmung der Ursache sowie der zeitlichen Überschneidung schwer. Eine gemeinsame Darstellung der Entwicklung dieser Problematiken im europäischen Raum erscheint daher geboten. Obwohl Flucht und Migration grundsätzlich voneinander zu unterscheiden sind, bedingen sie sich in den Jahren des 20. und 21. Jahrhunderts auf dem Gebiet der EU zeitweise gegenseitig.

Während das 19. Jahrhundert noch überwiegend von friedlicher (Arbeits-)Migration geprägt war,[51] folgte im 20. Jahrhundert die Zeit des Zerfalls großer Mächte, welche zu Fluchtbewegungen in bisher ungekanntem Ausmaße führte.[52] Das 20. Jahrhundert erhielt folglich in der Geschichte des europäischen Kontinents den Beinamen des „Jahrhunderts der Flüchtlinge".[53] Dabei war die erste Hälfte des Jahrhunderts geprägt von einer Flucht aus Europa, die zweite Hälfte des Jahrhunderts hingegen zeigte Europa zumeist als Zielregion für Schutzsuchende.[54]

Der Anfang des 20. Jahrhunderts war geprägt von gewaltsamer Entwurzelung und Deportation in Folge des Ersten Weltkrieges. Die Kriegssituation begünstigte dabei das Aufstreben einer Politik, die sich gegen unterschiedliche,

---

51 *Nuscheler, Franz:* Internationale Migration – Flucht und Asyl, 2. Auflage 2004, Kapitel 2.1, S. 32 f.; *Frings, Dorothee:* Flüchtlinge als Rechtssubjekte oder als Objekte gesonderter Rechte, in: Ghaderi, Cinur/Eppenstein, Thomas (Hrsg): Flüchtlinge – Multiperspektivische Zugänge, 2017, S. 97.

52 *Frings, Dorothee:* Flüchtlinge als Rechtssubjekte oder als Objekte gesonderter Rechte, in: Ghaderi, Cinur/Eppenstein, Thomas (Hrsg): Flüchtlinge – Multiperspektivische Zugänge, 2017, S. 97.

53 *Nuscheler, Franz:* Internationale Migration – Flucht und Asyl, 2. Auflage 2004, Kapitel 2.1, S. 31; *Hobe, Stephan:* Einführung in das Völkerrecht, 10. Auflage 2014, Kapitel 11.5, S. 440.

54 *Nuscheler, Franz:* Internationale Migration – Flucht und Asyl, 2. Auflage 2004, Kapitel 2.1, S. 32 f; *Hoerder, Dirk/Lucassen, Jan/Lucassen, Leo:* Terminologien und Konzepte in der Migrationsforschung, in: Bade, Klaus J./Emmer, Pieter C./Lucassen, Leo/Oltmer, Jochen (Hrsg): Enzyklopädie Migration in Europa – Vom 17. Jahrhundert bis zur Gegenwart, 3. Auflage 2010, S. 31.

missliebige Minderheiten richtete und zu einer Gewaltmigration dieser führte.[55] Dieses neue gesellschaftliche Verständnis schuf die Möglichkeiten sowie die dazu erforderliche Unterstützung aus der übrigen Bevölkerung, Massenausweisungen oder -vertreibungen durchzuführen. Während und in Folge des Ersten Weltkriegs verbreiteten sich zudem in den einzelnen Ländern, beispielhaft verdeutlicht am Deutschen Reich, extreme Nationalismen.[56]

Das Ende des Ersten Weltkriegs schließlich leitete eine Phase millionenfacher Rückwanderungen von Flüchtlingen, Vertriebenen, Evakuierten, Zwangsarbeitskräften und Kriegsgefangenen ein.[57] Es folgten Staatenbildungsprozesse in Folge zuvor zerfallener oder aufgeteilter Gebiete, die ebenso eine erhebliche Rolle in der Migrationsbewegung spielten.[58] Jede einzelne der vielen europäischen Grenzverschiebungen als Folge des Krieges führte zu Fluchtbewegungen und Umsiedlungen.[59]

Neben den Folgen des Ersten Weltkriegs zwang zudem der Zerfall der Vielvölkerreiche des osmanischen Reichs und der Habsburger Monarchie etwa zehn Millionen Menschen ihren Wohnort zu verlegen.[60] Der aus dem Osmanischen

---

55 *Oltmer, Jochen:* Flucht, Vertreibung, Asyl: Gewaltmigration und Aufnahme von Schutzsuchenden im 20. und frühen 21. Jahrhundert, in: Oppelland, Torsten (Hrsg): Das Recht auf Asyl im Spannungsfeld von Menschenrechtsschutz und Migrationsdynamik, 2017, S. 76.

56 *Oltmer, Jochen*: Migration – Geschichte und Zukunft der Gegenwart, 2017, Kapitel 7, S. 129; wortgleich *Oltmer, Jochen:* Globale Migration – Geschichte und Gegenwart, 2012, Kapitel 5, S. 80; *Nuscheler, Franz*: Internationale Migration – Flucht und Asyl, 2. Auflage 2004, Kapitel 2.1, S. 32.

57 *Oltmer, Jochen:* Flucht, Vertreibung, Asyl: Gewaltmigration und Aufnahme von Schutzsuchenden im 20. und frühen 21. Jahrhundert, in: Oppelland, Torsten (Hrsg): Das Recht auf Asyl im Spannungsfeld von Menschenrechtsschutz und Migrationsdynamik, 2017, S. 85.

58 *Oltmer, Jochen:* Flucht, Vertreibung, Asyl: Gewaltmigration und Aufnahme von Schutzsuchenden im 20. und frühen 21. Jahrhundert, in: Oppelland, Torsten (Hrsg): Das Recht auf Asyl im Spannungsfeld von Menschenrechtsschutz und Migrationsdynamik, 2017, S. 85.

59 *Oltmer, Jochen:* Migration – Geschichte und Zukunft der Gegenwart, 2017, Kapitel 7, S. 131; wortgleich *Oltmer, Jochen:* Globale Migration – Geschichte und Gegenwart, 2012, Kapitel 5, S. 83; *Hoerder, Dirk/Lucassen, Jan/Lucassen, Leo*: Terminologien und Konzepte in der Migrationsforschung, in: Bade, Klaus J./Emmer, Pieter C./Lucassen, Leo/Oltmer, Jochen (Hrsg): Enzyklopädie Migration in Europa – Vom 17. Jahrhundert bis zur Gegenwart, 3. Auflage 2010, S. 43.

60 *Frings, Dorothee:* Flüchtlinge als Rechtssubjekte oder als Objekte gesonderter Rechte, in: Ghaderi, Cinur/Eppenstein, Thomas (Hrsg): Flüchtlinge – Multiperspektivische

Reich hervorgehende türkische Nationalstaat verdeutlichte seine Minderheitenfeindlichkeit im Völkermord an den Armeniern und im Umgang mit der kurdischen Minderheit, die infolgedessen die türkischen Gebiete verließ.[61] Ebenso wurden in den frühen 1920er Jahre zahlreiche Menschen veranlasst, infolge der Oktoberrevolution in Russland, Schutz in den angrenzenden europäischen Staaten zu suchen.[62]

Auch in der Zwischenkriegszeit des Ersten und Zweiten Weltkriegs fanden sich grenzüberscheitende europäische Fluchtbewegungen. Bedeutsam war dabei die Welle an Flüchtlingen des spanischen Bürgerkrieges im Jahr 1939. Die republikanischen Flüchtlinge des spanischen Bürgerkrieges hatten sich lange meist innerhalb des spanischen Gebietes bewegt, bevor sie schließlich nach Zusammenbruch der spanischen Republik insbesondere nach Frankreich flohen.[63]

Übertroffen wurde der Erste Weltkrieg in seinen Folgen vom zweiten globalen Konflikt und seinen Folgejahren. Der Zweite Weltkrieg beförderte Fluchtströme in erheblich größerer Dimension.[64] Diese Epoche gilt als „die größte Entwurzelung in der Geschichte"[65]. Die Kriegsjahre selbst zeigen vorwiegend Flucht und Vertreibung aus deutschen oder deutsch-besetzten Gebieten. In der Folgezeit der 1940er und 1950er Jahre nahm hingegen der Zustrom von Flüchtlingen nach

---

Zugänge, 2017, S. 97; *Nuscheler, Franz*: Internationale Migration – Flucht und Asyl, 2. Auflage 2004, Kapitel 2.1, S. 32.

61 *Nuscheler, Franz*: Internationale Migration – Flucht und Asyl, 2. Auflage 2004, Kapitel 2.1, S. 32; *Hofmann, Tessa*: Armenische Flüchtlinge in Frankreich seit dem Ersten Weltkrieg, in: Bade, Klaus J./Emmer, Pieter C./Lucassen, Leo/Oltmer, Jochen (Hrsg): Enzyklopädie Migration in Europa – Vom 17. Jahrhundert bis zur Gegenwart, 3. Auflage 2010, S. 380; *Löhr, Tillmann:* Die kinderspezifische Auslegung des völkerrechtlichen Flüchtlingsbegriffs, 2009, Kapitel I.A, S. 31.

62 *Nuscheler, Franz*: Internationale Migration – Flucht und Asyl, 2. Auflage 2004, Kapitel 2.1, S. 32; *Hofmann, Tessa*: Armenische Flüchtlinge in Frankreich seit dem Ersten Weltkrieg, in: Bade, Klaus J./Emmer, Pieter C./Lucassen, Leo/Oltmer, Jochen (Hrsg): Enzyklopädie Migration in Europa – Vom 17. Jahrhundert bis zur Gegenwart, 3. Auflage 2010, S. 380; *Löhr, Tillmann:* Die kinderspezifische Auslegung des völkerrechtlichen Flüchtlingsbegriffs, 2009, Kapitel I.A, S. 31.

63 *Oltmer, Jochen:* Migration – Geschichte und Zukunft der Gegenwart, 2017, Kapitel 7, S. 136; wortgleich *Oltmer, Jochen*: Globale Migration – Geschichte und Gegenwart, 2012, Kapitel 5, S. 87.

64 *Oltmer, Jochen:* Migration – Geschichte und Zukunft der Gegenwart, 2017, Kapitel 7, S. 144.

65 *Nuscheler, Franz*: Internationale Migration – Flucht und Asyl, 2. Auflage 2004, Kapitel 2.1, S. 32 f.

Europa, insbesondere aus den kommunistischen Ländern nach Westeuropa, stetig zu.[66]

Auf diese Epoche der Gewaltmigration in Europa folgte erneut eine Welle der Arbeitsmigration im Europa der 1950er Jahre. Innerhalb Europas wanderten die sogenannten ‚Gastarbeiter'.[67] Doch auch politisch motivierte Wanderungen aus der östlichen Hälfte Europas und seit den 1970er Jahren der ‚Dritten Welt' nach Westeuropa zeigten sich in Kontinentaleuropa.[68]

Die Anzahl der Schutzsuchenden in Europa, insbesondere in den westeuropäischen Staaten, nahm seit Mitte der 1970er Jahre erheblich zu. Die Zahl der Asylbewerber vervielfachte sich innerhalb Europas von nur 13 000 im Jahr 1973 auf über 600 000 im Jahr 1992.[69]

In den 1990er Jahren prägten die Kriege in Jugoslawien und dessen Zerfall die europäische Flüchtlingsthematik im besonderen Maße.[70] So sind schätzungsweise bis 1995 circa 3,7 Millionen Schutzsuchende im Kontext der Jugoslawien-Konflikte innerhalb der Region ausgewichen sowie von anderen Staaten Europas für unterschiedlich lange Zeiträume aufgenommen worden.[71]

---

66 *Boeles, Pieter/den Heijer, Maarten/Lodder, Gerrie/Wouters, Kees*: European Migration Law, 1. Auflage 2009, Kapitel I.1.2. S. 9.

67 Vgl. *Oltmer, Jochen:* Migration vom 19. bis zum 21. Jahrhundert – Enzyklopädie Deutscher Geschichte, 3. Auflage 2016, Kapitel I.6, S. 55.

68 *Münz, Rainer:* Phasen und Formen der europäischen Migration, in: Angenendt, Steffen (Hrsg): Migration und Flucht – Aufgaben und Strategien für Deutschland, Europa und die internationale Gemeinschaft, 1997, S. 41; *Boeles, Pieter/den Heijer, Maarten/Lodder, Gerrie/Wouters, Kees*: European Migration Law, 1. Auflage 2009, Kapitel I.1.2. S. 9; *Hoerder, Dirk/Lucassen, Jan/Lucassen, Leo*: Terminologien und Konzepte in der Migrationsforschung, in: Bade, Klaus J./Emmer, Pieter C./Lucassen, Leo/Oltmer, Jochen (Hrsg): Enzyklopädie Migration in Europa – Vom 17. Jahrhundert bis zur Gegenwart, 3. Auflage 2010, S. 44.

69 *Nuscheler, Franz*: Internationale Migration – Flucht und Asyl, 2. Auflage 2004, Kapitel 2.2, S. 34.

70 *Boeles, Pieter/den Heijer, Maarten/Lodder, Gerrie/Wouters, Kees*: European Migration Law, 1. Auflage 2009, Kapitel I.1.2. S. 9 f; *Goeke, Pascal:* Flüchtlinge aus dem ehemaligen Jugoslawien in Europa seit 1991, in: Bade, Klaus J./Emmer, Pieter C./Lucassen, Leo/Oltmer, Jochen (Hrsg): Enzyklopädie Migration in Europa – Vom 17. Jahrhundert bis zur Gegenwart, 3. Auflage 2010, S. 578.

71 vgl. *UNHCR:* The Global Report 2000, Stand 30. Juni 2001, Kapitel: Europe – South-Eastern Europe, S. 378 ff.; *Oltmer, Jochen:* Migration – Geschichte und Zukunft der Gegenwart, 2017, Kapitel 9, S. 203 f.; *Oltmer, Jochen:* Flucht, Vertreibung, Asyl: Gewaltmigration und Aufnahme von Schutzsuchenden im 20. und frühen 21. Jahrhundert,

Insgesamt bewegten sich die Flüchtlingszahlen in den Jahren 1990-1994 Schätzungen zufolge zwischen dem Höchststand von 20,5 Millionen im Jahr 1992 und 18,7 Millionen im Jahr 1994.[72]

Bis Ende des 20. Jahrhunderts fand das Migrationsgeschehen in Europa hauptsächlich zwischen den Staaten des europäischen Kontinents statt. Ausnahmen bildeten dabei lediglich die Türkei und Nordafrika. Zuwanderung aus West- und Südasien sowie aus dem subsaharischen Afrika kamen zwar durchaus vor, nahmen jedoch im absoluten Vergleich einen geringen Stellenwert ein.[73] Die Hauptlast der weltweiten Flüchtlingsbelastung verteilte sich unmittelbar in den Ursprungsländern sowie den angrenzenden Nachbarländern.[74] Durch die Lage in Syrien und gestiegenen Mobilitätsmöglichkeiten wurde zu Beginn des 21. Jahrhunderts auch Europa vermehrt Ziel von globalen Fluchtbewegungen.[75]

In den 2010er Jahren stieg die Anzahl der Schutzsuchenden in Europa, insbesondere in der EU, erneut stark an. Dabei rückten Schutzsuchende aus Syrien, Irak und vermehrt Afrika in den Vordergrund.[76] Dieser Anstieg der Anzahl an Schutzsuchenden wurde durch Kontroversen begleitet, die ihre Ankunft per Boot auslösten. Zwar wurde die Fluchtroute über das Meer nach Europa nicht zum ersten Mal von Schutzsuchenden gewählt,[77] allerdings setzten die Schutzsuchenden aus dem Nahen Osten und Afrika neue Maßstäbe bezüglich der Anzahl an Schutzsuchenden sowie der Strecke, die sie über das Mittelmeer zurücklegten.

---

in: Oppelland, Torsten (Hrsg): Das Recht auf Asyl im Spannungsfeld von Menschenrechtsschutz und Migrationsdynamik, 2017, S. 101.

72 *Oltmer, Jochen:* Migration – Geschichte und Zukunft der Gegenwart, 2017, Kapitel 9, S. 231 f.

73 *Münz, Rainer:* Phasen und Formen der europäischen Migration, in: Angenendt, Steffen (Hrsg): Migration und Flucht – Aufgaben und Strategien für Deutschland, Europa und die internationale Gemeinschaft, 1997, S. 43.

74 Nach den Statistiken des UNHCR sind derzeit die Hauptaufnahmeländer für Schutzsuchende – neben Deutschland und der Türkei – Kolumbien, Pakistan und Uganda, *UNHCR:* Refugee Data Finder, Key Indicators, Stand 18. Juni 2020, online abrufbar unter: https://www.unhcr.org/refugee-statistics/.

75 *Oltmer, Jochen:* Migration – Geschichte und Zukunft der Gegenwart, 2017, Kapitel 9, S. 234 ff.

76 Vgl. *Oltmer, Jochen:* Flucht, Vertreibung, Asyl: Gewaltmigration und Aufnahme von Schutzsuchenden im 20. und frühen 21. Jahrhundert, in: Oppelland, Torsten (Hrsg): Das Recht auf Asyl im Spannungsfeld von Menschenrechtsschutz und Migrationsdynamik, 2017, S. 107.

77 Flüchtlinge des Jugoslawienkonflikts überquerten bereits in den 1990er das Mittelmeer, um Schutz in Italien zu suchen.

Zur Hochzeit der Krise 2015 wurden bis zu 1,3 Millionen Asylanträge im Raum der europäischen Union gestellt, 2017 waren es noch ca. 685 000 Anträge.[78] Diese Zahlen erfassen ausschließlich die Anzahl der tatsächlich gestellten Schutzanträge. Die Schätzung umfassender Flüchtlingszahlen – inbegriffen solcher, die keine Schutzanträge stellten – reichen zum Beispiel bis zu 21,3 Millionen Flüchtlinge im Jahr 2016.[79]

Die in Folge dieses erheblichen Anstiegs an Schutzsuchenden neu eingesetzten Maßnahmen zur Steuerung dieser Ströme, wie zum Beispiel das Abkommen mit der Türkei,[80] führten zu einem Rückgang der Zahlen.[81]

3. Flucht als Problematik in Australien

Die australische Flucht- und Migrationsgeschichte verdeutlicht in besonderer Weise die spezifischen Umstände, die Australien in diesem Fall auszeichnen – die faktische Abgeschiedenheit als Insel ohne direkte Festlandgrenzen zu anderen Staaten. Eine Flucht oder Migration nach Australien erfordert immer das Überwinden einer Wassergrenze. Dadurch ist der Zugang zum australischen Staatsgebiet durch staatliche Behörden kontrollier- und steuerbar; der Zugang ist nur mittels Flugzeugs oder Boots möglich. Diese besondere Möglichkeit für die staatliche Kontrolle und Steuerung der Flucht- und Migrationsbewegung prägen die gesamte Geschichte der Fluchtbewegung nach Australien im besonderen Maße. Auch aus australischer Perspektive gebietet sich eine Zusammenschau der Flucht- und Einwanderungsgeschichte.

Das heutige Australien war und ist nach wie vor ein Einwanderungsland. Es fördert sein Bevölkerungswachstum durch Einwanderung.[82]

---

78 *Europäische Kommission:* Fortschrittsbericht über die Umsetzung der Europäischen Migrationsagenda, Mitteilung der Kommission an das Europäische Parlament, den Europäischen Rat und den Rat, vom 14. März 2018, COM(2018) 250 final, S. 1; *Engler, Marcus:* Europäische Asyl- und Flüchtlingspolitik seit 2015 – eine Bilanz, Bundeszentrale für politische Bildung, 11. Mai 2019.

79 *Oltmer, Jochen:* Migration – Geschichte und Zukunft der Gegenwart, 2017, Kapitel 9, S. 231 f.

80 Dazu ausführlich Kapitel F.I.2.c.bb.

81 *Europäische Kommission:* Fortschrittsbericht über die Umsetzung der Europäischen Migrationsagenda, Mitteilung der Kommission an das Europäische Parlament, den Europäischen Rat und den Rat, vom 14. März 2018, COM(2018) 250 final, S. 1.

82 Ca. 30% der derzeitigen Bevölkerungszahl wurde außerhalb Australiens geboren, vgl. *Losoncz, Ibolya*: The Structural and Institutional Exclusion of Refugees in Australia,

Die ersten Kolonien Australiens seit 1788 waren geprägt von ‚weißen Siedlern' europäischen Ursprungs. Als Kolonien der britischen Krone wurden einst britische Strafgefangene nach Australien verschifft. Ihnen folgten ‚weiße', gemeint sind damit europäische Siedler auf der Suche nach einer besseren Zukunft.[83] Bereits ab Mitte des 19. Jahrhunderts wurden Gesetze in den einzelnen australischen Kolonien erlassen, die einen restriktiven Zugang, insbesondere für chinesische Migranten, vorsahen. So sollte vor allem die Ankunft chinesischer Goldminenarbeiter verhindert werden, die den weißen Siedlern bezüglich des Goldabbaus Konkurrenz machten.[84] Diese restriktive Haltung gegenüber Migranten anderer Herkunft, insbesondere asiatischer Herkunft, verfestigte sich mit der folgenden ‚White Australia'-Politik und war mitunter ein zentraler Erwägungspunkt bei der Gründung der von der britischen Krone unabhängigen australischen Föderation.[85]

1901 erklärte sich der Commonwealth of Australia unabhängig von der britischen Krone. Die Regelung von Zuwanderung in das australische Gebiet fiel nunmehr in den alleinigen Machtbereich des neuen Staates Australien.[86] Bereits im selben Jahr wurde der Immigration Restriction Act 1901[87] erlassen. Zunächst wurde die sehr restriktive ‚White Australia'-Politik weiterbetrieben. Dieses Grundverständnis eines ‚weißen Australiens' konnte auch nach den beiden Weltkriegen migrationspolitisch erfolgreich fortgesetzt werden.[88] In Folge des

---

in: Garnier, Adèle/Jubilut, Liliana Lyra/Bergtora Sandvik, Kristin (Hrsg): Refugee Resettlement – Power, Politics, and Humanitarian Governance, 2018, S. 142.

83 *Saunders, Cheryl*: The Constitution of Australia – A contextual Analysis, 2011, Kapitel 1.I.A, S. 1 f.

84 *Clark, David*: Introduction to Australian Public Law, 5. Auflage 2016, Kapitel 12, Rn. 12.16, S. 302.

85 *Clark, David*: Introduction to Australian Public Law, 5. Auflage 2016, Kapitel 12, Rn. 12.17, S. 302; *Chappell, Louise/Chesterman, John/Hill, Lisa*: The Politics of Human Rights in Australia, 2009, Kapitel 7, S. 196; *Keeley, Brian*: Internationale Migration – Die menschliche Seite der Globalisierung, 2010, Kapitel 2, S. 25.

86 Siehe Commonwealth of Australia Constitution Act (The Constitution), vom 09. Juli 1900, in der Version der Zusammenstellung vom 04. September 2013, Art. 51 (xxvii) welcher die Gesetzgebungskompetenz dem australischen Parlament einräumt.

87 Immigration Restriction Act 1901, No. 17 of 1901 vom 23. Dezember 1901, An Act to place certain restrictions on Immigration and to provide for the removal from the Commonwealth of prohibited Immigrants, war bis zum 1. Juni 1959 in Kraft und wurde vom Migration Act 1958 abgelöst.

88 *Chappell, Louise/Chesterman, John/Hill, Lisa*: The Politics of Human Rights in Australia, 2009, Kapitel 7, S. 196 f.

Zweiten Weltkrieges nahm Australien unzählige europäische Schutzsuchende und Migranten auf. Motivation dabei waren nicht ausschließlich nur der humanitäre Gedanke, sondern auch eigennützige, wirtschaftspolitische Erwägungen.[89] Vor allem mit Blick Richtung Japan galt die Devise „populate or perish".[90] Die Aufnahme europäischer Schutzsuchender und Migranten erfolgte dabei jedoch gezielt und kontrolliert mittels Umsiedlungsprogrammen.[91] Es folgten Jahre einer sehr selektiven Migrationspolitik, die vereinzelt auch den Zugang für nicht-europäische Migranten und Flüchtlingen zuließ, jedoch nach wie vor von dem Bestreben der Beibehaltung einer homogenen, ‚weißen' Gesellschaft geprägt war.[92] Der Zugang nach Australien für Flüchtlinge und Migranten war dabei eine von staatlicher Seite kontrollierte und regulierte Angelegenheit. Australien stellte spezifische Anforderungen an die Migrationswilligen, wie etwa die Forderung einer hohen Berufsqualifizierung und hinreichende Sprachkenntnisse, insbesondere im Fall von asiatischen Migranten.[93]

Die erste unmittelbare Konfrontation Australiens mit der unregulierten Ankunft von Schutzsuchenden erfolgte im Jahr 1976. Dem Krieg in Vietnam (1955-1975) entfliehend, waren diese Schutzsuchenden die ersten, die australisches Gebiet ohne vorherige Zulassung oder Kontrollen durch australische Behörden erreichten.[94] Die Aufnahme der ersten mittels Boot ankommenden Schutzsuchenden stieß überwiegend auf humanitäres Verständnis der australischen Politik und Bevölkerung.[95] Diese zunächst gezeigte Offenheit zugunsten

---

89 *Chappell, Louise/Chesterman, John/Hill, Lisa:* The Politics of Human Rights in Australia, 2009, Kapitel 7, S. 196 f.

90 *Chappell, Louise/Chesterman, John/Hill, Lisa:* The Politics of Human Rights in Australia, 2009, Kapitel 7, S. 197; *Biedermann, Bettina:* Migration und Integration, in: Biedermann, Bettina /Dieter, Heribert (Hrsg): Länderbericht Australien, Bundeszentrale für politische Bildung, Bonn 2012, S. 251.

91 *Chappell, Louise/Chesterman, John/Hill, Lisa:* The Politics of Human Rights in Australia, 2009, Kapitel 7, S. 197; *Germov, Roz/Motta, Francesco*: Refugee Law in Australia, 2003, Kapitel 2, S. 32 f.

92 *McMaster, Don*: Asylum Seekers – Australia's Response to Refugees, 2001, Kapitel 3, S. 48.

93 *McMaster, Don:* Asylum Seekers – Australia's Response to Refugees, 2001, Kapitel 3, S. 48.

94 *Chappell, Louise/Chesterman, John/Hill, Lisa:* The Politics of Human Rights in Australia, 2009, Kapitel 7, S. 197.

95 *Chappell, Louise/Chesterman, John/Hill, Lisa:* The Politics of Human Rights in Australia, 2009, Kapitel 7, S. 197; *McMaster, Don:* Asylum Seekers – Australia's Response to Refugees, 2001, Kapitel 3, S. 54.

der ersten Boat People flachte jedoch mit der Ankunft weiterer Boote ab.[96] Politik und Medien sprachen bald von einer Flut an Booten.[97] Im Verhältnis zu den gesamten Flüchtlingszahlen des Vietnamkrieges floh tatsächlich nur ein kleiner Teil als Boat People nach Australien.[98]

1989 erreichte eine zweite Welle an Booten mit Schutzsuchenden, diesmal dem Konflikt in Kambodscha entfliehend, australisches Hoheitsgebiet. Im Unterschied zu den vietnamesischen Schutzsuchenden war die Politik um die Aufnahme und Unterstützung kambodschanischer Schutzsuchender zurückhaltender.[99]

Ab Mitte der 1990er Jahre stieg die Anzahl der nun sogenannten ‚unautorisierten Boote' mit Boat People an Bord, die Australien erreichten, erneut an. Diesmal suchten Menschen vorwiegend aus dem Mittleren Osten, insbesondere Irak und Afghanistan, auf diese Weise Schutz und Sicherheit in Australien.[100]

Im Jahr 2001 erfuhr Australien seine bis dahin wohl größte Kontroverse in seiner Flüchtlingsgeschichte[101] – die Tampa-Affäre. Dieses Ereignis sorgte auf internationaler Ebene für Kontroversen und sollte der Auslöser für eine neue, restriktive australische Einwanderungspolitik, insbesondere hinsichtlich unautorisierter Einreise mittels Booten, sein.

Am 26. August 2001 geriet ein Holzfischerboot circa 140 km nördlich der australischen Christmas Island in Seenot.[102] Die Christmas Island befindet sich

---

96 *Nuscheler, Franz*: Internationale Migration – Flucht und Asyl, 2. Auflage 2004, Kapitel 5.5, S. 68.

97 *McMaster, Don*: Aslyum Seekers – Australia's Response to Refugees, 2001, Kapitel 3, S. 52.

98 *Chappell, Louise/Chesterman, John/Hill, Lisa*: The Politics of Human Rights in Australia, 2009, Kapitel 7, S. 197; *McMaster, Don*: Asylum Seekers – Australia's Response to Refugees, 2001, Kapitel 3, S. 54; Der größte Anteil der australischen Beteiligung bei der Umsiedlung und Aufnahme der Flüchtlinge erfolgte im Rahmen des Resettlement-Programm.

99 *Chappell, Louise/Chesterman, John/Hill, Lisa*: The Politics of Human Rights in Australia, 2001, Kapitel 7, S. 198; *Crock, Mary/Saul, Ben/Dastyari, Azadeh*: Future Seekers II – Refugees and Irregular Migration in Australia, 2006, Kapitel 3, S. 36.

100 *Chappell, Louise/Chesterman, John/Hill, Lisa*: The Politics of Human Rights in Australia, 2009, Kapitel 7, S. 198 f.

101 *Chappell, Louise/Chesterman, John/Hill, Lisa*: The Politics of Human Rights in Australia, 2009, Kapitel 7, S. 199.

102 Für die ganzen Ausführungen zur Tampa-Affäre: Fakten zum Federal Court of Australia, Urteil: Victorian Council for Civil Liberties Incorporated vs. Minister for Immigration & Multicultural Affairs (& Summary) (Tampa Decision), [2001] FCA 1297, vom 11. September 2001.

im Indischen Ozean, nächstgelegen zu den indonesischen Inseln. Das Boot war mit 433 Personen, hauptsächlich aus Afghanistan, besetzt. Als das Boot unterzugehen drohte, forderten die alarmierten australischen Behörden den in der Nähe befindlichen Frachter MV Tampa zur Seenotrettung auf. Die MV Tampa fuhr unter norwegischer Flagge und nahm alle in seenotbefindlichen Personen auf. Der Kapitän der MV Tampa beabsichtigte zunächst, die Geretteten nach Indonesien zu bringen. Er wurde jedoch von den Geretteten derart unter Druck gesetzt, dass er den Kurs änderte und fortan die australische Christmas Island ansteuerte. Australien verweigerte die Einfahrt in australisches Hoheitsgewässer. Die MV Tampa ging unmittelbar vor australischem Hoheitsgewässer schließlich vor Anker, wobei der Kapitän mitteilte, dass mehrere Krankheitsfälle an Bord vorlägen. Die australischen Behörden schlossen den Hafen auf Christmas Island und untersagten die Anfahrt anderer Boote an die MV Tampa. Zudem drohten die australischen Behörden dem Kapitän bei Verstoß gegen das Einfahrtsverbot eine strafrechtliche Verfolgung wegen Menschenschmuggels an.[103] Nach drei Tagen vor Anker fuhr die MV Tampa gleichwohl in australisches Gewässer ein und wurde umgehend von australischen Streitkräften festgesetzt.[104] Australien verweigerte die Annahme von Asylanträgen, vereinbarte stattdessen, dass für die Bearbeitung der Anträge sowie die Aufnahme Schutzberechtigter der UNHCR sowie die australischen Nachbarstaaten Neuseeland, Papua-Neuguinea und Nauru die Zuständigkeit übernahmen.[105]

In der Folge der Tampa-Affäre verschärfte Australien seine Politik in Flüchtlings- und Asylangelegenheiten. Zwar finden sich nach wie vor Schiffe auf dem Seeweg, insbesondere mit Flüchtlingen aus dem Mittleren Osten, nach Australien, allerdings erreichen sie in Folge der nunmehr geltenden australischen Mechanismen faktisch nie australisches Gebiet.

---

103 *Crock, Mary/Berg, Laurie:* Immigration, Refugees and Forced Migration – Law, Policy and Practice in Australia, 2011, Kapitel 4, Rn. 4.33, S. 90.

104 Fakten zum Federal Court of Australia, Urteil: Victorian Council for Civil Liberties Incorporated vs. Minister for Immigration & Multicultural Affairs (& Summary) (Tampa Decision), [2001] FCA 1297, vom 11. September 2001.

105 *Crock, Mary/Berg, Laurie:* Immigration, Refugees and Forced Migration – Law, Policy and Practice in Australia, 2011, Kapitel 4, Rn. 4.34 S. 90; *Crock, Mary/Saul, Ben/Dastyari, Azadeh:* Future Seekers II – Refugees and Irregular Migration in Australia, 2006, Kapitel 1, S. 6.

4. Zwischenfazit

Die vorhergehenden Ausführungen lassen sich wie folgt zusammenfassen:

- Fluchtbewegungen kennen weder zeitliche noch örtliche Beschränkungen. Sie sind eine globale Problematik, die in allen Regionen der Welt auftreten, in ihrer Intensität zuweilen anschwellen, um dann wieder abzuschwellen.
- Die Ausformung der jeweiligen Fluchtbewegungen änderte sich im Laufe ihrer Entwicklung. Während zunächst hauptsächlich politische und gesellschaftliche Gründe Flucht verursachten, begründen nunmehr immer häufiger auch Auswirkung von wirtschaftlichen Verhältnissen oder Klimaveränderungen Fluchtbewegungen. Zudem erweiterte sich in den letzten Jahren der Radius der auf der Flucht zurückgelegten Distanzen der Schutzsuchenden.
- Im Unterschied zu Australien war das Gebiet der EU in der Vergangenheit selbst Herkunftsgebiet von Schutzsuchenden. Zwischen diesen (europäischen) Flüchtlingen und den aufnehmenden europäischen Staaten bestand daher in der Vergangenheit enge durch die Nachbarschaft geprägte gesellschaftliche und kulturelle Verbundenheit.
- Fluchtbewegungen nach Australien erfolgten stets aus Gebieten außerhalb des australischen Staatsgebietes und unterliegen seit jeher einer starken Kontrolle durch die australische Regierung.

Die Betrachtung der Entwicklung der regionalen Fluchtbewegungen in der EU und in Australien verdeutlichen, was ebenso auf globaler Ebene Gültigkeit besitzt: Fluchtbewegungen erscheinen in der Historie immer wieder und gleichen in ihrem Verlauf einer Wellenform. Dabei verdeutlicht sich ebenso eine Entwicklung in den Ursachen für Fluchtbewegungen. Während zunächst zu Beginn des 20. Jahrhunderts vornehmlich politische Aspekte eine Flucht begründen, sind Fluchtbewegungen der heutigen Zeit, insbesondere aus den afrikanischen Gebieten, auch auf wirtschaftliche Gründe – zuweilen bedingt durch klimatische Veränderungen – zurückzuführen.

In jüngster Zeit verlieren die Fluchtbewegungen immer mehr an unmittelbarer regionaler Begrenzung. So nehmen Schutzsuchende, denen finanzielle Möglichkeiten zur Verfügung stehen, immer weitere Distanzen auf sich, um Schutz in anderen, weiter entfernt liegenden Staaten zu suchen.

Während Australien und die EU-Staaten daher zunächst hauptsächlich von Fluchtproblematiken betroffen waren, die in ihrer unmittelbaren Nähe entstanden sind, entstehen in jüngster Vergangenheit auch Herkunftsgebiete von Schutzsuchenden, die in ihrer Fluchtbewegung sowohl Auswirkung auf die EU wie auch auf Australien haben; so zum Beispiel Schutzsuchende aus Afghanistan, dem Iran oder dem Irak, die entweder nach Australien oder in die EU fliehen.

Ein wesentlicher Unterschied in der Geschichte der Fluchtproblematik in Europa, respektive der EU, und Australien ist die Richtung der Fluchtbewegung. Australien war bisher ausschließlich Zielland von Fluchtbewegungen. In Europa bzw. in den Staaten der Europäischen Union lag in der Vergangenheit oftmals selbst die Ursache der Vertreibung und damit der Ausgangspunkt von Fluchtbewegungen. Insbesondere zu nennen sind dabei die beiden Weltkriege sowie der Jugoslawien- bzw. Kosovokrieg. Dies könnte ein Erwägungsansatz hinsichtlich der unterschiedlichen Behandlung von Fluchtbewegungen sein; der europäische Ansatz ist geprägt durch eigene Erfahrung der Flucht und Vertreibung.

Fluchtbewegungen nach Australien hingegen unterliegen seit jeher einer starken Kontrolle durch die australische Regierung und ihrer Behörden. Dies zeigt sich insbesondere darin, dass Australien schon zur Zeit der Fluchtbewegung in Folge des Zweiten Weltkrieges ein Umsiedlungsprogamm von Schutzsuchenden nach Australien betrieb und nach wie vor betreibt, das der ausschließlichen Kontrolle durch die australische Regierung unterliegt.

II. Entwicklung der Flüchtlingspolitik

Auf jede Welle eines neuen „Flüchtlingsstromes“ folgten und folgen Reaktionen in Gesellschaft und Politik. Oftmals widersprechen sich dabei die Zielrichtungen der unterschiedlichen Reaktionen. Auf der einen Seite werden eine stärkere Steuerung der Fluchtbewegungen und Kontrollen für den Zugang zum Staatsgebiet gefordert. Dem gegenüber steht die Forderung nach Schutz und einem würdigen Umgang mit den Flüchtlingen. Dies verdeutlicht die Kernproblematik, die dem Flüchtlingsrecht und der Politik dazu innewohnt: Die Souveränität und der Schutz der Staaten hinsichtlich ihrer Funktionalität und Kontrolle über ihr Staatsvolk und Staatsgebiet stehen dem Schutz eines (einzelnen) Individuums gegenüber. Zu einer „Krise“ kommt es dabei dann, wenn die Individuen in Massen auftreten.

Schutzsuchende durchbrechen die Struktur der Schutzverpflichtung eines Staates gegenüber seinen eigenen Staatsbürgern, da sie sich außerhalb ihres angestammten Gebietes aufhalten, den Schutz ihres Heimatstaates nicht in Anspruch nehmen können bzw. wollen und ausdrücklich den Schutz eines anderen Staates und nicht ihres Heimatstaates aufsuchen.[106]

---

106 Vgl. Definition eines Flüchtlings in Art. 1 GFK; *Frings, Dorothee:* Flüchtlinge als Rechtssubjekte oder als Objekte gesonderter Rechte, in: Ghaderi, Cinur/Eppenstein,

Das vorliegende Verständnis des Begriffes der ‚Flüchtlingspolitik' umfasst sowohl Mechanismen zum Schutze der Individuen sowie Abwehrmaßnahmen der Staaten gegen einen unkontrollierten Zulauf dieser Individuen in das Staatsgebiet. Im Folgenden wird die Entwicklung dieser Politik auf den einzelnen Ebenen – global (1), europäisch (2) und sodann australisch (3) – dargestellt. Die Darstellungen erheben keinen Anspruch darauf, umfassende bzw. abschließende Zusammenfassungen jeglicher politischen Maßnahmen, die Flucht, Migration und Asyl betreffen, wiederzugeben. Vielmehr sollen diese Entwicklungen der Flüchtlingspolitik umrissen werden, die für die Fragestellung dieser Bearbeitung relevant sind.

1. Entwicklung der globalen Flüchtlingspolitik

Ebenso wie die Flüchtlingsbewegungen an sich wurzelt das Verständnis für den notwendigen Schutz und die Steuerung dieser besonderen Personengruppe und für die diesbezügliche Politik in der Vergangenheit. Ein definierter Ursprung einer Flüchtlingspolitik sowie des Flüchtlingsschutzes ist schwerlich festzumachen. Vielmehr ist die Gewährung von Schutz für Flüchtlinge eine Tradition diverser gesellschaftlicher Strukturen. Nahezu jede historische Epoche und ihre Gesellschaften entwickelten Schutzmechanismen für Individuen, die als Vorläufer heutiger Schutz-, Steuerungs- oder Abwehrmechanismen gesehen werden können.[107]

Die Aufnahme eines Schutzsuchenden galt in ihrem geschichtlichen Verlauf zunächst nicht als subjektives Recht des Schutzsuchenden selbst, sondern war ein zwischenstaatliches Recht der staatlichen Völkerrechtssubjekte. Es war geprägt durch den Widerstreit zwischen der Personalhoheit, also dem Recht der Staaten, über ihre Angehörigen zu bestimmen, und der Gebietshoheit, dem Recht der Staaten, über die Vorgänge auf ihrem Gebiet ohne äußere Einwirkungen von Dritten zu entscheiden.[108]

Thomas (Hrsg): Flüchtlinge – Multiperspektivische Zugänge, 2017, S. 96 f.

107 *Kleist, J. Olaf*: The History of Refugee Protection: Conceptual and Methodological Challenges, Journal of Refguee Studies, 2017, Vol. 30, Nr. 2, S. 162 f.

108 *Frings, Dorothee*: Flüchtlinge als Rechtssubjekte oder als Objekte gesonderter Rechte, in: Ghaderi, Cinur/Eppstein, Thomas (Hrsg): Flüchtlinge – Multiperspektivische Zugänge, 2017, S. 96 f.; vgl. ebenso *Kau, Marcel*: Der Staat und der Einzelne als Völkerrechtssubjekt, in: Vitzthum, Wolfgang Graf/Proelß, Alexander (Hrsg): Völkerrecht, 8. Auflage 2019, 3. Abschnitt, Kapitel III.4.b), Rn. 301, S. 299; *Kälin, Walter/Künzli, Jörg*: Universeller Menschenrechtsschutz – Der Schutz des Individuums auf globaler und regionaler Ebene, 4. Auflage 2019, Kapitel 18.V.2, Rn. 18.70, S. 645.

Eine global koordinierte Flüchtlingspolitik, die sowohl Schutz- als auch Abwehrmaßnahmen umfasste, entstand erst zu Beginn des 20. Jahrhunderts.[109] Das gegenwärtige Flüchtlingsregime ist ein Phänomen der Nachkriegszeit der beiden Weltkriege, insbesondere des Zweiten Weltkriegs.[110]

a. *Ad hoc-Maßnahmen zur Bewältigung der Fluchtbewegungen in Folge des Ersten Weltkriegs*

Der Auftakt des 20. Jahrhunderts war geprägt durch den Ausbruch des Ersten Weltkriegs (1914–1918) und infolgedessen von den ersten enormen Fluchtbewegungen der Neuzeit. Zahllose Menschen wurden aus ihrer bisherigen Heimat vertrieben oder zwangsumgesiedelt. In diesem Zusammenhang wurde die Notwendigkeit des besonderen Schutzes der von dieser Gewaltmigration betroffenen Personen erkannt. Diverse Regime auf internationaler, regionaler, nationaler und lokaler Ebene wurden zum vorübergehenden Schutz der Flüchtlinge etabliert.[111]

Die internationale Staatengemeinschaft erkannte, dass die effektive Gewährung von Schutz zugunsten des Einzelnen nicht nur dem Verantwortungsbewusstsein eines einzelnen Nationalstaates entspringen könne, sondern in den Rahmen internationaler Verantwortung übertragen werden sollte.[112]

---

109 *Skran, Claudena:* Historical Development of International Refugee Law, in: Zimmermann, Andreas (Hrsg): The 1951 Convention Relating to the Status of Refugees and its 1967 Protocol – A Commentary, 2011, Kapitel A, Rn. 2 S. 6; *Frings, Dorothee:* Flüchtlinge als Rechtssubjekte oder als Objekte gesonderter Rechte, in Ghaderi, Cinur/ Eppenstein, Thomas (Hrsg): Flüchtlinge – Multiperspektivische Zugänge, 2017, S. 97 sieht den Beginn der Geschichte der internationalen Flüchtlingshilfe in der Gründung des Völkerbundes.

110 *Kleist, J. Olaf:* The History of Refugee Protection: Conceptual and Methodological Challenges, Journal of Refguee Studies, 2017, Vol. 30, Nr. 2, S. 162.

111 *Oltmer, Jochen:* Flucht, Vertreibung, Asyl: Gewaltmigration und Aufnahme von Schutzsuchenden im 20. und frühen 21. Jahrhundert, in: Oppelland, Torsten (Hrsg): Das Recht auf Asyl im Spannungsfeld von Menschenrechtsschutz und Migrationsdynamik, 2017, S. 78; *UNHCR:* An Introduction to International Protection – Protecting persons of concern to UNHCR, Self-study module 1, 1. August 2005, S. 5; *Klug, Anja:* Regional Developments: Europe, in: Zimmermann, Andreas (Hrsg): The 1951 Convention Relating to the Status of Refugees and its 1967 Protocol – A Commentary, 2011, Kapitel A, Rn. 1, S. 120.

112 *Endres de Oliveira, Pauline* in: Huber, Bertold/Eichenhofer, Johannes/Endres de Oliveira, Pauline: Aufenthaltsrecht, 1. Auflage 2017, Teil 4. Grundzüge des Asyl- und Flüchtlingsrechts, Kapitel A.1, Rn. 1709, S. 463.

In der Folge des Ersten Weltkrieges und dessen Auswirkungen wurde 1920 der Völkerbund gegründet. Der Völkerbund entwickelte zunächst sogenannte ‚ad hoc-Maßnahmen', die Anwendung auf konkret bestehende Fluchtproblematiken und abgrenzbare Personengruppen fanden.[113] 1921 wurde der Norweger Fridtjof Nansen (geboren 1861, gestorben 1930) zum ersten Hochkommissar für Flüchtlinge bestellt. Seine erste Mission betraf den Schutz von russischen und armenischen Schutzsuchenden, die aus den Gebieten des ehemaligen russischen Zarenreiches bzw. des Osmanischen Reiches geflohen waren.[114] Nansen führte den Schutzmechanismus der Ausstellung von Personenausweisen sowie Reiseunterlagen ein.[115] 1933 wurde eine erste internationale Flüchtlingskonvention[116] verfasst, welche sich ausschließlich auf die bisher durch die ad hoc-Maßnahmen des Völkerbunds definierten und geschützten Personengruppen bezog.[117] Ihre Wirkung auf universeller Ebene war jedoch begrenzt, da ihr nur acht Staaten beitraten.[118]

---

113 *Einarsen, Terje:* Drafting History of the 1951 Convention and the 1967 Protocol, in: Zimmermann, Andreas (Hrsg): The 1951 Convention Relating to the Status of Refugees and its 1967 Protocol – A Commentary, 2011, Kapitel B.III, Rn. 9, S. 43.

114 *Einarsen, Terje:* Drafting History of the 1951 Convention and the 1967 Protocol, in: Zimmermann, Andreas (Hrsg): The 1951 Convention Relating to the Status of Refugees and its 1967 Protocol – A Commentary, 2011, Kapitel B.III, Rn. 9, S. 43; *Hobe, Stephan*: Einführung in das Völkerrecht, 10. Auflage 2014, Kapitel 11.5, S. 440.

115 *Einarsen, Terje:* Drafting History of the 1951 Convention and the 1967 Protocol, in: Zimmermann, Andreas (Hrsg): The 1951 Convention Relating to the Status of Refugees and its 1967 Protocol – A Commentary, 2011, Kapitel B.III, Rn. 9, S. 43; *Hobe, Stephan:* Einführung in das Völkerrecht, 10. Auflage, Kapitel 11.5, S. 440.

116 Convention of 28 October, 1933 relating to the International Status of Refugees, League of Nations (1933 Convention), Treaty Series Vol. CLIX No. 3663.

117 Vgl. Art. 1 Convention of 28 October, 1933 relating to the International Status of Refugees, League of Nations (1933 Convention), Treaty Series Vol. CLIX No. 3663; *Einarsen, Terje:* Drafting History of the 1951 Convention and the 1967 Protocol, in: Zimmermann, Andreas (Hrsg): The 1951 Convention Relating to the Status of Refugees and its 1967 Protocol – A Commentary, 2011, Kapitel B.III, Rn. 10, S. 44, namentlich Flüchtlinge russischen, armenischen, assyrischen, assyro-chaldean, syrischen, kurdischen und türkischen Ursprungs.

118 Vertragsstaaten waren Belgien, Bulgarien, Dänemark, Frankreich, Großbritannien mit Nordirland, Italien, Norwegen und die Tschechoslowakei, siehe Convention of 28 October, 1933 relating to the International Status of Refugees, League of Nations (1933 Convention), Treaty Series Vol. CLIX No. 3663; *Goodwin-Gill, Guy S./McAdam, Jane:* The Refugee in International Law, 3. Auflage 2007, Kapitel 5.1, S. 202.

b. *Der UNHCR, die Genfer Flüchtlingskonvention und andere Mechanismen in Folge des Zweiten Weltkriegs*

Die unvorstellbar große Anzahl an Flüchtlingen in Folge des Zweiten Weltkrieges erforderte neue Mechanismen zur Bewältigung dieser Problematik. Das internationale Verständnis zur Bewältigung von Problematiken rund um Fluchtmigration veränderte sich von nationalstaatlichen Ansätzen hin zu universell gemeinschaftlichen Ansätzen, die auch den Schutz des Einzelnen erfassten; die neuen Ansätze zeigten sich deutlich visionärer als zuvor.[119]

Die Gründung der Vereinten Nationen 1945 verdeutlichte die neue Zielsetzung auf universeller Ebene, dass Menschenrechte zu schützen und zu wahren sind. Dies wird in der Charta der Vereinten Nationen (UN-Charta) aufgeführt.[120] Die Erkenntnis der Notwendigkeit einer globalen und kooperativen Zusammenarbeit zur Bewältigung der europäischen Flüchtlingsproblematik manifestierte sich in der Gründung der International Refugee Organization (IRO) im Jahr 1946.[121] Erklärtes Ziel der IRO war die Unterstützung der Schutzsuchenden bei ihrer freiwilligen Rückkehr in ihr Heimatland, bei der Integration im Zufluchtsland oder bei der Neusiedlung (Resettlement) in einem Drittland.[122] Das Resettlement setzte dabei vor allem auf eine langfristige Eingliederung der Schutzsuchenden in das Aufnahmeland und wurde regelmäßig angestrebt.[123] Folglich wurde von der IRO ein Resettlement-Programm gegründet und betrieben, mit welchem den in Folge des Zweiten Weltkriegs Vertriebenen eine

---

119 *Einarsen, Terje:* Drafting History of the 1951 Convention and the 1967 Protocol, in: Zimmermann, Andreas (Hrsg): The 1951 Convention Relating to the Status of Refugees and its 1967 Protocol – A Commentary, 2011, Kapitel B.IV, Rn. 13, S. 45.

120 *Einarsen, Terje:* Drafting History of the 1951 Convention and the 1967 Protocol, in: Zimmermann, Andreas (Hrsg): The 1951 Convention Relating to the Status of Refugees and its 1967 Protocol – A Commentary, 2011, Kapitel B.IV, Rn. 13, S. 45.

121 Präambel Convention of 28 October, 1933 relating to the International Status of Refugees, League of Nations (1933 Convention), Treaty Series Vol. CLIX No. 3663; *Einarsen, Terje:* Drafting History of the 1951 Convention and the 1967 Protocol, in: Zimmermann, Andreas (Hrsg): The 1951 Convention Relating to the Status of Refugees and its 1967 Protocol – A Commentary, 2011, Kapitel B.IV, Rn. 14, S. 45.

122 *Einarsen, Terje:* Drafting History of the 1951 Convention and the 1967 Protocol, in: Zimmermann, Andreas (Hrsg): The 1951 Convention Relating to the Status of Refugees and its 1967 Protocol – A Commentary, 2011, Kapitel B.IV, Rn. 14, S. 45 f.

123 *Einarsen, Terje:* Drafting History of the 1951 Convention and the 1967 Protocol, in: Zimmermann, Andreas (Hrsg): The 1951 Convention Relating to the Status of Refugees and its 1967 Protocol – A Commentary, 2011, Kapitel B.IV, Rn. 14, S. 45 f.

Auswanderung ermöglicht werden sollte. Zielländer waren dabei neben den USA, Australien und Kanada ebenso Frankreich und Großbritannien.[124]

Die IRO wurde 1951 durch die neu geschaffene Institution des Hochkommissars für Flüchtlinge (UNHCR) ersetzt. Die Flüchtlingsproblematik sollte damit in ein noch globaleres Licht und eine internationale Zuständigkeit gerückt werden.[125] Dem UNHCR wurde aufgrund Kapitel I Ziffer 1 der Satzung des UNHCR[126] die Aufgabe übertragen,

> „unter der Schirmherrschaft der Vereinten Nationen für den internationalen Schutz der Flüchtlinge zu sorgen, die in den Geltungsbereich dieser Satzung fallen, und Dauerlösungen des Flüchtlingsproblems anzustreben, indem er die Regierungen und vorbehaltlich der Genehmigung der betreffenden Regierungen, Privatorganisationen darin unterstützt, die freiwillige Repatriierung dieser Flüchtlinge oder deren Eingliederung in neue staatliche Gemeinschaften zu erleichtern."

Das Mandat des UNHCR wurde zunächst eng auf die Unterstützung von Schutzsuchenden begrenzt, welche in Kapitel I Ziffer 6 und 7 der Satzung des UNHCR als sogenannte ‚Mandatsflüchtlinge' definiert werden.[127] Neben dieser Ausformulierung des Mandats des UNHCR enthielt die Satzung die Vorgabe, dass die Tätigkeit des UNHCR völlig unpolitisch, humanitär und sozial sein soll.[128]

Über die Jahre erweiterte sich das Mandat des UNHCR. Der UNHCR entwickelte auf Grundlage des humanitären Gedankens seines Mandats eine Flexibilität in der Ausgestaltung seiner Tätigkeiten, welche sich in diversen Einsätzen des UNHCR widerspiegelte, die über die Definition der Satzung hinausging und auch solche Individuen erfasste, deren Situation ein Anliegen für die internationale Gemeinschaft war.[129]

---

124 *Oltmer, Jochen:* Migration – Geschichte und Zukunft der Gegenwart, 2017, Kapitel 7, S. 152.

125 *Einarsen, Terje:* Drafting History of the 1951 Convention and the 1967 Protocol, in: Zimmermann, Andreas (Hrsg): The 1951 Convention Relating to the Status of Refugees and its 1967 Protocol – A Commentary, 2011, Kapitel B.IV, Rn. 13,17, S. 45 f.

126 Satzung des Amtes des Hohen Kommissars der Vereinten Nationen für Flüchtlinge, online abrufbar unter: https://www.unhcr.org/dach/wp-content/uploads/sites/27/2017/04/01_UNHCR-Satzung.pdf.

127 *Goodwin-Gill, Guy S./McAdam, Jane:* The Refugee in International Law, 3. Auflage 2007, Kapitel 3.1, S. 52; weitere Ausführungen zu den Mandatsflüchtlingen des UNHCR erfolgen in Kapitel E.I.1.b.

128 Kapitel I Ziffer 2 Satzung des Amtes des Hohen Kommissars der Vereinten Nationen für Flüchtlinge.

129 *Kneebone, Susan:* Refugees and displaced persons: the refugee definition and ‚humanitarian' protection, in: Joseph, Sarah/McBeth, Adam (Hrsg): Research Handbook

Zeitgleich zur Gründung des UNHCR legte die Kodifizierung der GFK im Jahr 1951 den Meilenstein des internationalen Flüchtlingsschutzes.[130] Die GFK ist die tragende Säule des internationalen Flüchtlingsschutzes. Ihre Normierung zielte zunächst ausschließlich auf den Umgang mit den Folgen des Zweiten Weltkrieges und auf Fluchtbewegungen auf dem europäischen Kontinent ab.[131] Ihr Schutzbereich erfasste vorwiegend Opfer des nationalsozialistischen deutschen Regimes oder anderer faschistischer Regime.[132] Auch der GFK kann daher zunächst lediglich ein ad hoc-Charakter zugeschrieben werden.[133] Die GFK enthält neben dieser Kategorisierung der Schutzsuchenden auch eine Flüchtlingsdefinition. Die Flüchtlingsdefinition der GFK ist mit der Definition der Schutzsuchenden in der Satzung des UNHCR nicht wörtlich identisch, entspricht ihr aber.[134] Mit dem Protokoll von 1967 wurde die GFK zu einem tatsächlich globalen Schutzelement für Flüchtlinge auf der ganzen Welt, unabhängig von ihrer Herkunft. Der Anwendungsbereich der GFK endet jedoch mit Wegfall des Ereignisses, das einen Schutzbedarf der Individuen begründet. Auf die GFK, ihren Inhalt und Reichweite wird im Kapitel D.II.1 ausführlicher eingegangen.

---

on International Human Rights Law, 2010, Kapitel 9.3, S. 224; *Goodwin-Gill, Guy S./ McAdam, Jane:* The Refugee in International Law, 3. Auflage 2007, Kapitel 2.3.2, S. 23 f.

130 Der Entschluss zur Kodifizierung einer universellen Konvention zum Schutze von Flüchtlingen entstand bereits in der unmittelbaren Nachkriegszeit des Zweiten Weltkrieges. Die Einigung auf Inhalt, Rechte und Pflichten sowie die Formulierungen gestalteten sich jedoch schwierig, *Einarsen, Terje:* Drafting History of the 1951 Convention and the 1967 Protocol, in: Zimmermann, Andreas (Hrsg): The 1951 Convention Relating to the Status of Refugees and its 1967 Protocol – A Commentary, 2011, Kapitel B.IV, Rn. 12 ff., S. 45 ff.

131 Vgl. Präambel der GFK.

132 *Kneebone, Susan:* Refugees and displaced persons: the refugee definition and ‚humanitarian' protection, in: Joseph, Sarah/McBeth, Adam (Hrsg): Research Handbook on International Human Rights Law, 2010, Kapitel 9.3, S. 220.

133 *Ben-Nun, Gilad:* From *Ad Hoc* to Universal: The International Refugee Regime from Fragmentation to Unity 1922-1954, Refugee Survey Quaterly, 2015, Vol. 34, S. 24.

134 Die Definition eines Flüchtlings im Rahmen der Satzung des UNHCR enthält im Unterschied zu der in der GFK keine Nennung der Zugehörigkeit eines Flüchtlings zu einer sozialen Gruppe; *UNHCR:* Handbuch und Richtlinien über Verfahren und Kriterien zur Feststellung der Flüchtlingseigenschaft, 2011, Rn. 15, S. 7; *Aleinikoff, T. Alexander:* The mandate of the Office of the United Nations High Commissioner for Refugees, in: Chetail, Vincent/Bauloz, Céline (Hrsg): Research Handbook on International Law and Migration, 2014, Kapitel 2.1.1, S. 394.

c. *Neue Ansätze ab Mitte der 1970er Jahre: Dauerhafte Lösungen und ‚complementary protection'*

Im Laufe der Zeit zeigte es sich, dass ein starres Festhalten an den Bestimmungen der GFK und dem Statut des UNHCR aus dem Jahr 1951 der Bewältigung der Problematiken, die mit Beginn der 1970er Jahre auftraten, nicht gerecht wurde.[135]

Die sich häufenden Ereignisse und Entwicklungen der Flüchtlingsproblematiken verdeutlichten, dass zusätzlich zu den bisherigen vorläufigen Schutzmaßnahmen und Hilfeleistungen nachhaltige Herangehensweisen an die Thematik des Flüchtlingsschutzes benötigt werden.[136] Insbesondere die Kompetenzen des UNHCR entwickelten sich von lediglich Hilfeleistung und Schutzgewährung hin zum Anspruch, Lösungen für die Flüchtlingsproblematiken zu finden.[137] Zu Beginn der 1980er Jahre wurde daher der Begriff der dauerhaften Lösung für Schutzsuchende geprägt.[138]

Ein beispielhafter neuer Lösungsansatz folgte auf die Flüchtlingsproblematik in Vietnam. Die Asylgewährung des ersten Aufnahmestaates als ein vorläufiges Schutzelement der GFK wurde eng mit dem Konzept des Resettlement, also der dauerhaften Ansiedlung, verknüpft.[139] Länder der unmittelbaren Nachbarregion des Konfliktzentrums sollten Flüchtlingen erstes Asyl gewähren, mit der Absicherung einer folgenden Umsiedlung des Flüchtlings in einen anderen, weiter entfernt liegenden Schutzstaat im Rahmen des Resettlement.[140]

---

135 *Kneebone, Susan:* The Pacific Plan: The Provision of ‚Effective Protection'?, International Journal of Refugee Law, 2006, Vol. 18, Nr. 3-4, S. 699 f.; *Goodwin-Gil, Guy S./ McAdam, Jane:* The Refugee in International Law, 3. Auflage 2007, Kapitel 3.2.3, S. 27 ff; *Vrachnas, John/Bagaric, Mirko /Dimopoulos, Penny /Pathinayake, Athula*: Migration and Refugee Law - Principles and Practice in Australia, 3. Auflage 2012, Kapitel 18.1.3, S. 308.

136 *Kneebone, Susan:* The Pacific Plan: The Provision of ‚Effective Protection'?, International Journal of Refugee Law, 2006, Vol. 18, Nr. 3-4, S. 699 f.; *Kimminich, Otto*: Grundprobleme des Asylrechts, 1983, Kapitel III.1, S. 42 ff.

137 *Goodwin-Gill, Guy S./McAdam, Jane*: The Refugee in International Law, 3. Auflage 2007, Kapitel 2.3.2, S. 29.

138 *Kneebone, Susan:* The Pacific Plan: The Provision of ‚Effective Protection'?, International Journal of Refugee Law, 2006, Vol. 18, Nr. 3-4, S. 699 f.

139 *Goodwin-Gill, Guy S./McAdam, Jane:* The Refugee in International Law, 3. Auflage 2007, Kapitel 2.3.2, S. 28.

140 *Kneebone, Susan:* The Pacific Plan: The Provision of ‚Effective Protection'?, International Journal of Refugee Law, 2006, Vol. 18, Nr. 3-4, S. 699, 701.

Die Entwicklung neuer Konfliktherde, die Fluchtursachen begründeten, erwirkten eine Erweiterung des personellen Schutzbereichs. Der Schutz auf internationaler Ebene erfasste nicht mehr nur jene, die der engen Definition der GFK oder des Statuts des UNHCR entsprachen, sondern ebenso diejenigen, deren Schutz als internationale Aufgabe verstanden wurde.[141] Auf universeller Ebene entwickelte sich das System des ‚complementary protection', also des ergänzenden Schutzes. Dabei gründen die Schutzpflichten der Staaten insbesondere auf menschenrechtlichen Rechtsstatuten, wie den Menschenrechtspakten, und ergänzen den Schutz der GFK.[142] Die complementary protection stellt dabei ein weiteres Schutzinstrument im universellen Schutzregime neben dem der GFK dar.[143]

d. Entwicklung von Maßnahmen zur Steuerung und Regulierung von Flüchtlingsbewegungen

Neben dem Schutzgedanken für die Schutzsuchenden, entwickelte sich eine Politik zur Steuerung und Regulierung von Fluchtbewegungen, die auf globaler Ebene Auswirkungen entfaltete. Hauptakteure dieser Politik waren und sind nach wie vor die ökonomisch führenden (Industrie-)Staaten, die insbesondere auf strikte Kontrollen und Regulierungen von Zuwanderungen in ihre Staatsgebiete abzielen.[144] Die Rechtfertigung dieser Maßnahmen liegt in dem universell verankerten Souveränitätsrecht der Staaten, über den Zugang zu ihrem Staatsgebiet und damit den Erhalt und das Funktionieren staatlicher Ordnung frei bestimmen zu können. Unkontrollierte Migrationsbewegungen gelten als Angriff auf diese staatliche Souveränität.[145]

---

141 *Goodwin-Gill, Guy S./McAdam, Jane:* The Refugee in International Law, 3. Auflage 2007, Kapitel 2.3.2, S. 29.

142 *Goodwin-Gill, Guy S./McAdam, Jane:* The Refugee in International Law, 3. Auflage 2007, Kapitel 6.1, S. 285.

143 *Goodwin-Gill, Guy S./McAdam, Jane:* The Refugee in International Law, 3. Auflage 2007, Kapitel 6.6, S. 335.

144 *Kneebone, Susan:* Refugees and displaced persons: the refugee definition and ‚humanitarian' protection, in: Joseph, Sarah/McBeth, Adam (Hrsg): Research Handbook on International Human Rights Law, 2010, Kapitel 9.2, S. 218; *Chetail, Vincent:* The transnational movement of persons under general international law – Mapping the customary law foundations of international migration law, in: Chetail, Vincent/Bauloz, Céline (Hrsg): Research Handbook on International Law and Migration, 2014, Kapitel 3.1, S. 31 f.

145 *Hirsch, Asher Lazarus*: The Borders Beyond the Border: Australia's Extraterritorial Migration Controls, Refugee Survey Quarterly, 2017, Vol. 36, S. 50 ff.

Zur Zeit des Ersten Weltkrieges wurden insbesondere im atlantischen Raum im zwischenstaatlichen Personenverkehr restriktive Pass-, Visa- und Einreisebestimmungen sowie der Sichtvermerkzwang an den Grenzen eingeführt.[146] Sowohl zur Einreise in diese überwiegend wirtschaftlich starken Staaten als auch zur Ausreise wurde ein Personenpass zwingend benötigt, welcher bei Grenzübertritt mit einem Sichtvermerk versehen werden musste. Diese Bestimmungen erforderten den Besitz eines Personen- bzw. Reisepasses, welcher vielen Flüchtlingen jedoch nicht zur Verfügung stand. Diese Regelung schränkte das freie Passieren der Grenzen für Schutzsuchende ein und zielte auf die Begrenzung der Aufnahme ab.[147] Weiterhin wurden zur Kontrolle und Steuerung jeglicher Migration Grenzsperren und Kontingentierung für Einreisen oder Erteilung von Visa eingeführt.[148]

Aktuell – vehementer als zuvor – werden Vorschläge zur verbindlichen Verteilung von Schutzsuchenden auf die Staaten der internationalen Staatengemeinschaft mit Zurückhaltung betrachtet. Das zentrale Argument gegen eine solche Verteilung liefert die Befürchtung einer Beschneidung staatlicher Souveränität, die durch die verbindliche Verpflichtung zur Aufnahme von Flüchtlingen durch eine Internationale Organisation oder Gemeinschaft geschaffen wird und bei der der Staat nicht mehr selbständig über den Zugang zu seinem Staatsgebiet bestimmen kann. Den Staaten sei damit verwehrt, selbst über den Zugang zu und den Aufenthalt von Nichtstaatsbürgern in ihrem Staatsgebiet bestimmen zu können. Der Staat könnte somit die öffentliche Ordnung und innerstaatliche Sicherheit nicht mehr ausreichend kontrollieren.[149]

---

146 *Oltmer, Jochen*: Globale Migration – Geschichte und Gegenwart, 2012, Kapitel 5, S. 90; *Oltmer, Jochen*: Migration – Geschichte und Zukunft der Gegenwart, 2017, Kapitel 9, S. 210; *Hoerder, Dirk/Lucassen, Jan/Lucassen, Leo:* Terminologien und Konzepte in der Migrationsforschung, in: Bade, Klaus J./Emmer, Pieter C./Lucassen, Leo/Oltmer, Jochen (Hrsg): Enzyklopädie Migration in Europa – Vom 17. Jahrhundert bis zur Gegenwart, 3. Auflage 2010, S. 44.

147 *Hoerder, Dirk/Lucassen, Jan/Lucassen, Leo*: Terminologien und Konzepte in der Migrationsforschung, in: Bade, Klaus J./Emmer, Pieter C./Lucassen, Leo/Oltmer, Jochen (Hrsg): Enzyklopädie Migration in Europa – Vom 17. Jahrhundert bis zur Gegenwart, 3. Auflage 2010, S. 44.

148 *Oltmer, Jochen:* Migration – Geschichte und Zukunft der Gegenwart, 2017, Kapitel 7, S. 136, und Kapitel 9, S. 210.

149 Vgl. insoweit die Argumentation der EU-Staaten Polen, Ungarn und Tschechien gegen den EU-Umverteilungsbeschluss 2015/1523; siehe dazu EuGH, Urteil: C-715/17; 718/17; 719/17, vom 02. April 2020.

Dabei treibt die Angst vor Verlust von nationalstaatlicher Souveränität die Regierungen der Staaten scheinbar immer weiter dazu, diese Souveränität vermeintlich zu festigen, indem strengere nationalstaatliche Migrationsregelungen eingeführt werden, und Flüchtlinge nicht als schutzsuchende Individuen zu betrachten, sondern vielmehr als eine Anzahl von Gefährdern dieser Souveränität.[150] Mechanismen dabei sind insbesondere die Anhebung der Zugangsvoraussetzungen sowie die Einschränkung des Umfangs der nationalstaatlichen Asylgewährung sowie die Anpassung des Grenzschutzes an diese Begebenheiten, insbesondere durch die Verschärfung der Bestimmungen zum Erhalt eines Visums.[151]

Auch technische Innovationen spielen in der Entwicklung der Steuerung und Regulierung von Flucht- und Migrationsbewegungen eine nicht unerhebliche Rolle. Die Informationstechnologie und Mobilität entwickelte sich in den letzten Jahren derart, dass Migrationsbewegungen erleichtert wurden.[152] Das Reisen an sich wird durch zunehmend günstigere Flüge oder die erweiterte Möglichkeit anderer Transportmittel grundsätzlich erleichtert.[153] Die technologische sowie soziale Vernetzung, vor allem durch Social Media, vermittelt direktere und unmittelbare Anreize in andere Länder zu migrieren.[154]

Doch die technische Entwicklung bietet ebenso eine verbesserte Möglichkeit, Migrationsbewegungen zu steuern und zu überwachen. So können Grenzen

---

150 *Hirsch, Asher Lazarus*: The Borders Beyond the Border: Australia's Extraterritorial Migration Controls, Refugee Survey Quarterly, 2017, Vol. 36, S. 50; *Hyndman, Jennifer/Mountz, Alison:* Another Brick in the Wall? Neo-Refoulement and the Externalization of Asylum by Australia and Europe, Government and Opposition, 2009, Vol. 43, Nr. 2, S. 257.

151 *Nuscheler, Franz*: Internationale Migration – Flucht und Asyl, 2. Auflage 2004, Kapitel 2.2, S. 34; siehe hierzu auch beispielshaft das Regelungsprogramm der EU, Kapitel D.III.2.c.

152 *Arboleda, Eduardo/Hoy, Ian*: The Convention Refugee Definition in the West: Disharmony of Interpretation and Application, International Journal of Refugee Law, 1993, Vol. 5, Nr. 1, S. 72; *Keeley, Brian:* Internationale Migration – Die menschliche Seite der Globalisierung, 2010, Kapitel 1, S. 12.

153 *Kleist, J. Olaf:* The History of Refugee Protection: Conceptual and Methodological Challenges, Journal of Refugee Studies, 2017, Vol. 30, Nr. 2, S. 165.

154 *Stern, Joachim/Tohidipur, Timo:* Migration von Drittstaatsangehörigen, in: von Arnauld, Andreas (Hrsg): Europäische Außenbeziehungen, Enzyklopädie Europarecht, 1. Auflage 2014, Kapitel 14.A.I, Rn. 1, S. 771; *Keeley, Brian:* Internationale Migration – Die menschliche Seite der Globalisierung, 2010, Kapitel 1, S. 12.

mittels digitaler Registrierungssysteme, Satelliten und Drohnen einfacher überwacht werden.[155]

Eine Flucht erfordert trotz dieser Erleichterungen nach wie vor viel Geld, das nicht von jedem potenziell Schutzsuchenden aufgebracht werden kann. Der Großteil der Flüchtlinge bewegt sich daher in der regionalen Umgebung des jeweiligen Heimatlandes.[156] Nicht zu vernachlässigen ist auch die Zahl der Flüchtlinge, die innerhalb ihres Landes bleiben – so genannte Binnenvertriebene. Ihre Zahl übersteigt die der global Schutzsuchenden um ein Vielfaches.[157] Um die Situationen für Binnenvertriebene und Schutzsuchende in unmittelbarer Umgebung zu ihrem Heimatstaat zu verbessern, setzen nunmehr viele universelle und regionale Flüchtlingspolitiken daran an, die Schutzumstände in den unmittelbaren Krisengegenden zu verbessern.[158]

Die Anzahl derer, die einen weiten Weg der Flucht auf sich nehmen, steigt jedoch stetig. Dies liegt vor allem an der ansteigenden Vernetzung der Schutzsuchenden untereinander.[159]

2. Entwicklung der Flüchtlingspolitik auf europäischer Ebene

„Festung Europa" – diese Begrifflichkeit steht sinnbildlich für die Flüchtlingspolitik der EU der letzten Jahre.[160] Die europäische Flüchtlingspolitik fordert eine

---

155 *Kleist, J. Olaf*: The History of Refugee Protection: Conceptual and Methodological Challenges, Journal of Refugee Studies, 2017, Vol. 30, Nr. 2, S. 165.

156 *UNHCR*: Global Trends – Forced Displacement in 2019, Stand: 18. Juni 2020, S. 2 und Kapitel 2, S. 22; *Oltmer, Jochen*: Flucht, Vertreibung, Asyl: Gewaltmigration und Aufnahme von Schutzsuchenden im 20. und frühen 21. Jahrhundert, in: Oppelland, Torsten (Hrsg): Das Recht auf Asyl im Spannungsfeld von Menschenrechtsschutz und Migrationsdynamik, 2017, S. 106 f.; *Nuscheler, Franz*: Internationale Migration – Flucht und Asyl, 2. Auflage 2004, Kapitel 5, S. 61.

157 *UNHCR*: Global Trends – Forced Displacement in 2019, Stand: 18. Juni 2020, S. 2 und Kapitel 3, S. 28 ff.

158 Vgl. dazu den Einsatz sowie das Mandat des UNHCR, sowie EU-Programme, wie z. B. die EU-Afrika-Fonds.

159 *Oltmer, Jochen*: Flucht, Vertreibung, Asyl: Gewaltmigration und Aufnahme von Schutzsuchenden im 20. und frühen 21. Jahrhundert, in: Oppelland, Torsten (Hrsg): Das Recht auf Asyl im Spannungsfeld von Menschenrechtsschutz und Migrationsdynamik, 2017, S. 107.

160 *Stern, Joachim/Tohidipur, Timo*: Migration von Drittstaatsangehörigen, in: von Arnauld, Andreas (Hrsg): Europäische Außenbeziehungen, Enzyklopädie Europarecht, 1. Auflage 2014, Kapitel 14.B.II.1, Rn. 30, S. 785; *Nuscheler, Franz*: Internationale Migration – Flucht und Asyl, 2. Auflage 2004, Kapitel 12.3 f., S. 181, 183;

differenzierende Betrachtung, denn sie wird von mehreren Akteuren geprägt. Neben den nationalstaatlichen Akteuren sind hier insbesondere die verschiedenen regionalen Akteure zu betrachten, namentlich der Europarat, die EU und die Organisation für Sicherheit und Zusammenarbeit in Europa (OSZE).

Auf die nationalstaatlichen Akteure soll im Folgenden nicht im Einzelnen eingegangen werden. Ebenso soll keine weitere Betrachtung der OSZE vorgenommen werden. Letzteres gründet darauf, dass die OSZE in ihrer Zielsetzung ein politisches Forum zur präventiven Konfliktbewältigung darstellt, ohne dabei verbindliche Rechtsstatuten zu erlassen.[161]

Dargestellt wird die Entwicklung der europäischen Flüchtlingspolitik zunächst im Rahmen des Europarates (a), anschließend im Rahmen der EU (b).

a. *Entwicklung der Flüchtlingspolitik im Rahmen des Europarates*

Der Europarat ist eine mit weiten Kompetenzen ausgestattete, geographisch beschränkte Regionalorganisation.[162] Er wurde am 5. Mai 1949 gegründet, mit dem Ziel, eine engere Verbindung zwischen seinen Mitgliedstaaten zum Schutze und zur Förderung ihrer gemeinsamen Ideale und Grundsätze sowie ihren wirtschaftlichen und sozialen Fortschritt zu fördern.[163] Zur Erfüllung dieser Aufgabe sieht die Satzung des Europarates[164] in Art. 1 Abs. b unter anderem ein gemeinsames Vorgehen bezüglich des Schutzes und der Fortentwicklung der Menschenrechte und Grundfreiheiten vor. Damit war der Europarat eine der ersten internationalen Organisationen, die die tatsächliche Anerkennung der Menschenrechte förderte.[165]

Hoerder, Dirk/Lucassen, Jan/Lucassen, Leo: Terminologien und Konzepte in der Migrationsforschung, in: Bade, Klaus J./Emmer, Pieter C./Lucassen, Leo/Oltmer, Jochen (Hrsg): Enzyklopädie Migration in Europa – Vom 17. Jahrhundert bis zur Gegenwart, 3. Auflage 2010, S. 31.

161 *OSZE:* Wer wir sind, Stand 2020; *Klug, Anja:* Regional Developments: Europe, in: Zimmermann, Andreas (Hrsg): The 1951 Convention Relating to the Status of Refugees and its 1967 Protocol – A Commentary, 2011, Kapitel A, Rn. 3, S. 120.

162 *Schmahl, Stefanie:* Die Internationalen und die Supranationalen Organisationen, in: Vitzthum, Wolfgang Graf/Proeßl, Alexander (Hrsg): Völkerrecht, 8. Auflage 2019, 4. Abschnitt, Kapitel IV.1, Rn. 239, S. 449.

163 Art. 1 Absatz 1a Satzung des Europarates, vom 5. Mai 1949, Sammlung der Europäischen Verträge Nr. 1.

164 Satzung des Europarates, vom 5. Mai 1949, Sammlung Europäischer Verträge Nr. 1.

165 Die Allgemeine Erklärung der Menschenrechte (AEMR) der UN wurde lediglich ein Jahr zuvor, im Jahr 1948, erlassen. Die AEMR entfaltet zwar keine rechtsverbindliche Wirkung, sie ist aber mehr als nur ein ‚unverbindliches' Menschenrechtsbekenntnis.

Weder in der Satzung noch in anderen Gründungsdokumenten des Europarates findet sich eine ausdrückliche Erwähnung von Flüchtlingen oder Schutzsuchenden und deren spezifischer Schutzrechte.[166] Gleichwohl war der Europarat die erste europäische Institution, die Erwägungen der Flüchtlingspolitik auf regionaler Ebene anstellte.[167] Der Flüchtlingsschutz des Europarates gründete auf grundsätzlicher menschenrechtlicher Betrachtung. Auf dieser menschenrechtlichen Grundlage traf der Europarat zahlreiche Übereinkommen, Erklärungen und Empfehlungen, die mittelbar für den Schutz oder eine Rechtsposition von Flüchtlingen von Bedeutung sind.[168] Im Zentrum dieser Übereinkommen steht die Konvention zum Schutze der Menschenrechte und Grundfreiheiten (EMRK).[169] Auf die Regelwerke wird im Einzelnen in Kapitel D.III.1 eingegangen.

Die Flüchtlingspolitik des Europarates fußt im Schwerpunkt auf der EMRK. Ihre Entwicklung ist dabei besonders geprägt von der Rechtsprechung des Europäischen Gerichtshofs für Menschenrechte (EGMR) zur EMRK.

aa. *Weiterentwicklung der Maßnahmen des Europarates durch die Rechtsprechung des Europäischen Gerichtshofs für Menschenrechte*

Die Errichtung des EGMR ist in Art. 19 EMRK normiert. Der Gerichtshof soll sicherstellen, dass die Verpflichtungen, die sich für die Vertragsstaaten aus der EMRK ergeben, eingehalten werden. Er ist für die Auslegung und Anwendung der

---

Sie gilt als Vorbild für den Schutz von Menschenrechten normiert in nationalen Verfassungen oder sonstigen internationalen Übereinkommen; *Kau, Marcel*: Der Staat und der Einzelne als Völkerrechtssubjekt, in: Vitzthum, Wolfgang Graf/Proelß, Alexander (Hrsg): Völkerrecht, 8. Auflage 2019, 3. Abschnitt, Kapitel III.1.b), Rn. 237.

166 *Klug, Anja:* Regional Developments: Europe, in: Zimmermann, Andreas (Hrsg): The 1951 Convention Relating to the Status of Refugees and its 1967 Protocol – A Commentary, 2011, Kapitel B, Rn. 7, S. 121.

167 *Klug, Anja:* Regional Developments: Europe, in: Zimmermann, Andreas (Hrsg): The 1951 Convention Relating to the Status of Refugees and its 1967 Protocol – A Commentary, 2011, Kapitel B, Rn. 7, S. 121.

168 *Kau, Marcel*: Der Staat und der Einzelne als Völkerrechtssubjekt, in: Vitzthum, Wolfgang Graf/Proelß, Alexander (Hrsg): Völkerrecht, 8. Auflage 2019, 3. Abschnitt, Kapitel III.2, Rn. 307, S. 303; *Klug, Anja:* Regional Developments: Europe, in: Zimmermann, Andreas (Hrsg): The 1951 Convention Relating to the Status of Refugees and its 1967 Protocol – A Commentary, 2011, Kapitel B.I, Rn. 9, S. 122.

169 Konvention zum Schutze der Menschenrechte und Grundfreiheiten, vom 4. November 1950.

Vorschriften der EMRK und ihrer Protokolle zuständig, Art. 32 Abs. 1 EMRK. Der EGMR versteht dabei die EMRK als ‚lebendiges Instrument' und nimmt bei seiner dynamischen Konventionsauslegung auf Entwicklungen im internationalen wie im nationalen Recht Rücksicht.[170] Hauptaugenmerk legt der EGMR auf die Gewährleistung der Wahrung der Rechte des Einzelnen aus dem EMRK-Vertragswerk.[171] Diese können mit Hilfe der Individualbeschwerde gemäß Art. 34 EMRK durchgesetzt werden. Die Möglichkeit der Individualbeschwerde vor dem EGMR ist eine revolutionäre Besonderheit im Menschenrechtsschutz.[172] Grundsätzlich verpflichtet die Rechtsprechung des EGMR nur die am Verfahren beteiligten Staaten zu ihrer Befolgung, Art. 46 Abs. 1 EMRK.[173] Für die übrigen Konventionsstaaten kann die Rechtsprechung des EGMR eine Orientierungswirkung für die Auslegung und Anwendung der EMRK entfalten.[174]

Die EMRK ist nach ihrem Wortlaut hinsichtlich des Schutzes von Flüchtlingen und Schutzsuchenden unergiebig. Sie nimmt auf jene nicht ausdrücklich Bezug.[175] Der EGMR entwickelte daher über die Jahre eine umfassende Rechtsprechung zur EMRK, die eine weite Auslegung der Vorschriften der EMRK aufzeigte. Daraus bildete sich ein von der Rechtsprechung des EGMR entwickeltes Schutzstatut zugunsten der Schutzsuchenden, begründet auf den in der EMRK verankerten Grund- und Menschenrechten.[176] Die Auswirkung dieser Spruchpraxis reicht über den bloßen Einfluss auf die nationale Grundrechtsauslegung hinaus. Aus ihr entwickelten sich europäische "Verfassungssätze" mit Wirkung

---

170 *Herdegen, Matthias*: Europarecht, 21. Auflage 2019, Kapitel 3.IV.1, Rn. 24, S. 25; *Shaw, Malcolm*: International Law, 8. Auflage 2017, Kapitel 6, S. 257.

171 *Kau, Marcel*: Der Staat und der Einzelne als Völkerrechtssubjekt, in: Vitzthum, Wolfgang Graf/Proelß, Alexander (Hrsg): Völkerrecht, 8. Auflage 2019, 3. Abschnitt, Kapitel III.2, Rn. 250, S. 275.

172 *Herdegen, Matthias*: Europarecht, 21. Auflage 2019, Kapitel 3.III, Rn. 12, S. 18.

173 *Herdegen, Matthias*: Europarecht, 21. Auflage 2019, Kapitel 3.III, Rn. 19, S. 20.

174 *Grabenwarter, Christoph*: Europäischer Grundrechteschutz, in: Hatje, Armin/Müller-Graff, Peter-Christian: Enzyklopädie Europarecht, Band 2, 2. Auflage 2022, § 2, Rn. 30, S. 89.

175 *Klug, Anja:* Regional Developments: Europe, in: Zimmermann, Andreas (Hrsg): The 1951 Convention Relating to the Status of Refugees and its 1967 Protocol – A Commentary, 2011, Kapitel B.II, Rn. 14, S. 123.

176 *Klug, Anja:* Regional Developments: Europe, in: Zimmermann, Andreas (Hrsg): The 1951 Convention Relating to the Status of Refugees and its 1967 Protocol – A Commentary, 2011, Kapitel B.II, Rn. 14 ff., S. 123.

auf das Recht der EU, die über die Wirkung allgemeiner Prinzipien hinausgeht.[177] Der Schutzstatus der Flüchtlinge unter der EMRK folgt aus den Entwicklungen der Rechtsprechung des EGMR.[178]

bb. Weitere Maßnahmen des Europarates

Zur Förderung der nationalen Politikbestrebungen zum Schutze von Schutzsuchenden betreibt der Europarat seit den frühen 1990er Jahren Entwicklungsprogramme in den zentral- und osteuropäischen Mitgliedstaaten, die vor allem finanzielle Unterstützung zum Aufbau und Betrieb von nationalen Flüchtlingsprogrammen gewähren.[179]

2016 wurde das Amt des Sonderbeauftragten des Generalsekretärs des Europarates für Migration und Flüchtlinge (Special Representative of the Secretary General on Migration and Refugees, SRSG) gegründet.[180] Die Aufgabe des SRSG besteht vor allem darin, die Bedeutung des Europarates in der Flüchtlingspolitik zu verdeutlichen, insbesondere durch regelmäßige Berichterstattung über die Situation in den Mitgliedstaaten im Rahmen von Erkundungsmissionen sowie durch thematische Debatten und Meinungsaustausch. 2017 veröffentlichte der SRSG einen Bericht über Flüchtlings- und Migrantenkinder. Infolgedessen wurde der Aktionsplan des Europarates zum Schutz von Flüchtlings- und Migrantenkindern in Europa (2017-2019) verabschiedet.[181]

---

177 *Schmahl, Stefanie:* Die Internationalen und die Supranationalen Organisationen, in: Vitzthum, Wolfgang Graf/Proeßl, Alexander (Hrsg): Völkerrecht, 8. Auflage 2019, 4. Abschnitt, Kapitel IV.3, Rn. 246, S. 453.

178 Unter anderem zum Beispiel aus EGMR, Urteile: Amuur vs. Frankreich, Az. 19776/92, vom 25. Juni 1996; S.D. vs. Griechenland, Az. 53541/07, vom 11. Juni 2009; M.S.S. vs. Belgien und Griechenland, Az. 30696/09, vom 21. Januar 2011; Hirsi Jamaa u.a. vs. Italien, Az. 27765/09, vom 23. Februar 2012.

179 *Klug, Anja:* Regional Developments: Europe, in: Zimmermann, Andreas (Hrsg): The 1951 Convention Relating to the Status of Refugees and its 1967 Protocol – A Commentary, 2011, Kapitel B., Rn. 7, S. 121.

180 *Europarat Portal:* Special Representative on Migration and Refugees, Special Representative of the Secretary General on Migration and Refugees, online abrufbar unter: https://www.coe.int/en/web/special-representative-secretary-general-migration-refugees/special-representative.

181 *Europarat Portal:* Action Plan on Protecting Refugee and Migrant Children in Europe (2017-2019), Special Representative of the Secretary General on Migration and Refugees, online abrufbar unter: https://www.coe.int/en/web/special-representative-secretary-general-migration-refugees/action-plan.

Der Europarat folgt mithin nach wie vor seiner Zielsetzung der Sicherung, Förderung und Weiterentwicklung von Menschenrechten.

Die Flüchtlingspolitik des Europarates wird nunmehr jedoch von der Politik der EU sowohl im Ausmaß als auch in der Ausdifferenzierung überholt.[182]

b. Entwicklung der Flüchtlingspolitik im Rahmen der Europäischen Union

Die aktuelle Flüchtlings- und Asylpolitik der EU ist, den Ruf der „Festung Europa" begründend, überwiegend sicherheitsrechtlich ausgestaltet. Seit den frühen 1990er Jahren besteht die Einigkeit unter den EU-Staaten hauptsächlich in Bezug auf Abwehrinstrumente in der Flüchtlingspolitik.[183] Doch auch eine Entwicklung in der Flüchtlingspolitik zu Gunsten des Schutzes der Flüchtlinge ist zu erkennen.[184]

Die Entwicklung der europäischen Flüchtlingspolitik, und im Besonderen der europäischen Asylpolitik, ist eng verbunden mit Entwicklungen der europäischen Integration im Allgemeinen.

aa. Rechtsetzungs- und Politikkompetenz der Europäischen Union in Flüchtlings- und Asylangelegenheiten

Der Souveränität der Nationalstaaten folgend lagen traditionell die rechtlichen sowie politischen Zuständigkeiten für die Bereiche Migration und Asylpolitik in dem einzelstaatlichen Kompetenzbereich.[185] Gemeinsame staatenübergreifende

---

182 *Klug, Anja:* Regional Developments: Europe, in: Zimmermann, Andreas (Hrsg): The 1951 Convention Relating to the Status of Refugees and its 1967 Protocol – A Commentary, 2011, Kapitel B.II, Rn. 18, S. 123.

183 *Oltmer, Jochen:* Flucht, Vertreibung, Asyl: Gewaltmigration und Aufnahme von Schutzsuchenden im 20. und frühen 21. Jahrhundert, in: Oppelland, Torsten (Hrsg): Das Recht auf Asyl im Spannungsfeld von Menschenrechtsschutz und Migrationsdynamik, 2017, S. 109.

184 *Oltmer, Jochen:* Flucht, Vertreibung, Asyl: Gewaltmigration und Aufnahme von Schutzsuchenden im 20. und frühen 21. Jahrhundert, in: Oppelland, Torsten (Hrsg): Das Recht auf Asyl im Spannungsfeld von Menschenrechtsschutz und Migrationsdynamik, 2017, S. 109.

185 *Göbel-Zimmermann, Ralph/Eichhorn, Alexander/Beichel-Benedetti*: Asyl- und Flüchtlingsrecht, 1. Auflage 2017, Kapitel 6.B, Rn. 1025, S. 268; *Haase, Marianne/Jugl, Jan C.:* Asyl- und Flüchtlingspolitik der EU, Bundeszentrale für Politische Bildung, Stand: 27. November 2007.

Handlungen bezüglich Migration und Asyl erfolgten aufgrund intergouvernementaler ad hoc-Maßnahmen und Entscheidungen.[186]

Mit Gründung der Europäischen Gemeinschaften wurde in den folgenden Jahrzehnten schrittweise die Asyl- und Migrationspolitik in die Gemeinschaft integriert.

aaa. Römische Verträge

Die Grundlage für eine grundsätzlich gemeinsame europäische Politik wurzelt in den so genannten Römischen Verträgen. Diese erfassten die Verträge zur Gründung der Europäischen Wirtschaftsgemeinschaft (EWG) und der Europäischen Atomgemeinschaft (EAG), die im Jahr 1957 in Rom unterzeichnet wurden. Sie folgten der Gründung der Europäischen Gemeinschaft für Kohle und Stahl (Montanunion) im Jahr 1951 mit denselben Gründungsmitgliedern Belgien, Bundesrepublik Deutschland, Frankreich, Italien, Luxemburg und den Niederlanden.[187] Zunächst standen im Zentrum der Römischen Verträge vornehmlich gemeinsame Bestrebungen hinsichtlich wirtschaftlicher Interessen. Die Zielsetzung der Europäischen Gemeinschaften unterschied sich insofern von der des Europarates. Während der Europarat gegründet wurde, um unter anderem einen einheitlichen Menschenrechtsschutz in Europa zu erreichen, war die Zielsetzung der Europäischen Gemeinschaften zunächst eine rein wirtschaftliche.[188] Eine ausdrückliche Erwähnung des Politikfeldes der Migration und Asyl erfolgte bei Gründung der Europäischen Gemeinschaften folglich nicht.

Erst die gemeinschaftliche Politik zu einem gemeinsamen Binnenmarkt in den folgenden Jahren führte zu einer zunehmenden freien Mobilität der Menschen in den Gemeinschaftsstaaten. Zur Schaffung eines gemeinsamen europäischen Binnenmarktes wurden die Binnengrenzen zunächst aufgeweicht und die Freizügigkeit der Menschen gefördert. Der Zugang von Drittstaatsangehörigen wurde dabei zunächst nicht geregelt. Mitte der 1980er Jahre erkannten die verantwortlichen Politiker der Gemeinschaftsstaaten, dass diese Öffnung des

---

186 *Hailbronner, Kay/Thym, Daniel:* Constitutional Framework and Principles for Interpretation, in: Hailbronner, Kay/Thym, Daniel (Hrsg): EU Immigration and Asylum Law – A Commentary, 2. Auflage 2016, Part A. Introduction, Kapitel I.1, Rn. 1, S. 1; *Funke-Kaiser, Michael:* Asylpolitik der EU, in: Bergmann, Jan (Hrsg): Handlexikon der Europäischen Union, 5. Auflage 2015, Kapitel I, S. 78.

187 *Herdegen, Matthias:* Europarecht, 21. Auflage 2019, Kapitel 4 I, II, Rn. 1-6, S. 59 ff.

188 *Klug, Anja:* Regional Developments: Europe, in: Zimmermann, Andreas (Hrsg): The 1951 Convention Relating to the Status of Refugees and its 1967 Protocol – A Commentary, 2011, Kapitel C, Rn. 33, S. 127.

Binnenmarktes und die Lockerung der Binnengrenzen stärkere Kontrolle nach außen erfordern. Erste Zielsetzungen einer gemeinschaftlichen Asylpolitik betrafen daher zunächst Sicherheitserwägungen an den Außengrenzen zur Sicherung des durch den Wegfall der Binnengrenzen erweiterten Binnenraumes.[189]

Auf intergouvernementaler Ebene vereinbarten die einzelnen Staaten der Gemeinschaft das Dubliner Übereinkommen[190] sowie das Übereinkommen zur Durchführung des Schengener Abkommens (Schengen II).[191] Beide Übereinkommen legten hinsichtlich des Flüchtlingsrechts – lediglich – einheitliche Zuständigkeitskriterien für die Gemeinschaftsstaaten fest.[192]

bbb. Vertrag von Maastricht

Mit dem Vertrag über die Europäische Union von 1992 (gemeinhin bekannt als Vertrag von Maastricht)[193] einigten sich die Gemeinschaftsstaaten auf erste verbundene Maßnahmen hinsichtlich Einwanderung und Asyl.[194] Der Vertrag von Maastricht begründete das europäische Säulensystem, das eine institutionelle Zweigleisigkeit der Zusammenarbeit der Mitgliedstaaten erschuf; das Gemeinschaftssystem unter der ersten Säule (Europäische Gemeinschaften) sowie intergouvernementale Zusammenarbeit unter der zweiten (Gemeinsame

---

189 *Stern, Joachim/Tohidipur, Timo:* Migration von Drittstaatsangehörigen, in: von Arnauld, Andreas (Hrsg): Europäische Außenbeziehungen, Enzyklopädie Europarecht, 1. Auflage 2014, Kapitel 14.A.II.2, Rn. 4, S. 773; *Klug, Anja:* Regional Developments: Europe, in: Zimmermann, Andreas (Hrsg): The 1951 Convention Relating to the Status of Refugees and its 1967 Protocol – A Commentary, 2011, Kapitel C, Rn. 33, S. 127.

190 Dubliner Übereinkommen vom 15. Juni 1990, in Kraft getreten am 01. September 1997. Unterzeichnerstaaten waren Belgien, Dänemark, Deutschland, Frankreich, Griechenland, Irland, Italien, Luxemburg, Niederlande, Portugal, Spanien und das Vereinigte Königreich. Später beigetreten sind Österreich, Schweden, Finnland und Tschechien.

191 Übereinkommen zur Durchführung des Schengener Abkommens (Schengen II) vom 16. Juni 1990; Schengen Abkommen (Schengen I) von 1985. Ursprüngliche Vertragsstaaten sind Belgien, Deutschland, Frankreich, Luxemburg und Niederlande.

192 *Funke-Kaiser, Michael*: Asylpolitik der EU, in: Bergmann, Jan (Hrsg): Handlexikon der Europäischen Union, 5. Auflage 2015 Kapitel I, S. 78.

193 Vertrag über die Europäische Union vom 07. Februar 1992, in Kraft getreten am 01. November 1993.

194 vgl. Präambel Abs. 9 und 10 sowie die Überschrift des Titel VI Vertrag von Maastricht; *Boeles, Pieter/den Heijer, Maarten/Lodder, Gerrie/Wouters, Kees*: European Migration Law, 1. Auflage 2009, Kapitel I.1.2.2, S. 11 und Kapitel I.1.5.4, S. 43.

Außen- und Sicherheitspolitik) und dritten Säule (polizeiliche und justizielle Zusammenarbeit in Strafsachen).[195] Mangels gemeinschaftsvertraglicher Kompetenzen gestaltete sich die polizeiliche und justizielle Zusammenarbeit der Mitgliedstaaten – zu diesem Politikfeld zählte auch Migration und Asyl – zunächst als intergouvernementale Kooperation der Mitgliedstaaten.[196] Sie beschlossen eine enge polizeiliche Zusammenarbeit als Ausgleich für die neugeschaffene innergemeinschaftliche Personenfreizügigkeit.[197] Darunter fielen polizeiliche Maßnahmen hinsichtlich Asyl und Einwanderung. Die Einordnung der Asylregelung unter die dritte Säule der polizeilichen Zusammenarbeit verdeutlicht das Verständnis, dass der interne Schutz der Gemeinschaft im Zentrum der Maßnahmen stand.[198] Schutzerwägungen zugunsten von Flüchtlingen standen nicht im Vordergrund.

ccc. Vertrag von Amsterdam

Erste normierte schutzbegründende Erwägungen zugunsten von Schutzsuchenden folgten mit dem Vertrag von Amsterdam[199] aus dem Jahr 1997. Die

---

195 *Herdegen, Matthias*: Europarecht, 21. Auflage 2019, Kapitel 4.IV, Rn. 10 ff. S. 63 f.; *Haratsch, Andreas/Koenig, Christian/Pechstein, Matthias*: Europarecht, 11. Auflage 2018, Kapitel 2.I.1, Rn. 53, S. 25 f.

196 *Stern, Joachim/Tohidipur, Timo:* Migration von Drittstaatsangehörigen, in: von Arnauld, Andreas (Hrsg): Europäische Außenbeziehungen, Enzyklopädie Europarecht, 1. Auflage 2014, Kapitel 14.A.II.1, Rn. 2 S. 772; *Funke-Kaiser, Michael*: Asylpolitik der EU, in: Bergmann, Jan (Hrsg): Handlexikon der Europäischen Union, 5. Auflage 2015, Kapitel I, S. 78; *Hailbronner, Kay/Thym, Daniel:* Constitutional Framework and Principles for Interpretation, in: Hailbronner, Kay/Thym, Daniel (Hrsg): EU Immigration and Asylum Law – A Commentary, 2. Auflage 2016, Part A. Introduction, Kapitel I.1, Rn. 2, S. 2; *Haratsch, Andreas/Koenig, Christian/Pechstein, Matthias:* Europarecht, 11. Auflage 2018, Kapitel 2.I.1, Rn. 53, S. 25 f.

197 *Stern, Joachim/Tohidipur, Timo:* Migration von Drittstaatsangehörigen, in: von Arnauld, Andreas (Hrsg): Europäische Außenbeziehungen, Enzyklopädie Europarecht, 1. Auflage 2014, Kapitel 14.A.II.2, Rn. 4 ff., S. 773.

198 *Stern, Joachim/Tohidipur, Timo:* Migration von Drittstaatsangehörigen, in: von Arnauld, Andreas (Hrsg): Europäische Außenbeziehungen, Enzyklopädie Europarecht, 1. Auflage 2014, Kapitel 14.A.II.2, Rn. 3, S. 773; *Nykänen, Eeva:* Fragmented State Power and Forced Migration: A Study on Non-State Actors in Refugee Law, 2012, S. 67.

199 Vertrag von Amsterdam zur Änderung des Vertrags über die Europäische Union, der Verträge zur Gründung der Europäischen Gemeinschaften sowie einiger damit zusammenhängender Rechtsakte („Vertrag von Amsterdam"), 97/C 340/01, vom 02. Oktober 1997, in Kraft getreten am 01. Mai 1999.

Thematiken der Asyl-, Visa- und der Einwanderungspolitik wurden von der dritten, intergouvernementalen Säule in den IV. Titel des Vertrags über die Europäische Union (EUV) verschoben und somit der gemeinschaftlichen Kompetenz der ersten Säule unterstellt.[200] Dieses Politikfeld unterfiel nunmehr gemeinschaftlicher Kompetenz, jedoch mit zunächst subsidiärer Anwendung. Den Nationalstaaten wurde zugestanden, eigene Maßnahmen zu erlassen, soweit die Gemeinschaft nicht notwendigerweise effektivere Maßnahmen erlässt.[201]

Die Kompetenz der Gemeinschaft erfasste den Erlass von Mindeststandards.[202] Infolgedessen wurde eine Reihe von Richtlinien und Verordnungen angenommen wie die Richtlinie zur Familienzusammenführung und weitere Maßnahmen zum Schutz von Asylsuchenden.[203] Der Vertrag von Amsterdam schrieb nunmehr vor, dass gemeinschaftliche Maßnahmen in Übereinstimmung mit den Bestimmungen der GFK stehen müssen.[204]

---

200 *Göbel-Zimmermann, Ralph/Eichhorn, Alexander/Beichel-Benedetti, Stephan*: Asyl- und Flüchtlingsrecht, 1. Auflage 2017, Kapitel 6.B, Rn. 1025, S. 268; *Boeles, Pieter/den Heijer, Maarten/Lodder, Gerrie/Wouters, Kees*: European Migration Law, 1. Auflage 2009, Kapitel I.1.5.4, S. 43; *Herdegen, Matthias*: Europarecht, 21. Auflage 2019, Kapitel 4.VIII, Rn. 22, S. 68.

201 *Hailbronner, Kay/Thym, Daniel:* Constitutional Framework and Principles for Interpretation, in: Hailbronner, Kay/Thym, Daniel (Hrsg): EU Immigration and Asylum Law – A Commentary, 2. Auflage 2016, Part A. Introduction, Kapitel I.1, Rn. 3, S. 2.

202 *Klug, Anja:* Regional Developments: Europe, in: Zimmermann, Andreas (Hrsg): The 1951 Convention Relating to the Status of Refugees and its 1967 Protocol – A Commentary, 2011, Kapitel C.I.1, Rn. 37, S. 128; *Funke-Kaiser, Michael*: Asylpolitik der EU, in: Bergmann, Jan (Hrsg): Handlexikon der Europäischen Union, 5. Auflage 2015, Kapitel II, S. 78 f.; *Garlick, Madeline/Kumin, Judith:* Seeking Asylum in the EU: Disentangling Refugee Protection from Migration Control, in: Martenczuk, Bernd/Van Thiel, Servaas (Hrsg): Justice, Liberty, Security: New Challenges for EU External Relations, 2008, S. 112.

203 *Boeles, Pieter/den Heijer, Maarten/Lodder, Gerrie/Wouters, Kees*: European Migration Law, 1. Auflage 2009, Kapitel I.1.2.2., S. 11.

204 *Klug, Anja:* Regional Developments: Europe, in: Zimmermann, Andreas (Hrsg): The 1951 Convention Relating to the Status of Refugees and its 1967 Protocol – A Commentary, 2011, Kapitel C.I.1, Rn. 37, S. 128.

ddd. Vertrag von Lissabon

Der Vertrag von Lissabon[205] aus dem Jahr 2007 integrierte schließlich das Politikfeld der Einwanderung und Asyl vollständig in die unionale Kompetenz.[206] Die bisherige Säulenstruktur der EG-Verträge wurde aufgehoben. Die ehemalige dritte Säule der polizeilichen und justiziellen Zusammenarbeit wurde in den neuen Titel V des Vertrages über die Arbeitsweise der Europäischen Union (AEUV) eingegliedert.[207]

Titel V des AEUV regelt den Raum der Freiheit, der Sicherheit und des Rechts. Art. 78 AEUV legt die Kompetenz der Union für eine Politik im Bereich Grenzkontrollen, Asyl und Einwanderung fest. Damit verdeutlichen die Unionsgesetzgeber ein grundsätzlich neues Selbstverständnis der unionalen Asyl- und Flüchtlingspolitik. Bisher beschränkte sich die EU-Flüchtlings- und Asylpolitik auf Maßnahmen zur Harmonisierung von Mindestmaßstäben. Nunmehr soll eine gemeinsame Politik der Union im Bereich Asyl betrieben werden, die den Mitgliedstaaten eine eigenständige Politik in diesen Bereichen entzieht.[208] Art. 78 Absatz 2 AEUV normiert die Kompetenz der EU zur Festsetzung eines einheitlichen Asylstatus sowie eines einheitlichen subsidiären Schutzstatus und eines gemeinsamen Asylverfahrens. Zudem wird ausdrücklich auf die Notwendigkeit einer Partnerschaft und Zusammenarbeit mit Drittländern verwiesen, Art. 78 Absatz 2 lit. g) AEUV.[209]

Mit dem Vertrag von Lissabon wird die Charta der Grundrechte der Europäischen Union (EU-Grundrechtecharta)[210] in den gleichen rechtlichen Rang

---

205 Vertrag von Lissabon zur Änderung des Vertrags über die Europäische Union und des Vertrags zur Gründung der Europäischen Gemeinschaft, 2007/C 306/01, vom 13. Dezember 2007, in Kraft getreten am 01. Dezember 2009.

206 *Kau, Marcel*: Der Staat und der Einzelne als Völkerrechtssubjekt, in: Vitzthum, Wolfgang Graf/Proelß, Alexander (Hrsg): Völkerrecht, 8. Auflage 2019, 3. Abschnitt, Kapitel III.4, Rn. 309, S. 304; *Hailbronner, Kay/Thym, Daniel:* Constitutional Framework and Principles for Interpretation, in: Hailbronner, Kay/Thym, Daniel (Hrsg): EU Immigration and Asylum Law - A Commentary, 2. Auflage 2016, Part A. Introduction, Kapitel I.1, Rn. 3, S. 3.

207 *Boeles, Pieter/den Heijer, Maarten/Lodder, Gerrie/Wouters, Kees*: European Migration Law, 1. Auflage 2009, Kapitel I.1.5, S. 46.

208 *Funke-Kaiser, Michael*: Asylpolitik der EU, in: Bergmann, Jan (Hrsg): Handlexikon der Europäischen Union, 5. Auflage 2015, Kapitel V, S. 79.

209 *Klug, Anja:* Regional Developments: Europe, in: Zimmermann, Andreas (Hrsg): The 1951 Convention Relating to the Status of Refugees and its 1967 Protocol - A Commentary, 2011, Kapitel C.I.1, Rn. 39, S. 128.

210 Charta der Grundrechte der Europäischen Union, 2012/C 326/02.

wie das unionale Primärrecht gestellt[211] und schafft damit eine rechtliche Verbindlichkeit dieser Normen für die Maßnahmen von Organen der EU.[212] Die EU-Grundrechtecharta, die bereits am 07. Dezember 2000 in Nizza proklamiert wurde, bis zum Inkrafttreten des Vertrages von Lissabon im Jahr 2009 jedoch keine rechtliche Bindungswirkung entfaltete, ist eine der wichtigsten, progressivsten Entwicklungen des europäischen Asylrechts.[213] Denn die EU-Grundrechtecharta enthält in Art. 18 ein "Asylrecht". Auf das "Asylrecht" aus Art. 18 EU-Grundrechtecharta wird in Kapitel D.III.2.b.cc ausführlicher eingegangen.

bb. Politikprogramme der Europäischen Union in Flüchtlings- und Asylangelegenheiten

Mit den Verträgen von Amsterdam und Lissabon wurde die rechtliche Kompetenz der EU für den Beschluss politischer Maßnahmen im Bereich der Einwanderung und Asyl geschaffen. Die daraus folgenden politischen Maßnahmen wurden in den Programmen von Tampere 1999, Den Haag 2004 sowie Stockholm 2009 und Ypern 2014 niedergelegt.[214] 2015 folgte die Europäische Agenda für Migration, die insbesondere in Anbetracht der steigenden Zahlen an Schutzsuchenden in der EU zu betrachten ist. Überspannende Zielsetzung ist dabei stets die Schaffung eines Gemeinsamen Europäischen Asylsystems (GEAS).

aaa. Das Tampere-Programm 1999

Der Sondergipfel von Tampere vom 15. und 16. Oktober 1999 bildete den Auftakt der Politikprogramme. Die neuen Programmsätze wiesen einen Enthusiasmus für neue politische Zielsetzung auf; neben die wirtschaftlich und sicherheitspolitisch geprägte politische Ausrichtung der Gemeinschaften sollte eine soziale Entwicklung in die neuen Politikprogramme aufgenommen

---

211 Art. 6 Abs. 1 EUV.

212 *Boeles, Pieter/den Heijer, Maarten/Lodder, Gerrie/Wouters, Kees*: European Migration Law, 1. Auflage 2009, Kapitel I.1.5, S. 46.

213 *Klug, Anja:* Regional Developments: Europe, in: Zimmermann, Andreas (Hrsg): The 1951 Convention Relating to the Status of Refugees and its 1967 Protocol – A Commentary, 2011, Kapitel C.I.2, Rn. 41, S. 129.

214 *Hailbronner, Kay/Thym, Daniel:* Constitutional Framework and Principles for Interpretation, in: Hailbronner, Kay/Thym, Daniel (Hrsg): EU Immigration and Asylum Law – A Commentary, 2. Auflage 2016, Part A. Introduction, Kapitel I.3, Rn. 8, S. 5.

werden.[215] Die Schlussfolgerung des ersten Sondergipfels wies flüchtlingsschutzrechtliche Ansätze auf und ergänzte erstmalig den kontrollierenden Ansatz der europäischen Asylpolitik mit Schutzzielen.[216]

Die Zielsetzung des gemeinschaftlichen Politikprogrammes war die Gestaltung einer offenen und sicheren EU, die uneingeschränkt, obgleich ohne bindende Verpflichtung, die Zielsetzungen der GFK und der Menschenrechtsübereinkünfte verfolgt und die in der Lage ist, auf humanitäre Anforderungen auf der Grundlage gemeinschaftlicher Solidarität sowie menschenrechtlicher Orientierung ihrer Politik zu reagieren.[217] Auf dieser Grundlage wurden Schutzmöglichkeiten für diese Einreisenden, die aus berechtigten Gründen in das Gebiet der EU einreisen, geschaffen.[218] Erstmals setzte sich der Europäische Rat das langfristige Ziel, ein gemeinsames Asylverfahren zu gestalten und einen einheitlichen, in der ganzen EU geltenden Status für diejenigen, denen Asyl gewährt wird, zu gewähren.[219] Weiterhin sah das Programmziel enge Partnerschaften mit Herkunftsländern sowie Transitländern vor, um so irreguläre Migration zu bekämpfen.[220] In Verfolgung dieses Politikprogrammes wurden die

215 *Hailbronner, Kay/Thym, Daniel:* Constitutional Framework and Principles for Interpretation, in: Hailbronner, Kay/Thym, Daniel (Hrsg): EU Immigration and Asylum Law - A Commentary, 2. Auflage 2016, Part A. Introduction, Kapitel. I.3, Rn. 8, S. 5.

216 Vgl. *Klug, Anja:* Regional Developments: Europe, in: Zimmermann, Andreas (Hrsg): The 1951 Convention Relating to the Status of Refugees and its 1967 Protocol - A Commentary, 2011, Kapitel C, Rn. 34, S. 128.

217 *Europäisches Parlament:* Tampere Europäischer Rat 15. und 16. Oktober 1999, Schlussfolgerungen des Vorsitzes, 1999, Rn. 4; *Klug, Anja:* Regional Developments: Europe, in: Zimmermann, Andreas (Hrsg): The 1951 Convention Relating to the Status of Refugees and its 1967 Protocol - A Commentary, 2011, Kapitel C, Rn. 34, S. 128.

218 *Europäisches Parlament:* Tampere Europäischer Rat 15. und 16. Oktober 1999, Schlussfolgerungen des Vorsitzes, 1999, Rn. 10 ff.; *Stern, Joachim/Tohidipur, Timo:* Migration von Drittstaatsangehörigen, in: von Arnauld, Andreas (Hrsg): Europäische Außenbeziehungen, Enzyklopädie Europarecht, 1. Auflage 2014, Kapitel 14.A.II.3, Rn. 7, S. 775.

219 *Europäisches Parlament:* Tampere Europäischer Rat 15. und 16. Oktober 1999, Schlussfolgerungen des Vorsitzes, 1999, Rn. 13 ff.; *Funke-Kaiser, Michael:* Asylpolitik der EU, in: Bergmann, Jan (Hrsg): Handlexikon der Europäischen Union, 5. Auflage 2015, Kapitel III, S. 79; *Stern, Joachim/Tohidipur, Timo:* Migration von Drittstaatsangehörigen, in: von Arnauld, Andreas (Hrsg): Europäische Außenbeziehungen, Enzyklopädie Europarecht, 1. Auflage 2014, Kapitel 14.A.II.3, Rn. 7, S. 775.

220 *Europäisches Parlament:* Tampere Europäischer Rat 15. und 16. Oktober 1999, Schlussfolgerungen des Vorsitzes, 1999, Rn. 11 f.; *Garlick, Madeline/Kumin, Judith:* Seeking Asylum in the EU: Disentangling Refugee Protection from Migration Control,

ersten EG-rechtlichen verbindlichen Instrumente geschaffen,[221] namentlich die Richtlinie 2001/55/EG (Richtlinie zum vorübergehenden Schutz bei einem Massenzustrom von Vertriebenen),[222] die Verordnung (EG) Nr. 343/2003 (Dublin-II-Verordnung),[223] die Richtlinie 2004/83/EG (Qualifikationsrichtlinie)[224] und die Richtlinie 2005/85/EG (Verfahrensrichtlinie).[225] Die Zielrichtung der Richtlinien und der Verordnung zeigte gleichwohl, dass die Asylpolitik des Tampere-Programmes nach wie vor einen engen Zusammenhang mit dem Ziel der Einwanderungskontrolle aufwies.[226]

bbb. Das Haager Programm 2005

Die Tagung des Europäischen Rates in Den Haag im Jahr 2005 und das dabei erarbeitete Haager Programm zur Stärkung von Freiheit, Sicherheit und Recht in der EU[227] stellt die zweite Stufe hin zu einem gemeinsamen europäischen

---

in: Martenczuk, Bernd/Van Thiel, Servaas (Hrsg): Justice, Liberty, Security: New Challenges for EU External Relations, 2008, S. 114 f.

221 *Garlick, Madeline/Kumin, Judith:* Seeking Asylum in the EU: Disentangling Refugee Protection from Migration Control, in: Martenczuk, Bernd/Van Thiel, Servaas (Hrsg): Justice, Liberty, Security: New Challenges for EU External Relations, 2008, S. 113.

222 Richtlinie 2001/55/EG des Rates vom 20. Juli 2001 über Mindestnormen für die Gewährung vorübergehenden Schutzes im Falle eines Massenzustroms von Vertriebenen und Maßnahmen zur Förderung einer ausgewogenen Verteilung der Belastungen, die mit der Aufnahme dieser Personen und den Folgen dieser Aufnahme verbunden sind, auf die Mitgliedstaaten, ABl. EG L 212/12.

223 Verordnung (EG) Nr. 343/2003 des Rates vom 18. Februar 2003 zur Festlegung der Kriterien und Verfahren zur Bestimmung des Mitgliedstaats, der für die Prüfung eines von einem Drittstaatsangehörigen in einem Mitgliedstaat gestellten Asylantrags zuständig ist, ABl. EU L50/1.

224 Richtlinie 2004/83/EG des Rates vom 29. April 2004 über Mindestnormen für die Anerkennung und den Status von Drittstaatsangehörigen oder Staatenlosen als Flüchtlinge oder als Personen, die anderweitig internationalen Schutz benötigen, und über den Inhalt des zu gewährenden Schutzes, ABl. EU L 304/12.

225 Richtlinie 2005/85/EG des Rates vom 1. Dezember 2005 über Mindestnormen für Verfahren in den Mitgliedstaaten zur Zuerkennung und Aberkennung der Flüchtlingseigenschaft, ABl. EU L 326/13.

226 *Klug, Anja:* Regional Developments: Europe, in: Zimmermann, Andreas (Hrsg): The 1951 Convention Relating to the Status of Refugees and its 1967 Protocol – A Commentary, 2011, Kapitel C, Rn. 34, S. 128.

227 Haager Programm zur Stärkung von Freiheit, Sicherheit und Recht in der Europäischen Union, vom 3. März 2005, 2005/C 53/01.

Asylsystem dar.[228] Die Beschlüsse des Haager Programms sind im historischen Kontext zu sehen; seit den Anschlägen in den USA vom 11. September 2001 waren politische Bestrebungen weltweit vom Kampf gegen Terrorismus geprägt.[229]

Erklärte Zielsetzung des Haager Programmes war unter anderem die Verbesserung der gemeinsamen Fähigkeit der EU und ihrer Mitgliedstaaten zur Gewährleistung der Grundrechte, der Mindestnormen für Verfahrensgarantien und des Zugangs zur Justiz im Hinblick auf den Schutz von schutzbedürftigen Menschen in Übereinstimmung mit der GFK und anderen internationalen Verträgen.[230] Grundlagen des Programms bildeten erneut die Zielsetzungen und Regelungen aus internationalen Abkommen, insbesondere der GFK.[231] Das Programm sah hinsichtlich der europäischen Asylpolitik unter anderem die Errichtung einer gemeinsamen europäischen Asylregelung vor.[232] Die weitere Zielsetzung umfasste daneben die Verbesserung der Regulierung bzw. Steuerung von Migrationsbewegungen und der Kontrolle der Außengrenzen der Union sowie des Kampfes gegen organisierte grenzüberschreitende Kriminalität.[233] Die Steuerungspolitik sah

---

228 *Garlick, Madeline/Kumin, Judith:* Seeking Asylum in the EU: Disentangling Refugee Protection from Migration Control, in: Martenczuk, Bernd/Van Thiel, Servaas (Hrsg): Justice, Liberty, Security: New Challenges for EU External Relations, 2008, S. 114.

229 *Hailbronner, Kay/Thym, Daniel:* Constitutional Framework and Principles for Interpretation, in: Hailbronner, Kay/Thym, Daniel (Hrsg): EU Immigration and Asylum Law – A Commentary, 2. Auflage 2016, Part A. Introduction, Kapitel I.3, Rn. 8, S. 5.

230 Haager Programm zur Stärkung von Freiheit, Sicherheit und Recht in der Europäischen Union, vom 3. März 2005, 2005/C 53/01, Einleitung.

231 *Garlick, Madeline/Kumin, Judith:* Seeking Asylum in the EU: Disentangling Refugee Protection from Migration Control, in: Martenczuk, Bernd/Van Thiel, Servaas (Hrsg): Justice, Liberty, Security: New Challenges for EU External Relations, 2008, S. 114.

232 Haager Programm zur Stärkung von Freiheit, Sicherheit und Recht in der Europäischen Union, vom 3. März 2005, 2005/C 53/01, Abschnitt III, Nummer 1.3.; vgl. *Funke-Kaiser, Michael:* Asylpolitik der EU, in: Bergmann, Jan (Hrsg): Handlexikon der Europäischen Union, 5. Auflage 2015, Kapitel IV, S. 79; *Stern, Joachim/Tohidipur, Timo:* Migration von Drittstaatsangehörigen, in: von Arnauld, Andreas (Hrsg): Europäische Außenbeziehungen, Enzyklopädie Europarecht, 1. Auflage 2014, Kapitel 14.A.II.3, Rn. 8, S. 775.

233 Haager Programm zur Stärkung von Freiheit, Sicherheit und Recht in der Europäischen Union, vom 3. März 2005, 2005/C 53/01, Einleitung, sowie Abschnitt III, Nummer 1.7; *Stern, Joachim/Tohidipur, Timo:* Migration von Drittstaatsangehörigen,

Maßnahmen im Rahmen der Grenzkontrollen und der Visumspolitik vor.[234] Neben dieser Weiterentwicklung eines quasi ‚internen' europäischen Asylsystems legte das Haager Programm auch einen Schwerpunkt auf externe Dimensionen der europäischen Flüchtlings- und Asylpolitik. Die externen Dimensionen umfassten Politikansätze der Rückkehr- und Rückübernahmepolitik sowie Partnerschaften mit Drittstaaten.[235]

ccc. Das Stockholmer Programm 2009

Der Gipfel von Stockholm im Jahr 2009 und die Erklärung des Stockholm Programmes[236] stellen die dritte Stufe der Politikentwicklung der EU dar. Das Programm stand im Kontext des Inkrafttretens des Lissabonner Vertrages und hatte zum Ziel, bis zum Jahre 2012 ein GEAS zu schaffen.[237] Der gesetzten Zielsetzung des Programms entsprechend wurden die bisherige Richtlinie 2004/83/EG (Qualifikationsrichtlinie) durch die neue Richtlinie 2011/95/EU (Qualifikationsrichtlinie)[238] im Jahr 2011, die Richtlinie 2005/85/EG (Verfahrensrichtlinie) durch die Richtlinie 2013/32/EU

---

in: von Arnauld, Andreas (Hrsg): Europäische Außenbeziehungen, Enzyklopädie Europarecht, 1. Auflage 2014, Kapitel 14.A.II.3, Rn. 8, S. 775.

234 Haager Programm zur Stärkung von Freiheit, Sicherheit und Recht in der Europäischen Union, vom 3. März 2005, 2005/C 53/01, Abschnitt III, Nummer 1.6. und 1.7.; *Garlick, Madeline/Kumin, Judith:* Seeking Asylum in the EU: Disentangling Refugee Protection from Migration Control, in: Martenczuk, Bernd/Van Thiel, Servaas (Hrsg): Justice, Liberty, Security: New Challenges for EU External Relations, 2008, S. 114.

235 Haager Programm zur Stärkung von Freiheit, Sicherheit und Recht in der Europäischen Union, vom 3. März 2005, 2005/C 53/01, Abschnitt III, Nummer 1.6.; *Garlick, Madeline/Kumin, Judith:* Seeking Asylum in the EU: Disentangling Refugee Protection from Migration Control, in: Martenczuk, Bernd/Van Thiel, Servaas (Hrsg): Justice, Liberty, Security: New Challenges for EU External Relations, 2008, S. 114.

236 Das Stockholmer Programm – Ein offenes und sicheres Europa im Dienste und zum Schutz der Bürger, 2010/C 115/01, ABl. C 115/1 vom 4.5.2010.

237 *Funke-Kaiser, Michael*: Asylpolitik der EU, in: Bergmann, Jan (Hrsg): Handlexikon der Europäischen Union, 5. Auflage 2015, Kapitel VI, S. 79.

238 Richtlinie 2011/95/EU des Europäischen Parlaments und des Rates vom 13. Dezember 2011 über Normen für die Anerkennung von Drittstaatsangehörigen oder Staatenlosen als Personen mit Anspruch auf internationalen Schutz, für einen einheitlichen Status für Flüchtlinge oder für Personen mit Anrecht auf subsidiären Schutz und für den Inhalt des zu gewährenden Schutzes (Neufassung).

(Verfahrensrichtlinie)[239] in 2013 ersetzt sowie die Verordnung (EU) Nr. 604/ 2013 (Dublin III-Verordnung) in Kraft gesetzt,[240] die bis zum gegenwärtigen Zeitpunkt Anwendung finden. Die neue Richtlinie 2011/95/EU (Qualifikationsrichtlinie) und die neue Richtlinie 2013/32/EU (Verfahrensrichtlinie) legen nicht mehr lediglich Mindestnormen fest, sondern setzen gemeinsame Standards für die Flüchtlingsanerkennung sowie die Zuerkennung des subsidiären Schutzstatus. Allerdings sieht die Richtlinie 2013/32/EU (Verfahrensrichtlinie) nach wie vor eine Reihe an Möglichkeiten des ‚opt-outs' vor,[241] also die Möglichkeit für einzelne Mitgliedstaaten, sich vorerst nicht an den Regelungen der Richtlinie 2013/32/EU (Verfahrensrichtlinie) zu beteiligen.

Das Stockholmer Programm zeigte das Bemühen der Mitgliedstaaten auf, auf Ebene der EU einen Ausgleich von Sicherheit und menschenrechtlichen Erwägungen zu schaffen.[242]

ddd. Die Leitlinien von Ypern 2014

Die Leitlinien von Ypern[243] sind im Vergleich zu den vorherigen Programmen erheblich kürzer und umfassen nur wenige Leitsätze.[244] Bezüglich Migration und Asyl sehen die Leitlinien allgemein gehaltene, vage Erwägungen vor, die eine substantiierte Programmatik vermissen lassen.[245] So soll der Ausbau von Schutzprogrammen, die in der unmittelbaren örtlichen Nähe zur Krisenregion angesiedelt sind, ausgebaut, die Zusammenarbeit mit dem UNHCR vertieft und

239 Richtlinie 2013/32/EU des Europäischen Parlaments und des Rates vom 26. Juni 2013 zu gemeinsamen Verfahren für die Zuerkennung und Aberkennung des internationalen Schutzes (Neufassung).

240 *Funke-Kaiser, Michael*: Asylpolitik der EU, in: Bergmann, Jan (Hrsg): Handlexikon der Europäischen Union, 5. Auflage 2015, Kapitel VI, S. 80.

241 *Funke-Kaiser, Michael*: Asylpolitik der EU, in: Bergmann, Jan (Hrsg): Handlexikon der Europäischen Union, 5. Auflage 2015, Kapitel VI, S. 80.

242 *Hailbronner, Kay/Thym, Daniel:* Constitutional Framework and Principles for Interpretation, in: Hailbronner, Kay/Thym, Daniel (Hrsg): EU Immigration and Asylum Law - A Commentary, 2. Auflage 2016, Part A. Introduction, Kapitel I.3, Rn. 8, S. 5.

243 *Europäischer Rat:* Schlussfolgerungen - Tagung vom 26./27. Juni 2014, EUCO 79/14 CO EUR 4 CONCL 2, vom 27. Juni 2014.

244 *Hailbronner, Kay/Thym, Daniel:* Constitutional Framework and Principles for Interpretation, in: Hailbronner, Kay/Thym, Daniel (Hrsg): EU Immigration and Asylum Law - A Commentary, 2. Auflage 2016, Part A. Introduction, Kapitel I.3, Rn. 8, S. 5.

245 *Hailbronner, Kay/Thym, Daniel:* Constitutional Framework and Principles for Interpretation, in: Hailbronner, Kay/Thym, Daniel (Hrsg): EU Immigration and Asylum Law - A Commentary, 2. Auflage 2016, Part A. Introduction, Kapitel I.3, Rn. 8, S. 5.

der Beitrag zum Resettlement erhöht werden; irreguläre Migration, insbesondere durch Schlepper und Schleuser soll vehementer bekämpft, die Migrationsbewegungen sollen im Ganzen strenger kontrolliert und gesteuert werden; zudem soll ein wirksames, gemeinsames Rückführungsprogramm errichtet werden.[246]

Die Leitlinien von Ypern verdeutlichen, dass die Programmsetzungen auf Ebene des Europäischen Rates bis zum Jahr 2014 stetig an praktischem Einfluss verloren.[247] Dies lässt sich damit begründen, dass bis zu diesem Zeitpunkt aufgrund der gleichbleibend niedrigen Anzahl an Schutzsuchenden keine unmittelbare Notwendigkeit der politischen Aktivität gesehen wurde.

Der Höhepunkt der Fluchtbewegungen in das Gebiet der EU im Jahr 2015 stellte eine Zäsur in der politischen Programmatik der EU dar.

eee. Die neue Europäische Agenda für Migration

Im Mai und September 2015 legte die Europäische Kommission mit ihren Vorschlagspaketen für eine ‚Europäische Agenda für Migration'[248] strategische Leitlinien der Migrationspolitik für die folgenden Jahre vor.[249] Der Vorschlag folgte auf die steigende Zahl an Schutzsuchenden, insbesondere zu Beginn des Jahres 2015. Die Migrationsagenda erfasste wie die bisherigen Programme des Europäischen Rates neben Schutzzielen zugunsten von Schutzsuchenden auch sicherheitsrelevante Bestrebungen zum Schutze der EU vor unkontrollierter Migration in ihr Gebiet. Die Migrationsagenda enthielt sowohl Sofortmaßnahmen zur Bewältigung der sich ausweitenden Krise als auch langfristige Reformpläne.[250]

Erklärte Zielsetzung des ersten Vorschlagspakets für eine neue Migrationsagenda war die konsequente Bekämpfung der irregulären Migration, der Schleuser und Menschenhändler sowie die Sicherung der Außengrenzen Europas und

---

246 *Europäischer Rat:* Schlussfolgerungen – Tagung vom 26./27. Juni 2014, EUCO 79/14 CO EUR 4 CONCL 2, vom 27. Juni 2014, S. 3, 19.

247 *Hailbronner, Kay/Thym, Daniel:* Constitutional Framework and Principles for Interpretation, in: Hailbronner, Kay/Thym, Daniel (Hrsg): EU Immigration and Asylum Law – A Commentary, 2. Auflage 2016, Part A. Introduction, Kapitel I.3, Rn. 8, S. 5.

248 *Europäische Kommission:* Die Europäische Migrationsagenda, Mitteilung der Kommission an das Europäische Parlament, den Rat, den Europäischen Wirtschafts- und Sozialausschuss und den Ausschuss der Regionen, vom 13.5.2015, COM(2015) 240 final.

249 *Engler, Marcus:* Europäische Asyl- und Flüchtlingspolitik seit 2015 – eine Bilanz, Bundeszentrale für politische Bildung, 11. Mai 2019.

250 *Europäische Kommission:* Durchbruch bei der Migrationssteuerung und Grenzsicherung, Factsheet, Stand bis einschließlich 2018.

die Bildung einer starken gemeinsamen Asylpolitik und einer neuen europäischen Politik für legale Migration.[251] Die geplanten Maßnahmen wurden in zwei Abschnitte aufgeteilt: Sofortmaßnahmen und Schwerpunktmaßnahmen für eine bessere Steuerung der Migration. Sofortmaßnahmen erfassten den unmittelbaren Umgang mit den zur Zeit des Vorschlags der Migrationsagenda ankommenden Schutzsuchenden. Diese Sofortmaßnahmen umfassten Vorschläge zur Aufstockung der Mittelausstattung für die Operationen der Europäischen Agentur für die Grenz- und Küstenwache (FRONTEX) zur Sicherung der EU-Außengrenzen auf dem Mittelmeer sowie die Ausdehnung des geographischen Gebietes zur Rettung der Menschen auf See, Vorschläge zur Um- und zur Neuansiedlung sowie den Ausbau der Zusammenarbeit mit Drittstaaten, um Migration bereits an der Quelle anzugehen.[252]

Der zweite Abschnitt, namentlich die Schwerpunktmaßnahmen für eine bessere Steuerung der Migration, umfasste vier Kategorien: Maßnahmen zur Verringerung der Anreize für irreguläre Migration, die Sicherung der Außengrenzen inklusive Rettungsmaßnahmen auf See, Maßnahmen zur Stärkung einer gemeinsamen Asylpolitik und Maßnahmen für eine neue Migrationspolitik.[253]

Das zweite Vorschlagspaket der Kommission umfasste den Vorschlag zur sofortigen Umsiedlung weiterer Schutzsuchenden aus den Aufnahmelagern in Griechenland und Italien, die Einführung eines ständigen Umsiedlungsmechanismuses, die Gestaltung einer gemeinsamen europäischen Liste sicherer Herkunftsstaaten, die Entwicklung einer wirksamen Rückführungspolitik und den Ausbau eines Treuhandfonds für Afrika.[254]

---

251 *Europäische Kommission:* Die Europäische Migrationsagenda, Mitteilung der Kommission an das Europäische Parlament, den Rat, den Europäischen Wirtschafts- und Sozialausschuss und den Ausschuss der Regionen, vom 13.5.2015, COM(2015) 240 final, S. 8.

252 *Europäische Kommission:* Die Europäische Migrationsagenda, Mitteilung der Kommission an das Europäische Parlament, den Rat, den Europäischen Wirtschafts- und Sozialausschuss und den Ausschuss der Regionen, vom 13.5.2015, COM(2015) 240 final, S. 4 ff.

253 *Europäische Kommission:* Die Europäische Migrationsagenda, Mitteilung der Kommission an das Europäische Parlament, den Rat, den Europäischen Wirtschafts- und Sozialausschuss und den Ausschuss der Regionen, vom 13.5.2015, COM(2015) 240 final, S. 8 ff.

254 *Europäische Kommission:* Flüchtlingskrise: die Europäische Kommission handelt, Pressemitteilung vom 9. September 2015.

Die Umsetzung der ersten Vorschläge der Kommission bezüglich der Umsiedlung und Neuansiedlung von Schutzsuchenden erfolgten unmittelbar im Sommer 2015. Auf dem EU-Gipfel in Brüssel vom 25./26. Juni 2015 einigten sich die europäischen Staats- und Regierungschefs darauf, 40 000 Asylbewerber aus den Aufnahmelagern in Griechenland und Italien umzusiedeln sowie weitere 20 000 Flüchtlinge über Resettlement aus Drittstaaten aufzunehmen.[255] Den entsprechenden Beschluss zur Umsiedlung nahm der Rat am 14. September 2015 förmlich an.[256] Als Folge der weiterhin steigenden Zahlen an Flüchtlingen im Herbst 2015 sollten weitere 120 000 Schutzsuchende mittels eines EU-weiten Verteilungsschlüssels, der eine verpflichtende Aufnahme für die einzelnen Mitgliedstaaten vorsah, umgesiedelt werden.[257] Dieser Beschluss wurde allerdings nicht einstimmig, sondern als qualifizierter Mehrheitsbeschluss angenommen; Ungarn, die Tschechische Republik, die Slowakische Republik und Rumänien stimmten dagegen.[258] Diese zögerliche bzw. boykottierende Haltung einiger Mitgliedstaaten spiegelte sich im Erfolg der Umsiedlungsmaßnahmen wider. Das Umsiedlungsziel wurde nicht erreicht, da die Mitgliedstaaten nicht die erforderlichen Plätze bereitstellten.[259] Nach Angaben der Europäischen Kommission wurden bis Ende 2018 lediglich 34 710 Personen, die internationalen Schutz benötigen, aus Italien und Griechenland umgesiedelt.[260]

255 *Europäischer Rat:* Tagung des Europäischen Rates (25. und 26. Juni 2015) – Schlussfolgerungen, EUCO 22/15, CO EUR 8 CONCL 3, vom 26. Juni 2015; *Europäische Kommission:* Durchbruch bei der Migrationssteuerung und Grenzsicherung, Factsheet, Stand bis einschließlich 2018; *Engler, Marcus:* Europäische Asyl- und Flüchtlingspolitik seit 2015 – eine Bilanz, Bundeszentrale für politische Bildung, 11. Mai 2019.

256 Beschluss (EU) 2015/1523 des Rates vom 14. September 2015 zur Einführung von vorläufigen Maßnahmen im Bereich des internationalen Schutzes zugunsten von Italien und Griechenland.

257 Beschluss (EU) 2015/1601 des Rates vom 22. September 2015 zur Einführung von vorläufigen Maßnahmen im Bereich des internationalen Schutzes zugunsten von Italien und Griechenland.

258 Dazu EuGH, Urteil: C-643/15 und C-647/15, vom 6. September 2017, Rn. 11; *Engler, Marcus:* Europäische Asyl- und Flüchtlingspolitik seit 2015 – eine Bilanz, Bundeszentrale für politische Bildung, 11. Mai 2019.

259 *Schneider, Jan:* Das Gemeinsame Europäische Asylsystem: Auf Sand gebaut? Emergenz und Agonie eines teilharmonisierten Politikfeldes, in: Oppelland, Torsten (Hrsg): Das Recht auf Asyl im Spannungsfeld von Menschenrechtsschutz und Migrationsdynamik, 2017, S. 140 ff.

260 *Europäische Kommission*: Fortschrittsbericht über die Umsetzung der Europäischen Migrationsagenda, Mitteilung der Kommission an das Europäische Parlament, den Europäischen Rat und den Rat, vom 06. März 2019, COM(2019) 126 final, S. 1.

Die Umsetzung der Sicherung der Außengrenzen und Abwehr von Menschenschmuggel erfolgt seit September 2015 im Rahmen der EU-Marineoperation ‚Sophia'. Dabei sollen Schiffe, die im Verdacht stehen, Menschenschmuggel oder Menschenhandel zu betreiben, auf Hoher See angehalten, durchsucht, beschlagnahmt und umgeleitet werden.[261]

Am 11./12. November 2015 einigten sich auf dem Migrationsgipfel in Valetta die EU-Mitgliedstaaten sowie Norwegen und die Schweiz mit den afrikanischen Staaten[262] auf einen gemeinsamen Aktionsplan bezüglich der Migration aus Afrika in das europäische Gebiet. Zentrale Zielsetzung war die Bekämpfung der Ursachen für irreguläre Migration, die Förderung legaler Migrationswege, die Bekämpfung von Schleusern und die Verbesserung der Zusammenarbeit bezüglich Rückführung und Rückübernahme von afrikanischen Schutzsuchenden aus dem Gebiet der EU.[263]

Daneben wurde ein gemeinsamer Aktionsplan der EU-Mitgliedstaaten mit der Türkei offiziell am 29. November 2015 auf dem EU-Türkei-Gipfel angenommen. Der Aktionsplan sah vor, die Zusammenarbeit der Türkei und der EU hinsichtlich illegaler Migration in die EU zu stärken, indem die Türkei strengere Kontrollen ihrer See- und Landgrenzen zur EU zusichert sowie Rückübernahmeübereinkommen bekräftigte. Die EU unterstützt im Gegenzug die Türkei dabei mit finanziellen Mitteln.[264] Im März 2016 folgte eine weitere Türkei-EU-Erklärung mit dem ‚Deal', Migranten, die illegal über türkisches Gebiet in die

---

261 *Europäischer Rat/Rat der Europäischen Union:* EUNAVFOR MED: EU gibt grünes Licht für „Operation Sophia" – die aktive Phase der Operation gegen Schleuser, Pressemitteilung vom 28. September 2015.

262 Im Einzelnen Ägypten, Algerien, Äquatorialguinea, Äthiopien, Benin, Burkina Faso, Dschibuti, Elfenbeinküste, Eritrea, Gabun, Gambia, Ghana, Guinea, Guinea-Bissau, Kamerun, Kap Verde, Kenia, Demokratische Republik Kongo, Republik Kongo, Liberia, Libyen, Mali, Marokko, Mauretanien, Niger, Nigeria, Senegal, Sierra Leone, Somalia, Sudan, Südsudan, Togo, Tschad, Tunesien und Zentralafrikanische Republik, vgl. Teilnehmerliste des Gipfeltreffens von Valletta 2015, online abrufbar unter: https://www.consilium.europa.eu/media/23727/v-summit-2015-trombinoscope.pdf.

263 *Europäischer Rat/Rat der Europäischen Union:* Gipfeltreffen zu Migrationsfragen in Valletta, 11./12. November 2015, Stand: Mai 2019; sowie *2015 Valletta Summit on Migration:* Action Plan, Valletta Summit, 11./12. November 2015, online abrufbar unter: https://www.consilium.europa.eu/media/21839/action_plan_en.pdf.

264 *Europäische Kommission:* EU-Turkey joint action plan, vom 15. Oktober 2015; *Europäische Kommission*: Bewältigung der Flüchtlingskrise: Kommission legt Bericht über die Durchführung des gemeinsamen Aktionsplans EU-Türkei vor, vom 10. Februar 2016.

EU einreisen, zurückzunehmen.[265] In der Folgezeit drohte die Türkei mehrfach öffentlich, diese Vereinbarung aufzukündigen.[266]

Zur Stärkung des Schutzes der gemeinsamen Außengrenzen wurde die 2004 gegründete und im September 2016 aufgewertete EU-Agentur für die Grenz- und Küstenwache, weiterhin FRONTEX genannt, mit erweiterten Aufgaben und Befugnissen ausgestattet.[267] Für die Verwaltung der Außengrenzen und die Koordination der operativen Zusammenarbeit der EU-Mitgliedstaaten hinsichtlich des Außenschutzes wurden die Mittelausstattung für FRONTEX aufgestockt. Damit wurden insbesondere die FRONTEX-koordinierten Operationen ‚Poseidon' und ‚Triton' bzw. nunmehr ‚Themis' gefördert.[268]

fff. Strategische Agenda 2019-2024

Am 20. Juni 2019 veröffentlichte der Europäische Rat die neue Strategische Agenda 2019-2024.[269] Der Schutz von Flüchtlingen und Asylsuchenden stellt dabei keinen zentralen Punkt dar, sondern findet sich als Teilmenge im Politikbereich zum Schutz der Bürgerinnen und Bürger und der Freiheiten. Der Europäische Rat erklärt dazu:

> „Wir sind entschlossen, weiter auf eine uneingeschränkt funktionierende, umfassende Migrationspolitik hinzuarbeiten. Wir werden unsere Zusammenarbeit mit Herkunfts- und Transitländern fortführen und vertiefen, um illegale Migration und Menschenhandel zu bekämpfen und für effektive Rückführungen zu sorgen. Was die interne Dimension betrifft, so benötigen wir Einigkeit über eine wirksame Migrations- und Asylpolitik. Es muss ein Konsens für eine Reform der Dublin-Verordnung auf der Grundlage eines ausgewogenen Verhältnisses von Verantwortung und Solidarität

---

265 *Europäische Kommission:* Durchbruch bei der Migrationssteuerung und Grenzsicherung, Factsheet, Stand bis einschließlich 2018.

266 Vgl. dazu stellvertretend für die öffentliche Berichterstattung *Engler, Marcus:* Europäische Asyl- und Flüchtlingspolitik seit 2015 – eine Bilanz, Bundeszentrale für politische Bildung, 11. Mai 2019.

267 VO (EU) 2016/1624 des Europäischen Parlaments und des Rates vom 14. September 2016 über die Europäische Grenz- und Küstenwache; *Haratsch, Andreas/Koenig, Christian/Pechstein, Matthias*: Europarecht, 11. Auflage 2018, Kapitel 4.II.2, Rn. 1112, S. 556.

268 *Europäischen Kommission:* EU-Operationen im Mittelmeer, Factsheet, Oktober 2016; sowie *Europäischer Rat/Rat der Europäischen Union*: Rettung von Menschenleben auf See und Bekämpfung krimineller Netze, April 2020; sowie *FRONTEX:* Was ist Frontex?, Was wir machen, 2020.

269 *Europäischer Rat/Rat der Europäischen Union:* Eine neue Strategische Agenda 2019-2024, Pressemitteilung vom 20. Juni 2019.

gefunden werden; dabei ist die Situation der Menschen zu berücksichtigen, die nach Such- und Rettungseinsätzen auf See an Land gebracht werden.“[270]

Dies verdeutlicht, dass nach wie vor die europäische Asyl- und Migrationspolitik keine für die Mitgliedstaaten abschließend verbindliche Politik ist. Viele bisherigen Regelungsvorgaben der EU enthalten nach wie vor Ausgestaltungsmöglichkeiten der Mitgliedstaaten auf nationaler Ebene. Dies führt dazu, dass die Politik der Schutzgewährung innerhalb der EU nicht einheitlich ausfällt. Diese Unterschiede fördern die Problematik, dass die Schutzsuchenden die einzelnen EU-Staaten unterschiedlich stark als Destination für die Stellung ihres Schutzantrages aufsuchen.[271]

3. Entwicklung der Flüchtlingspolitik auf australischer (nationaler) Ebene

Das Politikfeld der australischen Flüchtlingspolitik ist mit der australischen Einwanderungspolitik eng verbunden.[272] Die Historie der Einwanderungspolitik ist geprägt von abschottenden, selektiven und kontrollierenden Maßnahmen. Auch die Entwicklung der australischen Flüchtlingspolitik ist beeinflusst von dem stetigen Streben nach einer absoluten Kontrolle über den Zugang zum australischen Staatsgebiet. Erleichtert wird dieses Bestreben durch die spezifische geographische Beschaffenheit als Inselstaat.[273] Obwohl Australien bisher mit verhältnismäßig wenigen ‚unmittelbaren' Flüchtlingen konfrontiert wurde – erstmals in Folge des Vietnamkrieges in den 1970er Jahren[274] – sind sich die

270 *Europäischer Rat/Rat der Europäischen Union:* Eine neue Strategische Agenda 2019-2024, Pressemitteilung vom 20. Juni 2019.

271 Vgl. hierzu die Statistiken von Eurostat, abzurufen unter: https://ec.europa.eu/eurostat/de/web/asylum-and-managed-migration/data/main-tables; sowie *Schneider, Jan:* Das Gemeinsame Europäische Asylsystem: Auf Sand gebaut? Emergenz und Agonie eines teilharmonisierten Politikfeldes, in: Oppelland, Torsten (Hrsg): Das Recht auf Asyl im Spannungsfeld von Menschenrechtsschutz und Migrationsdynamik, 2017, S. 137.

272 Verdeutlicht wird dies im Migration Act 1958, Nr. 62, 1958, Zusammenstellung Nr. 147, zuletzt geändert mit Act Nr. 110, 2019, aktueller Stand vom 5. Dezember 2019, der beide Felder gemeinsam regelt.

273 *Crock, Mary/Saul, Ben/Dastyari, Azadeh:* Future Seekers II – Refugees and Irregular Migration in Australia, 2006, Kapitel 1, S. 4 und Kapitel 3, S. 27.

274 *Chappell, Louise/Chesterman, John/Hill, Lisa:* The Politics of Human Rights in Australia, 2009, Kapitel 7, S. 197; *Crock, Mary/Saul, Ben/Dastyari, Azadeh:* Future Seekers II – Refugees and Irregular Migration in Australia, 2006, Kapitel 3, S. 28.

großen Parteien,[275] die abwechselnd die Regierung stellen, meist einig in ihrer Politik einer möglichst strengen Einwanderungs- und Flüchtlingspolitik gegenüber solchen Schutzsuchenden, die ohne vorherige Autorisierung durch den australischen Staat dessen Gebiet erreichen, um dort einen Schutzantrag zu stellen.

a. Flüchtlingspolitik in der Ära der ‚White Australia'-Politik

Mit der Gründung der britischen Kolonien in Australien fand zunächst eine staatlich organisierte, gelenkte und finanzierte Einwanderung nach Australien statt.[276] Bis zu den 1850er Jahren gab es keine Bestrebungen, spezifische Personen bzw. Personengruppen von einer Ansiedlung in Australien abzuhalten.[277] Ab Mitte des 19. Jahrhunderts beschlossen schließlich einzelne australische Kolonien in Folge vermehrter Ankunft chinesischer Migranten erste restriktive Maßnahmen zu erlassen. Diese erfassten sogenannte ‚carrier sanctions', also Strafzahlungen, die Schiffsbetreibern auferlegt wurden, die chinesische Migranten nach Australien brachten.[278] Darüber hinaus wurde ein ‚dictation test' eingeführt, um die Zuwanderung nicht europäisch-stämmiger Siedler zu verhindern.[279] Der dictation test stellte eine zwingende Voraussetzung für Einwanderungswillige dar. Danach mussten Einwanderungswillige zur Einreise- und Aufenthaltsgenehmigung ein Diktat in einer beliebigen europäischen Sprache ablegen.[280] Andere Sprachen, wie zum Beispiel chinesisch waren nicht

275 Die beiden größten politischen Parteien in Australien sind die Australian Labor Party, die von einer sozialdemokratischen Ausrichtung geprägt ist und die Liberal Party of Australia, die gesellschaftspolitisch konservative und wirtschaftspolitisch liberale Ansichten vertritt.

276 *Biedermann, Bettina:* Migration und Integration, in: Biedermann, Bettina/Dieter, Heribert (Hrsg): Länderbericht Australien, 2012, Kapitel 7, S. 244.

277 *Clark, David:* Introduction to Australian Public Law, 5. Auflage 2016, Kapitel 12, Rn. 12.15, S. 302.

278 *Ryan, Bernard*: Extraterritorial Immigration Control: What Role for Legal Guarantees?, in: Ryan, Bernard/Mitsilegas, Valsamis (Hrsg): Extraterritorial Immigration Control – Legal Challenges, 2010, S. 19.

279 So zum Beispiel der Victorian Act to Make Provisions for Certain Immigrants 1855; *Hirsch, Asher Lazarus*: The Borders Beyond the Border: Australia's Extraterritorial Migration Controls, Refugee Survey Quarterly, 2017, Vol. 36, S. 55 f.; *Clark, David:* Introduction to Australian Public Law, 5. Auflage 2016, Kapitel 12, Rn. 12.16, S. 302.

280 *Clark, David:* Introduction to Australian Public Law, 5. Auflage 2016, Kapitel 12, Rn. 12.19, S. 303.

vorgesehen.[281] Die Diskriminierung nicht-europäischer Einwanderer war diesem Test folglich immanent.

Als einer der ersten Gesetzeserlasse des neugegründeten Commonwealth of Australia wurde 1901 der Immigration Restriction Act 1901 (Immigration Restriction Act)[282] erlassen.[283] Erklärtes Ziel des Gesetzes war die Sicherung des Kontinents für die „weiße Rasse".[284] Der Immigration Restriction Act enthielt Beschränkungen für die Zuwanderung von Nicht-Europäern[285] nach Australien.[286] So wurde der oben erwähnte und zu diesem Zeitpunkt bereits praktizierte ‚dictation test' auf australischer nationalstaatlicher Ebene gesetzlich normiert.[287] Eine Erklärung dieser strikten, diskriminierenden Maßnahmen ist darin zu sehen, dass entsprechend der Zielrichtung der australischen Einwanderungspolitik Eingewanderte dauerhaft im Land bleiben und die australische Staatsbürgerschaft erhalten.[288] Somit konnte eine möglichst homogene, europäisch-stämmige Gesellschaft beibehalten werden.

Auf Grundlage des Immigration Restriction Acts folgten Jahrzehnte der rassendiskriminierenden Migrationspolitik des ‚White Australia',[289] die sich gegen

281 *Clark, David:* Introduction to Australian Public Law, 5. Auflage 2016, Kapitel 12, Rn. 12.19, S. 303.

282 Immigration Restriction Act 1901, No. 17 of 1901, vom 23. Dezember 1901.

283 *Clark, David:* Introduction to Australian Public Law, 5. Auflage 2016, Kapitel 12, Rn. 12.19, S. 303.

284 *Clark, David:* Introduction to Australian Public Law, 5. Auflage 2016, Kapitel 12, Rn. 12.19, S. 303.

285 Man könnte wohl auch sagen – ‚nicht-Weiße'.

286 *Hirsch, Asher Lazarus*: The Borders Beyond the Border: Australia's Extraterritorial Migration Controls, Refugee Survey Quarterly, 2017, Vol. 36, S. 56.

287 Nunmehr konnten staatliche Einwanderungsoffiziere von allen Einwanderungswilligen ein Diktat in jeder beliebigen europäischen Sprache verlangen. Der Test konnte nach freier Entscheidung der zuständigen Offiziere beliebig wiederholt und in verschiedenen Sprachen gestellt werden. Hierzu *Hirsch, Asher Lazarus*: The Borders Beyond the Border: Australia's Extraterritorial Migration Controls, Refugee Survey Quarterly, 2017, Vol. 36, S. 56; *Clark, David:* Introduction to Australian Public Law, 5. Auflage 2016, Kapitel 12, Rn. 12.19, S. 303.

288 Im Gegensatz dazu das Beispiel des Systems der befristeten Gastarbeiter in Deutschland, *Biedermann, Bettina:* Migration und Integration, in: Biedermann, Bettina/Dieter, Heribert (Hrsg): Länderbericht Australien, 2012, Kapitel 7, S. 247.

289 *Hirsch, Asher Lazarus*: The Borders Beyond the Border: Australia's Extraterritorial Migration Controls, Refugee Survey Quarterly, 2017, Vol. 36, S. 56; *Chappell, Louise/ Chesterman, John/Hill, Lisa:* The Politics of Human Rights in Australia, 2009, Kapitel 7, S. 196 f.

Mitte des 20. Jahrhunderts in kleinen Schritten aufgeweicht hat.[290] Zunächst wurden noch unter dem Anwendungsbereich des Immigration Restriction Acts Bedingungen für die Migration von Nicht-Europäern in spezifischen Fällen erleichtert,[291] bevor schließlich der Immigration Restriction Act durch den Migration Act 1958[292] ersetzt wurde.[293] Eine tatsächliche Abänderung der selektiven Einwanderungspolitik ergab sich daraus jedoch nicht. Vielmehr wurde ein individuelles und mithin möglichst selektierendes, ungebundenes Entscheidungsermessen bezüglich Migrationsanträgen auf ministerieller Ebene belassen.[294]

Im Jahr 1972 wurde die diskriminierende ‚White Australia'-Politik formell aufgegeben.[295] Mit der Wahl der neuen Labor-Regierung wurde nunmehr ein Schwerpunkt auf die Umsetzung eines multikulturellen Australiens gesetzt, um damit Diskriminierungen jeder Form auszuschließen.[296]

Neben der Einwanderungspolitik während der ‚White Australia'-Ära stand die damalige Politik zugunsten von Schutzsuchenden. Australien war Entwurfsmitglied der GFK und verhalf dieser durch seine Ratifikation zum Inkrafttreten.[297] Begründet durch die nunmehr neuen internationalen Verpflichtungen

---

290 *McMaster, Don:* Asylum Seekers – Australia's Response to Refugees, 2001, Kapitel 3, S. 47 f.

291 So zum Beispiel galten fortan die gleichen Bedingungen zur Einbürgerung für Europäer auch für ihre nicht europäischen Ehepartner, Kinder und Eltern. Ebenfalls wurde die neue Kategorie der hochqualifizierten asiatischen Arbeitsmigranten eingeführt, *McMaster, Don:* Asylum Seekers – Australia's Response to Refugees, 2001, Kapitel 3, S. 48.

292 Migration Act 1958, Nr. 62, 1958, Zusammenstellung Nr. 147, zuletzt geändert mit Act Nr. 110, 2019, aktueller Stand vom 5. Dezember 2019, online abrufbar unter: https://www.legislation.gov.au/Details/C2018C00337, der Langtitel lautet ‚An Act relating to the entry into, and presence in, Australia of aliens, and the departure or deportation from Australia of aliens and certain other persons`.

293 *Hirsch, Asher Lazarus*: The Borders Beyond the Border: Australia's Extraterritorial Migration Controls, Refugee Survey Quarterly, 2017, Vol. 36, S. 56; *McMaster, Don:* Asylum Seekers – Australia's Response to Refugees, 2001, Kapitel 3, S. 47.

294 *McMaster, Don:* Asylum Seekers – Australia's Response to Refugees, 2001, Kapitel 3, S. 47.

295 *Clark, David:* Introduction to Australian Public Law, 5. Auflage 2016, Kapitel 12, Rn. 12.19, S. 304.

296 *McMaster, Don:* Asylum Seekers – Australia's Response to Refugees, 2001, Kapitel 3, S. 49.

297 *Rothwell, Donald R./Crawford, Emily:* International Law in Australia, 3. Auflage 2017, Kapitel 8.III.B, Rn. 8.70, S. 182.

entwickelte sich eine Differenzierung in dem australischen Politikverständnis zwischen Einwanderungs- bzw. Migrationspolitik und der Flüchtlingspolitik bzw. des Flüchtlingsschutzes.[298] Australien beteiligte sich im Rahmen des internationalen Flüchtlingsschutzes vornehmlich durch die Teilnahme an Resettlement-Programmen.[299] Hierbei konnte Australien seine auch hinsichtlich der Migrationspolitik verfolgte selektive Kontrolle behalten und aktiv an der Entscheidung mitwirken, wer nach Australien als Flüchtling kommen darf und wer nicht.[300]

b. Die ersten Boat People – Flüchtlinge des Vietnamkriegs

Die Folgen des Vietnamkrieges stellte die australische Flüchtlingspolitik Mitte der 1970er Jahre vor neue Herausforderungen. Australien sah sich zum ersten Mal unmittelbar mit unangekündigten Flüchtlingen konfrontiert.[301] Die Ankunft der ersten vietnamesischen Boat People 1976[302] forderte einen neuen politischen und praktischen Umgang mit der Situation von Asylsuchenden im australischen Gebiet.

Die Politik hinsichtlich der ersten Welle an vietnamesischen Boat People war geprägt von einem Verbundenheitsgefühl der Australier mit den Flüchtlingen des Vietnamkonflikts. Australien griff zusammen mit weiteren westlichen Alliierten auf Seiten des antikommunistischen Südvietnams in den Konflikt ein. Die vietnamesischen Schutzsuchenden, die Australien in Booten erreichten, waren vorwiegend Unterstützer der besiegten südvietnamesischen Regierung und standen auf derselben Seite wie australische Truppen. Sie fürchteten nun wegen ihrer Zusammenarbeit mit den westlichen Staaten eine Verfolgung durch das kommunistische Regime.[303] Diese Boat People wurden ohne weitere Prüfung im

---

298 *McMaster, Don:* Asylum Seekers – Australia's Response to Refugees, 2001, Kapitel 3, S. 50 f.

299 *Rothwell, Donald R./Crawford, Emily:* International Law in Australia, 3. Auflage 2017, Kapitel 8.III.B, Rn. 8.70, S. 182.

300 Vgl. *McMaster, Don:* Asylum Seekers – Australia's Response to Refugees, 2001, Kapitel 3, S. 50 f.

301 *Chappell, Louise/Chesterman, John/Hill, Lisa:* The Politics of Human Rights in Australia, 2009, Kapitel 7, S. 197; *Crock, Mary/Saul, Ben/Dastyari, Azadeh:* Future Seekers II – Refugees and Irregular Migration in Australia, 2006, Kapitel 3, S. 28.

302 *Chappell, Louise/Chesterman, John/Hill, Lisa:* The Politics of Human Rights in Australia, 2009, Kapitel 7, S. 197.

303 *Crock, Mary/Saul, Ben/Dastyari, Azadeh:* Future Seekers II – Refugees and Irregular Migration in Australia, 2006, Kapitel 3, S. 36.

Einzelfall als Flüchtlinge anerkannt und ihnen wurde ein dauerhaftes Aufenthaltsrecht verliehen.[304]

Zur Abwicklung dieser bisher nicht gekannten Vielzahl an Flüchtlingen implementierte die australische Regierung eine erste offizielle administrative Flüchtlingspolitik der kontrollierten Aufnahme.[305] Dabei etablierte sie das erste Flüchtlingsstatusfeststellungsverfahren, das auf australischem Gebiet durchgeführt wurde, das sogenannte ‚onshore determination system'.[306]

Zusätzlich zu der Aufnahme der Boat People verpflichtete sich Australien zur Aufnahme weiterer Flüchtlinge des Vietnamkriegs im Rahmen des UNHCR Resettlement-Programms des Comprehensive Plan of Action.[307]

c. *Die zweite Welle an Boat People – Flüchtlinge aus Kambodscha*

Die folgende zweite Welle an Boat People im Jahr 1989, nunmehr vorwiegend aus Kambodscha fliehend, erhielten eine andere Behandlung als die vietnamesischen Schutzsuchenden zuvor.[308] Angesichts der für australische Verhältnisse hohen Anzahl an Fliehenden in den vorangegangenen Jahren stieß die bisher offene Politik zugunsten der Boat People zunehmend auf Ressentiments in der Gesellschaft.[309] Zudem wurde der Konflikt in Kambodscha politisch anders bewertet als derjenige in Vietnam. Aufgrund der Genozide der Khmer Rouge unter Pol Pot in den Jahren 1975 bis 1979 griff die vietnamesische Armee 1978 in

---

304 *Crock, Mary/Saul, Ben/Dastyari, Azadeh:* Future Seekers II – Refugees and Irregular Migration in Australia, 2006, Kapitel 3, S. 29, 36.

305 *Chappell, Louise/Chesterman, John/Hill, Lisa*: The Politics of Human Rights in Australia, 2009, Kapitel 7, S. 197; *McMaster, Don:* Asylum Seekers – Australia's Response to Refugees, 2001, Kapitel 4, S. 70 f.

306 *Rothwell, Donald R./Crawford, Emily:* International Law in Australia, 3. Auflage 2017, Kapitel 8.III.B., Rn. 8.70, S. 182.

307 *UN Generalversammlung:* Declaration and Comprehensive Plan of Action of the International Conference on Indo-Chinese Refugees, Report of the Secretary-General, A/44/523, vom 22. September 1989; der ‚Comprehensive Plan of Action' war ein von der Internationalen Konferenz zu den Indo-Chinesischen Flüchtlingen angenommenes Programm, welches die Problematik der erhöhten Anzahl an Bootflüchtlingen erfassen sollte, *Rothwell, Donald R./Crawford, Emily:* International Law in Australia, 3. Auflage 2017 Kapitel 8.III.B, Rn. 8.70, S. 182.

308 *Chappell, Louise/Chesterman, John/Hill, Lisa:* The Politics of Human Rights in Australia, 2009, Kapitel 7, S. 198.

309 *McMaster, Don:* Asylum Seekers – Australia's Response to Refugees, 2001, Kapitel 3, S. 48.

Kambodscha ein. Nach ihrem Abzug im Jahr 1989 organisierte die UN Neuwahlen in Kambodscha im Rahmen des Pariser Friedensplans.[310] Obgleich Australien auch in diese internationalen Maßnahmen eng eingebunden war,[311] zeigte sich eine größere Distanz gegenüber den Flüchtlingen dieses Konfliktes als noch gegenüber jenen des Vietnamkrieges. Da nach australischem Verständnis der Konflikt in Kambodscha unter Kontrolle sei, wurden diese Boat People nicht mehr ‚automatisch' als Flüchtlinge anerkannt.[312] Die Kriterien für die Anerkennung als Flüchtling wurden streng angesetzt und waren stets an der Definition des Flüchtlings entsprechend der GFK im Einzelfall zu prüfen.[313] Es sollten damit die aufgrund der wirtschaftlichen Lage Flüchtenden und nicht persönlich Verfolgten ausgefiltert werden.[314] Zudem störten sich australische Politiker an der ‚selbständigen' Umgehung australischer Kontrollen durch die Boat People. So erklärte der damalige Premierminister *Hawke*:

> „We have an orderly migration programme. We're not going to allow people just to jump that queue by saying we'll jump into a boat, here we are."[315]

---

310 1991 Paris Peace Agreement, vom 23. Oktober 1991.

311 Die australische Regierung wirkte bei der Friedensbildung in Kambodscha mit; *Chappell, Louise/Chesterman, John/Hill, Lisa:* The Politics of Human Rights in Australia, 2009, Kapitel 7, S. 198; *McMaster, Don:* Asylum Seekers – Australia's Response to Refugees, 2001, Kapitel 4, S. 75 f.; *Crock, Mary/Saul, Ben/Dastyari, Azadeh:* Future Seekers II – Refugees and Irregular Migration in Australia, 2006, Kapitel 3, S. 36.

312 *Crock, Mary/Saul, Ben/Dastyari, Azadeh:* Future Seekers II – Refugees and Irregular Migration in Australia, 2006, Kapitel 3, S. 36. Durch die Beteiligung der australischen Regierung bei der Friedensbildung in Kambodscha bestand die Befürchtung, dass die Aufnahme kambodschanischer Schutzsuchender diesen Prozess unterlaufen würde, *Chappell, Louise/Chesterman, John/Hill, Lisa:* The Politics of Human Rights in Australia, 2009, Kapitel 7, S. 198; *McMaster, Don:* Asylum Seekers – Australia's Response to Refugees, 2001, Kapitel 4, S. 75 f.

313 Anders noch das australische Aufnahmeverfahren bezüglich der Flüchtlinge aus Vietnam, die auch als gesamte ankommende Gruppe ohne Prüfung im Einzelfall die Flüchtlingsanerkennung erhielten.

314 *McMaster, Don:* Asylum Seekers – Australia's Response to Refugees, 2001, Kapitel 3, S. 53; *Chappell, Louise/Chesterman, John/Hill, Lisa:* The Politics of Human Rights in Australia, 2009, Kapitel 7, S. 198; *Crock, Mary/Saul, Ben/Dastyari, Azadeh:* Future Seekers II – Refugees and Irregular Migration in Australia, 2006, Kapitel 3, S. 36.

315 *Chappell, Louise/Chesterman, John/Hill, Lisa:* The Politics of Human Rights in Australia, 2009, Kapitel 7, S. 198; *McMaster, Don:* Asylum Seekers – Australia's Response to Refugees, 2001, S. 57; vgl. auch *Neumann, Klaus:* ‚Queue jumpers' and ‚boat people': the way we talk about refugees began in 1977, The Guardian, vom 5. Juni 2015.

Dass vor allem aufgrund dieser fehlenden staatlichen Kontrolle des Zugangs zum Staatsgebiet die kambodschanischen Flüchtlinge in Misskredit gerieten, verdeutlichte sich in der zeitlich überlappenden Aufnahme tausender chinesischer Studenten in Folge des pro-demokratischen Aufstandes auf dem Tian'anmen Platz in Peking im Juni 1989, welcher von der kommunistischen Führung der Volksrepublik China blutig niedergeschlagen wurde.[316] Australien bot insbesondere chinesischen Studenten, die sich zur Zeit der pro-demokratischen Bewegung rechtmäßig in Australien aufhielten oder im Anschluss daran auf reguläre Weise in das australische Gebiet einreisten, unbürokratische Schutzmaßnahmen an, obgleich nicht alle die engen Voraussetzungen der Flüchtlingsdefinition im Einzelfall erfüllten.[317]

Die ablehnende Haltung gegenüber weiteren Boat People, deren Anzahl in den folgenden Jahren erneut zunahm, setzte sich – unabhängig von der jeweiligen Herkunft – weiterhin fort und verstärkte sich zunehmend. Verdeutlicht zeigte sich dies in neuen restriktiven Maßnahmen, wie insbesondere dem Erlass des Migration Amendment Act 1992,[318] der eine Zwangsinternierung aller Schutzsuchenden, die ohne gültige Einreisepapiere mit dem Boot Australien erreichen, vorsah.[319] Das Gesetz wurde dabei mit der Zustimmung aller Parlamentsparteien verabschiedet.[320] Im Oktober 1999 wurde der Schutzumfang für Flüchtlinge, die zwar die Flüchtlingsvoraussetzungen erfüllten, die jedoch Australien ohne gültiges Visum per Boot erreichten, weiter reduziert; entgegen bisher üblicher Praxis wurde ihnen nicht mehr ein dauerhaftes Aufenthaltsrecht

---

316 *McMaster, Don:* Asylum Seekers – Australia's Response to Refugees, 2001, Kapitel 3, S. 57.

317 *Crock, Mary/Saul, Ben/Dastyari, Azadeh:* Future Seekers II – Refugees and Irregular Migration in Australia, 2006, Kapitel 3, S. 36.

318 Migration Amendment Act 1992, No. 24 of 1992, An Act to amend the Migration Act 1958, vom 6. Mai 1992.

319 *Biedermann, Bettina:* Migration und Integration, in: Biedermann, Bettina/Dieter, Heribert (Hrsg): Länderbericht Australien, 2012, Kapitel 7, S. 273; *Phillips, Janet:* A comparison of Coalition and Labor government asylum policies in Australia since 2001, Parliament of Australia, Department of Parlimantary Servies, Research Paper Series, 2016-17, 2. Februar 2017, S. 3.

320 *Biedermann, Bettina:* Migration und Integration, in: Biedermann, Bettina/Dieter, Heribert (Hrsg): Länderbericht Australien, 2012, Kapitel 7, S. 273; *Phillips, Janet:* A comparison of Coalition and Labor government asylum policies in Australia since 2001, Parliament of Australia, Department of Parlimantary Servies, Research Paper Series, 2016-17, 2. Februar 2017, S. 3.

eingeräumt, sondern lediglich ein dreijähriges temporäres Schutzvisum (Temporary Protection Visa, TPV) ausgestellt, sie erhielten nicht mehr das Recht, visarechtlich Sponsor für Familienmitglieder zu sein, und es wurde die staatliche Unterstützung hinsichtlich der sozialen Sicherung und der Begünstigung der Neuansiedlung beschränkt.[321]

Diesem restriktiven Schutz gegenüber den staatlich unregulierten Boat People zu dieser Zeit stand ein starkes humanitäres Schutzverständnis sowie Engagement zugunsten von Flüchtlingen aus dem Kosovo (1998-1999) sowie aus Osttimor (1975-1999) gegenüber. Im Rahmen von gesonderten, staatlich koordinierten Resettlement-Programmen bot Australien einer Vielzahl an Flüchtlingen um die Jahrtausendwende vorübergehenden Schutz.[322]

d. Der Zeitraum der Jahrtausendwende – Entwicklung der restriktiven Flüchtlingspolitik

Das tatsächliche Ausmaß der Entwicklung restriktiver Maßnahmen hinsichtlich der Boat People zeigte sich in der Festsetzung des Frachters MS Tampa im August 2001. Dabei wurde der norwegische Frachter nach Aufnahme von schiffbrüchigen Schutzsuchenden vor australischen Küstengewässern festgesetzt und daran gehindert, einen australischen Hafen anzulaufen.[323] Die zu diesem Zeitpunkt bestehende australische Rechtslage reichte für die Rechtfertigung der getroffenen Maßnahmen nicht aus.[324] In unmittelbarer Folge erlies das Parlament Gesetze, die das Vorgehen der Behörden rückwirkend rechtfertigten.[325] Die bisher fehlenden Ermächtigungen der Behörden zur Verfolgung und Festsetzung potentieller Asylantragsteller in australischen Hoheitsgewässern wurde im neuerlassenen Border Protection (Validation and Enforcement Powers) Act 2001[326]

---

321 *Crock, Mary/Saul, Ben/Dastyari, Azadeh:* Future Seekers II – Refugees and Irregular Migration in Australia, 2006, Kapitel 1, S. 5.

322 *Crock, Mary/Saul, Ben/Dastyari, Azadeh:* Future Seekers II – Refugees and Irregular Migration in Australia, 2006, Kapitel 1, S. 3.

323 Zu den Umständen und Ablauf der Tampa-Affäre im Einzelnen siehe Kapitel C.I.3.

324 Federal Court of Australia, Urteil: Ruddock v Vadarlis, [2001] FCA 1329, vom 18. September 2001; *Ghezelbash, Daniel:* Refugee Lost – Asylum Law in an Independent World, 2018, Kapitel 4.2, S. 82.

325 *Ghezelbash, Daniel:* Refugee Lost – Asylum Law in an Independent World, 2018, Kapitel 4.2, S. 82.

326 Border Protection (Validation and Enforcement Powers) Act 2001, No. 126, 2001, An Act to validate the actions of the Commonwealth and others in relation to the

festgelegt.[327] Ziel dieses Gesetzes war die Erteilung einer rückwirkenden Genehmigung zugunsten der Maßnahmen, die im Falle der MV Tampa getroffen wurden, sowie einer Befugnis für zukünftiges Handeln in vergleichbaren Situationen. Zudem wurden den Behörden für zukünftige Maßnahmen erweiterte Befugnisse zum Schutz der australischen Grenzen erteilt.[328] Die neugeschaffene Gesetzeslage stellte in ihrem Ausmaß der abschottenden Regulierung eine internationale Neuheit dar.[329] Sie schuf zudem die gesetzliche Grundlage für die folgende Politik der ‚Pacific Strategy'.[330]

Die Pacific Strategy umfasste Maßnahmen, die eine völlige Abschottung vor Boat People bieten sollte, indem ihnen der Zugang zu australischem Gebiet nahezu unmöglich gemacht wurde und vor allem auf Abschreckung setzte.[331] Unautorisierte Boote wurden nunmehr auf Hoher See abgefangen und entweder zu ihrem Aufbruchsland Indonesien, das als nördlicher Nachbar Australiens zu dieser Zeit Haupttransitland der Schutzsuchenden war,[332] zurückgeschickt (sogenannte ‚turnbacks') oder in kooperierende Drittländer, namentlich Nauru

MV Tampa and other vessels, and to provide increased powers to protect Australia's borders, and for related purposes, vom 27. September 2001.

327 *Crock, Mary/Saul, Ben/Dastyari, Azadeh:* Future Seekers II – Refugees and Irregular Migration in Australia, 2006, Kapitel 7, S. 116; *Ghezelbash, Daniel:* Refugee Lost – Asylum Law in an Independent World, 2018, Kapitel 4.2, S. 82.

328 Vgl. insoweit den Langtitel des Gesetzes: An Act to validate the actions of the Commonwealth and others in relation to the MV Tampa and other vessels, and to provide increased powers to protect Australia's borders, and for related purposes.

329 *Crock, Mary/Saul, Ben/Dastyari, Azadeh:* Future Seekers II – Refugees and Irregular Migration in Australia, 2006, Kapitel 7, S. 116.

330 Zunächst auch ‚Pacific Solution' genannt, *Crock, Mary/Saul, Ben/Dastyari, Azadeh:* Future Seekers II – Refugees and Irregular Migration in Australia, 2006, Kapitel 7, S. 117; *Crock, Mary/Berg, Laurie:* Immigration, Refugees and Forced Migration – Law, Policy and Practice in Australia, 2011, Kapitel 4.3.1, Rn. 4.34, S. 90; *Rothwell, Donald R./Crawford, Emily:* International Law in Australia, 3. Auflage 2017, Kapitel 8.III.B., Rn. 8.70, S. 183 f.

331 *Phillips, Janet:* A comparison of Coalition and Labor government asylum policies in Australia since 2001, Parliament of Australia, Department of Parlimantary Servies, Research Paper Series, 2016-17, 2. Februar 2017, S. 4.

332 *Kneebone, Susan:* The Pacific Plan: The Provision of ‚Effective Protection'?, International Journal of Refugee Law 2006, Vol. 18, Nr. 3-4, S. 696.

oder Papua Neuguinea, überführt.[333] Mit diesen Staaten vereinbarte Australien Abkommen zur Aufnahme der Boat People.[334] Mit der Überführung in diese Drittländer wurde den Ländern auch die Zuständigkeit der Asylantragstellung übertragen, die damit außerhalb der australischen Jurisdiktion stattfand, das sogenannte ‚offshore processing'.[335] Zudem wurde im Rahmen der Pacific Strategy australisches Staatsgebiet als Teil der australischen Migrationszone ausgeschlossen. Das bedeutete, dass Personen, die in diesen Gebieten ankamen, formell kein australisches Territorium betraten und folglich keinen gültigen Asylantrag stellen konnten. Umfasst waren zunächst die nordwestlichen Inseln Christmas Island, Ashmore and Cartier Island und Cocos Island.[336]

Nachdem die Zahl der Schutzsuchenden in den Jahren zwischen 2002 und 2005 zurückging, was die australische Regierung als Erfolg ihrer bisherigen Politikmaßnahmen betrachtete, wurden einzelne Maßnahmen der Pacific Strategy – vorübergehend – eingestellt.[337] Die offshore processing center in Papua-Neuguinea und Nauru wurden geschlossen. Schutzsuchende wurden

---

333 *Phillips, Janet:* A comparison of Coalition and Labor government asylum policies in Australia since 2001, Parliament of Australia, Department of Parlimantary Servies, Research Paper Series, 2016-17, 2. Februar 2017, S. 4; *Kneebone, Susan:* The Pacific Plan: The Provision of ‚Effective Protection'?, International Journal of Refugee Law, 2006, Vol. 18, Nr. 3-4, S. 697.

334 Memorandum of Understanding between Papua New Guinea and the Commonwealth of Australia, vom 11. Oktober 2001; Memorandum of Understanding between the Republic of Nauru and the Commonwealth of Australia, vom 11. Dezember 2001; dazu ausführlich *Parliament of Australia:* Chapter 10 – Pacific Solution: Negotiations and Agreements, Rn. 10.24 ff.

335 *Phillips, Janet:* A comparison of Coalition and Labor government asylum policies in Australia since 2001, Parliament of Australia, Department of Parlimantary Servies, Research Paper Series, 2016-17, 2. Februar 2017, S. 4; *Goodwin-Gill, Guy S./McAdam, Jane:* The Refugee in International Law, 3. Auflage 2007, Kapitel 5.3.3, S. 255.

336 *Rothwell, Donald R./Crawford, Emily:* International Law in Australia, 3. Auflage 2017, Kapitel 8.III.B, Rn. 8.70, S. 183; *Kneebone, Susan:* The Pacific Plan: The Provision of ‚Effective Protection'?, International Journal of Refugee Law, 2006, Vol. 18, Nr. 3-4, S. 697; *Goodwin-Gill, Guy S./McAdam, Jane:* The Refugee in International Law, 3. Auflage 2007, Kapitel 5.3.3, S. 255.

337 *Phillips, Janet:* A comparison of Coalition and Labor government asylum policies in Australia since 2001, Parliament of Australia, Department of Parlimantary Servies, Research Paper Series, 2016-17, 2. Februar 2017, S. 3.

stattdessen auf die von der Migrationszone ausgeschlossene australische Insel Christmas Island verlagert.[338]

Als die Zahl der unautorisierten Boote verschiedener Herkunft wieder zunahm, entstand politischer und öffentlicher Druck, der die Regierung dazu bringen sollte, die Ankünfte jeglicher Boote zu stoppen. Das Bestreben der australischen Regierung, einen Vertrag mit Malaysia zur Aufnahme der aufgegriffenen Boat People zu schließen, wurde vom australischen High Court als unvereinbar mit dem Migration Act 1958 beurteilt, da Malaysia kein Mitglied der GFK ist und Schutzsuchenden keinen entsprechenden Schutz bietet.[339]

Die Regierung vereinbarte im Jahr 2012 erneut Abkommen mit Nauru und Papua-Neuguinea, um die dortigen offshore processing centre wiederzueröffnen.[340] Weiterhin weitete die Regierung das Gebiet, das aus der Migrationszone ausgeschlossen wird, bis an das australische Festland aus.[341] Im Gegensatz zu den bisherigen Maßnahmen der Pacific Strategy war es nunmehr allen, die ohne

---

338 *Crock, Mary/Saul, Ben/Dastyari, Azadeh:* Future Seekers II – Refugees and Irregular Migration in Australia, 2006, Kapitel 3, S. 40; *Phillips, Janet:* A comparison of Coalition and Labor government asylum policies in Australia since 2001, Parliament of Australia, Department of Parlimantary Servies, Research Paper Series, 2016-17, 2. Februar 2017, S. 3; *Ghezelbash, Daniel:* Refugee Lost – Asylum Law in an Independent World, 2018, Kapitel 5.2.2, S. 113.

339 High Court of Australia: Plaintiff M70/2011 v Minister for Immigration and Citizenship, [2011] HCA 32, vom 31. August 2011; siehe ebenso *Phillips, Janet:* A comparison of Coalition and Labor government asylum policies in Australia since 2001, Parliament of Australia, Department of Parlimantary Servies, Research Paper Series, 2016-17, 2. Februar 2017, S. 4, 5; *Ghezelbash, Daniel:* Refugee Lost – Asylum Law in an Independent World, 2018, Kapitel 5.2.4, S. 120.

340 Memorandum of Understanding between the Republic of Nauru and the Commonwealth of Australia, relating to the transfer to and assessment of persons in Nauru, and related issues, vom 29. August 2012; sowie Memorandum of Understanding between the Government of the Independent State of Papua New Guinea and the Government of Australia, relating to the Transfer to and Assessment of Persons in Papua New Guinea, and Related Issues, vom 8. September 2012.

341 *Karlsen, Elibritt/Phillips, Janet:* Developments in Australian refugee law and policy (2012 to August 2013), Parliament of Australia, Department of Parliamentary Services, Research Paper Series, 2014-15, 25. September 2014, S. 14; *Hirsch, Asher Lazarus:* The Borders Beyond the Border: Australia's Extraterritorial Migration Controls, Refugee Survey Quarterly, 2017, Vol. 36, S. 66 f.

gültige Visa über den Seeweg australisches Hoheitsgebiet erreichten, nicht mehr möglich, wirksame Schutzanträge zu stellen.[342]

Zur schnelleren Abwicklung der auf See abgefangenen Boote aus Sri Lanka wurde ein beschleunigtes Verfahren, das ‚enhanced screening' eingeführt. Dabei werden jedem Asylsuchenden vier Fragen bezüglich seines Namens, seines Herkunfts- sowie Abfahrtslands und nach dem Grund seiner Flucht gestellt, um einen möglichen Flüchtlingsstatus zu bestimmen.[343] Das enhanced screening sieht nicht vor, dass Schutzsuchende detaillierte Anträge stellen oder Rechtsmittel gegen die Entscheidung einlegen können.[344]

Weitere Ankünfte von unautorisierten Booten sowie der politische Wahlkampf vor den Parlamentswahlen des Jahres 2013 führten zu fortgesetzten Verschärfungen der Abwehrmaßnahmen gegenüber Boat People.[345]

Unmittelbar nach Amtsantritt führte der neue Premierminister Tony Abbott die militärgeführte ‚Operation Sovereign Borders' ein, die zu einer stärkeren Abschottung und Abschreckung von Boat People führen sollte.[346] Neben der Rückführung von unautorisierten Booten, erließ die Regierung weitere Maßnahmen, die ankommende Boat People mit einem reduzierten Schutzumfang versahen.[347] So erhielten diese fortan eine niedrigere Stufe im Verfahren der

---

342 *Karlsen, Elibritt/Phillips, Janet:* Developments in Australian refugee law and policy (2012 to August 2013), Parliament of Australia, Department of Parliamentary Services, Research Paper Series, 2014-15, 25. September 2014, S. 5, 14; *Ghezelbash, Daniel:* Refugee Lost – Asylum Law in an Independent World, 2018, Kapitel 5.2.4 ff., S. 121, 131.

343 *Hirsch, Asher Lazarus*: The Borders Beyond the Border: Australia's Extraterritorial Migration Controls, Refugee Survey Quarterly, 2017, Vol. 36, S. 66.

344 *Hirsch, Asher Lazarus*: The Borders Beyond the Border: Australia's Extraterritorial Migration Controls, Refugee Survey Quarterly, 2017, Vol. 36, S. 67.

345 *Phillips, Janet:* A comparison of Coalition and Labor government asylum policies in Australia since 2001, Parliament of Australia, Department of Parlimantary Servies, Research Paper Series, 2016-17, 2. Februar 2017, S. 5; *Karlsen, Elibritt/Phillips, Janet:* Developments in Australian refugee law and policy: the Abbott and Turnbull Coalition governments (2013-2016), Parliament of Australia, Department of Parliamentary Services, Research Paper Series, 2017-18, 19. September 2017, S. 2.

346 *Ghezelbash, Daniel:* Refugee Lost – Asylum Law in an Independent World, 2018, Kapitel 4.2, S. 84.

347 *Karlsen, Elibritt/Phillips, Janet:* Developments in Australian refugee law and policy: the Abbott and Turnbull Coalition governments (2013-2016), Parliament of Australia, Department of Parliamentary Services, Research Paper Series, 2017-18, 19. September 2017, S. 2; *Ghezelbash, Daniel:* Refugee Lost – Asylum Law in an Independent World, 2018, Kapitel 4.2, S. 84.

Familienzusammenführung und ihnen wurde der Zugang zu Unterstützungsmaßnahmen in Asylverfahren versagt oder zumindest erheblich erschwert. Zudem sollten keine Umsiedlungen mehr von Flüchtlingen aus Indonesien nach Australien erfolgen.[348]

Daneben erarbeitete die Regierung bezüglich der weiteren Unterbringung der Schutzsuchenden im Lager von Nauru eine Übersiedlungsvereinbarung mit Kambodscha, welche 2014 unterzeichnet wurde.[349] Diese Vereinbarung sah die Möglichkeit einer freiwilligen Umsiedlung von bis zu 1 000 Flüchtlingen aus dem Lager in Nauru nach Kambodscha vor. Einer tatsächlichen späteren freiwilligen Umsiedlung stimmten insgesamt lediglich sechs anerkannte Flüchtlinge zu. Diese Zurückhaltung gründete wohl auf die zu erwartenden schlechten Lebensbedingungen für Flüchtlinge in Kambodscha.[350]

Im Dezember 2014 wurde der Migration and Maritime Powers Legislation Amendment (Resolving the Asylum Legacy Caseload) Act 2014[351] verabschiedet. Dieses Gesetz beinhaltete erhebliche Änderungen des Migration Act 1958. Zentraler Punkt des Gesetzes war die Aufhebung der direkten Referenz des Migration Acts 1958 auf die GFK. So wurde zum Beispiel der wörtliche Verweis auf die GFK in Art. 36(2)(a) Migration Act 1958 aufgehoben und durch eine ausformulierte Definition ersetzt.[352] Die Kompetenz des Einwanderungsministers für die Inhaftierung und Überweisung von auf See aufgegriffenen Personen wurde erweitert.[353] Weiterhin wurde ihm die Möglichkeit eingeräumt, die Anzahl der jährlich auszugebenden Schutzvisa festzusetzen.[354] Die Gesetzesänderung

348 *Karlsen, Elibritt/Phillips, Janet:* Developments in Australian refugee law and policy: the Abbott and Turnbull Coalition governments (2013-2016), Parliament of Australia, Department of Parliamentary Services, Research Paper Series, 2017-18, 19. September 2017, S. 2.

349 *Karlsen, Elibritt/Phillips, Janet:* Developments in Australian refugee law and policy: the Abbott and Turnbull Coalition governments (2013-2016), Parliament of Australia, Department of Parliamentary Services, Research Paper Series, 2017-18, 19. September 2017, S. 2; *Ghezelbash, Daniel:* Refugee Lost – Asylum Law in an Independent World, 2018, Kapitel 5.2.4, S. 122.

350 *Ghezelbash, Daniel:* Refugee Lost – Asylum Law in an Independent World, 2018, Kapitel 5.2.4, S. 122.

351 Migration and Maritime Powers Legislation Amendment (Resolving the Asylum Legacy Caseload) Act 2014, No. 135, 2014, An Act to amend the law relating to migration and maritime powers, and for related purposes, vom 15. Dezember 2014.

352 Dazu ausführlich Kapitel D.IV.2.

353 Siehe nunmehr dazu Art. 195A Migration Act 1958.

354 Umgesetzt in Art. 39A Abs. 3 Migration Act 1958.

führte ein Schnellverfahren für die Bearbeitung von Asylanträgen, die vor der Gesetzesänderung gestellt wurden, ein – verbunden mit der Einschränkung bzw. dem Ausschluss von Rechtsmitteln bezüglich abweisender Entscheidungen.[355] Dieses Verfahren wurde durch eine Entscheidung des australischen High Court 2018 für zulässig erachtet.[356] Zudem wurde mit der Gesetzesnovelle das dreijährige TPV und das fünfjährige ‚Safe Haven Enterprise'-Visa wiedereingeführt, welches nunmehr auch Gültigkeit für Personen hat, die auf dem australischen Festland und auf Christmas Island inhaftiert sind und nach dem 19. Juli 2013 angekommen sind.[357]

Um Hilfe bei der Bewältigung der humanitären Krise infolge des Bürgerkrieges in Syrien zu leisten, stellte die australische Regierung im September 2015 zusätzlich zum regulären Resettlement weitere 12 000 Schutzplätze für syrische und irakische Flüchtlinge und weitere, vorwiegend finanzielle Hilfeleistungen bereit.[358]

Im Jahr 2016 entschied das Oberste Gericht Papua-Neuguineas, dass die von Australien betriebenen Flüchtlingslager der offshore processing centres auf ihrem Staatsgebiet verfassungswidrig sind.[359] Der australische High Court hingegen entschied im August 2017, dass die Entscheidung des Obersten Papua-Neuguineanischen Gerichts keine Auswirkung auf die nach australischer Sicht verfassungsmäßige Zulässigkeit der Einrichtung auf der Insel Manus hat.[360]

---

355 Siehe dazu Art. 5 Migration Act 1958.

356 High Court of Australia: Plaintiff M174/2016 v Minister for Immigration and Border Protection [2018] HCA 16, vom 18. April 2018.

357 Art. 35A Migration Act 1958; *Karlsen, Elibritt/Phillips, Janet:* Developments in Australian refugee law and policy: the Abbott and Turnbull Coalition governments (2013-2016), Parliament of Australia, Department of Parliamentary Services, Research Paper Series, 2017-18, 19. September 2017, S. 11, 28 f.

358 *Karlsen, Elibritt/Phillips, Janet:* Developments in Australian refugee law and policy: the Abbott and Turnbull Coalition governments (2013-2016), Parliament of Australia, Department of Parliamentary Services, Research Paper Series, 2017-18, 19. September 2017, S. 3, 18 f.

359 Supreme Court of Papua New Guinea: Namah v Pato [2016] PGSC 13; SC1497, vom 26. April 2016: unconstitutionality of transfer and detention of asylum seekers form Australia to Papua New Guinea.

360 High Court of Australia: Plaintiff S195/2016 v Minister for Immigration and Border Protection (CTH) & ors [2017] HCA 31 vom 17. August 2017; *Karlsen, Elibritt/Phillips, Janet:* Developments in Australian refugee law and policy: the Abbott and Turnbull Coalition governments (2013-2016), Parliament of Australia, Department of Parliamentary Services, Research Paper Series, 2017-18, 19. September 2017, S. 3, 22, 45.

Gleichwohl schloss die Regierung im Oktober 2017 offiziell die Einrichtung. Allerdings blieb eine große Anzahl der untergebrachten Asylsuchenden auf dem Gelände der Einrichtung zurück.[361]

Die australische Regierung vereinbarte im September 2016 mit der US-amerikanischen Regierung eine Umsiedlungsvereinbarung (Australia-United States Resettlement Arrangement) für Flüchtlinge aus den offshore processing centres in Nauru und Papua-Neuguinea. Diese Vereinbarung erfasste jedoch nur bereits zu diesem Zeitpunkt in den Lagern anwesende Flüchtlinge, hingegen keine zukünftig ankommenden Flüchtlinge.[362] Zunächst wurde vereinbart bis zu 110 000 Flüchtlinge im Finanzjahr 2017 in die USA umzusiedeln. Unter der folgenden Trump-Regierung wurde diese Vereinbarung auf die Aufnahme von 18 000 Flüchtlinge für das Finanzjahr 2020 reduziert.[363]

Nach wie vor befinden sich Flüchtlinge in den Einrichtungen der offshore processing centres auf Nauru und in Papua-Neuguinea.[364]

4. Zwischenfazit

Die vorhergehenden Ausführungen begründen folgende Thesen:

- Die Flüchtlingspolitik der jüngsten Zeit zeigt auf allen Ebenen, insbesondere aber auf regionaler und nationaler Ebene, eine Entwicklungstendenz zugunsten des Schutzes der Funktionsfähigkeit und Sicherheit der Nationalstaaten.
- In der Flüchtlingspolitik werden ebenso Erwägungen sowie Maßnahmen zum Schutze der einzelnen Flüchtlinge getroffen; diese nehmen jedoch vermehrt eine nachrangige Position in den zwischenstaatlichen Debatten und dem zwischenstaatlichen Handeln ein.

---

361 *Giannacopoulos, Maria/Loughnan, Claire*: When closure isn't closure: carceral expansion on Manus Island, University of Melbourne, vom 17. Juli 2019, online abrufbar unter: https://arts.unimelb.edu.au/school-of-social-and-political-sciences/our-research/comparative-network-on-refugee-externalisation-policies/blog/carceral-expansion.

362 *Phillips, Janet:* A comparison of Coalition and Labor government asylum policies in Australia since 2001, Parliament of Australia, Department of Parlimantary Servies, Research Paper Series, 2016-17, 2. Februar 2017, S. 7; *Kaldor Centre*: Australia-United States Resettlement Arrangement, Factsheet, vom 24. März 2020.

363 *Kaldor Centre*: Australia-United States Resettlement Arrangement, Factsheet, vom 24. März 2020.

364 *Kaldor Centre*: Australia-United States Resettlement Arrangement, Factsheet, vom 24. März 2020.

- Die jeweilige Tendenz der Schutzerwägung zugunsten des Schutzsuchenden oder zugunsten des Nationalstaates folgt den Auswirkungen der jeweiligen, im Moment der politischen Entscheidung vorherrschenden Fluchtbewegung: Zu Zeiten niedrigen Aufkommens an Flüchtlingszahlen unmittelbar vor Ort im Gebiet des jeweiligen Nationalstaates besteht ein stärkeres politisches Verständnis hinsichtlich Schutzmaßnahmen zugunsten der Schutzsuchenden; soweit die Anzahl der Schutzsuchenden im Gebiet der Nationalstaaten ansteigt, steigt ebenfalls die politische Tendenz für abwehrende Maßnahmen und Maßnahmen zum Schutz der Sicherheit und Funktionsfähigkeit der Nationalstaaten.
- Die australische Politik differenziert hinsichtlich ihrer Maßnahmen zum Schutz von Flüchtlingen bzw. zu deren Abwehr zwischen der Kategorie der autorisierten Schutzsuchenden einerseits und der Kategorie der nicht autorisierten Schutzsuchenden andererseits.
- Im australischen Politik- und Rechtssystem besteht die Besonderheit, dass im Unterschied zum europäischen Rechtsverständnis gesetzliche Maßnahmen auch ohne weiteres rückwirkende Regelungskraft entfalten können.

Die Entwicklung der Flüchtlingspolitik weist unterschiedliche Schwerpunktsetzungen auf den verschiedenen Politikebenen auf.

Die Entwicklung der Flüchtlingspolitik auf universeller Ebene zeigt einen spezifischen Flüchtlingsschutz auf, der durch gemeinsame Konventionen, allen voran die GFK, sowie die Bildung von Institutionen auf universeller Ebene, wie insbesondere des UNHCR, bekräftigt und vorangetrieben wird. Im Zentrum dieser politischen Erwägungen steht vornehmlich der Schutz des Individuums. Die Entwicklung dieser Flüchtlingsschutzpolitik begann Mitte des 20. Jahrhunderts zunächst auf dem europäischen Kontinent und wurde alsbald eine universell zu behandelnde Thematik auf globaler Politikebene der UN. Kurzfristige Lösungen, wie die vorübergehende Schutzgewährung, wurden bald durch langfristige Lösungsansätze, insbesondere des Resettlement, ergänzt. Diese positive Entwicklung zugunsten des Schutzes des einzelnen Individuums wurde zu Beginn dieser Entwicklung der globalen Flüchtlingspolitik von vielen Staaten, insbesondere auch den westlichen Industriestaaten, getragen. Während in den 1950er bis 1980er Jahren die einzelnen Nationalstaaten in Zusammenarbeit mit dem UNHCR den Schutz für Flüchtlinge, insbesondere hinsichtlich des personellen Schutzbereichs und der Ausgestaltung der Menschenrechte, ausweiteten, zeigte sich seit den 1990er Jahren vermehrt ein restriktiveres, abwehrendes Vorgehen auf nationalstaatlicher Ebene, insbesondere bei den wirtschaftlich starken Industriestaaten. Diese erließen vermehrt Maßnahmen, die den Schutz des

Nationalstaates hinsichtlich seiner inneren Sicherheit und staatlichen Funktionalität in den Vordergrund rückten.[365] Die internationale Staatengemeinschaft bemüht sich, den individuellen Flüchtlingsschutz in die internationale Verantwortung zu übernehmen. Gleichwohl ist die Schutzgewährung für die einzelnen Schutzsuchenden und damit auch die Flüchtlingspolitik in ihrer konkreten Ausgestaltung bis heute territorial gebunden und wird von den Nationalstaaten unter Verweis auf ihre staatliche Souveränität nach den eigenen Vorgaben ausgeführt.[366]

Diese These der Entwicklung von einer zunächst erstarkenden globalen Politik zum Schutze des Individuums hin zu einer nationalstaatlichen Politik zum Schutze der staatlichen Souveränität kann sowohl durch die Entwicklungsgeschichte der unionseuropäischen als auch der australischen Flüchtlingspolitik bekräftigt werden. Die Entwicklung der Flüchtlingspolitik auf regionaler EU-Ebene sowie australischer Nationalebene ist im besonderen Maße geprägt von sicherheits- und kontrollorientierten Erwägungen zum Schutze der nationalstaatlichen Funktionalität und Aufrechterhaltung der innerstaatlichen Ordnung und Sicherheit.[367] Die Flüchtlingspolitik wird dabei zumeist in enger Verbindung zur Einwanderungspolitik betrachtet.

Die Besonderheit der unionseuropäischen Politikentwicklung ist ihre Prägung durch die verwobene Wirkung der unterschiedlichen Ebenen, namentlich des Europarates und der EU. Der Europarat ist seit Beginn seiner Gründung von einer besonderen menschenrechtlichen Prägung, die erhebliche Auswirkung auf die zunächst wirtschaftlich ausgerichtete EU entfaltet. Die Entwicklung der Flüchtlingspolitik auf Ebene der EU ist vor allem eine Integrationspolitik hin zu einer unionsweit gemeinsamen Flüchtlingspolitik mit zunehmender Übertragung der Politikkompetenz auf die Union. Die Flüchtlingspolitik ist daher eng verbunden mit der europäischen Integration und entwickelt sich parallel zur Bildung europäischer Institutionen.

---

365 So auch die Feststellung von *Goodwin-Gill, Guy S./McAdam, Jane*: The Refugee in International Law, 3. Auflage 2007, Kapitel 6.5, S. 330.

366 *Endres de Oliveira, Pauline* in: Huber, Bertold/Eichenhofer, Johannes/Endres de Oliveira, Pauline: Aufenthaltsrecht, 1. Auflage 2017, Teil 4. Grundzüge des Asyl- und Flüchtlingsrechts, Kapitel A.1, Rn. 1709, S. 463.

367 Vgl. insoweit auch die Feststellung von *Skran, Claudena:* Historical Development of International Refugee Law, in: Zimmermann, Andreas (Hrsg): The 1951 Convention Relating to the Status of Refugees and its 1967 Protocol – A Commentary, 2011, Kapitel A, Rn. 2, S. 6.

Die Flüchtlingspolitik der EU steht zudem unter dem Einfluss der Rechtsprechung, insbesondere des EGMR und des EuGH. Der EGMR entwickelt sein Verständnis zum Schutze der Flüchtlings- und Menschenrechte stetig weiter. Dieses Verständnis bildet unter anderem die Grundlage neuer Politikentscheidungen der EU.

Auch in Australien fällte der High Court Urteile, die den Schutz der Flüchtlinge in das Zentrum stellte. Allerdings lässt sich keine vergleichbare Prägung der australischen Politik durch die Rechtsprechung erkennen, wie dies in der EU der Fall ist.

In Zeiten, in denen wenige Schutzanträge im europäischen Gebiet gestellt wurden, entwickelten sich Schutzmechanismen zugunsten der Individuen. Deutlich wird dies in der Auslegung der EMRK zugunsten von Schutzsuchenden sowie dem Bestreben nach einem gemeinsamen europäischen Asylsystems. Mit dem Programm von Tampere 1999 standen hauptsächlich noch Schutzerwägungen zugunsten der Flüchtlinge im Zentrum. Ziel war und ist vorwiegend eine einheitliche Behandlung von Schutzsuchenden im Gebiet der europäischen Union. Die ‚Flüchtlingskrise' des Jahres 2015 bildet eine Zäsur; sicherheits- und abwehrorientierte Maßnahmen der Flüchtlingspolitik zugunsten des Schutzes der innerstaatlichen Ordnung und Sicherheit rückten in den Fokus unionseuropäischer Flüchtlingspolitik. Die Agenda 2019-2024 stellt den Individualschutz der Schutzsuchenden nicht mehr ausdrücklich ins Zentrum.

Die australische Flüchtlingspolitik weist eine erhebliche Unterscheidung zwischen der Behandlung von zur Einreise autorisierten und unautorisierten und damit illegalen Schutzsuchenden auf. Während die politischen Maßnahmen Australiens zum Schutz von legalen Schutzsuchenden langfristig sind und diesen einen umfassenden Schutzstatus gewähren, sind die Maßnahmen bezüglich illegaler Schutzsuchender schnelle Politikmaßnahmen, die auf die jeweiligen Situationen reagieren. Maßnahmen zur Abwehr der unautorisierten Einreise werden eingeführt, ausgesetzt und wieder reaktiviert. Die abschottende Wirkung der australischen Politik hinsichtlich ihrer Außengrenzen wird stetig verstärkt. Zudem entfalten Maßnahmen der australischen Politik auch gezielt rückwirkende Wirkung. Gesetze, Verordnungen oder Maßnahmen wurden und werden mit Wirkung auch für vergangene Aktivitäten erlassen.

D. Normativer Rahmen der Flüchtlingspolitik

I. Die grundlegende Problematik: Schutz des Individuums vs. Schutz der staatlichen Souveränität

Das Flüchtlingsrecht erfasst nicht nur die Regelungen, die zwischen den einzelnen Nationalstaaten Wirkung entfalten, sondern ebenso Regelungen zum Schutz des einzelnen Flüchtlings sowie zur Ausgestaltung der Beziehung des Flüchtlings zum Aufnahmestaat.[368]

Der Schutz des Individuums ist ein elementarer Bestandteil des modernen Völkerrechts. Während noch im klassischen Völkerrecht die Rechtsträgerschaft des einzelnen Individuums abgelehnt wurde,[369] und ausschließlich die Ausgestaltung der Beziehungen zwischen den Nationalstaaten Gegenstand der Regelungen war,[370] ist in der modernen Völkerrechtslehre unbestritten, dass völkerrechtliche Regelungen unmittelbar Rechte und Pflichten auch für den Einzelnen begründen können.[371] Dies sind insbesondere die elementaren Menschenrechte wie das Recht auf Leben, Freiheit und Sicherheit der Person.[372]

Die historische Schutzpflicht und damit auch verbunden ein wahrgenommenes Verantwortungsbewusstsein hinsichtlich eines Individuums liegt regelmäßig bei dem jeweiligen Staat, dessen Staatsangehörigkeit das Individuum besitzt.[373]

---

368 *Goodwin-Gill, Guy S./McAdam, Jane:* The Refugee in International Law, 3. Auflage 2007, Kapitel 1.3, S. 7.

369 *Herdegen, Matthias:* Völkerrecht, 18. Auflage 2019, Kapitel 12, Rn. 1, S. 112 f.; *Kälin, Walter/Künzli, Jörg:* Universeller Menschenrechtsschutz – Der Schutz des Individuums auf globaler und regionaler Ebene, 4. Auflage 2019, Kapitel 1.II.1., Rn. 1.10, S. 6.

370 *Herdegen, Matthias:* Völkerrecht, 18. Auflage 2019, Kapitel 1, Rn. 1, S. 1; *Vitzthum, Wolfgang Graf:* Begriffe, Geschichte und Rechtsquellen des Völkerrechts, in: Vitzthum, Wolfgang Graf/Proeßl, Alexander (Hrsg): Völkerrecht, 8. Auflage 2019, 1. Abschnitt, Kapitel I.1, Rn. 5, S. 6; *Mahlmann, Matthias:* Konkrete Gerechtigkeit – Eine Einführung in Recht und Rechtswissenschaft der Gegenwart, 4. Auflage 2019, Kapitel 7, Rn. 133, S. 180.

371 *Herdegen, Matthias:* Völkerrecht, 18. Auflage 2019, Kapitel 12, Rn. 2, S. 113; *Mahlmann, Matthias:* Konkrete Gerechtigkeit – Eine Einführung in Recht und Rechtswissenschaft der Gegenwart, 4. Auflage 2019, Kapitel 7, Rn. 133, S. 180; *Shaw, Malcolm:* International Law, 8. Auflage 2017, Kapitel 5, S. 204 f.

372 *Herdegen, Matthias:* Völkerrecht, 18. Auflage 2019, Kapitel 12, Rn. 2, S. 113.

373 *Shaw, Malcolm:* International Law, 8. Auflage 2017, Kapitel 5, S. 204.

Schutzsuchende allerdings durchbrechen dieses grundlegende Prinzip. Sie befinden sich außerhalb des Staatsgebietes des Staates, dessen Staatsangehörigkeit sie besitzen, und können oder wollen eben den Schutz dieses Staates nicht in Anspruch nehmen.[374] Vielmehr suchen sie den Schutz eines anderen, für sie fremden Staates oder einer internationalen Organisation. Aus diesem tatsächlichen Umstand ergibt sich die besondere Schutzbedürftigkeit dieser Gruppe an Individuen, die vom Grundsatz der universellen Zuweisung der staatlichen Schutzpflicht aufgrund der Staatsangehörigkeit abweichen.

Der Schutz dieser Individuen wirft die Frage einer möglichen Kollision völkerrechtlicher Grundsätze auf. So steht der universelle individuelle Flüchtlingsschutz dem völkerrechtlichen Grundsatz der Souveränität der Staaten gegenüber.

Die Staaten haben souveräne Regelungsgewalt über ihr Staatsgebiet und Staatsvolk, woraus folgt, dass sie grundsätzlich frei bestimmen, wer sich innerhalb ihrer Staatsgewalt und mithin in ihrem Staatsgebiet, aufhalten darf.[375] Ebenso ist es den einzelnen Staaten grundsätzlich überlassen, zu bestimmen, wem sie Zugang zu ihrem Staatsgebiet gewähren und zu welchen Bedingungen.[376] Dies betrifft nicht nur Nicht-Staatsangehörige im Allgemeinen. Es bleibt den Staaten auch aufgrund dieses Grundsatzes der staatlichen Souveränität überlassen, über die Aufnahme von Flüchtlingen sowie die Gewährung von politischem Asyl autonom zu entscheiden.[377] Dies kann jedoch zuweilen mit dem tatsächlichen Schutzbedürfnis des Individuums kollidieren. Das Flüchtlingsrecht versucht hier einen Ausgleich zu schaffen.

---

374 So die Definition in Art. 1 Nr. 2 GFK.

375 EGMR, Urteil: Abdulaziz, Cabales, and Balkandali v. The United Kingdom, Az. 15/1983/71/107-109, vom 24. April 1985, Rn. 67; *Hobe, Stephan*: Einführung in das Völkerrecht, 10. Auflage 2014, Kapitel 3.1.5.f, S. 90 ff.; *Crawford, James:* Brownlie's Principles of Public International Law, 9. Auflage 2019, Kapitel 28.2, S. 592 f.; *Chetail, Vincent:* The transnational movement of persons under general international law – Mapping the customary law foundations of international migration law, in: Chetail, Vincent/ Bauloz, Céline (Hrsg): Research Handbook on International Law and Migration, 2014, Kapitel 3.1, S. 27 f.; *Boeles, Pieter/den Heijer, Maarten/Lodder, Gerrie/Wouters, Kees*: European Migration Law, 1. Auflage 2009, Kapitel I.1.3, S. 23 f.

376 EGMR, Urteil: Amuur vs Frankreich, Az. 19776/92, vom 25. Juni 1996, Rn. 41; *Herdegen, Matthias:* Völkerrecht, 18. Auflage 2019, Kapitel 27.3, Rn. 13, S. 225; *Crawford, James:* Brownlie's Principles of Public International Law, 9. Auflage 2019, Kapitel 28.2, S. 592 f.; *Kau, Marcel*: Der Staat und der Einzelne als Völkerrechtssubjekt, in: Vitzthum, Wolfgang Graf/Proelß, Alexander (Hrsg): Völkerrecht, 8. Auflage 2019, 3. Abschnitt, Kapitel III.1.a), Rn. 231, S. 268.

377 *Herdegen, Matthias:* Völkerrecht, 18. Auflage 2019, Kapitel 27.3, Rn. 13, S. 225.

Vorschriften zum Flüchtlingsrecht finden sich auf unterschiedlichen Normebenen: Auf universeller Ebene, ausgeformt durch Maßnahmen auf UN-Ebene, auf regionaler Ebene in Übereinkünften regional verbundener Staaten sowie zuletzt auf nationaler Ebene der einzelnen Staaten.

II. Universelle Regelwerke

Unter ‚universellen Regelwerken' werden hier völkerrechtliche Regelungen auf Ebene der UN begriffen. Regelungen des Flüchtlingsschutzes auf universeller Ebene fußen auf zwei grundlegenden Quellen: Zum einen auf der GFK und zum anderen auf dem internationalen Menschenrechtsschutz.[378]

Ebenso sind in diesem Zusammenhang Regelungen und Empfehlungen des UNHCR zu berücksichtigen,[379] auch wenn diese kein normatives Regelwerk im engeren Sinne darstellen, da sie nicht als solche rechtlich verbindlich sind. Sie prägen jedoch das Verständnis hinsichtlich der übrigen Regelwerke.

1. Die Genfer Flüchtlingskonvention

Die GFK, zusammen mit dem Protokoll vom 31. Januar 1967 über die Rechtstellung der Flüchtlinge (Protokoll),[380] bildet das „Fundament des internationalen Flüchtlingsrechts".[381] Im Jahr 1951 verabschiedet, stand die GFK noch ganz unter dem Eindruck der Schrecken des Zweiten Weltkrieges.[382] In Erkenntnis dessen, dass der Umgang mit Flüchtlingen internationaler Zusammenarbeit bedarf, beschlossen die konventionsschließenden Staaten die gemeinsame Gestaltung von Regelungsstrukturen hinsichtlich des Umgangs und des Schutzes von Flüchtlingen.[383] Bis zur Kodifizierung der GFK bestanden keine universell verbindlichen Regelungen bezüglich Menschen, die ihren Heimatstaat

378 *Hathaway, James C.*: Refugees and Asylum, in: Opeskin, Brian/Perruchoud, Richard/Redpath-Cross, Jillyanne (Hrsg): Foundations of International Migration Law, 2012, Kapitel 7.3, S. 190.

379 *Einarsen, Terje*: Drafting History of the 1951 Convention and the 1967 Protocol, in: Zimmermann, Andreas (Hrsg): The 1951 Convention Relating to the Status of Refugees and its 1967 Protocol – A Commentary, 2011, Kapitel A, Rn. 1, S. 40.

380 BGBl. 1969 II S. 1293.

381 *UNHCR*: Genfer Flüchtlingskonvention, Vorwort zum Abkommen.

382 *Haedrich, Martina*: Völker- und europarechtliche Grundlagen des Menschenrechtsschutzes für Flüchtlinge, in: Oppelland, Torsten (Hrsg): Das Recht auf Asyl im Spannungsfeld von Menschenrechtsschutz und Migrationsdynamik, 1. Auflage 2017, S. 53.

383 Vgl. Präambel zur GFK.

verlassen hatten und weder unter dem Schutz ihres Heimatstaates noch eines anderen Staates oder einer internationalen Organisation standen.[384] Die Schutzsuchenden befanden sich in einer rechtlich nicht ausgestalteten Lage, quasi in einem rechtlichen Vakuum. Die Vertragsstaaten der GFK einigten sich mit Abschluss der Konvention verbindlich darauf, diesen Individuen einen Rechtsstatus zu gewähren.[385]

a. Subjektive Rechte in der Genfer Flüchtlingskonvention

Die GFK legt für die Konventionsstaaten verbindliche Mindeststandards für die Behandlung von Personen fest, welche die Voraussetzungen der Flüchtlingseigenschaft erfüllen.[386] In der Literatur umstritten ist, ob diese für die Staaten verbindlichen Mindeststandards ebenso für den einzelnen Schutzsuchenden subjektive Rechte gewähren. *Chetail* und *Haedrich* zum Beispiel sind zurückhaltend darin, diese Rechte als subjektive Rechte des Flüchtlings zu bezeichnen.[387] Sie sehen in den Regelungen der GFK ein System, dessen Schwerpunkt die zwischenstaatliche Verpflichtung der Staaten ist. *Haedrich* führt weiter aus, dass die Vertragsstaaten der GFK zur Einhaltung eines Flüchtlingsregimes verpflichtet seien, mit welchem individuelle Rechte für Flüchtlinge korrespondieren.[388]

---

384 *Kau, Marcel*: Der Staat und der Einzelne als Völkerrechtssubjekt, in: Vitzthum, Wolfgang Graf/Proelß, Alexander (Hrsg): Völkerrecht, 8. Auflage 2019, 3. Abschnitt, Kapitel I.1.d) Rn. 18, S. 174; *Hobe, Stephan*: Einführung in das Völkerrecht, 10. Auflage 2014, Kapitel 11.5, S. 440 f.

385 *Ipsen, Knut*: Völkerrecht, 6. Auflage 2014, Kapitel 8.36, Rn. 30, S. 830 f.; *Endres de Oliveira, Pauline* in: Huber, Bertold/Eichenhofer, Johannes/Endres de Oliveira, Pauline: Aufenthaltsrecht, 1. Auflage 2017, Teil 4. Grundzüge des Asyl- und Flüchtlingsrechts, Kapitel A.1, Rn. 1710, S. 464.

386 *UNHCR*: Genfer Flüchtlingskonvention, Vorwort zum Abkommen; *Haedrich, Martina*: Völker- und europarechtliche Grundlagen des Menschenrechtsschutzes für Flüchtlinge, in: Oppelland, Torsten (Hrsg): Das Recht auf Asyl im Spannungsfeld von Menschenrechtsschutz und Migrationsdynamik, 1. Auflage 2017, S. 53 ff.; *Hobe, Stephan*: Einführung in das Völkerrecht, 10. Auflage 2014, Kapitel 11.5, S. 441.

387 *Chetail, Vincent*: Are Refugee Rights Human Rights? An Unorthodox Questioning of the Relations between Refugee Law and Human Rights Law, in: Rubio-Marín, Ruth (Hrsg): Human Rights and Immigration, 2014, S. 39 ff.; *Haedrich, Martina*: Völker- und europarechtliche Grundlagen des Menschenrechtsschutzes für Flüchtlinge, in: Oppelland, Torsten (Hrsg): Das Recht auf Asyl im Spannungsfeld von Menschenrechtsschutz und Migrationsdynamik, 1. Auflage 2017, S. 53 f.

388 *Haedrich, Martina*: Völker- und europarechtliche Grundlagen des Menschenrechtsschutzes für Flüchtlinge, in: Oppelland, Torsten (Hrsg): Das Recht auf Asyl im

Andere Autoren erkennen klar die Veranlagung von subjektiven Rechten in der GFK. *Alleweldt* stellt fest, dass die GFK Rechte von Flüchtlingen vorschreibe, obgleich diese Rechte nicht mit den Rechten der UN-Menschenrechtspakte vergleichbar seien.[389] Nach *Hathaway* und *Wouters* enthalten die Regelungen der GFK subjektive Rechte der Schutzsuchenden, die in einer Stufenform entsprechend dem Bindungsverhältnis des Flüchtlings zum schutzwilligen Staat zu gewähren seien.[390]

Dem Verständnis, dass die GFK subjektive Rechte für die Schutzsuchenden erfasst, wird hier zugestimmt. Der subjektive Charakter der Regelungen der GFK verdeutlicht sich in der grundsätzlichen Möglichkeit des Ausschlusses dieser Rechte, insbesondere des Ausschlusses des in Art. 33 GFK gewährten Gebots des Non-Refoulement. Gemäß Art. 33 Abs. 2 GFK kann sich auf die Vergünstigung der Vorschrift ein Flüchtling nicht berufen, wenn er oder sie in schwerwiegender Weise die öffentliche Sicherheit im Empfangsstaat gefährdet. Der Ausschluss aus dem Kreis der anspruchsberechtigten Personen setzt voraus, dass diesen zunächst grundsätzlich ein subjektiver Anspruch zustand.[391] Insoweit lassen sich in Art. 33 Abs. 1 GFK und damit für die GFK im Allgemeinen subjektive Rechte erkennen.[392]

Dieser eben aufgeführte Grundsatz des Non-Refoulement, also das Verbot der Ausweisung oder Zurückweisung von Flüchtlingen, gilt als die wesentliche Bestimmung der GFK.[393] Normiert ist dieser in Art. 33 GFK:

Spannungsfeld von Menschenrechtsschutz und Migrationsdynamik, 1. Auflage 2017, S. 55 f.

389 *Alleweldt, Ralf:* Preamble to the 1951 Convention, in: Zimmermann, Andreas (Hrsg): The 1951 Convention Relating to the Status of Refugees and its 1967 Protocol - A Commentary, 2011, Kapitel E.I.2, Rn. 29, S. 232.

390 *Hathaway, James C.:* The Rights of Refugees under International Law, 2005, Kapitel 3, S. 154, 156 ff.; *Wouters, Cornelis:* International Refugee and Human Rights Law: Partners in Ensuring International Protection and Asylum, in: Sheeran, Scott/Rodley, Sir Nigel (Hrsg): Routledge Handbook of International Human Rights Law, 2013, Kapitel 14.3.1, S. 239; ebenso *Gammeltoft-Hansen, Thomas:* Extraterritorial Migration Control and the Reach of Human Rights, in: Chetail, Vincent/Bauloz, Céline (Hrsg): Research Handbook on International Law and Migration, 2014, Kapitel 1, S. 115.

391 *Richter, Dagmar:* Quasi-Asyl als Menschenrecht, ZEuS-Sonderband 2016, Kapitel B.I.1, S. 56.

392 Siehe ebenso bezüglich des subjektiven Rechtecharakters von Art. 33 GFK *Richter, Dagmar:* Quasi-Asyl als Menschenrecht, ZEuS-Sonderband 2016, Kapitel B.I.1, S. 56.

393 *UNHCR:* Genfer Flüchtlingskonvention, Vorwort zum Abkommen; *Herdegen, Matthias:* Völkerrecht, 18. Auflage 2019, Kapitel 27.3, Rn. 13, S. 225.

> „1. Keiner der vertragsschließenden Staaten wird einen Flüchtling auf irgendeine Weise über die Grenzen von Gebieten ausweisen oder zurückweisen, in denen sein Leben oder seine Freiheit wegen seiner Rasse, Religion, Staatsangehörigkeit, seiner Zugehörigkeit zu einer bestimmten sozialen Gruppe oder wegen seiner politischen Überzeugung bedroht sein würde.
>
> 2. Auf die Vergünstigung dieser Vorschrift kann sich jedoch ein Flüchtling nicht berufen, der aus schwerwiegenden Gründen als eine Gefahr für die Sicherheit des Landes anzusehen ist, in dem er sich befindet, oder der eine Gefahr für die Allgemeinheit dieses Staates bedeutet, weil er wegen eines Verbrechens oder eines besonders schweren Vergehens rechtskräftig verurteilt wurde."

Neben dem Grundsatz des Non-Refoulement enthält die GFK weitere Regelungen, die subjektive Rechte der Schutzsuchenden beschreiben, wie das Recht auf Schutz vor Diskriminierung aus Gründen der Rasse, Religion oder des Herkunftslandes (Art. 3 GFK), das Recht auf Religionsfreiheit (Art. 4 GFK), das Recht auf Gleichbehandlung gegenüber anderen Ausländern (Art. 7 Nr. 1 GFK), das Recht auf Zugang zu den Gerichten (Art. 16 GFK), das Recht auf Freizügigkeit (Art. 26 GFK) und das Recht auf Straffreiheit in Bezug auf die illegale Einreise bei unmittelbarer Einreise aus dem Fluchtland und sofortiger Meldung bei den Behörden (Art. 31 Abs. 1 GFK).[394]

Die GFK enthält allerdings keine Vorschriften für Mechanismen, mit denen den Individuen die Durchsetzung subjektiver Rechte gewährt wird.

b. Der territoriale Anwendungsbereich der Genfer Flüchtlingskonvention

Art. 33 GFK beschränkt die grundsätzlich völkerrechtlich freie Entscheidung der Konventionsstaaten, Individuen Zugang zum Staatsgebiet sowie Asyl zu gewähren.[395] In Praxis und Literatur ist umstritten, ob dieses Verbot der Ausweisung und Zurückweisung von Schutzsuchenden ausschließlich auf diese Anwendung findet, die bereits in das Staatsgebiet des möglichen schutzgewährenden Konventionsstaates eingereist sind oder ob das Verbot auch die Abweisung von

---

394 *Alleweldt, Ralf:* Preamble to the 1951 Convention, in: Zimmermann, Andreas (Hrsg): The 1951 Convention Relating to the Status of Refugees and its 1967 Protocol – A Commentary, 2011, Kapitel E.I.2, Rn. 29, S. 232 f.

395 *Herdegen, Matthias:* Völkerrecht, 18. Auflage 2019, Kapitel 27.3, Rn. 13, S. 225; *Kälin, Walter/Künzli, Jörg*: Universeller Menschenrechtsschutz – Der Schutz des Individuums auf globaler und regionaler Ebene, 4. Auflage 2019, Kapitel 18.V.2., Rn. 18.71, S. 645.

Flüchtlingen erfasst, die bildlich gesprochen, vor der Staatsgrenze des Konventionsstaates stehen.[396] Nach australischem Verständnis[397] sowie einzelnen Stimmen in der Literatur[398] beschreibt die GFK grundsätzlich einen territorial ausgerichteten Anwendungsbereich. Danach entfalten die Pflichten der Konventionsstaaten, die sich aus der GFK gegenüber Asylsuchenden ergeben, insbesondere hinsichtlich Art. 33 GFK, erst Wirkung, sobald die Flüchtlinge das Gebiet des Konventionsstaates betreten. Die Ausgestaltung des Zugangs der Schutzsuchenden zum Staatsgebiet des Konventionsstaates bleibt dabei jedem Staat selbst überlassen.[399]

Die überwiegende Staatenpraxis auf universeller Ebene verdeutlicht hingegen ein grundsätzlich weites Verständnis des territorialen Anwendungsbereichs der GFK,[400] insbesondere jedoch hinsichtlich des Anwendungsbereichs des Grundsatzes des Non-Refoulement.[401] Im Unterschied zu anderen Vorschriften der GFK enthält Art. 33 GFK keine ausdrückliche Beschränkung des Regelungsbereichs auf das Staatsgebiet des jeweiligen Konventionsstaates.[402] Der Grundsatz des Non-Refoulement aus Art. 33 GFK findet bereits in diesem Moment Anwendung, in welchem ein Schutzsuchender um Schutz des Konventionsstaates sowie Einlass in dessen Staatsgebiet nachsucht. Regelmäßig befindet sich der

---

396 Zusammenfassend dazu *Goodwin-Gill, Guy S./McAdam, Jane:* The Refugee in International Law, 3. Auflage 2007, Kapitel 5.2.1, S. 206 ff.

397 High Court of Australia: CPCF v Minister for Immigration and Border Protection [2015] HCA 1, vom 28. Januar 2015, Rn. 10; *Ghezelbash, Daniel:* Refugee Lost – Asylum Law in an Independent World, 2018, Kapitel 6.2.3, S. 144; *Kneebone, Susan/ McDowell, Christopher/Morrell, Gareth*: A Mediterranean Solution? Chances of Success, International Journal of Refugee Law, 2006, Vol. 18, Nr. 3-4, S. 503.

398 *Nygh, Peter/Blay, Sam:* Refguees, in: Blay, Sam/Piotrowicz, Ryszard/Tsamenyi, Martin (Hrsg): International Law - An Australian Perspective, Oxford University Press 2. Auflage 2005, Kapitel 12.1, S. 290; ebenso die Praxis der US-Regierung insbesondere hinsichtlich Schutzsuchenden von Haiti.

399 *Nygh, Peter/Blay, Sam*: Refguees, in: Blay, Sam/Piotrowicz, Ryszard/Tsamenyi, Martin (Hrsg): International Law - An Australian Perspective, Oxford University Press 2. Auflage 2005, Kapitel 12.1, S. 290.

400 *Goodwin-Gill, Guy S./McAdam, Jane:* The Refugee in International Law, Press 3. Auflage 2007, Kapitel 5.2.1, S. 207, Kapitel 5.3.3, S. 253.

401 *Gammeltoft-Hansen, Thomas:* Extraterritorial Migration Control and the Reach of Human Rights, in: Chetail, Vincent/Bauloz, Céline (Hrsg): Research Handbook on International Law and Migration, 2014, S. 114.

402 *Goodwin-Gill, Guy S./McAdam, Jane:* The Refugee in International Law, 3. Auflage 2007, Kapitel 5.3.3, S. 246.

Schutzsuchende dabei bereits im Gebiet des Konventionsstaat oder jedenfalls im unmittelbaren Grenzbereich.[403] Eine genaue Differenzierung, wann es sich hierbei um eine Rückweisung aus dem Staatsgebiet oder um eine Abweisung vor Eintritt in das Staatsgebiet handelt, ist faktisch oftmals schwer zu treffen. Eine entsprechende Differenzierung würde zu Willkür und ungerechtfertigter Ungleichbehandlung führen. Denn es läge stets ein Element des Glücks in der faktischen Situation, ob der Schutzsuchende bereits in das Grenzgebiet gelangte oder noch vor der ersten Grenzstation von Beamten des Konventionsstaates abgefangen und abgewiesen wurde.

Der Grundsatz des Non-Refoulement des Art. 33 GFK erfasst daher nicht nur die Rückweisung von Flüchtlingen aus dem Staatsgebiet der Konventionsstaaten, sondern auch die Abweisung von Flüchtlingen an der Staatsgrenze.[404]

c. Kein Recht auf Asyl in der Genfer Flüchtlingskonvention

Uneinigkeit in Literatur und Praxis besteht zudem hinsichtlich der Frage, ob Art. 33 GFK ein Recht auf Asyl oder andere Vergünstigungen, wie namentlich eine Pflicht der Konventionsstaaten zur Aufnahme von Flüchtlingen, zu entnehmen ist.

Hobe vertritt, dass Art. 33 GFK weder einen subjektiven Asylanspruch der Flüchtlinge noch verbindliche oder dauerhafte Aufnahmepflichten der Staaten

403 *Goodwin-Gill, Guy S./McAdam, Jane:* The Refugee in International Law, 3. Auflage 2007, Kapitel 5.2.1, S. 208, Kapitel 5.3.3, S. 246; *Lauterpacht, Sir Elihu/Bethlehem, Daniel*: The scope and content of the principle of non-refoulement: Opinion, in: Feller, Erika/Türk, Volker/Nicholson, Frances (Hrsg): Refugee Protection in International Law: UNHCR's Global Consultations on International Protection, 2003, Kapitel II. F.1, Rn. 67, S. 111.

404 *Goodwin-Gill, Guy S./McAdam, Jane:* The Refugee in International Law, 3. Auflage 2007, Kapitel 5.2.1, S. 208; *Kau, Marcel*: Der Staat und der Einzelne als Völkerrechtssubjekt, in: Vitzthum, Wolfgang Graf/Proelß, Alexander (Hrsg): Völkerrecht, 8. Auflage 2019, 3. Abschnitt, Kapitel III.4.c), Rn. 304, S. 300; *Hathaway, James C.*: The Rights of Refugees under International Law, 2005, Kapitel 3.1.1, S. 161; *Nußberger, Angelika:* Flüchtlingsschicksale zwischen Völkerrecht und Politik – Zur Rechtsprechung des EGMR zu Fragen der Staatenverantwortung in Migrationsfällen, NVwZ 2016, S. 816; *Göbel-Zimmermann, Ralph/Eichhorn, Alexander/Beichel-Benedetti, Stephan*: Asyl- und Flüchtlingsrecht, 1. Auflage 2017, Kapitel 2.B.III, Rn. 39, S. 13; *Endres de Oliveira, Pauline* in: Huber, Bertold/Eichenhofer, Johannes/Endres de Oliveira, Pauline: Aufenthaltsrecht, 1. Auflage 2017, Teil 4. Grundzüge des Asyl- und Flüchtlingsrechts, Kapitel A.1, Rn. 1711, S. 464.

begründe.[405] Auch *Kau* führt aus, dass Art. 33 GFK lediglich einen Mindestschutz zugunsten der Schutzsuchenden gewähre, nicht in den Verfolgerstaat zurückgeschoben zu werden.[406] Ein Recht auf Asyl oder andere Vergünstigungen der Flüchtlinge könne dem nicht entnommen werden.[407] *Goodwin-Gill/McAdam* erkennen ebenso, dass der Grundsatz des Non-Refoulement nicht mit einem Recht der Flüchtlinge auf Asyl gleichgestellt werden könne und es auch kein Synonym für ein Zugangsrecht der Schutzsuchenden sei; allerdings impliziert das Verbot der Rückweisung gleichwohl eine Pflicht der Staaten, Schutzsuchenden einen vorübergehenden Zugang zu ihrem Staatsgebiet zu gewähren sowie die entsprechenden Feststellungen des Schutzbedarfs oder der Gefahr in erforderlichem Maße zu tätigen.[408] Auch *Hofmann/Donath* lesen in Art. 33 GFK das grundsätzliche Recht des Flüchtlings auf Zugang zu einem Statusfeststellungsverfahren und damit ein grundsätzliches Bleiberecht des Schutzsuchenden für diese Verfahrenszeit.[409]

---

405 *Hobe, Stephan*: Einführung in das Völkerrecht, 10. Auflage 2014, Kapitel 11.5, S. 442.

406 *Kau, Marcel*: Der Staat und der Einzelne als Völkerrechtssubjekt, in: Vitzthum, Wolfgang Graf/Proelß, Alexander (Hrsg): Völkerrecht, 8. Auflage 2019, 3. Abschnitt, Kapitel III.4.c), Rn. 304 f., S. 300 f.

407 *Kau, Marcel*: Der Staat und der Einzelne als Völkerrechtssubjekt, in: Vitzthum, Wolfgang Graf/Proelß, Alexander (Hrsg): Völkerrecht, 8. Auflage 2019, 3. Abschnitt, Kapitel III.4.c), Rn. 304 f., S. 300 f.; so auch *Kälin, Walter/Künzli, Jörg:* Universeller Menschenrechtsschutz – Der Schutz des Individuums auf globaler und regionaler Ebene, 4. Auflage 2019, Kapitel 18.V.3., Rn. 18.74, S. 646; *Fröhlich, Daniel:* Das Asylrecht im Rahmen des Unionsrechts – Entstehung eines föderalen Asylregimes in der Europäischen Union, 2011, Kapitel 1.1.II, S. 15 f.

408 *Goodwin-Gill, Guy S./McAdam, Jane*: The Refugee in International Law, 3. Auflage 2007, Kapitel 5.2.4, S. 215 f.; so dem Grunde nach auch *Chetail*, der allerdings seine Ausführung auf das gewohnheitsrechtliche Refoulement-Verbot bezieht und nicht explizit auf Art. 33 GFK, *Chetail, Vincent:* The transnational movement of persons under general international law – Mapping the customary law foundations of international migration law, in: Chetail, Vincent/Bauloz, Céline (Hrsg): Research Handbook on International Law and Migration, 2014, Kapitel 3.2.1, S. 40.

409 *Hofmann, Rainer/Donath, Philipp B.:* Die Asylverfahrensrichtlinie unter besonderer Berücksichtigung völkerrechtlicher Standards, in: Hofmann, Rainer/Löhr, Tillmann (Hrsg): Europäisches Flüchtlings- und Einwanderungsrecht – Eine kritische Zwischenbilanz, 2008, S. 22; ebenfalls ein vorläufiges Aufenthaltsrecht anerkennend: *Göbel-Zimmermann, Ralph/Eichhorn, Alexander/Beichel-Benedetti, Stephan*: Asyl- und Flüchtlingsrecht, 1. Auflage 2017, Kapitel II.B.III, Rn. 39, S. 13.

Dem Verständnis, dass Art. 33 GFK zumindest ein vorübergehendes Aufenthaltsrecht des Schutzsuchenden im Staatsgebiet eines Konventionsstaates zu entnehmen ist, ist zuzustimmen. Wäre ein solches Aufenthaltsrecht des Schutzsuchenden nicht gesichert, könnte die grundsätzliche Pflicht zur Schutzgewährung, die aus Art. 33 GFK zu ziehen ist, ohne hinreichendes Verfahren zur Feststellung dieser Pflicht des Schutzstaates unterlaufen werden.

d. Kritik an der Genfer Flüchtlingskonvention

Die GFK sieht sich immer wieder erheblicher Kritik ausgesetzt.

Neben der bereits dargestellten Diskussion um ein in der GFK verankertes Einreise-, Aufenthalts- bzw. Asylrecht lässt das System der GFK eine unmissverständliche Regelung zur Bestimmung und Zuteilung der Schutzverantwortung zwischen den Konventionsstaaten vermissen. Die GFK enthält keine verbindliche Regelungen darüber, welcher Staat für die Schutzanträge der jeweiligen Schutzsuchenden tatsächlich und unstreitig zuständig ist.[410] So verweisen zum Beispiel Staaten, in denen ein Schutzantrag des Schutzsuchenden gestellt wird, auf die Schutzverpflichtung eines anderen Staates, durch welchen der Schutzsuchende auf dem Weg seiner Flucht zunächst gereist ist.[411] In der GFK findet sich diesbezüglich lediglich in der Präambel die Erwägung, dass die Zusammenarbeit der Staaten die Grundlage für die Anwendung der GFK schafft. Diese fehlende Regelung der unstreitigen Zuständigkeit eines bestimmten Konventionsstaates für Anträge von Schutzsuchenden führte und führt immer wieder zu der Situation der ‚refugees in orbit': Bildlich gesprochen werden Schutzsuchende zwischen den Konventionsstaaten hin und her geschoben, wobei die Zuständigkeit für die Schutzverpflichtung jeweils dem anderen Staat zugeschrieben und auf diesen verwiesen wird.

Die gängigste Kritik an der GFK ist, dass diese veraltet sei und folglich aktuelle Probleme nicht erfassen könne.[412] Die GFK wurde zunächst ausschließlich

---

410 *Goodwin-Gill, Guy S.:* The Extraterritorial Processing of Claims to Asylum or Protection: The Legal Responsibilities of States and International Organisations, UTS Law Review, 2007, Nr. 9, S. 27.

411 Vgl. hierzu z. B. die sichere Drittstaatenregelung im australischen Migration Act 1958, insbesondere Art. 91D.

412 *Crock, Mary/Saul, Ben/Dastyari, Azadeh:* Future Seekers II – Refugees and Irregular Migration in Australia, 2006, Kapitel 2, S. 22, 24; *Nußberger, Angelika:* Flüchtlingsschicksale zwischen Völkerrecht und Politik – Zur Rechtsprechung des EGMR zu Fragen der Staatenverantwortung in Migrationsfällen, NVwZ 2016, S. 816; *Goodwin-Gill,*

für die Bewältigung der Flüchtlingsproblematik im Anschluss an den Zweiten Weltkrieg für den europäischen Raum verfasst.[413] Erst mit dem Zusatzprotokoll aus dem Jahr 1967 wurde die zeitliche und räumliche Begrenzung der GFK aufgehoben und diese damit zu einem universellen Instrument des Flüchtlingsschutzes ausgestaltet. Die für die Bewältigung der Folgen des Zweiten Weltkriegs geschaffene Definition eines Flüchtlings sei allerdings, so die Kritiker, zu streng und könne heutige Herausforderungen der Flüchtlingsproblematik nicht mehr erfassen.[414] Im Laufe der Jahre und Jahrzehnte entwickelten sich neue Konzepte der Verfolgung und Diskriminierung, welche bei der Annahme der GFK 1951 in ihrer Problematik nicht absehbar waren. Die Kriterien zur Feststellung der Flüchtlingseigenschaft der GFK erfassten die hauptsächlichen Ursachen für Flucht, die in den Jahren vor 1951 erkennbar waren: Das Entkommen vor einem politischen Regime, das unter anderem aufgrund von Revolte, Bürgerkrieg oder Besetzung durch Fremdstaaten an die Macht kam.[415] Die Schutzerwägungen der Gründungsväter der GFK erfassten daher spezifisch diese Kategorien an Schutzsuchenden, die sich in diesen Krisen verdeutlichten, namentlich eine Kategorisierung aufgrund der Rasse, Religion, Nationalität, Zugehörigkeit zu einer bestimmten sozialen Gruppe oder einer politischen Überzeugung. Eine spezifische Schutzbedürftigkeit weiterer Gruppen, wie insbesondere von Frauen oder Homosexuellen, wurde zur damaligen Zeit nicht erwogen. Die Erkenntnis der Schutzbedürftigkeit dieser Personengruppen entwickelte sich erst im Laufe der Zeit.[416] Daher wurde zur Erfassung dieser

---

Guy S./McAdam, Jane: The Refugee in International Law, 3. Auflage 2007, Kapitel 2.7, S. 48.

413 *Hailbronner, Kay/Thym, Daniel:* Legal Framework for EU Asylum Policy, in: Hailbronner, Kay/Thym, Daniel (Hrsg): EU Immigration and Asylum Law – A Commentary, 2. Auflage 2016, Part D.I. Asylum, Kapitel II.2, Rn. 19, S. 1033.

414 *Crock, Mary/Saul, Ben/Dastyari, Azadeh:* Future Seekers II – Refugees and Irregular Migration in Australia, 2006, Kapitel 2, S. 22; *Vrachnas, John/Bagaric, Mirko/Dimopoulos, Penny/Pathinayale, Athula:* Migration and Refugee Law - Principles and Practice in Australia, 3. Auflage 2012, Kapitel 18.1.3, S. 308; *Weiß, Wolfgang* in: Streinz, Rudolf (Hrsg): EUV/AEUV, 3. Auflage 2018, Art. 78 AEUV Kapitel III.2, Rn. 17, S. 889.

415 *Nygh, Peter/Blay, Sam:* Refugees, in: Blay, Sam/Piotrowicz, Ryszard/Tsomenyi, Martin (Hrsg): Public International Law – An Australian Perspective, 2. Auflage 2005, Kapitel 12.2.1, S. 291 f.

416 *Nygh, Peter/Blay, Sam:* Refugees, in: Blay, Sam/Piotrowicz, Ryszard/Tsomenyi, Martin (Hrsg): Public International Law – An Australian Perspective, 2. Auflage 2005, Kapitel

Gruppierung insbesondere die Kategorie der sozialen Gruppe so weit wie möglich ausgelegt.[417]

Des Weiteren erfasse die GFK nicht die Entwicklung der Fluchtbewegung selbst. Zum einen habe sich eine Vermengung der Fluchtbewegungen im engeren Sinn und der Migrationsströme ergeben. Schutzsuchende fliehen nicht nur aufgrund diskriminierender Gewalt und Verfolgung, sondern fliehen allgemein vor Gewalt, wie sie aus bewaffneten Konflikten resultiert, sowie vor Notständen verschiedener Arten.[418] So wird aktuell vermehrt diskutiert, ob sogenannte ‚Klimaflüchtlinge' vom Schutz der GFK erfasst werden können. Die Problematik hierbei ist, dass ein Klimaflüchtling den von der GFK geforderten Tatbestand der individuellen Verfolgung nicht erfüllt. Seine Flucht ist Folge von veränderten Klimaumständen, die jedoch alle Menschen dieser Gebiete und Regionen gleichermaßen erfassen.[419]

Zum anderen sind die Flucht- und Migrationsbewegungen in der heutigen Zeit nicht mehr lokal begrenzt. Aufgrund der Entwicklung in Technik und Transport finden Fluchtbewegungen in einem weitaus größeren Radius statt.[420] Daraus ergeben sich weiterführende Probleme, wie die des organisierten Verbrechens im Zusammenhang mit Migrationsbewegungen, insbesondere in der Form von Menschenschleusern.[421] So würden schließlich durch die Statusverleihung der GFK solche Flüchtlinge begünstigt, die sich eine Flucht in ein entfernteres, wirtschaftlich starkes Land leisten können und in diesem dann Schutz finden. Wirtschaftlich schwache Flüchtlinge, die grundsätzlich den gleichen

---

12.2.1, S. 291 f.; *Goodwin-Gill, Guy S./McAdam, Jane:* The Refugee in International Law, 3. Auflage 2007, Kapitel 3.4.2, S. 74 f.

417 Vgl. dazu *UNHCR*: Richtlinie zum Internationalen Schutz Nr. 2: „Zugehörigkeit zu einer bestimmten sozialen Gruppe" im Zusammenhang mit Artikel 1 A (2) des Abkommens von 1051 bzw. des Protokolls von 1967 über die Rechtstellung der Flüchtlinge, vom 7. Mai 2002, HCR/GIP/02/02.

418 *Hailbronner, Kay/Thym, Daniel:* Legal Framework for EU Asylum Policy, in: Hailbronner, Kay/Thym, Daniel (Hrsg): EU Immigration and Asylum Law – A Commentary, 2. Auflage 2016, Part D.I. Asylum, Kapitel II.2, Rn. 19, S. 1033; *Hobe, Stephan*: Einführung in das Völkerrecht, 2014, Kapitel 11.5, S. 440.

419 *Kälin, Walter/Künzli, Jörg:* Universeller Menschenrechtsschutz – Der Schutz des Individuums auf globaler und regionaler Ebene, 4. Auflage 2019, Kapitel 18.V.4, Rn. 18.80 ff., S. 648 f.

420 *Crock, Mary/Saul, Ben/Dastyari, Azadeh:* Future Seekers II – Refugees and Irregular Migration in Australia, 2006, Kapitel 2, S. 24.

421 *Crock, Mary/Saul, Ben/Dastyari, Azadeh:* Future Seekers II – Refugees and Irregular Migration in Australia, 2006, Kapitel 2, S. 22.

Schutzbedarf haben, können aufgrund fehlender finanzieller Möglichkeiten Schutz lediglich im Umkreis ihres Heimatstaates suchen.[422] Die Schutz- und Lebensstandards der Aufnahmeländer in wirtschaftlich starken Ländern unterscheiden sich oftmals erheblich von denen, die in den Ländern in unmittelbarer Nähe zum Heimatstaat zu finden sind.

Trotz immer wieder aufkeimender Kritik an der GFK wird an ihrem bisherigen Wortlaut und Verständnis festgehalten. Bekräftigt wurde ihr universeller Geltungsanspruch zuletzt im Globalen Pakt für Flüchtlinge der UN.[423] In Randnummer 5 des Paktes wird angeführt, dass der unpolitische und rechtlich nicht bindende Globale Pakt auf dem internationalen Flüchtlingsschutzsystem beruhe, dessen Kern das Kardinalprinzip des Non-Refoulement und die GFK sowie ihr Protokoll von 1967 ausmachen.[424]

2. Schutz durch universelle Menschenrechte

Ein weiteres Rechtsregime zum Schutz von Flüchtlingen ergibt sich aus den universellen Menschenrechten. Niedergeschrieben ist der universelle Schutz der Menschenrechte im Wesentlichen in zahlreichen völkerrechtlichen Verträgen, Deklarationen und Resolutionen der UN-Generalversammlung und ihrer Sonderorganisationen.[425]

Die grundlegenden Pakte des Menschenrechtsschutzes sind der Internationale Pakt über bürgerliche und politische Rechte (IPbpR) und der Internationale Pakt über wirtschaftliche, soziale und kulturelle Rechte (IPwskR).[426] Diese Pakte schützen annähernd umfassend die Menschenrechte aller Menschen[427] und

422 *Crock, Mary/Saul, Ben/Dastyari, Azadeh:* Future Seekers II – Refugees and Irregular Migration in Australia, 2006, Kapitel 2, S. 22.

423 *UN Generalversammlung:* Bericht des Hohen Flüchtlingskommissars der Vereinten Nationen, Teil II Globaler Pakt für die Flüchtlinge, Offizielles Protokoll, Dreiundsiebzigste Tagung Beilage 12 (A/73/12 (Part II)).

424 Ausführlicher zum Globalen Pakt für die Flüchtlingen Kapitel D.II.3.

425 *Kau, Marcel:* Der Staat und der Einzelne als Völkerrechtssubjekt, in: Vitzthum, Wolfgang Graf/Proelß, Alexander (Hrsg): Völkerrecht, 8. Auflage 2019, 3. Abschnitt, Kapitel III.1.a), Rn. 232, S. 268.

426 *UN Generalversammlung:* Internationaler Pakt über bürgerliche und politische Rechte vom 16. Dezember 1966, (Resolution 2200A (XXI)); *UN Generalversammlung:* Internationaler Pakt über wirtschaftliche, soziale und kulturelle Rechte vom 16. Dezember 1966, (Resolution 2200A (XXI)).

427 *Kälin, Walter/Epiney, Astrid/Caroni, Martina/Künzli, Jörg:* Völkerrecht – Eine Einführung, 4. Auflage 2016, Kapitel 5.IV.2, S. 274.

finden damit ebenso Geltung für den Schutz von Flüchtlingen. Dies verdeutlichte der UN-Menschenrechtsausschuss in seinem General Comment No. 36, der die Auslegung von Art. 6 IPbpR betraf.[428] Art. 6 Abs. 1 IPbpR normiert, dass jeder Mensch ein angeborenes Recht auf Leben hat, welches gesetzlich zu schützen ist. Zudem darf niemand willkürlich seines Lebens beraubt werden. Der Menschenrechtsausschuss stellte in seinem General Comment No. 36 klar, dass das Recht auf Leben keine Ausnahme kenne, und einer weiten Interpretation und Auslegung unterfalle. Die staatliche Pflicht zum Schutz des Lebens umfasse insbesondere auch die Pflicht, Schutzmaßnahmen bezüglich besonders schutzwürdiger Personengruppen zu erfassen. Darunter fielen unter anderem Schutzsuchende, wie Flüchtlinge oder Asylsuchende. Die Verpflichtung aus den Menschenrechtspakten, insbesondere aus Art. 6 IPbpR, verstünden sich als eine Fortschreibung des Grundsatzes des Non-Refoulement des Art. 33 GFK.[429] Art. 7 IPbpR wird ein implizites Refoulement-Verbot entnommen[430] und bewirkt damit eine Erweiterung des personellen Anwendungsbereichs des Verbots der Zurückweisung.[431] Während Art. 33 GFK auf den expliziten Schutz von Flüchtlingen ausgerichtet ist, erfasst das Refoulement-Verbot gemäß Art. 7 IPbpR alle Menschen, unabhängig von einem möglichen Flüchtlingsstatus gemäß den Voraussetzungen der GFK.[432]

Die Pakte enthalten daneben weitere Regelungen, die die Stellung der Schutzsuchenden auf ihrer Flucht und in den Aufnahmestaaten betreffen. Diese sind

---

428 *UN Human Rights Committee:* General Comment No. 36, Article 6: Right to Life, CCPR/C/GC/36, vom 3. September 2019.

429 *UN Human Rights Committee:* General Comment No. 36, Article 6: Right to Life, CCPR/C/GC/36, vom 3. September 2019.

430 *Goodwin-Gill, Guy S./McAdam, Jane:* The Refugee in International Law, 3. Auflage 2007, Kaptiel 5.2.2, S. 208.

431 *Hathaway, James C.:* Refugees and Asylum, in: Opeskin, Brian/Perruchoud, Richard/Redpath-Cross, Jillyanne (Hrsg): Foundations of International Migration Law, 2012, Kapitel 7.1.5, S. 181, ebenso Art. 3 der UN-Anti-Folterkonvention.

432 Der UN-Menschenrechtsausschuss ist der Ansicht, dass eine Verletzung von Art. 6 und 7 IPbpR auch im Fall von Klimaflüchtlingen vorliegen kann: „The Committee is of the view that without robust national and international efforts, the effects of climate change in receiving states may expose individuals to a violation of their rights under articles 6 or 7 of the Covenant, thereby triggering the non-refoulement obligations of sending states.", *UN International Covenant on Civil and Political Rights – Human Rights Committee:* Views adopted by the Committee under Article 5(4) of the Optional Protocol, concerning communication No 2728/2016, CCPR/C/127/D/2728/2016 vom 07. Januar 2020 (Ioane Teitiota und Neuseeland), Rn. 9.11.

der Schutz vor willkürlicher Festnahme (Art. 9 IPbpR), Garantien im Prozess (Art. 14 ff. IPbpR), der Schutz der Familie (Art. 17 IPbpR), das Recht auf soziale Sicherheit (Art. 9 IPwskR), das Recht auf einen angemessenen Lebensstandard für den Einzelnen und seine Familie (Art. 11 IPwskR), das Recht auf Gesundheit (Art. 12 IPwskR) und das Recht auf Bildung (Art. 13 IPwskR).

Daneben wurden auf der Ebene der UN im Verlauf der Jahre eine Reihe von Konventionen abgeschlossen, die den Schutz von Menschenrechten umfassender und umfangreich gestaltet bzw. diesen spezialisiert haben. Zu nennen sind insbesondere die UN-Konvention zur Beseitigung jeder Form von Rassendiskriminierung von 1966,[433] das UN-Übereinkommen zur Beseitigung jeder Form der Diskriminierung der Frau von 1979 (UN-Frauenrechtskonvention),[434] das UN-Übereinkommen über die Rechte des Kindes von 1989 (UN-Kinderrechtskonvention)[435] sowie das UN-Übereinkommen gegen Folter und andere grausame, unmenschliche und erniedrigende Behandlung oder Strafe von 1984 (UN-Anti-Folter-Konvention).[436] Letzteres enthält in Art. 3 Anti-Folter-Konvention ein ausdrückliches Refoulement-Verbot.[437]

Diesen Konventionen gemein ist, dass sie jeweils von aus unabhängigen Experten bestehenden Ausschüssen überwacht werden und teilweise durch Zusatzprotokolle erweitert worden sind, etwa hinsichtlich der Möglichkeit von Individualbeschwerden.[438]

Vereinzelt wird zu diesen Konventionen zum Schutz der Menschenrechte auch die GFK gezählt.[439] In schlüssiger Konsequenz würde dies die Einordnung

433 *UN Generalversammlung:* Internationales Übereinkommen zur Beseitigung jeder Form von Rassendiskriminierung, vom 21. Dezember 1965, (Resolution 2106A (XX)).

434 *UN Generalversammlung:* Übereinkommen zur Beseitigung jeder Form von Diskriminierung der Frau, vom 18. Dezember 1979, (Resolution 34/180).

435 *UN Generalversammlung:* Übereinkommen über die Rechte des Kindes, vom 20. November 1989, (Resolution 44/25).

436 *UN Generalversammlung:* Übereinkommen gegen Folter und andere grausame, unmenschliche oder erniedrigende Behandlung oder Strafe, vom 10. Dezember 1984, (Resolution 39/46).

437 *Goodwin-Gill, Guy S./McAdam, Jane:* The Refugee in International Law, 3. Auflage 2007, Kapitel 5.2.2, S. 208.

438 *Hobe, Stephan:* Einführung in das Völkerrecht, 10. Auflage 2014, Kapitel 11.3.1.5, S. 413.

439 So z. B. *Hobe, Stephan:* Einführung in das Völkerrecht, 10. Auflage 2014, Kapitel 11.3.1.5, S. 414; *Kälin, Walter/Epiney, Astrid/Caroni, Martina/Künzli, Jörg:* Völkerrecht – Eine Einführung, 4. Auflage 2016, Kapitel 5.IV.2, S. 274.

der GFK und des auf ihr fußenden Flüchtlingsrechts unter das Regime des Menschenrechtsschutzes bedeuten. Dies wird jedoch nach hier vertretener Auffassung der Besonderheit des Flüchtlingsrechts nicht gerecht. Wie im unten folgenden Kapitel V.3 ausgeführt wird, stellt das Flüchtlingsrecht vielmehr ein eigenes Rechtsregime des Völkerrechts dar, das selbständig neben dem des Menschenrechtsschutzes steht, von diesem aber hinreichend geprägt ist.

3. Soft Law-Instrumente des universellen Flüchtlingsschutzes – insbesondere der Globale Pakt für Flüchtlinge

Neben der GFK gibt es jedoch noch weitere universelle Vereinbarungen, die den Schutz von Flüchtlingen in ihren Fokus stellen. Sie sind im Vergleich zur GFK jedoch Soft Law-Instrumente, die nicht bindend, jedoch Indiz dafür sind, wie sich das Flüchtlingsrecht auf internationaler Ebene entwickelt.[440] Die neueste Vereinbarung diesbezüglich ist der Globale Pakt für Flüchtlinge (Global Compact on Refugees).[441]

Im September 2016 einigten sich die Mitglieder der UN im Rahmen der New York Konferenz darauf, neue, globale Pakte zu erarbeiten, die eine universelle Zusammenarbeit in Sachen Flucht und Migration beschreiben.[442] Diese in der Folgezeit erarbeiteten Pakte sind ausdrücklich entsprechend ihrem Wortlaut, Zweck und dem Willen aller UN-Mitgliedstaaten rechtlich nicht bindend. Sie stellen vielmehr eine Kodifizierung politischen Willens und Bestrebens dar.[443]

Im Dezember 2018 wurde der Globale Pakt für sichere, geordnete und reguläre Migration, unterzeichnet.[444] Dieser befasst sich vornehmlich mit der Behandlung von Arbeitsmigranten. Australien unterzeichnete diesen Pakt bezüglich

---

440 Vgl. dazu *UNHCR*: UNHCR Resettlement Handbook – Division of International Protection, 2011, Kapitel 1.1.2, S. 13.

441 *UN Generalversammlung:* Bericht des Hohen Flüchtlingskommissars der Vereinten Nationen, Teil II Globaler Pakt für die Flüchtlinge, Offizielles Protokoll, Dreiundsiebzigste Tagung Beilage 12 (A/73/12 (Part II)).

442 *UN Generalversammlung:* New York Declaration for Refugees and Migrants, Resolution A/RES/71/1, vom 19. September 2016.

443 *UN Generalversammlung:* Bericht des Hohen Flüchtlingskommissars der Vereinten Nationen, Teil II Globaler Pakt für die Flüchtlinge, Offizielles Protokol, Dreiundsiebzigste Tagung Beilage 12 (A/73/12 (Part II)), Kapitel I.A., Rn.4; *Gammeltoft-Hansen, Thomas:* The Normative Impact of the Global Compact on Refugees, International Journal of Refugee Law, 2018, Vol. 30, Nr. 4, S. 606, 609.

444 *UN Generalversammlung:* Globaler Pakt für eine sichere, geordnete und reguläre Migration, A/RES/73/195, vom 19. Dezember 2018.

Migration nicht. Die australische Regierung erklärte, der Vorschlag würde das erfolgreiche australische Einwanderungssystem unterlaufen und damit riskieren, illegale Einwanderung indirekt zu fördern.[445]

Der zweite Pakt erfasst den Umgang mit Flüchtlingen.[446] Dieses universelle Instrument steht für den politischen Willen und das Bestreben der internationalen Gemeinschaft als Ganzes, die Zusammenarbeit und die Solidarität mit Flüchtlingen und betroffenen Aufnahmeländern zu verstärken.[447] Die Lasten für die betreffenden Staaten aufgrund des Schutzes von Flüchtlingen müssten im internationalen Geflecht ausgewogen verteilt werden. Der Pakt solle dazu Grundlage für eine berechenbare und ausgewogene Lasten- und Verantwortungsteilung zwischen allen Mitgliedstaaten der UN sowie gegebenenfalls anderen relevanten Interessenträgern sein.[448]

Der Pakt erwägt nicht einmal im Grundsatz, die bisher bestehenden internationalen Flüchtlingsübereinkünfte ersetzen oder ablösen zu wollen. Vielmehr wird Staaten, die noch nicht Vertragsparteien sind, nahegelegt, den Beitritt zu diesen Übereinkünften zu erwägen und Staaten, die Vorbehalte angebracht haben, zu erwägen, diese zurückzunehmen.[449]

Der Pakt sieht vier essentielle Ziele vor: i) den Druck auf die Aufnahmeländer zu mindern, ii) die Eigenständigkeit der Flüchtlinge zu erhöhen, iii) den Zugang zu Drittstaatenlösungen zu erweitern und iv) in den Herkunftsländern Bedingungen für eine Rückkehr in Sicherheit und Würde zu fördern.

III. Regelwerke auf europäischer Ebene

Die in dem Gebiet der EU geltenden Regelungen bezüglich Flucht und Migration sind eine Kombination aus Bestimmungen des jeweiligen nationalen Rechts der Mitgliedstaaten, des primären und sekundären Unionsrechts sowie aus

---

445 *Sherrell, Henry:* Australia and the Global Compact on Migration, Parliament of Australia, vom 15. März 2019.

446 *UN Generalversammlung*: Globaler Pakt für Flüchtlinge, A/73/12 (Part II), vom 17. Dezember 2018.

447 Kapitel I.A.4. des Paktes Part II.

448 Kapitel I A 3. des Paktes Part II.

449 Kapitel I.B. 6. des Pakt II. Darin sieht *Gammeltoft-Hansen* eine Schwäche des Paktes, dessen Umfang sehr eng sei und sich vor konkreten Verpflichtungen in sensiblen Bereichen scheue; *Gammeltoft-Hansen, Thomas:* The Normative Impact of the Global Compact on Refugees, International Journal of Refugee Law, 2018, Vol. 30, Nr. 4, S. 608.

internationalen Verträgen auf der Ebene des Europarates.[450] Dabei handelt es sich jedoch um nicht aufeinander abgestimmte Regelungsregime, die zum Teil überschneidende territoriale Geltungsbereiche betreffen und einer unterschiedlich dynamischen Entwicklung unterliegen.[451]

Auf die jeweilige nationale Ebene der Unionsmitgliedstaaten wird im Folgenden nicht eingegangen. Das Augenmerk soll auf einer europäischen Betrachtung liegen. Dies umfasst Regelungen des Europarates (1) sowie Regelungen der EU (2), insbesondere unionales Primärrecht (2.a) und Sekundärrecht (2.b).

1. Regelwerke des Europarates

Der Geltungsbereich der Regelungen des Europarates überschneidet sich territorial betrachtet mit dem Geltungsgebiet der EU.

Alle Mitgliedstaaten der EU sind Mitglieder des Europarates. Die EU selbst ist jedoch kein Mitglied. Die Organe der EU sind in ihren Handlungen und Maßnahmen nicht unmittelbar an die vom Europarat erlassenen Regelungen gebunden. Durch die Bindungswirkung für die Nationalstaaten entsteht allerdings auch für die Organe der EU eine mittelbare Bindung an die Regelungen des Europarates.[452] Eine dieser engen Verbindungen verdeutlicht Art. 52 Abs. 3 Satz 1 EU-Grundrechtecharta: Soweit die EU-Grundrechtecharta Rechte enthält, die den durch die EMRK garantierten Rechten entsprechen, haben sie die gleiche Bedeutung und Tragweite, wie sie ihnen durch die EMRK verliehen wird.

Das Regelungsregime des Europarats hinsichtlich Schutzsuchenden und Migranten umfasst sowohl bindendes Recht, namentlich die EMRK (a) als auch sogenanntes ‚Soft Law' (b).

---

450 *Agentur der Europäischen Union für Grundrechte/Europarat:* Handbuch zu den europarechtlichen Grundlagen im Bereich Asyl, Grenzen und Migration, Ausgabe 2014, Kapitel: Einführung, S. 26; *Nußberger, Angelika:* Flüchtlingsschicksale zwischen Völkerrecht und Politik – Zur Rechtsprechung des EGMR zu Fragen der Staatenverantwortung in Migrationsfällen, NVwZ 2016, S. 817.

451 *Nußberger, Angelika:* Flüchtlingsschicksale zwischen Völkerrecht und Politik – Zur Rechtsprechung des EGMR zu Fragen der Staatenverantwortung in Migrationsfällen, NVwZ 2016, S. 817.

452 *Agentur der Europäischen Union für Grundrechte/Europarat:* Handbuch zu den europarechtlichen Grundlagen im Bereich Asyl, Grenzen und Migration, Ausgabe 2014, Kapitel: Einführung, S. 25; *Kau, Marcel*: Der Staat und der Einzelne als Völkerrechtssubjekt, in: Vitzthum, Wolfgang Graf/Proelß, Alexander (Hrsg): Völkerrecht, 8. Auflage 2019, 3. Abschnitt, Kapitel III.2.b), Rn. 252, S. 276.

a. Die Europäische Menschenrechtskonvention

Das wichtigste normative Instrument des Europarates ist die Europäische Konvention zum Schutze der Menschenrechte und Grundfreiheiten (Europäische Menschenrechtskonvention, EMRK). Die EMRK wurde im Jahre 1950 unterzeichnet und trat 1953 in Kraft.[453] Jeder Mitgliedstaat des Europarates ist zugleich Vertragsstaat der EMRK.[454] Gemäß der Präambel ist die EMRK geprägt von der wenige Jahre zuvor auf der Ebene der UN verkündeten Allgemeinen Erklärung der Menschenrechte (AEMR) vom 10. Dezember 1948. Die EMRK ist ein Mittel des Europarates zur Wahrung und Fortentwicklung der Menschenrechte und Grundfreiheiten. Die EMRK war die erste regionale und insbesondere rechtsverbindliche Kodifikation von Menschenrechten.[455] Sie entwickelte sich zu einer der heute führenden Schutzinstrumente im internationalen Menschenrechtssystem.[456] Während die GFK keinen Mechanismus zur Durchsetzung ihrer Regelungen enthält, errichtet die EMRK ein verbindliches System der Rechtsdurchsetzung.[457] Seit 1998 besteht zudem ein Individualbeschwerdesystem, das jeder Person die Möglichkeit zugesteht, beim EGMR in Straßburg Rechtsbehelfe wegen Verletzungen ihrer Rechte aus der EMRK einzulegen.[458] Diese Möglichkeit zur Durchsetzung individueller Rechte auf internationaler Ebene ist einzigartig und prägt die menschenrechtliche Ausgestaltung auf Ebene des Europarates enorm.[459]

---

453 *Herdegen, Matthias*: Europarecht, 21. Auflage 2019, Kapitel 3.I, Rn. 1, S. 12; *Mahlmann, Matthias:* Konkrete Gerechtigkeit – Eine Einführung in Recht und Rechtswissenschaft der Gegenwart, 4. Auflage 2019, Kapitel 7, Rn. 13, S. 148.

454 *Mahlmann, Matthias*: Konkrete Gerechtigkeit – Eine Einführung in Recht und Rechtswissenschaft der Gegenwart, 4. Auflage 2019, Kapitel 7, Rn. 14, S. 148.

455 *Kau, Marcel*: Der Staat und der Einzelne als Völkerrechtssubjekt, in: Vitzthum, Wolfgang Graf/Proelß, Alexander (Hrsg): Völkerrecht, 8. Auflage 2019, 3. Abschnitt, Kapitel III.2.b), Rn. 250, S. 275.

456 *Mahlmann, Matthias:* Konkrete Gerechtigkeit – Eine Einführung in Recht und Rechtswissenschaft der Gegenwart, 4. Auflage 2019, Kapitel 7, Rn. 14, S. 148; *Herdegen, Matthias*: Europarecht, 21. Auflage 2019, Kapitel 3.I, Rn. 3, S. 13.

457 Abschnitt II der EMRK.

458 *Hailbronner, Kay/Thym, Daniel:* Legal Framework for EU Asylum Policy, in: Hailbronner, Kay/Thym, Daniel (Hrsg): EU Immigration and Asylum Law – A Commentary, 2. Auflage 2016, Part D.I. Asylum, Kapitel IV.2, Rn. 56, S. 1050.

459 *Herdegen, Matthias:* Europarecht, 21. Auflage 2019, Kapitel 3.I, Rn. 3., S. 13; *Mahlmann, Matthias:* Konkrete Gerechtigkeit – Eine Einführung in Recht und Rechtswissenschaft der Gegenwart, 4. Auflage 2019, Kapitel 7, Rn. 14, S. 148.

Die EMRK enthält einen Katalog fundamentaler bürgerlicher und politischer Rechte, die in den Zusatzprotokollen Erweiterungen und Ergänzungen erfahren.[460] Sie ist die Grundlage eines gemeineuropäischen Mindeststandards für den Individualschutz.[461]

Die EMRK enthält wenige Bestimmungen, die ausdrücklich auf ausländische Personen Bezug nehmen.[462] So schreibt zum Beispiel Art. 4 des Protokolls Nr. 4 zur EMRK vor, dass Kollektivausweisungen ausländischer Personen nicht zulässig sind, und Art. 1 des Protokolls Nr. 7 zur EMRK normiert, dass eine ausländische Person, die sich rechtmäßig im Hoheitsgebiet eines Staates aufhält, nur aufgrund einer rechtmäßig ergangenen Entscheidung aus diesem ausgewiesen werden darf.

Hinsichtlich des Schutzes von Flüchtlingen ist die EMRK in ihrem Wortlaut unergiebig.[463] Obgleich die AEMR als Vorlage für die EMRK diente, wurde das in dieser verankerte Recht auf Asyl (Art. 14 Abs. 1 AEMR) nicht aufgegriffen.[464] Die umfassende Rechtsprechung des EGMR jedoch formte ein Schutzsystem der EMRK zugunsten von Schutzsuchenden.[465] Der EGMR entwickelte seit

---

460 *Herdegen, Matthias:* Völkerrecht, 18. Auflage 2019, Kapitel 49.1, Rn. 2, S. 402; *Kau, Marcel*: Der Staat und der Einzelne als Völkerrechtssubjekt, in: Vitzthum, Wolfgang Graf/Proelß, Alexander (Hrsg): Völkerrecht, 8. Auflage 2019, 3. Abschnitt, Kapitel III.2.b), Rn. 253, S. 279; *Mahlmann, Matthias:* Konkrete Gerechtigkeit – Eine Einführung in Recht und Rechtswissenschaft der Gegenwart, 4. Auflage 2019, Kapitel 7, Rn. 14, S. 148; *Rogowicz, Eva:* Asyl- und Flüchtlingsrecht – Ein Vergleich des materiellen Asyl- und Flüchtlingsrechts sowie ausgewählte Aspekte des Asylverfahrensrechts in den Ländern Deutschland und Polen unter Berücksichtigung der Entwicklung einer europäischen Asyl- und Flüchtlingspolitik, 2009, S. 34.

461 *Herdegen, Matthias*: Völkerrecht, 18. Auflage 2019, Kapitel 49.1, Rn. 2, S. 402.

462 *Agentur der Europäischen Union für Grundrechte/Europarat:* Handbuch zu den europarechtlichen Grundlagen im Bereich Asyl, Grenzen und Migration, Ausgabe 2014, Kapitel: Einführung, S. 18.

463 *Klug, Anja:* Regional Developments: Europe, in: Zimmermann, Andreas (Hrsg): The 1951 Convention Relating to the Status of Refugees and its 1967 Protocol – A Commentary, 2011, Kapitel B.II, Rn. 14, S. 123.

464 *Nußberger, Angelika:* Flüchtlingsschicksale zwischen Völkerrecht und Politik – Zur Rechtsprechung des EGMR zu Fragen der Staatenverantwortung in Migrationsfällen, NVwZ 2016, S. 815.

465 *Hailbronner, Kay/Thym, Daniel:* Legal Framework for EU Asylum Policy, in: Hailbronner, Kay/Thym, Daniel (Hrsg): EU Immigration and Asylum Law – A Commentary, 2. Auflage 2016, Part D.I. Asylum, Kapitel IV.2, Rn. 55, S. 1049; *Klug, Anja:* Regional Developments: Europe, in: Zimmermann, Andreas (Hrsg): The 1951 Convention

seinem Bestehen eine umfassende, dynamische Rechtsprechung zu den Grundrechten der EMRK, die eine weite Auslegung der EMRK aufzeigt.[466] Daraus bildete sich ein von der Rechtsprechung entwickeltes Schutzstatut zugunsten der Schutzsuchenden, begründet auf den in der EMRK verankerten Grund- und Menschenrechten.[467]

Neben dem Recht auf Leben gemäß Art. 2 EMRK ergibt sich nach der Rechtsprechung des EGMR eine zentrale Bestimmung zum Schutz von Flüchtlingen aus Art. 3 EMRK. Dieser schreibt vor, dass niemand der Folter oder unmenschlicher oder erniedrigender Strafe oder Behandlung unterworfen werden darf. Der EGMR legte dieses notstandsfeste Verbot der Folter in der Weise aus, dass es zur europäischen Grundlage eines Zurückweisungsverbotes von Flüchtlingen wurde.[468] Art. 3 EMRK ist dabei seinem Verständnis nach umfassender als Art. 33 GFK, da Art. 3 EMRK den Anwendungsbereich nicht allein auf die Verfolgung aufgrund spezifisch diskriminierender Gründe erstreckt, sondern auch eine Gefahr für das Leben aufgrund nicht-diskriminierender Gewalt erkennt und keine Ausnahmen hiervon vorsieht.[469]

Ebenso legte der EGMR Art. 13 EMRK im Sinne eines Flüchtlingsschutzes aus. Art. 13 EMRK gestattet jeder Person, die in ihren in der EMRK anerkannten Rechten oder Freiheiten verletzt worden ist, das Recht, bei einer innerstaatlichen

---

Relating to the Status of Refugees and its 1967 Protocol – A Commentary, 2011, Kapitel A, Rn. 4, S. 120.

466 *Mahlmann, Matthias:* Konkrete Gerechtigkeit – Eine Einführung in Recht und Rechtswissenschaft der Gegenwart, 4. Auflage 2019, Kapitel 7, Rn. 14, S. 148.

467 *Klug, Anja:* Regional Developments: Europe, in: Zimmermann, Andreas (Hrsg): The 1951 Convention Relating to the Status of Refugees and its 1967 Protocol – A Commentary, 2011, Kapitel B.II, Rn. 14 ff., S. 123.

468 EGMR, Urteil: Soering vs. Großbritannien, Az. 14038/88, vom 07. Juli 1989; EGMR, Urteil: Ahmed vs. Österreich, Az. 25964/94, vom 17. Dezember 1996; *Goodwin-Gill, Guy S./McAdam, Jane:* The Refugee in International Law, 3. Auflage 2007, Kapitel 6.2, S. 290; *Klug, Anja:* Regional Developments: Europe, in: Zimmermann, Andreas (Hrsg): The 1951 Convention Relating to the Status of Refugees and its 1967 Protocol – A Commentary, 2011, Kapitel B.II.1, Rn, 19, S. 124; *Hobe, Stephan*: Einführung in das Völkerrecht, 10. Auflage 2014, Kapitel 11.5. S. 442.

469 *Klug, Anja:* Regional Developments: Europe, in: Zimmermann, Andreas (Hrsg): The 1951 Convention Relating to the Status of Refugees and its 1967 Protocol – A Commentary, 2011, Kapitel B.II.1, Rn. 20 f., S. 124; *Hailbronner, Kay/Thym, Daniel:* Legal Framework for EU Asylum Policy, in: Hailbronner, Kay/Thym, Daniel (Hrsg): EU Immigration and Asylum Law – A Commentary, 2. Auflage 2016, Part D.I. Asylum, Kapitel IV.2, Rn. 55, S. 1049.

Instanz eine wirksame Beschwerde zu erheben, auch wenn die Verletzung von Personen begangen worden ist, die in amtlicher Eigenschaft gehandelt haben. Allerdings müssen die Antragsteller nachweisen, dass eine tatsächliche Gefahr für ihr Leben besteht. Art. 13 EMRK verlangt eine begründete Beschwerde.[470] Sobald dies erfüllt ist, haben die Staaten die Beschwerden rasch durch unabhängige und strenge Kontrollen zu prüfen. Die Beschwerden beinhalten zudem eine automatische aufschiebende Wirkung.[471]

Ebenso erfahren das Recht auf Freiheit und Sicherheit gemäß Art. 5 EMRK und das Recht auf Achtung des Privat- und Familienlebens des Art. 8 EMRK eine flüchtlingsschützende Auslegung durch den EGMR.[472]

Das Verständnis des Flüchtlingsschutzes der EMRK erstreckt sich in erster Linie auf den Grundsatz des Non-Refoulement. Die EMRK enthält, im Unterschied zur GFK und zur Gesetzgebung der EU, keine expliziten Regelungen zur Rechtsstellung von Schutzsuchenden während des Asylverfahrens oder nach ihrer Anerkennung.[473]

Hinsichtlich des personellen Anwendungsbereichs erfasst die EMRK alle Menschen, die unter die Jurisdiktion eines ihrer Vertragsstaaten fallen. Hinsichtlich des territorialen Anwendungsbereichs der EMRK entschied der EGMR, dass diese auch extraterritoriale Wirkung entfaltet, sobald Individuen in die unmittelbare Jurisdiktion eines Vertragsstaates gelangen.[474]

---

470 EGMR, Urteil: M.S.S. vs. Belgien und Griechenland, Az. 30696/09, vom 21. Januar 2011, Rn. 288; *Hailbronner, Kay/Thym, Daniel:* Legal Framework for EU Asylum Policy, in: Hailbronner, Kay/Thym, Daniel (Hrsg): EU Immigration and Asylum Law – A Commentary, 2. Auflage 2016, Part D.I. Asylum, Kapitel IV.2, Rn. 60, S. 1052.

471 EGMR, Urteil: M.S.S. vs. Belgien und Griechenland, Az. 30696/09, vom 21. Januar 2011, Rn. 293; *Hailbronner, Kay/Thym, Daniel:* Legal Framework for EU Asylum Policy, in: Hailbronner, Kay/Thym, Daniel (Hrsg): EU Immigration and Asylum Law – A Commentary, 2. Auflage 2016, Part D.I. Asylum, Kapitel IV.2, Rn. 60, S. 1052.

472 EGMR, Urteil: Khlaifia und andere vs. Italien, Az. 16483/12, vom 15. Dezember 2016; EGMR, Urteil: Riad und Idiab vs. Belgien, Az. 29787/03; 29810/03, vom 24. Januar 2008.

473 *Hailbronner, Kay/Thym, Daniel:* Legal Framework for EU Asylum Policy, in: Hailbronner, Kay/Thym, Daniel (Hrsg): EU Immigration and Asylum Law – A Commentary, 2. Auflage 2016, Part D.I. Asylum, Kapitel IV.2, Rn. 57, S. 1051.

474 EGMR, Urteil: Al-Skeini vs. United Kingdom, Az. 55721/07, vom 7. Juli 2011, Rn. 149; EGMR, Urteil: Hirsi Jamaa u. a. vs. Italien, Az. 27765/09, vom 23. Februar 2012; EGMR, Urteil: Öcalan vs. Türkei, Az. 46221/99, vom 12. Mai 2005; *Hailbronner, Kay/Thym, Daniel:* Legal Framework for EU Asylum Policy, in: Hailbronner, Kay/Thym, Daniel (Hrsg): EU Immigration and Asylum Law – A Commentary, 2. Auflage 2016,

b. Weitere Übereinkommen des Europarates

Zugunsten des Flüchtlingsschutzes bestehen auf der Ebene des Europarates weitere Resolutionen, Empfehlungen und Stellungnahmen, die allerdings überwiegend keinen bindenden Charakter haben und damit weder durchgesetzt noch eingefordert werden können.[475] Diese sind meist politische Programmsätze, die keinen tatsächlichen Schutz gewähren, gleichwohl auf politischer Ebene eine erhebliche Wirkung entfalten können. Es beteiligen sich meist wenige Staaten an diesen Vereinbarungen, was ihre fehlende Relevanz unterstreicht.[476] Nichtsdestotrotz wurden zahlreiche Übereinkommen geschlossen und Erklärungen oder Empfehlungen zum Schutz oder zur Verbesserung der Stellung von Flüchtlingen abgegeben.[477] Diese Empfehlungen und Übereinkommen stehen in unmittelbarer Verbindung mit der GFK, da sie auf diese Bezug nehmen oder darauf ausgerichtet sind, sie zu ergänzen.[478] Dazu zählen das Europäische Übereinkommen über die Aufhebung des Sichtvermerkzwangs für Flüchtlinge[479] und die Resolution des Ministerkomitees über Asyl für Personen, denen Verfolgung droht.[480]

Part D.I. Asylum, Kapitel IV.2, Rn. 59, S. 1052; *Mahlmann, Matthias:* Konkrete Gerechtigkeit – Eine Einführung in Recht und Rechtswissenschaft der Gegenwart, 4. Auflage 2019, Kapitel 7, Rn. 18 f., S. 149; *Kau, Marcel:* Der Staat und der Einzelne als Völkerrechtssubjekt, in: Vitzthum, Wolfgang Graf/Proelß, Alexander (Hrsg): Völkerrecht, 8. Auflage 2019, 3. Abschnitt, Kapitel III.2.b), Rn. 252a, S. 277 f.; *Shaw, Malcolm:* International Law, 8. Auflage 2017, Kapitel 6, S. 258.

475 *Klug, Anja:* Regional Developments: Europe, in: Zimmermann, Andreas (Hrsg): The 1951 Convention Relating to the Status of Refugees and its 1967 Protocol – A Commentary, 2011, Kapitel B.I.1, Rn. 9, S. 122.

476 *Klug, Anja:* Regional Developments: Europe, in: Zimmermann, Andreas (Hrsg): The 1951 Convention Relating to the Status of Refugees and its 1967 Protocol – A Commentary, 2011, Kapitel B.I.2, Rn. 12, S. 122.

477 *Goodwin-Gill, Guy S./McAdam, Jane:* The Refugee in International Law, 3. Auflage 2007, Kapitel 8.1.4.3, S. 444 f.

478 *Klug, Anja:* Regional Developments: Europe, in: Zimmermann, Andreas (Hrsg): The 1951 Convention Relating to the Status of Refugees and its 1967 Protocol – A Commentary, 2011, Kapitel B.I.1, Rn. 10, S. 122; siehe dazu auch *den Heijer, Maarten:* Art. 18 – Right to Asylum, in: Peers, Steve/Hervey, Tamara/Kenner, Jeff/Ward, Angela: The EU Charter of Fundamental Rights – A Commentary, 2014, Kapitel C.III, Rn. 18.17 ff., S. 526 ff.

479 *Europarat:* Europäisches Übereinkommen über die Aufhebung des Sichtvermerkzwangs für Flüchtlinge, vom 20. April 1959, Sammlung Europäischer Verträge Nr. 31 (= 376 UNTS 85; BGBl 1961 II, 1097).

480 *Europarat:* Resolution Nr. (67) 14 des Ministerkomitees des Europarates, vom 29. Juni 1967.

Weiterhin vereinbarten die teilnehmenden Staaten das Europäische Übereinkommen über den Übergang der Verantwortung für Flüchtlinge,[481] mit welchem Regelungslücken bei der Zuständigkeit der GFK beseitigt werden sollten,[482] und das Ministerkomitee des Europarates erlies die Thematik betreffende Empfehlungen.[483] Diese Übereinkommen und Empfehlungen schaffen kein regionales Flüchtlingsregime auf Ebene des Europarates, sondern bemühen sich, eine einheitliche Anwendung der Vorgaben der GFK in den Mitgliedstaaten des Europarates zu erreichen.[484]

2. Regelwerke der Europäischen Union

Die EU ist vorwiegend – nach ihrem Gründungsziel – eine wirtschaftsorientierte Einheit.[485] Hauptaugenmerk ist ein freier und offener Handel, zu dessen Umsetzung auch weitere Freiheiten wie die Personenverkehrsfreiheiten gehören. Menschenrechtliche oder flüchtlingsrechtliche Schutzerwägungen standen zunächst nicht im Zentrum unionaler Rechtsetzung. Asylrechtliche Regelungen erfolgten vor allem mit der Absicht, den gemeinsamen Markt zu schützen und die migrationsrechtlichen Konsequenzen offener Binnengrenzen, namentlich die fehlenden

---

481 *Europarat:* Europäisches Übereinkommen über den Übergang der Verantwortung für Flüchtlinge, vom 16. Oktober 1980, Sammlung Europäischer Verträge Nr. 107 (= BGBl. 1994 II, 2646).

482 *Kau, Marcel*: Der Staat und der Einzelne als Völkerrechtssubjekt, in: Vitzthum, Wolfgang Graf/Proelß, Alexander (Hrsg): Völkerrecht, 8. Auflage 2019, 3. Abschnitt, Kapitel III.4.d), Rn. 307 f., S. 303.

483 Wie zum Beispiel die Empfehlung des Ministerkomitees des Europarates an die Mitgliedstaaten über die Angleichung von staatlichen Asylverfahren, *Europarat:* Empfehlung Nr. R (81) 16, vom 5. November 1981; die Empfehlung zur Rechtsstellung der De-facto-Flüchtlinge, *Europarat*: Empfehlung 773 (1976), vom 26. Januar 1976; die Empfehlung des Ministerkomitees über die Familienzusammenführung von Flüchtlingen und anderen Personen, die des internationalen Schutzes bedürfen, *Europarat:* Empfehlung Nr. R (99) 23, vom 15. Dezember 1999; sowie die Empfehlung über die vorübergehende Schutzgewährung, *Europarat:* Empfehlung Nr. R (2000) 9, vom 3. Mail 2000.

484 *Hobe, Stephan*: Einführung in das Völkerrecht, 10. Auflage 2014, Kapitel 11.5, S. 442.

485 *Klug, Anja:* Regional Developments: Europe, in: Zimmermann, Andreas (Hrsg): The 1951 Convention Relating to the Status of Refugees and its 1967 Protocol – A Commentary, 2011, Kapitel C, Rn. 33, S. 127.

Grenzkontrollen im Binnenmarkt, aufzufangen.[486] Erst der Vertrag von Lissabon legte die Grundlage für einen unionseuropäischen Menschenrechtsschutz.

a. Schnittstellen von Unionsrecht und Internationalem Menschenrechtsschutz

Der Menschenrechtsschutz in der EU basierte vor dem Vertrag von Lissabon vorwiegend auf von den einzelnen Mitgliedstaaten der Union geschlossenen internationalen Verträgen und auf den richterrechtlich entwickelten allgemeinen Prinzipien des Gemeinschaftsrechts,[487] also jenen Prinzipien, die allen nationalstaatlichen Verfassungen der EU-Mitgliedstaaten gemeinsam sind. Die EU, mit der Eigenschaft eines Völkerrechtssubjekts, ist in ihren Handlungen und ihren Maßnahmen an die von ihr abgeschlossenen völkerrechtlichen Verträge wie auch an das Völkergewohnheitsrecht und die allgemeinen Rechtsgrundsätze des Völkerrechts gebunden.[488] Die EU selbst ist kein Mitglied der GFK und folglich nicht unmittelbar an die Regelungen gebunden.[489] Allerdings enthielt das Stockholmer Programm die Erwägung, die EU selbst solle der GFK und ihrem Protokoll beitreten.[490] Dies ist jedoch bis zum heutigen Tage nicht geschehen. Weiterhin ist die EU selbst nicht Vertragspartei der UN-Menschenrechtskonventionen.

Verpflichtungen aus internationalen Verträgen, denen die Mitgliedstaaten der EU angehören, können jedoch auch Auswirkungen auf die Maßnahmen der EU

---

486 *Klug, Anja:* Regional Developments: Europe, in: Zimmermann, Andreas (Hrsg): The 1951 Convention Relating to the Status of Refugees and its 1967 Protocol – A Commentary, 2011, Kapitel C, Rn. 33, S. 127; *Stern, Joachim/Tohidipur, Timo:* Migration von Drittstaatsangehörigen, in: von Arnauld, Andreas (Hrsg): Europäische Außenbeziehungen, Enzyklopädie Europarecht, 1. Auflage 2014, Kapitel 14.A.II.2, Rn. 3, S. 773.

487 *Peers, Steve*: Immigration, Asylum and the European Union Charter of Fundamental Rights, in: Guild, Elspeth/Minderhoud, Paul (Hrsg): The first decade of EU Migration and Asylum Law, 2011, Kapitel 2.1, S. 437.

488 *Herdegen, Matthias:* Europarecht, 21. Auflage 2019, Kapitel 5.I.1, Rn. 3, S. 81.

489 *Hailbronner, Kay/Thym, Daniel:* Legal Framework for EU Asylum Policy, in: Hailbronner, Kay/Thym, Daniel (Hrsg): EU Immigration and Asylum Law – A Commentary, 2. Auflage 2016, Part D.I. Asylum, Kapitel II.1, Rn. 8, S. 1029, Kapitel IV.1, Rn. 47, S. 1046.

490 *Klug, Anja:* Regional Developments: Europe, in: Zimmermann, Andreas (Hrsg): The 1951 Convention Relating to the Status of Refugees and its 1967 Protocol – A Commentary, 2011, Kapitel C.I.1, Rn. 40, S. 129.

haben, soweit diese in einen Bereich fallen, in welchem die Hoheitsrechte auf die EU übertragen wurden.[491]

Die EU hat seit dem Vertrag von Lissabon auf der Grundlage von Art. 78 AEUV weitreichende Kompetenzen in der Asylgesetzgebung, wobei die Regelungen der GFK dieser zugrunde gelegt werden. Bereits der Vertrag von Amsterdam setzte der Union zum Ziel, eine gemeinsame menschenrechtsbasierte Asyl- und Migrationspolitik zur Verwirklichung „des Raumes der Freiheit, der Sicherheit und des Rechts" zu konzipieren.[492] Dieser Vertrag begründete die erste Konnexität der Unionsverträge zur GFK und zur EMRK. Die verbindliche Beachtung der GFK und der EMRK wurden im Protokoll zum Vertrag von Amsterdam über die Gewährung von Asyl für Staatsangehörige von Mitgliedstaaten der EU festgeschrieben.[493] Der Vertrag von Lissabon bekräftigte die normative Gestaltung unionaler Menschen- und Flüchtlingspolitik und stellte zugleich den europäischen Grundrechtsschutz auf eine neue Grundlage.[494]

b. Unionales Primärrecht

Das Unionsrecht ist hierarchisch aufgebaut mit dem Primärrecht der Union an der Spitze. Dieses umfasst die Gründungsverträge und Protokolle, die Charta der Grundrechte (EU-Grundrechtecharta) sowie die ungeschriebenen Regeln der allgemeinen Rechtsgrundsätze des Unionsrechts, maßgeblich entwickelt durch die Rechtsprechung des EuGH. Die Gründungsverträge bilden die Grundlage des von den Unionsorganen erlassenen sekundären Unionsrechts.[495]

Der Vertrag über die Europäische Union (EUV) und der Vertrag über die Arbeitsweise der Europäischen Union (AEUV) bilden die Grundordnung der

491 *Herdegen, Matthias*: Europarecht, 21. Auflage 2019, Kapitel 5.I.2, Rn. 4, S. 82.

492 Art. 1 Nr. 5 des Vertrages von Amsterdam.

493 *Haedrich, Martina:* Völker- und europarechtliche Grundlagen des Menschenrechtsschutzes für Flüchtlinge, in: Oppelland, Torsten (Hrsg): Das Recht auf Asyl im Spannungsfeld von Menschenrechtsschutz und Migrationsdynamik, 1. Auflage 2017, S. 68.

494 *Stern, Joachim/Tohidipur, Timo:* Migration von Drittstaatsangehörigen, in: von Arnauld, Andreas (Hrsg): Europäische Außenbeziehungen, Enzyklopädie Europarecht, 1. Auflage 2014, Kapitel 14.B.I.2, Rn. 12, S. 777.

495 *Herdegen, Matthias:* Europarecht, 21. Auflage 2019, Kapitel 8.I, Rn. 1, 4, S. 173 f.; *Haratsch, Andreas/Koenig, Christian/Pechstein, Matthias:* Europarecht, 11. Auflage 2018, Kapitel 2.I.1, Rn. 59, S. 29.

Union.[496] Während der AEUV gemäß Art. 1 Abs. 1 AEUV die Arbeitsweise der Union regelt und die Bereiche, die Abgrenzung und die Einzelheiten der Ausübung ihrer Zuständigkeit festlegt, normiert der EUV die gemeinsamen Werte der Union. Die EU-Grundrechtecharta bildet den menschenrechtlichen Rahmen des EU-Rechts, das ausdrücklich Schutzelemente zugunsten von Schutzsuchenden enthält.

aa. AEUV

Die Gesetzgebungskompetenz der EU in Angelegenheiten mit Bezug zu Flucht und Migration ergibt sich aus dem AEUV. Titel V des AEUV betrifft den Raum der Freiheit, der Sicherheit und des Rechts. Kapitel 2 des AEUV enthält die Unionskompetenz zur unionalen Politik im Bereich Grenzkontrollen, Asyl und Einwanderung. Darunter fällt die unionale Kompetenz zum Erlass von Asyl- und Schutzmaßnahmen. Art. 77 AEUV enthält Regelungen u.a. zu Visamaßnahmen, Art. 78 AEUV zur Asylpolitik und Art. 79 AEUV zur Einwanderungspolitik.

Die Politikkompetenz hinsichtlich dieser Materien wird im Rahmen geteilter Zuständigkeit auf die Union übertragen. Es wird keine exklusive Kompetenz der EU für die inhaltliche und institutionelle Ausgestaltung des Bereiches normiert. Art. 4 Abs. 2 AEUV folgend wird der Raum der Freiheit, der Sicherheit und des Rechts als Bereich geteilter Zuständigkeit definiert.[497] Grundsätzlich besteht nach Art. 72 AEUV die nationale Zuständigkeit hinsichtlich der Aufrechterhaltung der öffentlichen Ordnung und zum Schutz der inneren Sicherheit fort.

Zusammengefasst stehen diese Politiken unter dem Solidaritätsgrundsatz, der in Art. 80 AEUV für diesen Fall niedergelegt ist. Während noch vor dem Vertrag von Lissabon die Unionsgesetzgebung auf den Erlass von Mindestnormen beschränkt war, ermöglicht der Kompetenztitel des seit Lissabon geltenden Art. 78 AEUV die Schaffung eines umfassenden und einheitlichen Schutzstatus.[498] Art. 78 Abs. 1 AEUV schreibt vor, dass unionale Politik im Einklang mit der GFK, ihrem Protokoll und anderen einschlägigen Verträgen zum Schutz

---

496 *Herdegen, Matthias:* Europarecht, 21. Auflage 2019, Kapitel 8.II.1, Rn. 5, S. 174; *Haratsch, Andreas/Koenig, Christian/Pechstein, Matthias*: Europarecht, 11. Auflage 2018, Kapitel 2.I.1, Rn. 59, S. 29.

497 *Stern, Joachim/Tohidipur, Timo:* Migration von Drittstaatsangehörigen, in: von Arnauld, Andreas (Hrsg): Europäische Außenbeziehungen, Enzyklopädie Europarecht, 1. Auflage 2014, Kapitel 14.B.I.1, Rn. 11, S. 776.

498 *Haratsch, Andreas/Koenig, Christian/Pechstein, Matthias*: Europarecht, 11. Auflage 2018, 4. Kapitel II, Rn. 1115, S. 558.

von Flüchtlingen stehen muss. Damit verpflichtet sich die EU intern zur Einhaltung des internationalen Flüchtlingsschutzes. Es soll damit auch der Gefahr entgegengewirkt werden, dass Mitgliedstaaten in einen Konflikt kommen, Unionsrecht anwenden zu müssen, welches möglicherweise gegen internationale Verpflichtungen der Mitgliedstaaten verstößt.[499] Sekundäres Unionsrecht hat daher im Einklang mit den internationalen Regelungen zu stehen oder ist insoweit auszulegen.[500]

bb. EUV

Mit Art. 2 EUV statuiert die EU einen ausführlichen Wertekanon, mit Werten insbesondere der Achtung der Menschenwürde, Demokratie, Rechtsstaatlichkeit, Wahrung der Menschenrechte, Nichtdiskriminierung und Solidarität. Diese stellen in dieser Formulierung allerdings keine einklagbaren Rechte dar.[501]

In Art. 6 Abs. 3 EUV ist die Konnexität zur EMRK normiert. Die Grundsätze, wie sie sich aus der EMRK ergeben, sind allgemeine Grundsätze des Unionsrechts.[502] Zwar verlagerte sich die Bedeutung der EMRK im Rechteregime der EU seit der Rechtsverbindlichkeit der EU-Grundrechtecharta. Die EMRK, und vor allem deren Auslegung durch den EGMR, bleibt allerdings maßgeblicher Orientierungspunkt für die unionale Normsetzung.[503] Art. 6 Abs. 1 Unterabs. 1 EUV hebt die EU-Grundrechtecharta in den Rang der unionalen Verträge.

---

499 *Hailbronner, Kay/Thym, Daniel:* Legal Framework for EU Asylum Policy, in: Hailbronner, Kay/Thym, Daniel (Hrsg): EU Immigration and Asylum Law – A Commentary, 2. Auflage 2016, Part D.I. Asylum, Kapitel II.1, Rn. 8, S. 1029, Kapitel IV.1, Rn. 48, S. 1047.

500 U.a. EuGH, Urteil: (Abdulla u.a. vs. Deutschland), C-175/08, C-176/08, C-178/08 und C-179/08, vom 2. März 2010, Rn. 51-53; *Hailbronner, Kay/Thym, Daniel:* Legal Framework for EU Asylum Policy, in: Hailbronner, Kay/Thym, Daniel (Hrsg): EU Immigration and Asylum Law – A Commentary, 2. Auflage 2016, Part D.I. Asylum, Kapitel II.1, Rn. 8, S. 1029.

501 *Stern, Joachim/Tohidipur, Timo:* Migration von Drittstaatsangehörigen, in: von Arnauld, Andreas (Hrsg): Europäische Außenbeziehungen, Enzyklopädie Europarecht, 1. Auflage 2014, Kapitel 14.B.I.2, Rn. 12, S. 777.

502 *Stern, Joachim/Tohidipur, Timo:* Migration von Drittstaatsangehörigen, in: von Arnauld, Andreas (Hrsg): Europäische Außenbeziehungen, Enzyklopädie Europarecht, 1. Auflage 2014, Kapitel 14.B.I.2, Rn. 14, S. 778.

503 *Stern, Joachim/Tohidipur, Timo:* Migration von Drittstaatsangehörigen, in: von Arnauld, Andreas (Hrsg): Europäische Außenbeziehungen, Enzyklopädie Europarecht, 1. Auflage 2014, Kapitel 14.B.I.2, Rn. 14, S. 778.

Dies bedeutet - nach Maßgabe des Art. 51 Abs. 1 Satz 1 EU-Grundrechtecharta - eine unmittelbare Verbindlichkeit der Regelungen für die Mitgliedstaaten.[504]

cc. EU-Grundrechtecharta

Die EU-Grundrechtecharta kodifiziert erstmalig die Gesamtheit der bürgerlichen, politischen, wirtschaftlichen und sozialen Rechte der EU-Bürger sowie aller im Hoheitsgebiet der Union lebenden Personen.[505] Einige Rechte sind dabei wortgetreue Übernahmen der in der EMRK normierten Rechte. Eine Zielsetzung der EU-Grundrechtecharta ist eine Harmonisierung mit den Standards der EMRK.[506]

Dass die EU-Grundrechtecharta für alle auf dem Gebiet der Union befindlichen Menschen Anwendung findet, ergibt sich nicht unmittelbar aus ihrem Wortlaut, wird aber im Rahmen eines Umkehrschlusses so ausgelegt. Denn die EU-Grundrechtecharta enthält Rechte, die ausdrücklich für Unionsbürger gelten; so Art. 39, 40, 42, 43, 44, 45 und 46. Andere Rechte enthalten keine solche personelle Spezifizierung. Sie werden daher so verstanden, dass sie für alle Personen im Wirkungsbereich der EU-Grundrechtecharta Anwendung finden.[507] Daraus ergibt sich auch der personelle Anwendungsbereich für einen Schutz für Schutzsuchende. Die EU-Grundrechtecharta gilt für alle Handlungen von Organen, Einrichtungen und sonstigen Stellen der Union sowie für Mitgliedstaaten ausschließlich bei der Durchführung des Rechts der Union, Art. 51 Abs. 1 EU-Grundrechtecharta. Sie findet Anwendung unabhängig davon, wo die Mitgliedstaaten Unionsrecht durchführen; die EU-Grundrechtecharta enthält mithin kein Territorialitätskriterium.[508]

---

504 *Stern, Joachim/Tohidipur, Timo:* Migration von Drittstaatsangehörigen, in: von Arnauld, Andreas (Hrsg): Europäische Außenbeziehungen, Enzyklopädie Europarecht, 1. Auflage 2014, Kapitel 14.B.I.2, Rn. 12, S. 777; *Haratsch, Andreas/Koenig, Christian/Pechstein, Matthias*: Europarecht, 11. Auflage 2019, Kapitel 3.I.3, Rn. 686, S. 313.

505 *Haratsch, Andreas/Koenig, Christian/Pechstein, Matthias*: Europarecht, 11. Auflage 2019, Kapitel 3.I.3, Rn. 685, S. 312 f.

506 *Herdegen, Matthias:* Europarecht, 21. Auflage 2019, Kapitel 8.II.3, Rn. 35, S. 191.

507 *Peers, Steve*: Immigration, Asylum and the European Union Charter of Fundamental Rights, in: Guild, Elspeth/Minderhoud, Paul (Hrsg): The first decade of EU Migration and Asylum Law, 2011, S. 437, 446; *Haratsch, Andreas/Koenig, Christian/Pechstein, Matthias*: Europarecht, 11. Auflage 2019, Kapitel 3.I.7, Rn. 715, S. 326.

508 *Ziebritzki, Catharina*: Humanitäre Visa für Flüchtlinge, Teil 2: wirklich keine Angelegenheit der EU?, Verfassungsblog, vom 9. März 2017.

Die EU-Grundrechtecharta enthält an mehreren Stellen einen Schutzumfang für Schutzsuchende.[509] Eine Regelung für den Flüchtlingsschutz enthält Art. 4 EU-Grundrechtecharta. Danach darf niemand der Folter oder unmenschlicher oder erniedrigender Strafe oder Behandlung unterworfen werden. Art. 4 EU-Grundrechtecharta ist eine wortgetreue Übernahme des Art. 3 EMRK und hat daher gemäß Art. 52 Abs. 3 EU-Grundrechtecharta dieselbe Bedeutung und Tragweite.[510] Art. 3 EMRK ist ein absolutes Menschenrecht, auf das daher keine Beschränkungen entsprechend Art. 52 Abs. 1 EU-Grundrechtecharta Anwendung finden dürfen.[511] Ebenso darf Art. 4 EU-Grundrechtecharta keiner Einschränkung unterliegen.[512]

Weitere Grundrechte, die flüchtlings- und migrationsspezifische Rechtspositionen gewähren, sind in Titel II der EU-Grundrechtecharta zu finden.[513] Dieser fasst die darunter gefassten Rechte unter der Überschrift „Freiheiten“ zusammen. Die zentrale Regelung dabei ist Art. 18 EU-Grundrechtecharta.

Die EU-Grundrechtecharta gewährt mit Art. 18 erstmals auf europäischer Ebene ein Asylrecht. Art. 18 EU-Grundrechtecharta bestimmt:

> „Das Recht auf Asyl wird nach Maßgabe des Genfer Abkommens vom 28. Juli 1951 und des Protokolls vom 31. Januar 1967 über die Rechtsstellung der Flüchtlinge sowie nach Maßgabe des Vertrags über die Europäische Union und des Vertrages über die Arbeitsweise der Europäischen Union gewährleistet.“

---

509 *Peers, Steve*: Immigration, Asylum and the European Union Charter of Fundamental Rights, in: Guild, Elspeth/Minderhoud, Paul (Hrsg): The first decade of EU Migration and Asylum Law, 2011, S. 444.

510 *Peers, Steve*: Immigration, Asylum and the European Union Charter of Fundamental Rights, in: Guild, Elspeth/Minderhoud, Paul (Hrsg): The first decade of EU Migration and Asylum Law, 2011, S. 449.

511 *Hailbronner, Kay/Thym, Daniel:* Legal Framework for EU Asylum Policy, in: Hailbronner, Kay/Thym, Daniel (Hrsg): EU Immigration and Asylum Law – A Commentary, 2. Auflage 2016, Part D.I. Asylum, Kapitel IV.4, Rn. 62, S.1053.

512 *Hailbronner, Kay/Thym, Daniel:* Legal Framework for EU Asylum Policy, in: Hailbronner, Kay/Thym, Daniel (Hrsg): EU Immigration and Asylum Law – A Commentary, 2. Auflage 2016, Part D.I. Asylum, Kapitel IV.4, Rn. 62, S.1053.

513 *Stern, Joachim/Tohidipur, Timo:* Migration von Drittstaatsangehörigen, in: von Arnauld, Andreas (Hrsg): Europäische Außenbeziehungen, Enzyklopädie Europarecht, 1. Auflage 2014, Kapitel 14.B.I.2, Rn. 17, S. 779 f.; *Peers, Steve*: Immigration, Asylum and the European Union Charter of Fundamental Rights, in: Guild, Elspeth/Minderhoud, Paul (Hrsg): The first decade of EU Migration and Asylum Law, 2011, S. 468.

Über die genaue Tragweite dieser Bestimmung, insbesondere ob hierbei ein subjektives Recht auf Asyl gewährt wird, herrscht Uneinigkeit.[514]

Für eine Leseart gegen ein subjektives Asylrecht, so *Weiß*, spreche die Formulierung der Norm, die nicht ausdrücklich ein von den zitierten Vorgaben unabhängiges Recht auf Asyl statuiere. Das Recht auf Asyl werde nur nach Maßgabe der GFK und der Verträge gewährleistet. Da in diesen jedoch kein subjektives Asylrecht verankert sei, sondern lediglich der Grundsatz des Non-Refoulement, gehe der Verweis ins Leere.[515] Ebenso sehen *Goodwin-Gill/McAdam* keine Erweiterung der Rechte und Verpflichtungen der Mitgliedstaaten durch Art. 18 EU-Grundrechtecharta, sondern dieser normiere nur bisher bestehende Pflichten und Rechte, über welche nicht hinausgegangen werde.[516] Die Vertreter dieser Ansicht sehen hierin die Bekräftigung, dass aus Art. 18 EU-Grundrechtecharta kein individuelles, subjektives Recht herausgelesen werden könne.[517] Art. 18 EU-Grundrechtecharta gebe somit nur ein Recht auf Rechte im Asyl.[518] Es beschränke sich auf ein Verfahrensrecht, Asyl zu beantragen, und erfasse dabei nicht das Recht, Asyl zu erhalten.[519] Vielmehr sei ein subjektives Recht in Art. 19 Abs. 2 EU-Grundrechtecharta normiert.[520]

Den Heijer hingegen spricht Art. 18 EU-Grundrechtecharta den Charakter eines individuellen Rechts zu. Die Formulierung des Rechts sei zwar unglücklich gewählt, allerdings würde sich der subjektive Anspruch des

---

514 *Hailbronner, Kay/Thym, Daniel:* Legal Framework for EU Asylum Policy, in: Hailbronner, Kay/Thym, Daniel (Hrsg): EU Immigration and Asylum Law – A Commentary, 2. Auflage 2016, Part D.I. Asylum, Kapitel IV.4, Rn. 63, S. 1053.

515 *Weiß, Wolfgang* in: Streinz, Rudolf (Hrsg): EUV/AEUV, 3. Auflage 2018, Art. 78 AEUV Kapitel I, Rn. 4, S. 884.

516 *Goodwin-Gill, Guy S./McAdam, Jane:* The Refugee in International Law, 3. Auflage 2007, Kapitel 7.3, S. 367.

517 *Hailbronner, Kay/Thym, Daniel:* Legal Framework for EU Asylum Policy, in: Hailbronner, Kay/Thym, Daniel (Hrsg): EU Immigration and Asylum Law – A Commentary, 2. Auflage 2016, Part D.I. Asylum, Kapitel IV.4, Rn. 63, S. 1053; *Haedrich, Martina:* Völker- und Europarechtliche Grundlagen des Menschenrechtsschutzes für Flüchtlinge, in: Oppelland, Torsten (Hrsg): Das Recht auf Asyl im Spannungsfeld von Menschenrechtsschutz und Migrationsdynamik, 1. Auflage 2017, S. 71.

518 *Weiß, Wolfgang* in: Streinz, Rudolf (Hrsg): EUV/AEUV, 3. Auflage 2018, Art. 78 AEUV Kapitel I, Rn. 4, S. 884.

519 *Goodwin-Gill, Guy S./McAdam, Jane:* The Refugee in International Law, 3. Auflage 2007, Kapitel 7.3, S. 368.

520 *Weiß, Wolfgang* in: Streinz, Rudolf (Hrsg): EUV/AEUV, 3. Auflage 2018, Art. 78 AEUV Kapitel I, Rn. 4, S. 884.

Art. 18 EU-Grundrechtecharta unzweifelhaft aus der grundlegenden menschenrechtlichen Natur der EU-Grundrechtecharta an sich ergeben.[521]

Dieser Streitpunkt kann jedoch seit der Geltung der Richtlinie 2011/95/EU (Qualifikationsrichtlinie) dahinstehen. Art. 13 sowie Art. 18 RL 2011/95/EU (Qualifikationsrichtlinie) schreiben vor, dass die Mitgliedstaaten einem Drittstaatsangehörigen oder einem Staatenlosen, der die Voraussetzungen der Richtlinie erfüllt, die Flüchtlingseigenschaft oder die Eigenschaft als subsidiär Schutzberechtigter zuerkennen. Dies normiert einen Anspruch des Antragstellers auf Zuerkennung des Status, soweit er alle Voraussetzungen erfüllt.[522]

Art. 19 EU-Grundrechtecharta beschreibt weitere Schutzrechte. Abs. 1 enthält das Verbot der Kollektivausweisung. Abs. 2 sieht vor, dass niemand in einen Staat abgeschoben oder ausgewiesen oder an einen Staat ausgeliefert werden darf, in dem für sie oder ihn das ernsthafte Risiko der Todesstrafe, der Folter oder einer anderen unmenschlichen oder erniedrigenden Strafe oder Behandlung besteht. Dies umschreibt das Refoulement-Verbot.

Weiterhin garantiert Art. 47 EU-Grundrechtecharta das Recht auf einen wirksamen Rechtsbehelf und ein unparteiisches Gericht. Daraus ergibt sich eine Gewährleistung der Verhandlung vor einem Gericht. Hieraus ergibt sich ein umfassenderer Schutz als jener aus Art. 13 EMRK, der lediglich das Recht garantiert, bei einer innerstaatlichen Instanz – jedoch nicht zwingend einem Gericht – eine wirksame Beschwerde zu erheben.[523]

c. *Unionales Sekundärrecht*

In Folge der Programme von Tampere 1999 und Stockholm 2009 schuf die EU Regelwerke für das GEAS.[524]

---

521 *den Heijer, Maarten:* Art. 18, in: Peers, Steve/Hervey, Tamara/Kenner, Jeff/Ward, Angela (Hrsg): The EU Charter of Fundamental Rights – A Commentary, 2014, Kapitel D.I., Rn. 18.28, S. 531.

522 *Agentur der Europäischen Union für Grundrechte/Europarat:* Handbuch zu den europarechtlichen Grundlagen im Bereich Asyl, Grenzen und Migration, Ausgabe 2014, Kapitel 2.2, S. 49; *Hailbronner, Kay/Thym, Daniel:* Legal Framework for EU Asylum Policy, in: Hailbronner, Kay/Thym, Daniel (Hrsg): EU Immigration and Asylum Law – A Commentary, 2. Auflage 2016, Part D.I. Asylum, Kapitel IV.4, Rn. 63, S. 1053.

523 *Agentur der Europäischen Union für Grundrechte/Europarat:* Handbuch zu den europarechtlichen Grundlagen im Bereich Asyl, Grenzen und Migration, Ausgabe 2014, Kapitel: Einführung, S. 24, und Kapitel 1.8, S. 43, sowie Kapitel 4.1.2, S. 110.

524 *Haratsch, Andreas/Koenig, Christian/Pechstein, Matthias:* Europarecht, 11. Auflage 2018, 4. Kapitel II, Rn. 1116, S. 558 f.

aa. Regelwerke des Gemeinsamen Europäischen Asylsystems

Das asyl- und migrationsrechtliche EU-Sekundärrecht besteht aus der Richtlinie 2013/32/EU (Verfahrensrichtlinie), der Richtlinie 2013/33/EU (Aufnahmerichtlinie),[525] der Richtlinie 2011/95/EU (Qualifikationsrichtlinie) und der Richtlinie 2008/115/EG (Rückführungsrichtlinie).[526] Als wichtige Verfahrensverordnung legt Verordnung (EU) Nr. 604/2013 (Dublin III-Verordnung) Kriterien und Verfahren zur Bestimmung des Mitgliedstaates fest, der für die Prüfung eines von einem Drittstaatsangehörigen oder Staatenlosen in einem Mitgliedstaat gestellten Antrages auf internationalen Schutz zuständig ist.

Die Vorgaben der EU sind überwiegend in Richtlinien niedergelegt, die den Mitgliedstaaten teils erheblichen Ermessenspielraum in der Umsetzung lassen.[527] So zum Beispiel räumt Art. 37 RL 2013/32/EU (Verfahrensrichtlinie) ein, dass Mitgliedstaaten bezüglich der Prüfung von Anträgen auf internationalen Schutz ihre eigenen nationalstaatlichen Rechts- oder Verwaltungsvorschriften beibehalten oder erlassen können, sofern diese Personen betreffen, die aus sogenannten ‚sicheren Herkunftsstaaten' kommen. Anhang I zur Richtlinie 2013/32/EU (Verfahrensrichtlinie) gibt Prüfungspunkte vor, anhand welcher die Mitgliedstaaten prüfen können, ob der Herkunftsstaat die grundsätzlichen Voraussetzungen für eine sichere Lage erfüllt. Es besteht derzeit jedoch keine einheitliche europäische Liste der sicheren Herkunftsstaaten, so dass daraus verfahrensrechtliche Unterschiede für Schutzsuchende im Gebiet der EU resultieren, insbesondere dann, wenn ihr Herkunftsstaat von einzelnen Mitgliedstaaten als sicher geführt wird, von anderen Mitgliedstaaten hingegen nicht. Dies führt faktisch zu einem flüchtlingsrechtlichen Flickenteppich auf EU-Ebene, da Voraussetzungen, Verfahren und Schutzfolgen in den einzelnen Staaten teilweise erheblich voneinander abweichen.[528]

525 Richtlinie 2013/33/EU des Europäischen Parlaments und des Rates vom 26. Juni 2013 zur Festlegung von Normen für die Aufnahme von Personen, die internationalen Schutz beantragen (Neufassung).

526 Richtlinie 2008/115/EG des Europäischen Parlaments und des Rates vom 16. Dezember 2008 über gemeinsame Normen und Verfahren in den Mitgliedstaaten zur Rückführung illegal aufhältiger Drittstaatsangehöriger.

527 *Stern, Joachim/Tohidipur, Timo:* Migration von Drittstaatsangehörigen, in: von Arnauld, Andreas (Hrsg): Europäische Außenbeziehungen, Enzyklopädie Europarecht, 1. Auflage 2014, Kapitel 14.B.III.1, Rn. 67, S. 807.

528 Vgl. dazu z. B. *Stern, Joachim/Tohidipur, Timo:* Migration von Drittstaatsangehörigen, in: von Arnauld, Andreas (Hrsg): Europäische Außenbeziehungen, Enzyklopädie Europarecht, 1. Auflage 2014, Kapitel 14.A.II.2, Rn. 5, S. 773; *Endres de Oliveira,*

bb. Novellierung des Gemeinsamen Europäischen Asylsystems

Um diesen bestehenden Ungleichheiten entgegenzuwirken und vergleichbare Verhältnisse in der EU zu schaffen, hat die Kommission eine Novellierung der Richtlinien angestoßen. Im Juli 2016 legte sie den letzten Teil ihrer Vorschläge für die Reform des GEAS vor.[529] Es soll eine wirksame, faire und humane Asylpolitik bezweckt werden. Zuvörderst jedoch soll das Verfahren zur Gewährung internationalen Schutzes vereinheitlicht werden. Beabsichtigt ist der Erlass von Verordnungen hinsichtlich der Anerkennung der Schutzberechtigten und des Asylverfahrens. Verordnungen gelten unmittelbar und gewährleisten mithin eine einheitliche Regelung im europäischen Raum.[530]

Diese Vorhaben, die derzeit noch keine rechtliche Bindung entfalten, werden im Folgenden zwar zur Kenntnis genommen, zu Grunde gelegt wird allerdings das derzeitig geltende Recht.

IV. Regelwerke in Australien

Im Unterschied zum Regelungsregime der EU bezüglich Flucht und Migration, das durch mehrere Akteure auf sich zum Teil überlagernden Ebenen geprägt ist, ist dieser Politikbereich in der australischen Gesetzgebung in einem einzigen, dafür aber umfassenden Gesetzeswerk geregelt, dem Migration Act 1958,[531] für Zwecke seiner Ausführung ergänzt durch die Migration Regulations 1994.[532]

Pauline in: Huber, Bertold/Eichenhofer, Johannes/Endres de Oliveira, Pauline: Aufenthaltsrecht, 1. Auflage 2017, Teil 4. Grundzüge des Asyl- und Flüchtlingsrechts, Kapitel A.2.b), Rn. 1718, S. 467.

529 *Europäische Kommission:* Vollendung der Reform des Gemeinsamen Europäischen Asylsystems: eine effiziente, faire und humane Asylpolitik, Pressemitteilung (IP/16/2433) vom 13. Juli 2016.

530 *Europäische Kommission:* Vollendung der Reform des Gemeinsamen Europäischen Asylsystems: eine effiziente, faire und humane Asylpolitik, Pressemitteilung (IP/16/2433) vom 13. Juli 2016.

531 Migration Act 1958, Nr. 62, 1958, Zusammenstellung Nr. 147, zuletzt geändert mit Act Nr. 110, 2019, aktueller Stand vom 5. Dezember 2019, online abrufbar unter: https://www.legislation.gov.au/Details/C2018C00337.

532 Migration Regulations 1994, Statutory Rules No. 267, 1994, erlassen unter dem Migration Act 1958.

1. Federal Migration Act 1958 und Migration Regulations 1994

Entsprechend der australischen Verfassung (Commonwealth of Australia Constitution Act, Australian Constitution)[533] steht dem Bundesparlament die Ermächtigung zu, umfangreiche Gesetze zur grenzüberscheitenden Bewegung von Menschen zu erlassen. Nach Art. 51 Australian Constitution[534] hat das australische Parlament die Befugnis, Gesetze für Frieden, Ordnung und eine ‚gute Regierung' des Commonwealth zu erlassen, die sich unter anderem auf folgende Bereiche beziehen: Einbürgerung und Ausländer (Unterabsatz xix), Menschen jeder Ethnie, für die es für notwendig erachtet wird, Sondergesetze zu erlassen (Unterabsatz xxvi) und Ein- und Auswanderung (Unterabsatz xxvii). Der australische High Court, der oberste australische Gerichtshof, legt diese Gesetzgebungsbefugnisse weit aus. Das Parlament kann weitreichende Gesetze zur Kontrolle von Schutzsuchenden erlassen und Nicht-Staatsbürger mit weniger Rechten und Schutz als Staatsbürger ausstatten.[535]

Diese Kompetenz füllte das Parlament mit dem Erlass des Migration Act 1958 und den damit verbunden Migration Regulations 1994 aus. Die normativen Regelungen von Migration jeglicher Art und Weise sind in Australien umfassend in diesem Gesetzesakt geregelt. Der Langtitel des Migration Act 1958 lautet folglich „An Act relating to the entry into, and presence in, Australia of aliens, and the departure or deportation from Australia of aliens and certain other persons". Dies lässt den umfassenden Regelungsgehalt dieses Gesetzes erahnen, das in 9 Teile, mehrere Divisions (Kapitel) und Subdivisions (Unterkapitel) sowie 507 Artikel eingeteilt ist. Das Gesetz regelt allumfassend das Verhältnis des

533 Commonwealth of Australia Constitution Act (The Constitution), vom 09. Juli 1900, in der Version der Zusammenstellung vom 04. September 2013, online abrufbar unter: https://www.legislation.gov.au/Details/C2013Q00005.

534 Section 51 Australian Constitution: Legislative powers of the Parliament
„The Parliament shall, subject to this Constitution, have power to make laws for the peace, order, and good government of the Commonwealth with respect to:

(…)

(xix) naturalization and aliens;
(xxvi) the people of any race, other than the aboriginal race in any State, for whom it is deemed necessary to make special laws;
(xxvii) immigration and emigration;
(…)."

535 *Crock, Mary/Saul, Ben/Dastyari, Azadeh:* Future Seekers II – Refugees and Irregular Migration in Australia, 2006, Kapitel 2, S. 13.

Staates zu Ausländern im Allgemeinen, deren Rechte sowie Pflichten und jeweilige erforderliche Verfahren.[536] Es ist ein Regelwerk, das seit seiner Einführung 1958 stetig modifiziert, abgeändert und angepasst wird.[537] Die Liste der den Migration Act 1958 modifizierenden Gesetze ist umfangreich.[538]

Der Migration Act 1958 zusammen mit den Migration Regulations 1994 regelt das gesamte australische Einwanderungssystem, welches durch zwei Hauptkomponenten geprägt ist: Das ‚Migration Program' (Einwanderungsprogramm) und das ‚Refugee and Humanitarian Program' (Flüchtlings- und humanitäres Programm). Während ersteres für ‚skilled and family migrants' (qualifizierte und familienangehörige Migranten) die Zuwanderung regelt, normiert das letztere Regelungen für den Zugang von Flüchtlingen und anderen Schutzbedürftigen nach Australien. Das australische humanitäre Programm hat seinen Schwerpunkt im Resettlement.[539]

Der Migration Act 1958 beinhaltet Vorgaben zur Erteilung von Visa, die Nicht-Staatsbürgern die Einreise nach oder den Aufenthalt in Australien erlauben. Weiterhin enthält der Migration Act 1958 Vorgaben zur Abschiebung oder Deportation von Ausländern, deren Anwesenheit nicht zulässig ist, sowie die Behandlung von ‚unauthorised maritime arrivals' (unbefugte Schiffsankömmlinge).[540]

Die Migration Regulations 1994 enthalten weitere Ausführungen zu den einzelnen Bestimmungen des Migration Act 1958, insbesondere sehen sie ausführliche Kriterien für alle Visakategorien und deren Unterklassen vor.[541] Allerdings beinhaltet der Migration Act 1958 einen freien und weiten Entscheidungsspielraum

---

536 Vgl. dazu den Langtitel des Gesetzt, sowie *Australian Administrative Appeals Tribunal:* A Guide to Refugee Law in Australia, 2020, Kapitel 1: Protection Visas, S. 3; *Crock, Mary/Saul, Ben/Dastyari, Azadeh:* Future Seekers II – Refugees and Irregular Migration in Australia, 2006, Kapitel 2, S. 13.

537 *Australian Administrative Appeals Tribunal:* A Guide to Refugee Law in Australia, 2020, Kapitel: Introduction, S. 1.

538 Die Änderungsgesetze sind in der Endnote 3 der von der Regierung zur Verfügung gestellten Onlineversion des Gesetzes aufgeführt, online abrufbar unter: https://www.legislation.gov.au/Details/C2018C00337.

539 *Crock, Mary/Saul, Ben/Dastyari, Azadeh:* Future Seekers II – Refugees and Irregular Migration in Australia, 2006, Kapitel 2, S. 14.

540 Artikel 4 Migration Act 1958.

541 *Vrachnas, John/Bagaric, Mirko /Dimopoulos, Penny /Pathinayake, Athula*: Migration and Refugee Law, Principles and Practice in Australia, 3. Auflage 2012, Kapitel 2.4, S. 23.

des Einwanderungsministers hinsichtlich Einzelfallentscheidungen im Rahmen von Einwanderung und Migration. Dies betrifft zum Beispiel Fälle der Abschiebung und Deportation.[542]

Bis zur Änderungsgesetzgebung im Jahr 2014 bezog sich der Migration Act 1958 in Teilen ausdrücklich auf die GFK. So wurde im Rahmen der Flüchtlingsdefinition in Art. 36(2)(a) Migration Act 1958 a.F. ausdrücklich auf die Definition in der GFK in Art. 1A (2) verwiesen und diese damit in nationales Recht einbezogen.[543] Der Migration and Maritime Powers Legislation Amendment (Resolving the Asylum Caseload Legacy) Act 2014[544] änderte diese Regelung mit Wirkung ab Dezember 2014 ab. Nunmehr findet sich kein Verweis mehr auf die GFK, sondern die Bedingungen für die Flüchtlingseigenschaft werden ausformuliert.[545] Die GFK ist nicht mehr ausdrücklich in australisches Gesetzesrecht eingebunden.[546] Diese fehlende Einbindung der internationalen Konvention hat Auswirkung auf die Bindungswirkung der Normen im australischen Rechtssystem.

2. Keine unmittelbare Bindung Australiens an die Genfer Flüchtlingskonvention und andere internationale Verträge

Nach australischem Verständnis besteht keine unmittelbare innerstaatliche Bindungswirkung aus internationalen Verträgen, wie zum Beispiel der GFK, obgleich Australien diese ratifiziert hat. Dies liegt an der ausgeprägten dualistischen Natur des australischen Rechtssystems.[547] In dualistischen Systemen bilden das internationale und das nationale Recht eigenständige, unabhängig

542 *Bailey, Peter H.*: Human Rights – Australia in an International Context, 1990, Kapitel 11.4, S. 312.

543 *Nygh, Peter/Blay, Sam:* Refugees, in: Blay, Sam/Piotrowicz, Ryszard/Tsamenyi, Martin (Hrsg): International Law – An Australian Perspective, 2. Auflage 2005, Kapitel 12.1, S. 288.

544 Migration and Maritime Powers Legislation Amendment (Resolving the Asylum Caseload Legacy) Act 2014, Nr. 135, 2014, An Act to amend the law relating to migration and maritime powers, and for related purposes, vom 15. Dezember 2014.

545 *Australian Administrative Appeals Tribunal:* A Guide to Refugee Law in Australia, 2020, Kapitel 1: Protection Visas, S. 5.

546 *Australian Administrative Appeals Tribunal:* A Guide to Refugee Law in Australia, 2020, Kapitel 1: Protection Visas, S. 5 f.

547 *Ghezelbash, Daniel:* Refugee Lost – Asylum Law in an Independent World, 2018, Kapitel 2.2, S. 24 und Kapitel 4.2, S. 92 ff.

voneinander existierende Rechtsordnungen.[548] Eine Wirkung des Völkerrechts im nationalstaatlichen Rechtssystem bedarf einer Einbindung desselben.[549]

Australien hat alle wichtigen internationalen menschenrechtlichen Verträge ratifiziert (IPbpR, IPwskR, UN-Konvention zur Beseitigung jeder Form von Rassendiskriminierung, UN-Frauenrechtskonvention, UN-Anti-Folter-Konvention, UN-Kinderrechtskonvention).[550] Aus dieser staatlichen Verpflichtung auf internationaler Ebene folgt jedoch keine unmittelbare Wirkung zugunsten der australischen Bürger.[551] Internationale Verpflichtungen entfalten erst dann ihre Wirkung auf innerstaatliche Belange, wenn sie in nationales Recht umgesetzt wurden.[552] Eine gänzliche Umsetzung des internationalen Rechts ins australische Recht ist jedoch (noch) nicht erfolgt.[553] Insbesondere die australische

---

548 *Herdegen, Matthias*: Völkerrecht, 18. Auflage 2019, Kapitel 22.1, Rn. 1., S. 177; *Schweitzer, Michael/Dederer, Hans-Georg*: Staatsrecht III, 12. Auflage 2020, Rn. 47, S. 13.

549 Auch die Bundesrepublik Deutschland ist hinsichtlich der Anwendung völkerrechtlicher Verträge von einem dualistischen Verständnis geprägt, alledings in einer gemäßigten Ausprägung. Völkerrechtliches Vertragsrecht erlangt erst durch ein innerdeutsches Zustimmungsgesetz nach Art. 59 Abs. 2 GG innerstaatliche Wirksamkeit; Völkergewohnheitsrecht und allgemeine Rechtsgrundsätze gelten jedoch bereits kraft des Rechtsanwendungsbefehls in Art. 25 GG; *Herdegen, Matthias:* Völkerrecht, 18. Auflage 2019, Kapitel 22.1, Rn. 1 f., S. 177 f.

550 *Clark, David:* Introduction to Australian Public Law, 5. Auflage 2016, Kapitel 12, Rn. 12.1, S. 297; *Saunders, Cheryl*: The Constitution of Australia – A Contextual Analysis, 2011, Kapitel 8.I.C, S. 261; *Babeck, Wolfgang*: Einführung in das australische Recht mit neuseeländischem Recht, 2011, Kapitel 2, Rn. 19, S. 15.

551 *Babeck, Wolfgang:* Einführung in das australische Recht mit neuseeländischem Recht, 2011, Kapitel 2, Rn. 19, S. 15.

552 High Court of Australia: Minister of State for Immigration & Ethnic Affairs v Ah Hin Teoh („Teoh's Case") [1995] HCA 20; (1995) 128 ALR 353; (1995) 69 ALJR 423; (1995) EOC 92.696 (extract); (1995) 183, vom 7. April 1995, Rn. 26; *Clark, David:* Introduction to Australian Public Law, 5. Auflage 2016, Kapitel 12, Rn. 12.7, S. 299; *Australian Administrative Appeals Tribunal:* A Guide to Refugee Law in Australia, 2020, Kapitel 1: Protection Visas, S. 5 f.; *Saunders, Cheryl*: The Constitution of Australia – A Contextual Analysis, 2011, Kapitel 8.I.C, S. 261; *Babeck, Wolfgang:* Einführung in das australische Recht mit neuseeländischem Recht, 2011, Kapitel 2, Rn. 19, S. 15; *Ghezelbash, Daniel*: Refugee Lost – Asylum Law in an Independent World, 2018, Kapitel 4.2, S. 92.

553 *Clark, David:* Introduction to Australian Public Law, 5. Auflage 2016, Kapitel 12, Rn. 12.1, S. 297.

Verfassung beinhaltet hierzu keine Normen.[554] Der Schutz internationaler Menschenrechte werde durch nationales Recht gewährleistet.[555] Nach australischem Verständnis stellt internationales Recht kein höherrangigeres Recht dar als das nationale australische Gesetzesrecht. Zwar entfalten diese internationalen Verpflichtungen durchaus Einfluss auf das australische Gesetzesrecht. So können Verpflichtungen aus internationalen Verträgen australisches Gesetzesrecht beeinflussen, indem diese zur Grundlage für Auslegung, Interpretation und auch Entwicklung nationalen Rechts herangezogen werden, soweit das nationale Gesetz oder die Intention des Gesetzgebers nicht hinreichend eindeutig ist.[556] Soweit ein nationales Gesetz nicht eindeutig ist, soll zudem eine Auslegung bevorzugt werden, die in Einklang mit internationalem Recht zu bringen ist.[557] Eine unmittelbare Verpflichtung, nationales Recht stets in Einklang mit internationalen Verpflichtungen zu bringen, besteht nach australischem Verständnis jedoch nicht. Nationale Normen werden daher nicht automatisch unwirksam, soweit sie gegen internationale Normen verstoßen.[558] Internationales Recht kann australisches Recht nicht aufheben, wenn die australische Norm ausdrücklich und unzweifelhaft eine andere Regelung vorsieht und die Norm nach australischem Verfassungsrecht rechtmäßig ist.[559] Auch der australische High

---

554 Im Unterschied dazu vergleiche zum Beispiel das deutsche Regelungssystem mit Art. 25 Grundgesetz.

555 High Court of Australia: Citizen Limbo, Re (1989) 92 ALR 81, vom 27. November 1989, Rn. 82 ff.; *Clark, David:* Introduction to Australian Public Law, 5. Auflage 2016, Kapitel 12, Rn. 12.1 ff., S. 297 ff.

556 High Court of Australia: Mabo vs Queensland (No 2) [1992] HCA 23; (1992) 175 CLR 1, vom 3. Juni 1992, Rn. 42; *Chappell, Louise/Chesterman, John/Hill, Lisa:* The Politics of Human Rights in Australia, 2009, Kapitel 7, S. 212; *Saunders, Cheryl*: The Constitution of Australia – A Contextual Analysis, 2011, Kapitel 8.I.C, S. 261.

557 High Court of Australia: Minister of State for Immigration & Ethnic Affairs v Ah Hin Teoh („Teoh's Case") [1995] HCA 20; (1995) 128 ALR 353; (1995) 69 ALJR 423; (1995) EOC 92.696 (extract); (1995) 183, vom 7. April 1995, Rn. 26; *Chappell, Louise/Chesterman, John/Hill, Lisa:* The Politics of Human Rights in Australia, 2009, Kapitel 7, S. 212.

558 High Court of Australia: Re Kavanagh's Application [2003] HCA 76, 78 ALJR 305; 204 ALR 1, vom 10. Dezember 2003, Rn. 22 f.; *Clark, David:* Introduction to Australian Public Law, 5. Auflage 2016, Kapitel 13, Rn. 13.1, S. 329; *Crock, Mary/Berg, Laurie:* Immigration, Refugees and Forced Migration – Law, Policy and Practice in Australia, 2011, Kapitel 12.3, Rn. 12.18, S. 333 f.

559 High Court of Australia: Minister for Immigration and Multicultural and Indegenous Affairs vs B [2004] HCA 20, A246/2003, vom 29. April 2004, Rn. 171; *Clark, David:* Introduction to Australian Public Law, 5. Auflage 2016, Kapitel 13, Rn. 13.1, S. 329.

Court hat keine Kompetenz, gegen internationales Recht verstoßendes nationales Recht für ungültig zu erklären. Das Gericht ist an seine verfassungsrechtliche Kompetenz gebunden. Gemäß Art. 5 Australian Constitution sind vom Parlament erlassene Gesetze bindend für Gerichte, Richter und alle Menschen in den australischen Bundesstaaten und dem australischen Commonwealth. Diese Gesetze sind zu beachten und durchzusetzen, wann immer sie rechtmäßig sind und ihre Verpflichtungen klar und anwendbar sind.[560] Es besteht daher bei eindeutigen Gesetzen sowie bei Kenntnis der normativen Zielrichtung des Gesetzgebers keine Kompetenz der Rechtsprechung, ein Grundrechteverständnis in die Verfassung hineinzuinterpretieren oder durch Auslegung und Interpretation der eindeutigen nationalen Gesetze internationale Verpflichtungen zu implementieren, wo der Gesetzgeber diesem bewusst nicht selbst nachkam.[561]

Das australische Parlament hat seit der Änderung des Migration Act 1958 durch den Migration and Maritime Powers Legislation Amendment (Resolving the Asylum Caseload Legacy) Act 2014 die Regelungen der GFK nicht mehr unmittelbar in nationales Recht eingebunden oder umgesetzt.[562] Vielmehr wurden die Verweise auf die GFK durch Ausformulierungen ersetzt, die bereits das australische Verständnis der Normen, wie zum Beispiel bezüglich der Definition des Flüchtlings des Art. 1 (A) GFK, enthalten. Nicht alle Regelungen der GFK wurden entsprechend in den Migration Act 1958 umgesetzt. Selbst zu Zeiten einer direkten Referenz auf die GFK sah sich Australien nur in einem begrenzten Umfang an die Pflichten aus der GFK gebunden; nach australischem Verständnis ergibt sich aus der GFK keine Pflicht zur Gewährung von Asyl, selbst nicht für solche Personen, die alle Flüchtlingsvoraussetzungen erfüllen.[563] Der Regelungs- und Schutzumfang, der sich aus der GFK dem Grunde nach ergibt,

---

560 High Court of Australia: Minister for Immigration and Multicultural and Indegenous Affairs vs B [2004] HCA 20, A246/2003, vom 29. April 2004, Rn. 171.

561 High Court of Australia: Al-Kateb vs. Godwin [2004] HCA 37; 219 CLR 562; 208 ALR 124; 78 ALJR 1099, vom 6. August 2004, Rn. 179; *Chappell, Louise/Chesterman, John/Hill, Lisa*: The Politics of Human Rights in Australia, 2009, Kapitel 7, S. 213 f.

562 *Ghezelbash, Daniel:* Refugee Lost – Asylum Law in an Independent World, 2018, Kapitel 4.3, S. 95 f.

563 *Nygh, Peter/Blay, Sam:* Refugees, in: Blay, Sam/Piotrowicz, Ryszard/Tsamenyi, Martin (Hrsg): International Law – An Australian Perspective, 2. Auflage 2005, Kapitel 12.1, S. 289.

war und ist damit nicht in seiner Gänze im australischen Rechtssystem wirksam umgesetzt.[564]

Die internationalen Verpflichtungen selbst sind daher nicht Maßstab, sondern ausschließlich die nationale Gesetzgebung des Migration Acts 1958, der den handelnden Organen in Australien Verpflichtungen zum Schutze von schutzbedürftigen Flüchtlingen auferlegt.[565]

3. Keine verfassungsrechtlich normierten Grund- und Menschenrechte auf australischer Nationalebene

Eine weitere australische Besonderheit ist, dass Australien keine Grund- oder Menschenrechte verfassungsrechtlich normiert hat. Australien ist die letzte ‚westliche' Demokratie, die Grundrechte weder in ihrer Verfassung noch auf anderer, verfassungsgleicher Ebene verankert hat.[566] Die Australian Constitution des australischen Commonwealth enthält einen begrenzten expliziten Schutz individueller Rechte.[567] Ihr sind vereinzelt verschiedene Staatsbürgerrechte und insbesondere politische Rechte zu entnehmen, wie zum Beispiel Voraussetzungen für die Wählbarkeit (Art. 34), Sicherung der Direktdemokratie (Art. 41), Rechtmäßigkeit von Enteignungen (Art. 85) und Religionsfreiheit (Art. 116).[568] Darüber hinaus wird der Verfassung ein implementiertes Recht auf

564 *Ghezelbash, Daniel:* Refugee Lost – Asylum Law in an Independent World, 2018, Kapitel 2.2, S. 24.

565 *Australian Administrative Appeals Tribunal:* A Guide to Refugee Law in Australia, Kapitel 1: Protection Visas, S. 5 f.

566 *Clark, David:* Introduction to Australian Public Law, 5. Auflage 2016, Kapitel 12, Rn. 12.1, S. 297 und Rn. 12.32, S. 308; *Saunders, Cheryl:* The Constitution of Australia – A Contextual Analysis, 2011, Kapitel 8.I.A, S. 257; *Cassimatis, Anthony E./ Lacey, Wendy/McNaughton, Anne/Rayfuse, Rosemary:* An Australian Companion to Harris – Cases and Materials on International Law, 2. Auflage 2011, Kapitel 9, Rn. 9.15, S. 226.

567 *Saunders, Cheryl:* The Constitution of Australia – A Contextual Analysis, 2011, Kapitel 8.I.A, S. 257; *Ghezelbash, Daniel:* Refugee Lost – Asylum Law in an Independent World, 2018, Kapitel 2.4, S. 33; *Bailey, Peter H.:* Human Rights – Australia in an International Context, 1990, Kapitel 3.2, S. 51.

568 *Clark, David:* Introduction to Australian Public Law, 5. Auflage 2016, Kapitel 12, Rn. 12.54, S. 318; mit weiteren Aufzählungen von Rechtsansprüchen in der Verfassung *Bailey, Peter H.:* Human Rights – Australia in an International Context, 1990, Kapitel 4, S. 79, 84.

freie politische Kommunikation entnommen.[569] Australien sieht die Gewährleistung des Schutzes von Menschenrechten nicht allein in einer normativen Festsetzung von Grundrechten, sondern durch ein Zusammenspiel mehrerer Schutzmechanismen.[570] Neben der spezifischen Normierung einzelner Grundrechte in einfachgesetzlichen Regelungen,[571] sieht Australien den Schutz der Grundrechte durch weitere Mechanismen, die sich aus dem Rechtsstaatlichkeitsprinzip sowie aus verantwortungsvollem Regieren ergeben, gewahrt.[572] So werden Menschenrechte durch die Institution des vom Volk gewählten Parlaments geschützt.[573] Der repräsentative Charakter des Parlaments, das durch die Wahl vom Volk direkt legitimiert ist, sei Gewähr, dass dieses um einen hinreichenden Schutz der Grundrechte bemüht sei.[574]

Grundsätzlich ist Australien vorbildlich im Schutz von Menschen- und Grundrechten. Bekräftigt wird dies durch internationale Rankings, in denen Australien regelmäßig gut abschneidet.[575] Allerdings finden sich im australischen Menschen- und Grundrechtsschutz zwei Kategorien, in denen Australien sich massiver Kritik ausgesetzt sieht. Dies betrifft den Umgang mit indigenen Bevölkerungsgruppen, namentlich den Aborigine, und Flüchtlingen.[576]

---

569 Seit 1992 mit der Entscheidung High Court of Australia: Australian Capital Television Pty Ltd v Commonwealth [1992] HCA 45; (1992) 177 CLR 106, vom 30. September 1992.

570 *Saunders, Cheryl*: The Constitution of Australia – A Contextual Analysis, 2011, Kapitel 8.I.C, S. 261.

571 *Clark, David:* Introduction to Australian Public Law, 5. Auflage 2016, Kapitel 12, Rn. 12.55, S. 318.

572 *Clark, David:* Introduction to Australian Public Law, 5. Auflage 2016, Kapitel 12, Rn. 12.1, S. 297; *Bailey, Peter H.*: Human Rights – Australia in an International Context, 1990, Kapitel 3.2, S. 50.

573 *Saunders, Cheryl*: The Constitution of Australia – A Contextual Analysis, 2011, Kapitel 8.II.A, S. 263.

574 *Saunders, Cheryl*: The Constitution of Australia – A Contextual Analysis, 2011, Kapitel 8.II.A, S. 263.

575 *Saunders, Cheryl*: The Constitution of Australia – A Contextual Analysis, 2011, Kapitel 8.II.D, S. 273.

576 *Clark, David:* Introduction to Australian Public Law, 5. Auflage 2016, Kapitel 12, Rn. 12.3, S. 297; *Amnesty International:* Report 2016/17 - The State of the World's Human Rights, Stand 2017, S. 72; *Saunders, Cheryl*: The Constitution of Australia – A Contextual Analysis, 2011, Kapitel 8.II.D, 273; *Chappell, Louise/Chesterman, John/Hill, Lisa:* The Politics of Human Rights in Australia, 2009, Kapitel 7, S. 194 f.

Regelmäßige aufkeimende Diskussionen um die Einführung einer Bill of Rights – also eines formellen Gesetzes von Verfassungsrang, das grundlegende Bürgerrechte gewährt – wurden in Australien tatsächlich bereits noch vor der Unabhängigkeit des Commonwealth geführt,[577] eine Einführung wird jedoch nach wie vor abgelehnt. Die Argumente gegen eine Bill of Rights sind seit Beginn der Debatte dieselben: Durch die Einführung einer Bill of Rights werde die Autorität und Souveränität des Parlaments untergraben.[578] Ein Gericht könne vom Parlament erlassene Gesetze am Maßstab der Bill of Rights für unwirksam erklären; dies würde jedoch die Gesetzgebungsautorität des Parlaments untergraben.[579] Weiterhin würde dies einen Bruch des direktdemokratischen Prozesses bedeuten. Es würden nicht vom Volk gewählte Richter in einen Gesetzgebungsprozess eingreifen, der ursprünglich vom Volk, durch das Parlament repräsentiert, ausging.[580] Die Zusammensetzung des Parlaments ist Folge der demokratischen Legitimation und sollte durch eine parlamentarische Souveränität geschützt werden.[581]

Dem wird die Befürchtung entgegengehalten, dass ohne wirksame Bill of Rights keine Rechtssicherheit für die Grundrechte bestehe, denn ein einfachgesetzliches (Grund-)Recht könnte durch neue Gesetzgebung einfach überlagert werden.[582]

Dazu gewährt auch der Schutz durch das Institut des Parlaments nicht hinreichend Sicherheit, denn wie sich offenkundig zeigt, werden Minderheiten weniger geschützt, da ihnen im Parlament eine entsprechende Mehrheit oder gar Rückhalt für den Erlass sie schützender Gesetze fehlten.[583]

---

577 *Clark, David:* Introduction to Australian Public Law, 5. Auflage 2016, Kapitel 12, Rn. 12.28, S. 307; dazu ausführlich *Bailey, Peter H.*: Human Rights – Australia in an International Context, 1990, Kapitel 3.2, S. 50 ff.

578 *Saunders, Cheryl*: The Constitution of Australia – A Contextual Analysis, 2011, Kapitel 8.I.A, S. 258.

579 *Clark, David:* Introduction to Australian Public Law, 5. Auflage 2016, Kapitel 12, Rn. 12.28, S. 307.

580 *Clark, David:* Introduction to Australian Public Law, 5. Auflage 2016, Kapitel 12, Rn. 12.28, S. 307.

581 *Saunders, Cheryl*: The Constitution of Australia – A Contextual Analysis, 2011, Kapitel 8.I.A, S. 258.

582 *Saunders, Cheryl*: The Constitution of Australia – A Contextual Analysis, 2011, Kapitel 8.I.C, S. 262.

583 *Saunders, Cheryl*: The Constitution of Australia – A Contextual Analysis, 2011, Kapitel 8.II.A, S. 263; *Chappell, Louise/Chesterman, John/Hill, Lisa*: The Politics of Human Rights in Australia, 2009, Kapitel 7 S. 195, 217 f.

Auf Ebene der einzelnen Bundesstaaten haben jedoch zwei australische Bundesstaaten Bill of Rights eingeführt, das Australian Capital Territory (ACT) und Victoria.[584] Die Grundlagen dieser Bill of Rights lassen sich dabei größtenteils auf internationale Verträge zurückführen.[585]

Im Dezember 2011 wurde der Human Rights (Parliamentary Scrutiny) Act 2011[586] verabschiedet, welcher im Januar 2012 in Kraft trat. Neue Gesetzesvorschläge sollen nunmehr mit einem ‚Statement of compatibility with human rights' versehen werden.[587] Das bedeutet, ein Gesetzesvorschlag muss auf seine Vereinbarkeit mit Menschenrechten überprüft und ein entsprechender Bericht erstellt werden; diese Bewertung hat jedoch keine bindende Wirkungskraft auf Gerichte gemäß Art. 8 Human Rights (Parliamentary Scrutiny) Act 2011.

V. Systematische Einordnung der Flüchtlingsregime

Auf universeller sowie auf nationaler Ebene spielen verschiedene Gesetze zusammen und bilden damit ein gesamthaftes Regelungsregime zur Regelung der spezifischen Problematik von Flucht und Migration. Grundpfeiler dabei sind die GFK und ihr Protokoll. Diese Regelungen werden regelmäßig zusammengefasst als Flüchtlingsrecht bezeichnet.

Es stellt sich die Frage, wie das Flüchtlingsrecht auf universeller Ebene in das normative System des Völkerrechts einzuordnen ist.

1. Einteilung des Völkerrechts in Teilrechtsgebiete

Das Völkerrecht erfasst als Gesamtheit die rechtlichen Regeln über die hoheitlichen Beziehungen von Staaten, internationalen Organisationen und anderen Völkerrechtssubjekten untereinander, einschließlich der für die Völkergemeinschaft relevanten Rechte oder Pflichten Einzelner.[588]

---

584 Australian Capital Territory, Human Rights Act 2004; Victorian Charter of Human Rights and Responsiblities Act 2006; *Saunders, Cheryl:* The Constitution of Australia – A Contextual Analysis, 2011, Kapitel 8.I.A, S. 257 f. und Kapitel 8.IV.B, S. 284.

585 *Saunders, Cheryl:* The Constitution of Australia – A Contextual Analysis, 2011, Kapitel 8.I.C, S. 261 und Kapitel 8.IV.B, S. 285.

586 Human Rights (Parliamentary Scrutiny) Act 2011, Nr. 186, 2011, Zusammenstellung Nr. 3, zuletzt geändert mit Act Nr. 10, 2015, aktueller Stand vom 5. März 2015.

587 *Clark, David:* Introduction to Australian Public Law, 5. Auflage 2016, Kapitel 12, Rn. 12.39, S. 308.

588 *Herdegen, Matthias:* Völkerrecht, 18. Auflage 2019, Kapitel 1.1, Rn. 4, S. 2; *Hobe, Stephan:* Einführung in das Völkerrecht, 10. Auflage 2014, Kapitel 1.1, S. 1 f.

Das Völkerrecht wird regelmäßig in Teilgebiete unterteilt. Es bestehen keine verbindlichen Vorgaben zur Einteilung in Teilrechtsgebiete. Die Einteilung erfolgt in der Literatur daher nicht einheitlich. So kann das Völkerrecht zum Beispiel zunächst in zwei grundlegende Teilbereiche unterteilt werden, das Friedensvölkerrecht und das Kriegsvölkerrecht. Diese Unterteilung wird mit weiteren Teilgebieten ausgefüllt.[589]

Überwiegend erfolgt jedoch die Unterteilung des Völkerrechts unmittelbar in die Teilgebiete des Völkerrechts Allgemeiner Teil, des Rechts der Internationalen Organisationen, des Wirtschaftsvölkerrechts, des Umweltvölkerrechts, des Seerechts, des Weltraumrechts, des Humanitären Völkerrechts, des Völkerstrafrechts sowie der Menschenrechte.[590] Die Entwicklung des Völkerrechts hat in den letzten Jahrzehnten zu einer zunehmenden Ausdifferenzierung desselben in unterschiedliche Regelungsbereiche geführt.[591]

Fraglich ist, an welcher Stelle dieser Systematik das Flüchtlingsrecht zu verorten ist.

2. Bisherige Ansichten in der Literatur zur Einordnung des Flüchtlingsrechts

Bisher ist keine abschließende systematische Einordnung des Flüchtlingsrechts innerhalb des universellen Völkerrechts ersichtlich.

Unbestritten wird die GFK als Grundpfeiler des Flüchtlingsrechts durch Regelungen des menschenrechtlichen Normenregimes ergänzt und erweitert.[592] Dies bildet die Grundlage für die Tendenz der Zuordnung des Flüchtlingsrechts unter das Teilrechtsgebiet der Menschenrechte. Diese Einordnung gründet insbesondere auf die menschenrechtliche Ausformung der GFK. Die GFK verweist

---

589 *Kühl, Kristian/Reichold, Hermann/Ronellenfitsch, Michael*: Einführung in die Rechtswissenschaft – Ein Studienbuch, 3. Auflage 2019, Kapitel 16, Rn. 7 ff., S. 258 ff.

590 Vgl. z. B. den Aufbau der Lehrbücher von *Vitzthum, Wolfgang Graf/Proelß, Alexander* (Hrsg): Völkerrecht, 8. Auflage 2019; *Herdegen, Matthias*: Völkerrecht, 18. Auflage 2019.

591 *Herdegen, Matthias*: Völkerrecht, 18. Auflage 2019, Kapitel 5.5, Rn. 20 ff., S. 63 f., dem Nebeneinander verschiedener völkerrechtlicher Teilordnungen folge die Diskussion und die Sorge einer „Fragmentierung" des Völkerrechts. Der geäußerten Sorge einer Fragmentierung des Völkerrechts folgt *Herdegen* nicht. Es müsse beachtet werden, dass das Bewusstsein für die Gesamtschau unterschiedlicher Regelungskomplexe sehr ausgeprägt sei. Die einzelnen sektoralen Regelungsgefüge erscheinen nicht als voneinander insolierte Ordnungen, sondern würden einander durchdringen.

592 Siehe hierzu Kapitel D.II.

in ihrer Präambel ausdrücklich auf die AEMR und stellt damit einen unmittelbaren menschenrechtlichen Bezug her.[593] Zudem enthält die GFK unter anderem in dem Grundsatz des Non-Refoulement Individualrechte, die zum Schutz des Einzelnen, insbesondere zur Wahrung ihrer Menschenrechte, beiträgt.[594] Die GFK hat daher einen klaren menschenrechtlichen Charakter.[595] *Lauterpacht/Bethlehem* und *Hathaway* klassifizieren sie als menschenrechtlichen Vertrag.[596] Auch *Markard* führt aus, dass in der GFK ein Instrument des subsidiären Menschenrechtsschutzes gesehen werden kann, beeinflusst durch das unbestrittene „Menschenrechtsparadigma im Flüchtlingsrecht".[597] *Chetail* führt aus, dass das Flüchtlingsrecht zunächst eine selbständige Entwicklung verfolgte, die jedoch mit der Entwicklung und Ausprägung der Menschenrechte nunmehr von diesen vollständig überlagert wurde.[598]

---

593 *Hathaway, James C.:* The Rights of Refugees under International Law, 2005, Kapitel 1.3.2, S. 53; *Boeles, Pieter/den Heijer, Maarten/Lodder, Gerrie/Wouters, Kees*: European Migration Law, 1. Auflage 2009, Kapitel III.3.1.3, S. 257.

594 *Kneebone, Susan:* Refugees and displaced persons: the refugee definition and ‚humanitarian' protection, in: Joseph, Sarah/McBeth, Adam (Hrsg): Research Handbook on International Human Rights Law, 2010, Kapitel 9.3, S. 220: „The Refugee Convention not only provided an individualised definition of a refugee but also made it clear that it was an instrument for human rights protection.(…) Thus in this context it can be seen that the Refugee Convention is an instrument of human rights protection which was intended to implement the basic right to flee persecution and to seek and enjoy asylum, and to enshrine the right against refoulement or return to a place where ‚life' or ‚freedom' is threatend (Art. 33 (2))."

595 *Lauterpacht, Sir Elihu/Bethlehem, Daniel*: The scope and content of the principle of non-refoulement: Opinion, in: Feller, Erika/Türk, Volker/Nicholson, Frances (Hrsg): Refugee Protection in International Law: UNHCR's Global Consultations on International Protection, 2003, Kapitel II. E, Rn. 49 f., S. 106 f.

596 *Lauterpacht, Sir Elihu/Bethlehem, Daniel*: The scope and content of the principle of non-refoulement: Opinion, in: Feller, Erika/Türk, Volker/Nicholson, Frances (Hrsg): Refugee Protection in International Law: UNHCR's Global Consultations on International Protection, 2003, Kapitel II. E, Rn. 49 f., S. 106 f.; *Hathaway, James C.:* The Rights of Refugees under International Law, 2005, S. 5.

597 *Markard, Nora:* Ein neues Schutzkonzept? Der Einfluss der Menschenrechte auf den internationalen Schutz, ZAR 2/2015, S. 57.

598 *Chetail, Vincent:* Are Refugee Rights Human Rights? An Unorthodox Questioning of the Relations between Refugee Law and Human Rights Law, in: Rubio-Marín, Ruth (Hrsg): Human Rights and Immigration, 2014, S. 22; zustimmend ebenso *Haedrich, Martina:* Völker- und europarechtliche Grundlagen des Menschenrechtsschutzes für Flüchtlinge, in: Oppelland, Torsten (Hrsg): Das Recht auf Asyl im Spannungsfeld von Menschenrechtsschutz und Migrationsdynamik, 1. Auflage 2017, S. 61.

Es sprechen jedoch ebenso Argumente für eine Einteilung des Flüchtlingsrechts als selbständiges Teilrechtsgebiet, das neben dem der Menschenrechte steht und damit den besonderen Umständen, die das Flüchtlingsrecht prägen, gerecht wird. Ein Verständnis des Flüchtlingsrechts, das über die Einteilung als inkorporiertes Menschenrechtsinstrument hinausgeht, kann dem *UNHCR Resettlement Handbook* entnommen werden. Darin heißt es:

> „Refugee rights set out in refugee-specific legal instruments are supplemented by other relevant branches of international law, including international human rights, humanitarian and criminal law. (...) International human rights law is a particularly important complement to international refugee law. The right to seek asylum is recognized as a basic human right set out in the Universal Declaration of Human Rights. International human rights law outlines and elaborates additional rights which should be enjoyed by refugees along with others, thus supplementing international refugee law and defining additional standards."[599]

Danach sind Flüchtlingsrechte in flüchtlingsspezifischen Instrumenten festgelegt. Diese werden durch andere Teilrechtsgebiete des internationalen Rechtssystem ergänzt. Dies lässt sich dergestalt verstehen, dass die Flüchtlingsrechte neben diesen ergänzenden Teilrechtsgebieten des internationalen Rechtssystemen stehen, nicht aber in diese inkorporiert sind. Diesem Verständnis folgen *Kälin/Künzli*, die das internationale Flüchtlingsrecht als eigenständiges, aber menschenrechtlich relevantes Rechtsgebiet kategorisieren.[600] *McAdam* erkennt in der GFK eine „lex specialis" zum Schutz jener Menschen, die internationalen Schutz benötigen.[601] *Wouters* sieht im Flüchtlingsrecht und in den Menschenrechten zwei gleichberechtigte, aber eng verwobene Bereiche des internationalen Rechts.[602]

---

599 *UNHCR*: UNHCR Resettlement Handbook – Division of International Protection, 2011, Kapitel 1.1.2, S. 13 f.

600 *Kälin, Walter/Künzli, Jörg:* Universeller Menschenrechtsschutz – Der Schutz des Individuums auf globaler und regionaler Ebene, 4. Auflage 2019, Kapitel 18.V.1, Rn. 18.63, S. 642; *Crawford, James:* Brownlie's Principles of Public International Law, 9. Auflage 2019, Kapitel 29.3.(A)(iv), S. 617.

601 *Goodwin-Gill, Guy S./McAdam, Jane:* The Refugee in International Law, 3. Auflage 2007, Kapitel 6.5, S. 331 f.

602 *Wouters, Cornelis*: International Refugee and Human Rights Law: Partners in Ensuring International Protection and Asylum, in: Sheeran, Scott/Rodley, Sir Nigel (Hrsg): Routledge Handbook of International Human Rights Law, 2013, Kapitel 14.1, S. 232.

Eine weitere Bestätigung der Selbständigkeit des Flüchtlingsrechts könnte in der Einteilung der Verträge auf der UN-Homepage gesehen werden.[603] Dabei werden die Verträge zum Flüchtlingsrecht als ein eigenständiges Kapitel nach dem Kapitel der menschenrechtlichen Verträge aufgelistet.

3. Das Flüchtlingsrecht als eigenständiges Teilrechtsgebiet

Vorliegend wird die Ansicht vertreten, dass das Flüchtlingsrecht ein eigenständiges völkerrechtliches Teilrechtsgebiet darstellt, das neben dem der Menschenrechte steht, mit diesem aber eng verwoben ist und von diesem ausgeformt wird. Diese Ansicht gründet auf den Argumenten, dass das Flüchtlingsrecht einen abgrenzbaren Lebensbereich darstellt (a), der einen eigenständigen Regelungsbereich umfasst (b). Weiterhin weist die GFK als Grundpfeiler des Flüchtlingsrechts eine eigene Struktur auf, die mit jener sonstiger Menschenrechtsverträge nicht zu vergleichen ist (c).

a. Abgrenzbarer Lebensbereich des Flüchtlingsrechts

Das Flüchtlingsrecht erfasst einen eigenständigen Lebensbereich, der aufgrund seiner spezifischen Umstände im besonderen Maße abgrenzbar zu anderen Lebensbereichen ist. Das Flüchtlingsrecht regelt den spezifischen Lebensbereich von Schutzsuchenden bzw. Menschen in Fluchtsituationen. Das Flüchtlingsrecht und insbesondere seine Entwicklung zeigen das Bemühen auf, diesen Personen einen Rechtsstatus und persönliche Sicherheit zu gewähren, die gezwungen sind, aus ihren Heimatländern zu fliehen und nicht in der Lage sind, sich ein neues Leben anderswo selbständig aufzubauen.[604] Die GFK regelt vornehmlich die Statusbestimmung dieser Individuen.

b. Eigenständiger Regelungsgehalt des Flüchtlingsrechts

Neben dem eigenständigen Lebensbereich besitzt das Flüchtlingsrecht einen eigenständigen Regelungsgehalt, der neben dem anderer völkerrechtlicher Teilgebiete, insbesondere der Menschenrechte, steht.

---

603 Vgl. *United Nations:* Treaty Collection, online abrufbar unter: https://treaties.un.org/Pages/ParticipationStatus.aspx?clang=_en.

604 *Skran, Claudena:* Historical Development of International Refugee Law, in: Zimmermann, Andreas (Hrsg): The 1951 Convention Relating to the Status of Refugees and its 1967 Protocol – A Commentary, 2011, Kapitel A, Rn. 2, S. 6.

Dies verdeutlicht bereits die historische Entwicklung der Flüchtlingsrechte auf der einen und der Menschenrechte auf der anderen Seite.

Das klassische Völkerrecht kannte keinen besonderen subjektiven Schutz der Rechtsstellung von Individuen.[605] Individuen waren nur über das Verbindungsstück der Staatsangehörigkeit in die Struktur der Völkergemeinschaft einbezogen.[606] Ein Rechtsverhältnis des Einzelnen bestand zunächst nur gegenüber ‚seinem Staat'. Der Einzelne unterstand allein der Herrschaftsgewalt seines Heimatstaates, welcher ihm im Gegenzug dafür Schutz gewähren sollte.[607]

Staaten waren und sind nach wie vor bei der Ausgestaltung innerstaatlicher Rechte aufgrund ihrer Souveränität grundsätzlich frei; dies gilt auch und vor allem hinsichtlich Regelungen gegenüber ihren Bürgern und anderen Personen, die sich in ihrem Staatsgebiet befinden und damit ihrer Herrschaftsgewalt unterfallen. Diese Souveränität erfährt jedoch seit jeher völkergewohnheitsrechtliche Beschränkungen hinsichtlich der Regelungsgewalt eines Staates gegenüber Fremden.[608] Beachtliche Grenzen ergaben und ergeben sich nach wie vor aus zwischenstaatlichen Verträgen wie etwa Freundschafts-, Handels- oder Schifffahrtsverträgen; auch der völkergewohnheitsrechtliche Mindeststandard für Ausländer enthält anerkannte Rechte, die zu gewähren sind.[609] Diese Mindeststandards ergaben sich aus dem sogenannten ‚Fremdenrecht', welches die rechtlichen Beziehungen zwischen einem Staat und natürlichen oder juristischen

605 *Kau, Marcel*: Der Staat und der Einzelne als Völkerrechtssubjekt, in: Vitzthum, Wolfgang Graf/Proelß, Alexander (Hrsg): Völkerrecht, 8. Auflage 2019, 3. Abschnitt, Kapitel I.1, Rn. 14, S. 173; *Herdegen, Matthias:* Völkerrecht, 18. Auflage 2019, Kapitel 12, Rn. 1, S. 112 f.; *Kälin, Walter/Künzli, Jörg:* Universeller Menschenrechtsschutz – Der Schutz des Individuums auf globaler und regionaler Ebene, 4. Auflage 2019, Kapitel 1.II.1., Rn. 1.10, S. 6; *Nuscheler, Franz:* Internationale Migration – Flucht und Asyl, 2. Auflage 2004, Kapitel 13.6, S. 196.

606 *Nuscheler, Franz*: Internationale Migration – Flucht und Asyl, 2. Auflage 2004, Kapitel 13.6, S. 196.

607 *Kälin, Walter/Künzli, Jörg*: Universeller Menschenrechtsschutz – Der Schutz des Individuums auf globaler und regionaler Ebene, 4. Auflage 2019, Kapitel 1.II.1, Rn. 1.10, S. 6; *Hobe, Stephan:* Einführung in das Völkerrecht, 10. Auflage 2014, Kapitel 3.1.5, S. 97; *Nuscheler, Franz:* Internationale Migration – Flucht und Asyl, 2. Auflage 2004, Kapitel 13.6, S. 196.

608 *Herdegen, Matthias:* Völkerrecht, 18. Auflage 2019, Kapitel 27, Rn. 1, S. 219.

609 *Kau, Marcel*: Der Staat und der Einzelne als Völkerrechtssubjekt, in: Vitzthum, Wolfgang Graf/Proelß, Alexander (Hrsg): Völkerrecht, 8. Auflage 2019, 3. Abschnitt, Kapitel III.3.a), Rn. 280, S. 289.

Personen, die nicht die Staatsangehörigkeit dieses Staates innehaben, regelte.[610] Zu diesem völkerrechtlich anerkannten Mindeststandard gehören vor allem das Recht auf Rechtsfähigkeit sowie das Recht auf Leben, körperliche Unverletzlichkeit und Sicherheit der Person.[611] Weiterhin haben Staaten Ausländern gewohnheitsrechtliche Gleichheit vor Gesetz und Gericht, einschließlich eines geordneten Verfahrens und rechtlichen Gehörs, zu garantieren.[612] Der fremdenrechtliche Mindeststandard stellte dabei aber kein System vergleichbar den Menschenrechten dar.[613] Bei einer Verletzung dieser Mindeststandards konnte der Heimatstaat dies als Verletzung eigener Rechte (und nicht als Verletzung der Rechte des individuellen Opfers) selbst geltend machen.[614] Dem Schutz des Einzelnen lag nicht die Würde des Einzelnen zugrunde. Er war vielmehr Reflex des Schutzes der Rechte des Staates, dem der Einzelne, dessen Rechte durch einen Hoheitsakt eines fremden Staates verletzt wurden, angehörte.[615]

Der fremdenrechtliche Mindeststandard umfasst in seinem Schutzbereich nur Ausländer, nicht aber Staatsangehörige im jeweils eigenen Land oder Staatenlose.[616] Dies stellt die entscheidende Abgrenzung des Fremdenrechts von den Menschenrechten dar. Denn die universellen Menschenrechte entfalten einen Schutz unabhängig von Staatsangehörigkeit. Die Staatsangehörigkeit ist für den Menschenrechtsschutz irrelevant, da in der Regel jedes Individuum selbst Inhaber dieser Rechte ist; das Fremdenrecht hingegen umfasst den Schutz vor

---

610 *Herdegen, Matthias:* Völkerrecht, 18. Auflage 2019, Kapitel 27, Rn. 1, S. 219; *Kau, Marcel*: Der Staat und der Einzelne als Völkerrechtssubjekt, in: Vitzthum, Wolfgang Graf/Proelß, Alexander (Hrsg): Völkerrecht, 8. Auflage 2019, 3. Abschnitt, Kapitel III.3.a), Rn. 280, S. 289.

611 *Ipsen, Knut:* Völkerrecht, 6. Auflage 2014, 8. Kapitel 38, Rn. 6, S. 856.

612 *Ipsen, Knut:* Völkerrecht, 6. Auflage 2014, 8. Kapitel 38, Rn. 6, S. 856; *Herdegen, Matthias:* Völkerrecht, 18. Auflage 2019, Kapitel 27.1, Rn. 4, S. 220.

613 *Kälin, Walter/Künzli, Jörg:* Universeller Menschenrechtsschutz – Der Schutz des Individuums auf globaler und regionaler Ebene, 4. Auflage 2019, Kapitel 1.II.1., Rn. 1.11, S. 7; *Kokott, Juliane/Doehring, Karl/Buergenthal, Thomas:* Grundzüge des Völkerrechts, 3. Auflage 2003, 9. Kapitel, Rn. 244, S. 112.

614 *Kälin, Walter/Künzli, Jörg:* Universeller Menschenrechtsschutz – Der Schutz des Individuums auf globaler und regionaler Ebene, 4. Auflage 2019, Kapitel 1.II.1, Rn. 1.11, S. 7.

615 *Mahlmann, Matthias:* Konkrete Gerechtigkeit – Eine Einführung in Recht und Rechtswissenschaft der Gegenwart, 4. Auflage 2019, Kapitel 7, Rn. 170, S. 188.

616 *Kälin, Walter/Künzli, Jörg:* Universeller Menschenrechtsschutz – Der Schutz des Individuums auf globaler und regionaler Ebene, 4. Auflage 2019, Kapitel 1.II.1, Rn. 1.11, S. 7; *Herdegen, Matthias:* Völkerrecht, 18. Auflage 2019, Kapitel 27.1, Rn. 5, S. 221.

Verletzungen, die ein Staat geltend machen kann, die einem seiner Staatsangehörigen zugefügt wurden.[617]

Prägend im heutigen Fremdenrecht ist der Eigentumsschutz. *Herdegen* führt dazu aus, dass jenseits dieses Eigentumsschutzes der fremdenrechtliche Mindeststandard dadurch an Bedeutung verloren hat, dass die völkerrechtlichen Standards für Menschenrechte gerade auch mit Wirkung für eigene Staatsangehörige immer weiter ausgebaut worden sind.[618] Es erfolgte eine starke Annäherung dieser beiden Institute, die nach *Herdegen* so weit führte, dass „mittlerweile die Unterschiede zwischen fremdenrechtlichen Mindeststandards und den menschenrechtlichen Gewährleistungen nur noch schwer festzumachen sind", diese sich quasi fast überlagern.[619]

Dem Fremdenrecht und dem Flüchtlingsrecht ist gemein, dass ein Individuum unter der Herrschaftsgewalt eines Staates steht oder in diese eintreten möchte, dessen Staatsbürgerschaft er nicht besitzt. Im Unterschied zum Fremdenrecht ist es dem Flüchtling jedoch nicht möglich, Schutz durch seinen Heimatstaat geltend zu machen.

Zur Zeit des klassischen Völkerrechts war der, der vor ‚seinem Staat' floh oder als Flüchtling staatenlos geworden ist, kein Begünstigter aus völkerrechtlichen Normen.[620] Um diesem Vakuum entgegenzuwirken, wurden die flüchtlingsrechtlichen Regelungen, insbesondere der GFK, in der Folge des zweiten Weltkrieges geschaffen.[621] Im Unterschied zu fremdenrechtlichen Meistbegünstigungsklauseln soll die GFK abgesehen von den spezifischen Bestimmungen keine generelle Vorzugsbehandlung gewähren.[622] Die GFK zielt nicht darauf ab, wie die Menschenrechte ein Mindestmaß an Schutz zu gewähren, sondern sieht gleiche Rechte von Flüchtlingen in den Beziehungen zu bestimmten Personengruppen vor.[623]

---

617 *Kokott, Juliane/Doehring, Karl/Buergenthal, Thomas:* Grundzüge des Völkerrechts, 3. Auflage 2003, 9. Kapitel, Rn. 244, S. 112.

618 *Herdegen, Matthias:* Völkerrecht, 18. Auflage 2019, Kapitel 27.1, Rn. 5, S. 221.

619 *Herdegen, Matthias:* Völkerrecht, 18. Auflage 2019, Kapitel 27.1, Rn. 5, S. 221.

620 *Nuscheler, Franz:* Internationale Migration – Flucht und Asyl, 2. Auflage 2004, Kapitel 13.6, S. 196; *Kimminich, Otto*: Grundprobleme des Asylrechts, 1983, Kapitel II.4, S. 26.

621 Siehe hierzu Kapitel C.II.1.b.

622 *Skordas, Achilles:* Article 7 1951 Convention, in: Zimmermann, Andreas (Hrsg): The 1951 Convention Relating to the Status of Refugees and its 1967 Protocol – A Commentary, 2011, Kapitel E, Rn. 39, S. 728.

623 *Alleweldt, Ralf:* Preamble to the 1951 Convention, in: Zimmermann, Andreas (Hrsg): The 1951 Convention Relating to the Status of Refugees and its 1967 Protocol – A Commentary, 2011, Kapitel E.I.2, Rn. 29, S. 232.

Das Flüchtlingsrecht mit der GFK als Grundpfeiler regelt vornehmlich das Verhältnis des Flüchtlings zum potentiellen Aufnahmestaat und räumt dem Flüchtling dabei eine grundlegende Rechtsposition ein. Nach wie vor ist es grundsätzlich eine souveräne Entscheidung der einzelnen Staaten, ob sie einem Verfolgten Asyl gewähren oder Schutzsuchende aufnehmen.[624] Diese Entscheidungsfreiheit der einzelnen Staaten findet eine besonders wichtige Einschränkung in der GFK.[625]

Die GFK regelt primär statusrechtliche Verpflichtungen der Aufnahmestaaten. Die zentrale Regelung des Flüchtlingsrechts, der Grundsatz des Non-Refoulement, ist in Art. 33 Abs. 1 GFK normiert. In erster Linie begründet diese eine Verpflichtung der Staaten, einen Flüchtling nicht zurückzuweisen.[626] Aus Art. 33 Abs. 1 GFK werden jedoch auch subjektive Rechte des Flüchtlings hergeleitet.[627]

Das Verbot der Zurückweisung ergeht nunmehr nach Entwicklung der Rechtsprechung auch aus menschenrechtlichen Verträgen, insbesondere aus der UN-Anti-Folter-Konvention, dem IPbpR und auf regionaler Ebene aus der EMRK.

Die menschenrechtlichen Bestimmungen, wie die Normen des IPbpR, werden durch Rechtsprechung und Literatur sehr weit ausgelegt. Menschenrechtliche Normen füllen daher oftmals die Regelungen der GFK nicht nur aus, sondern überschneiden sich mit diesen zum Teil. *Chetail* und *Haedrich* vertreten, dass die Flüchtlingsrechte faktisch von den Menschenrechten absorbiert würden.[628]

Bast hingegen versteht in den menschenrechtlichen Bestimmungen zum Schutz von Flüchtlingen eine „subsidiäre Quelle für das Refoulementverbot".[629] Die menschenrechtlichen Refoulement-Verbote seien insofern subsidiär

---

624 *Herdegen, Matthias:* Völkerrecht, 18. Auflage 2019, Kapitel 27.3, Rn. 13, S. 225.

625 *Herdegen, Matthias:* Völkerrecht, 18. Auflage 2019, Kapitel 27.3, Rn. 13, S. 225.

626 *Richter, Dagmar:* Quasi-Asyl als Menschenrecht, ZEuS-Sonderband 2016, Kapitel B.I.1, S. 56; *Herdegen, Matthias:* Völkerrecht, 18. Auflage 2019, Kapitel 27.3, Rn. 13, S. 225.

627 Dazu ausführlich Kapitel D.II.1.

628 *Chetail, Vincent:* Are Refugee Rights Human Rights? An Unorthodox Questioning of the Relations between Refugee Law and Human Rights Law, in: Rubio-Marín, Ruth (Hrsg): Human Rights and Immigration, 2014, S. 22; *Haedrich, Martina:* Völker- und europarechtliche Grundlagen des Menschenrechtsschutzes für Flüchtlinge, in: Oppelland, Torsten (Hrsg): Das Recht auf Asyl im Spannungsfeld von Menschenrechtsschutz und Migrationsdynamik, 1. Auflage 2017, S. 61.

629 *Bast, Jürgen:* Vom subsidiären Schutz zum europäischen Flüchtlingsbegriff, ZAR 2018, S. 43.

zur GFK, als sie nicht an bestimmte Verfolgungsgründe geknüpft seien, die die Flüchtlingseigenschaft begründen.[630] Von dem menschenrechtlichen Refoulement-Verbot werde ein weiterer Personenkreis als von Art. 33 GFK erfasst.[631] Allerdings stünde diesen Schutzberechtigten ein schwächerer Status während des Aufenthaltes zu, da es an einer der GFK vergleichbaren Rechtsgrundlage fehle.[632]

Dies spricht für einen eigenständigen, spezifischen Regelungsbereich des Flüchtlingsrechts, der über den der Menschenrechte hinausgeht.

c. *Eigene Struktur der Genfer Flüchtlingskonvention*

Ein weiteres Indiz zur Abgrenzung des Teilrechtsgebietes des Flüchtlingsrechts vom Teilrechtsgebiet der Menschenrechte ist in der Struktur der GFK zu erkennen. Die GFK enthält, anders als die menschenrechtlichen Konventionen, keinen eigenen Konventions-Ausschuss, der die Einhaltung ihrer Rechtssätze überwacht, noch eine eigene Möglichkeit der Beschwerde.[633] Die GFK ist vor den anderen Menschenrechtskonventionen bereits im Jahr 1951 unterzeichnet worden. Spätere Reformbemühungen scheiterten stets. An der bestehenden Struktur wurde festgehalten.

Aus diesem Festhalten an der Struktur könnte das Verständnis entnommen werden, dass der Flüchtlingsschutz neben den Menschenrechten steht. Auch *McAdam* verdeutlicht nochmals die eigenständige Wichtigkeit der GFK im Rahmen des Flüchtlingsschutzes:

> „The Refugee Convention remains the most comprehensive statement we have of the rights and obligations of refugees, supplemented by international human rights law more generally."[634]

---

630 *Bast, Jürgen*: Vom subsidiären Schutz zum europäischen Flüchtlingsbegriff, ZAR 2018, S. 43.

631 *Bast, Jürgen*: Vom subsidiären Schutz zum europäischen Flüchtlingsbegriff, ZAR 2018, S. 43.

632 *Bast, Jürgen*: Vom subsidiären Schutz zum europäischen Flüchtlingsbegriff, ZAR 2018, S. 43; auch *Markard* weist darauf hin, dass menschenrechtliche Refoulement-Verbote im Unterschied zur GFK keine Statusrechte für den Aufenthalt gewähren, sondern sich auf den Abschiebungs- und Auslieferungsschutz beschränken, *Markard, Nora:* Ein neues Schutzkonzept? Der Einfluss der Menschenrechte auf den internationalen Schutz, ZAR 2/2015, S. 59.

633 *Boeles, Pieter/den Heijer, Maarten/Lodder, Gerrie/Wouters, Kees*: European Migration Law, 1. Auflage 2009, Kapitel III.3.1.26, S. 289.

634 *McAdam, Jane*: The Enduring Relevance of the 1951 Refugee Convention, International Journal of Refugee Law, 2017, Vol. 29, S. 6.

Bei der jüngsten UN-Deklaration aus New York 2016[635] haben die Staaten bekräftigt, dass die GFK die Grundlage des internationalen Flüchtlingsschutzregimes sei.[636] Der Flüchtlingsschutz stehe in enger Verbindung mit internationalen Menschenrechten und dem internationalen Humanitären Recht.[637] Die Stellung des Flüchtlingsschutzes in enger Verbindung mit den internationalen Menschenrechten lässt dabei jedoch den Schluss zu, dass diese selbständig nebeneinanderstehen.

Aus alledem folgt, dass die GFK eine besondere Struktur hat, die sich von der anderer Menschenrechtsverträge abhebt. Es wird der GFK und damit auch dem Flüchtlingsrecht nicht gerecht, sie mit anderen menschenrechtlichen Verträgen und Übereinkünften gleichzustellen, sondern das Flüchtlingsrecht bedarf einer Sonderstellung, indem es neben die Menschenrechte tritt.

Die selbständige Stellung des Flüchtlingsrechts bekräftigt die These *Herdgens* hinsichtlich der Diskussion um die Sorge der Fragmentierung des Völkerrechts:[638] Die einzelnen sektoralen Regelungsgefüge sind keine voneinander isolierten Ordnungen, sondern durchdringen einander.[639] Zu den Beurteilungen von Einzelfällen ist daher eine völkerrechtliche Gesamtschau geboten.[640]

VI. Zwischenfazit

Zusammenfassend sind folgende Feststellungen zu treffen:

- Das Flüchtlingsrecht stellt im System des universellen Völkerrechts ein eigenständiges Teilrechtsgebiet dar, das neben dem der Menschenrechte steht. Damit wird die besondere und individuelle Bedeutung des Flüchtlingsrechts herausgestellt.
- Das Flüchtlingsrecht ist auf universeller Ebene stärker als auf den anderen Ebenen geprägt von Schutzelementen zugunsten der Schutzsuchenden.

635 *UN Generalversammlung:* New York Declaration for Refugees and Migrants, Resolution A/RES/71/1, vom 19. September 2016.

636 *UN Generalversammlung:* New York Declaration for Refugees and Migrants, Resolution A/RES/71/1, vom 19. September 2016, Kapitel IV, Rn. 65, S. 12.

637 *UN Generalversammlung:* New York Declaration for Refugees and Migrants, Resolution A/RES/71/1, vom 19. September 2016, Kapitel IV, Rn. 66, S. 12 f.

638 *Herdegen, Matthias:* Völkerrecht, 18. Auflage 2019, Kapitel 5.5, Rn. 21, S. 64.

639 *Herdegen, Matthias:* Völkerrecht, 18. Auflage 2019, Kapitel 5.5, Rn. 21, S. 64.

640 *Herdegen, Matthias:* Völkerrecht, 18. Auflage 2019, Kapitel 5.5, Rn. 21, S. 64.

Allerdings besteht für die sich daraus ergebenden subjektiven Rechte des Schutzsuchenden nur eine beschränkte, universelle Durchsetzbarkeit.

- Die universelle Normierung des Flüchtlingsrechts, insbesondere hinsichtlich eines hinreichenden Schutzsystems zugunsten der Flüchtlinge, ist veraltet und lückenhaft. Insbesondere fehlen Regelungen hinsichtlich der verbindlichen Zuständigkeit von Staaten für die Bearbeitung von Schutzanträge der Flüchtlinge. Dies bereitet die Grundlage für viele flüchtlingsspezifische, zwischenstaatliche Konflikte.
- Der normative Rahmen des Flüchtlingsrechts in Europa ist geprägt durch die Gesetzgebung der verschiedenen Akteure. Während der Europarat vor allem auf die Wahrung der Menschenrechte und damit auch den Schutz von Schutzsuchenden achtet, stehen im Zentrum der EU-Gesetzgebung zunächst wirtschaftliche Erwägungen sowie Erwägungen hinsichtlich der Funktionalität und internen Sicherheit der Union und ihrer Mitgliedstaaten.
- Gleichwohl verpflichtet sich die EU zur Beachtung internationaler Verpflichtungen zum Schutze der Flüchtlinge, die sich aus der GFK und den Menschenrechten ergeben.
- Die australische Gesetzgebung zentriert sich auf lediglich ein Gesetz, den Migration Act 1958, der auch internationale Verpflichtungen und Menschenrechte erfassen soll. Die Ausgestaltung dieser Verpflichtungen erfüllt jedoch nicht immer das Maß, welches von den universellen Normen in Ansatz gebracht wird.
- In Australien fehlt zudem eine Institution, die explizit für die Gewährung von Menschenrechten steht.

Trotz erheblicher, berechtigter Kritik an der GFK, insbesondere hinsichtlich ihrer mangelnden Fähigkeit, die Problematik des Flüchtlingsrechts der heutigen Zeit spezifisch zu erfassen, stellt diese nach wie vor das normative Fundament des universellen Flüchtlingsrechts dar. Dieses stellt dabei aufgrund seiner bedeutungsvollen Besonderheit der tatsächlichen Umstände, in denen sich Schutzsuchende befinden, ein eigenständiges Teilrechtsgebiet im System des universellen Völkerrechts dar. Diese Stellung neben dem Teilrechtsgebiet der Menschenrechte verdeutlicht, dass die faktische Lage der Schutzsuchenden, die sich bildlich gesprochen zwischen den Schutzbereichen von Staaten befinden, eine besondere Behandlung erfordert. Gleichwohl stellt das universelle Flüchtlingsrecht in seiner derzeitigen Ausgestaltung nach der zutreffenden Beschreibung von

Goodwin-Gill/McAdam „ein unvollständiges Rechtssystem des Schutzes dar, das unvollkommen die Situation abdeckt, die eine Ausnahmesituation sein sollte".[641]

Während das Flüchtlingsrecht auf universeller Ebene insbesondere durch die Ausgestaltung der GFK den Schutz des flüchtenden Individuums forciert, spielen auf regionaler und nationaler Ebene vermehrt Erwägungen zugunsten des Schutzes des souveränen Staates, seiner Funktionalität und seiner inneren Sicherheit und Ordnung mit.

Auf nationaler oder regionaler Ebene sind keine einheitlichen Regelungsstrukturen bezüglich des inner- sowie zwischenstaatlichen Umgangs mit Flucht und Migration zu erkennen. Dies verdeutlicht die Komplexität des Flüchtlingsrechts.

Ziel des Flüchtlingsrechts ist es, einen Ausgleich bzw. eine Vereinbarkeit zwischen zwei grundlegenden Prinzipien zu schaffen, die sich gegenüberstehen: Der Schutz der nationalstaatlichen Souveränität und der Schutz des Individuums.

Die regionale bzw. nationale Ebene lässt im besonderen Maße solche Erwägung zugunsten des Schutzes der Funktionalität und inneren Sicherheit des souveränen Staates erkennen. Der Schutz des einzelnen Schutzsuchenden wird oftmals diesem Schutz der staatlichen Souveränität nachgestellt. Dies liegt daran, dass der auf universeller Ebene normierte Schutz zugunsten der Schutzsuchenden keine verbindliche Verpflichtungsgrundlage auf regionaler bzw. nationaler Ebene schafft. Die Intensität dieser Ausgestaltung des Schutzes zugunsten der Flüchtlinge hängt dabei vom jeweiligen Schutzverständnis der einzelnen Nationalstaaten ab. Dabei zeigt sich ein deutlicher Unterschied dieses Verständnisses in den Regelungen der EU und den Regelungen Australiens.

Während Australien die Umsetzung internationaler Flüchtlings- und Menschenrechte in nationales Recht eher zurückhaltend vornimmt und allein auf die Ausgestaltung dieser Politik durch einfachgesetzliche Gesetzgebung setzt, prägen die universellen Flüchtlings- und Menschenrechte die Rechtsetzung der EU erheblich. Auf jeder Ebene der EU-Gesetzgebung, sei es auf der Primär- oder Sekundärebene, letztere ausgeformt durch die EU-Verordnungen oder Richtlinien, wird auf die grundlegenden Vorgaben der GFK und der UN-Menschenrechtspakte verwiesen. Dazu kommt eine starke menschenrechtliche Ausprägung der Rechtsetzung auf der Ebene des Europarates, in dessen Zentrum die EMRK steht. Die Auslegung und Anwendung der Regelungen der EMRK durch den EGMR bewirken dabei ebenfalls einen spezifischen Schutz

---

641 *Goodwin-Gill Guy S./McAdam, Jane:* The Refugee in International Law, 3. Auflage 2007, Kapitel 1, S. 1.

für Flüchtlinge, die die Gesetzgebung und Maßnahmen auf der Ebene der EU nachhaltig prägen.

Diese enge Bindung der EU an Menschen- und Flüchtlingsrechte mag verbunden sein mit dem Aufkommen von Fluchtbewegungen innerhalb des Gebietes der EU selbst, welche eine starke Solidarität zwischen den Mitgliedstaaten und ihren Staatsangehörigen begründet.

Bereits die normative Ausgestaltung der Rahmenbedingungen für die Implementierung von Steuerungsmechanismen der EU sowie Australiens weichen ersichtlich voneinander ab. Die Gesetzgebung der EU steht unter der rechtlichen Verpflichtung der jederzeitigen Wahrung von Menschen- und damit auch Flüchtlingsrechten. Beim Erlass von Maßnahmen ist ihre Vereinbarkeit mit dem internationalen Recht zu beachten. Die Legislative in Australien ist hinsichtlich des Aspekts der Implementierung von Mechanismen zur Steuerung der Fluchtmigration freier und kann auch bewusst Maßnahmen erlassen, die mit internationalen Verpflichtungen nicht in Einklang zu bringen sind. Erwägungen hinsichtlich der Wahrung von Flüchtlings- und Menschenrechten werden im Rahmen der australischen Gesetzgebung aufgrund politischen bzw. moralischen Einflusses getroffen.

E. Mechanismen

Das vorangegangene Kapitel zeigt die normativen Grundlagen des Flüchtlingsrechts auf. Auf universeller Ebene ist dieses geprägt von Schutzerwägungen zugunsten der Flüchtlinge. Jedoch ist der universelle normative Rahmen bezüglich der tatsächlichen Ausgestaltung des Schutzes nicht hinreichend ergiebig. In erster Linie entscheiden die jeweiligen Nationalstaaten über die Aufnahme und den Schutz von Schutzsuchenden in ihrem Staatsgebiet. Trotz diverser internationaler Verträge stehen ihnen hierbei große Entscheidungsspielräume zu.[642]

Die rechtliche und tatsächliche Ausgestaltung der Aufnahme von Schutzsuchenden steht auf nationaler oder regionaler Ebene der Erwägung nicht unerheblicher wirtschaftlicher Aspekte gegenüber. Die Aufnahme und Unterstützung von Schutzsuchenden sind mit Kosten verbunden, die dem aufnehmenden Staat entstehen. *Oltmer* stellt diesbezüglich treffend fest:

> „Die Bereitschaft, Schutz zu gewähren, war und ist stets ein Ergebnis vielschichtiger Prozesse des gesellschaftlichen Aushandelns zwischen Individuen, kollektiven Akteuren und (staatlichen) Institutionen, die je spezifisch Interessen und Argumente vorbringen."[643]

Sowohl die EU als auch Australien haben das Ermessen, das die universell geltenden Verträge bezüglich der Ausgestaltung des Flüchtlingsrechts den nationalen Staaten überlassen, aufgenommen und mit eigenen Regelungen ergänzt. Neben dem im vorherigen Kapitel aufgezeigten normativen Rahmen haben die EU und Australien eine Reihe an Mechanismen geschaffen, die das regionale bzw. nationale Flüchtlingsrecht ausfüllen und auf der jeweiligen Ebene spezifizieren.

Als ein ‚Mechanismus' wird im Folgenden eine faktische oder rechtliche Maßnahme verstanden, die geeignet oder dazu bestimmt ist, den Umgang mit Schutzsuchenden in tatsächlicher oder rechtlicher Art zu gestalten.

---

642 *Oltmer, Jochen*: Flucht, Vertreibung, Asyl: Gewaltmigration und Aufnahme von Schutzsuchenden im 20. und frühen 21. Jahrhundert, in: Oppelland, Torsten (Hrsg): Das Recht auf Asyl im Spannungsfeld von Menschenrechtsschutz und Migrationsdynamik, 2017, S. 75-111, S. 79.

643 *Oltmer, Jochen*: Flucht, Vertreibung, Asyl: Gewaltmigration und Aufnahme von Schutzsuchenden im 20. und frühen 21. Jahrhundert, in: Oppelland, Torsten (Hrsg): Das Recht auf Asyl im Spannungsfeld von Menschenrechtsschutz und Migrationsdynamik, 2017, S. 75-111, S. 79.

Im Folgenden sollen ausgewählte Mechanismen vorgestellt und in einem Vergleich einander gegenübergestellt werden.

I. Personeller Schutzbereich des Flüchtlingsrechts

Die Begrenzung des Schutz- und Anwendungsbereichs eines normativen Systems ist ein Mechanismus, der für eine Begrenzung der Schutz- und Anspruchsberechtigten sorgt. Soweit der Schutzumfang des Flüchtlingsrechts auf menschenrechtlichen Grundlagen gründet, insbesondere auf den Normen des IPbpR oder der EMRK, erstreckt sich der Schutzbereich unterschiedslos auf alle Menschen. Der menschenrechtliche Flüchtlingsschutz bietet jedoch nur einen begrenzten Schutzrahmen. Aus diesem ergeben sich keine spezifischen Statusrechte speziell der Schutzsuchenden.[644] Diese ergeben sich aus den flüchtlingsspezifischen Normierungen der GFK, des GEAS oder des Migration Act 1958. Diese Gesetze zeigen den Mechanismus der Begrenzung, der durch die Normierung des personellen Schutzbereichs des Flüchtlingsrechts eintritt, auf.

1. Personeller Schutzbereich des universellen Flüchtlingsrechts

Auf universeller Ebene gründet das Flüchtlingsrechtsregime auf der GFK sowie den menschenrechtlichen Verträgen. Während letztere für alle Menschen gleichermaßen gelten, gilt die GFK ausdrücklich nur für ‚Flüchtlinge'. Zentrales Element der Bestimmung eines Flüchtlings ist die Definition in der GFK.

a. Die Flüchtlingsdefinition nach der Genfer Flüchtlingskonvention

Die GFK bestimmt in Art. 1 (A) GFK, für wen die Regelungen und Rechte aus der Konvention Anwendung finden:

> „Im Sinne dieses Abkommens findet der Ausdruck „Flüchtling" auf jede Person Anwendung:
>
> (a) Die in Anwendung der Vereinbarungen vom 12. Mai 1926 und 30. Juni 1928 oder in Anwendung des Abkommens vom 28. Oktober 1933 und 10. Februar 1939 und des Protokolls vom 14. September 1939 oder in Anwendung der Verfassung der Internationalen Flüchtlingsorganisation als Flüchtling gilt. (…)
>
> (b) Die infolge von Ereignissen, die vor dem 1. Januar 1951 eingetreten sind, und aus der begründeten Furcht vor Verfolgung wegen ihrer Rasse, Religion, Nationalität, Zugehörigkeit zu einer bestimmten sozialen Gruppe oder wegen ihrer politischen Überzeugung sich außerhalb des Landes befindet, dessen Staatsangehörigkeit sie

644 Siehe hierzu Kapitel D.II.2.

> besitzt, und den Schutz dieses Landes nicht in Anspruch nehmen kann oder wegen dieser Befürchtungen nicht in Anspruch nehmen will; oder die sich als staatenlose infolge solcher Ereignisse außerhalb des Landes befindet, in welchen sie ihren gewöhnlichen Aufenthalt hatte, und nicht dorthin zurückkehren kann oder wegen der erwähnten Befürchtungen nicht dorthin zurückkehren will."

Eine Person ist ein Flüchtling, sobald sie die in der Definition enthaltenen Kriterien erfüllt. Die formelle Anerkennung der Flüchtlingseigenschaft ist keine Voraussetzung, sondern stellt das Vorliegen der Voraussetzungen fest. Die Anerkennung erfolgt deklaratorisch - aufgrund der Tatsache, dass die Person ein Flüchtling ist.[645]

aa. Entstehung der Flüchtlingsdefinition der Genfer Flüchtlingskonvention

Die ersten Maßnahmen hinsichtlich des Umgangs mit Schutzsuchenden auf universeller Ebene gestalteten sich als ad hoc-Lösungen in unmittelbarer Folge spezifischer Flüchtlingsströme.[646] In Reaktion auf jeweils vorangegangene Verfolgungen von Individuen wurden unterschiedliche Kategorien der Schutzsuchenden gebildet, um die aktuell verfolgten, spezifischen Gruppen aufnehmen zu können.[647] Eine Differenzierung für die Anerkennung als Flüchtling erfolgte aufgrund der Nationalität, des Gebietes, aus welchem die Menschen geflohen waren, sowie aufgrund des Verlusts diplomatischen Schutzes des Heimatstaates.[648] Es entstanden abschließende Kategorien von anerkannten Flüchtlingen, die in den jeweiligen Vereinbarungen oder Abkommen festgehalten wurden, so zum Beispiel in der Vereinbarung vom 12. Mai 1926 oder 30. Juni 1928 oder in den Abkommen vom 28. Oktober 1933 oder vom 10. Februar 1938. Auf diese Vereinbarungen und Abkommen, die eine spezifische Gruppe an Flüchtlingen erfassten, nimmt schließlich Art. 1 (A) Nr. 1 GFK Bezug. Die Subsumtion

---

645 *UNHCR:* Handbuch und Richtlinien über Verfahren und Kriterien zur Feststellung der Flüchtlingseigenschaft, 2011, Rn. 28, S. 10; *Goodwin-Gill, Guy S./McAdam, Jane:* The Refugee in International Law, 3. Auflage 2007, Kapitel 3, S. 51, S. 244; *Boeles, Pieter/den Heijer, Maarten/Lodder, Gerrie/Wouters, Kees*: European Migration Law, 1. Auflage 2009, Kapitel III.3.1.6, S. 262.

646 z. B. Schutzsuchende russischer oder armenischer Abstammung; vgl. hierzu Kapitel C.II.1.a.

647 *Goodwin-Gill, Guy S./McAdam, Jane:* The Refugee in International Law, 3. Auflage 2007, Kapitel 2.2, S. 16.

648 *UNHCR:* Handbuch und Richtlinien über Verfahren und Kriterien zur Feststellung der Flüchtlingseigenschaft, 2011, Rn. 3, S. 5 und Rn. 32 f., S. 11.

des Einzelnen unter die jeweilige Kategorie stellte regelmäßig kein Problem dar.[649] Der Nachweis der betreffenden Nationalität war ausreichend. Allerdings setzte dieses System der abschließenden Kategorien voraus, dass eine vorherige Bestimmung einer jeden einzelnen Kategorie an Schutzsuchenden erfolgte, die die spezifischen Personengruppen als schützenswert erklärten.

Alternativ zu den bisherigen ad hoc-Gruppierungen der Schutzbedürftigen definiert die GFK in Art. 1 (A) Nr. 2 ein individuelles Schutzbedürfnis. Der Flüchtling muss eine begründete Furcht vor Verfolgung vortragen können. Soweit diese nachweislich vorliegt, kennt die GFK keine unterschiedlichen Kategorien – wie zum Beispiel legal oder illegal, würdig (deserving) oder unwürdig (not deserving) – des Flüchtlings.[650]

Angesichts neuer Flüchtlingskrisen in den 1950er und 1960er Jahren erkannte die internationale Staatengemeinschaft, dass es notwendig sei, sowohl den zeitlichen als auch den geographischen Anwendungsbereich der GFK auszuweiten, weshalb das Protokoll über die Rechtstellung der Flüchtlinge vom 31. Januar 1967 (Protokoll 1967) ausgehandelt wurde.[651] Mit diesem Protokoll 1967 wurde die zeitliche und räumliche Beschränkung der Flüchtlingsdefinition des Art. 1 (A) Nr. 2 GFK für diejenigen Staaten aufgehoben, die das Protokoll ratifizierten. Es bildet damit die universelle normative Grundlage für die Definition eines Flüchtlings.

bb. Kritik an der Flüchtlingsdefinition der Genfer Flüchtlingskonvention

Die Definition des Flüchtlings gemäß der GFK ebenso wie die GFK selbst unterliegen immer wieder Kritik.[652]

---

649 *UNHCR:* Handbuch und Richtlinien über Verfahren und Kriterien zur Feststellung der Flüchtlingseigenschaft, 2011, Rn. 3, S. 5.

650 *Crock, Mary/Saul, Ben/Dastyari, Azadeh:* Future Seekers II – Refugees and Irregular Migration in Australia, 2006, Kapitel 1, S. 8.

651 *UNHCR:* Handbuch und Richtlinien über Verfahren und Kriterien zur Feststellung der Flüchtlingseigenschaft, 2011, Rn. 8, S. 6; *Marugg, Michael:* Völkerrechtliche Definitionen des Ausdrucks „Flüchtling", Ein Beitrag zur Geschichte unter besonderer Berücksichtigung sogenannter de-facto-Flüchtlinge, 1990, Kapitel VII.C.1, S. 169 f.

652 *Goodwin-Gill, Guy S./McAdam, Jane:* The Refugee in International Law, 3. Auflage 2007, Kapitel 2.7, S. 48; *Crock, Mary/Saul, Ben/Dastyari, Azadeh:* Future Seekers II – Refugees and Irregular Migration in Australia, 2006, Kapitel 2, S. 22, 24; *Nußberger, Angelika:* Flüchtlingsschicksale zwischen Völkerrecht und Politik – Zur Rechtsprechung des EGMR zu Fragen der Staatenverantwortung in Migrationsfällen, NVwZ 2016, S. 816; *Vrachnas, John/Bagaric, Mirko/Dimopoulos, Penny/Pathinayale, Athula:* Migration and Refugee Law - Principles and Practice in Australia, 3. Auflage 2012,

Die Definition eines Flüchtlings im Sinne der GFK unterliegt der Kritik, sowohl hinsichtlich ihrer Formulierung als auch hinsichtlich ihrer Anwendung durch ihre Konventionsstaaten starr und sehr begrenzt zu sein und damit die sich verändernden Probleme des Flüchtlingsschutzes sowie der Flüchtlingspolitik nicht erfassen zu können.[653] Der von Art. 1 (A) Nr. 2 GFK erfasste Flüchtling wird zuweilen als „politischer Flüchtling" bezeichnet.[654] Er stellt jedoch in der heutigen Zeit nur einen geringen Anteil von geschätzten 10-20 % der Schutzsuchenden dar.[655]

Vrachnas/Bagaric/Dimopoulos/Pathianayake kritisieren, dass die in der GFK aufgezählten Verfolgungsgründe der Rasse, Religion, Nationalität, Zugehörigkeit zu einer sozialen Gruppe oder einer politischen Meinung willkürlich und damit diskriminierend seien.[656] Es gäbe keine relevante Rechtfertigung für die Bevorzugung einer Person, die aufgrund ihrer politischen oder religiösen Überzeugung verfolgt werde, vor einer Person, die aus wirtschaftlichen oder nichtkonventionellen Gründen ernsthaften Schaden erleide.[657]

Kapitel 18.1.3, S. 308; *Weiß, Wolfgang* in: Streinz, Rudolf (Hrsg): EUV/AEUV, 3. Auflage 2018, Art. 78 AEUV Kapitel III.2, Rn. 17, S. 889.

653 *Crock, Mary/Saul, Ben/Dastyari, Azadeh:* Future Seekers II – Refugees and Irregular Migration in Australia, 2006, Kapitel 2, S. 22, 24; *Nußberger, Angelika:* Flüchtlingsschicksale zwischen Völkerrecht und Politik – Zur Rechtsprechung des EGMR zu Fragen der Staatenverantwortung in Migrationsfällen, NVwZ 2016, S. 816; *Nygh, Peter/Blay, Sam:* Refugees, in: Blay, Sam/Piotrowicz, Ryszard/Tsomenyi, Martin (Hrsg): Public International Law – An Australian Perspective, 2. Auflage 2005, Kapitel 12.2.1, S. 291 f.; *Vrachnas, John/Bagaric, Mirko /Dimopoulos, Penny /Pathinayake, Athula*: Migration and Refugee Law - Principles and Practice in Australia, 3. Auflage 2012, Kapitel 18.1, S. 304 ff.

654 *Kau, Marcel*: Der Staat und der Einzelne als Völkerrechtssubjekt, in: Vitzthum, Wolfgang Graf/Proelß, Alexander (Hrsg): Völkerrecht, 8. Auflage 2019, 3. Abschnitt, Kapitel III.4.a), Rn. 298, S. 297 f.; *Hobe, Stephan*: Einführung in das Völkerrecht, 10. Auflage 2014, Kapitel 11.5, S. 441; vgl. dazu zum Beispiel das deutsche Asylverständnis auf Grundlage des Grundgesetzes, das in Art. 16a Abs. 1 GG vorsieht, dass politisch Verfolgte Asylrecht genießen.

655 *Hobe, Stephan*: Einführung in das Völkerrecht, 10. Auflage 2014, Kapitel 11.5, S. 441.

656 *Vrachnas, John/Bagaric, Mirko /Dimopoulos, Penny /Pathinayake, Athula*: Migration and Refugee Law - Principles and Practice in Australia, 3. Auflage 2012, Kapitel 18.1, S. 304 ff.

657 *Vrachnas, John/Bagaric, Mirko /Dimopoulos, Penny /Pathinayake, Athula*: Migration and Refugee Law - Principles and Practice in Australia, 3. Auflage 2012, Kapitel 18.1.2, S. 307 f.

Die Definition des Flüchtlingsbegriffs der GFK eröffnet jedoch auch Raum für Interpretation.[658] Die Konvention wird in erster Linie von ihren Vertragsstaaten ausgelegt und interpretiert.[659] Soweit ein Streitfall zwischen den Vertragsstaaten über die Auslegung oder Anwendung der Regelungen der GFK aufkommt, kann dieser dem Internationalen Gerichtshof (IGH) in Den Haag vorgelegt werden, Art. 38 GFK. Eine solche Vorlage vor den IGH ist jedoch bis zum heutigen Zeitpunkt nie erfolgt.[660] Derzeit gibt es keine universelle Autorität, die eine letztverbindliche Auslegung des Flüchtlingsbegriffs vorgibt.[661] Der UNHCR erarbeitete über die Jahre Leitlinien zur Auslegung und Anwendung der GFK. Diese haben jedoch keine bindende Wirkung.

Ein aktueller Streitpunkt um die Auslegung und Interpretation der Flüchtlingsdefinition der GFK ist die Anerkennung von ‚Klimaflüchtlingen'. Das Oberste Gericht Neuseelands ließ dazu in einem Urteil aus dem Jahr 2015 erkennen, dass es nicht grundsätzlich ausschließe, dass Klimaumstände auch Gründe für Flucht mit der Folge von Schutzansprüchen begründen können.[662] Der UN-Menschenrechtsausschuss, der mit dieser Sache im Anschluss betraut wurde, hat diese Ansicht des nationalen Gerichts bekräftigt und ausgeführt, dass Klimaumstände dazu führen können, dass Individuen in ihren Rechten aus Art. 6 oder 7 IPbpR verletzt werden können, was zu einer Non-Refoulement Pflicht für Staaten führen kann.[663]

Eine verbindliche Anerkennung von Klimaflüchtlingen im Sinne bzw. im Regelungsbereich der GFK erfolgte bis zum derzeitigen Zeitpunkt dagegen nicht.

---

658 *Einarsen, Terje:* Drafting History of the 1951 Convention and the 1967 Protocol, in: Zimmermann, Andreas (Hrsg): The 1951 Convention Relating to the Status of Refugees and its 1967 Protocol – A Commentary, 2011, Kapitel C.III.1, Rn. 24, S. 49.

659 *Boeles, Pieter/den Heijer, Maarten/Lodder, Gerrie/Wouters, Kees*: European Migration Law, 1. Auflage 2009, Kapitel III.3.1.4, S. 257.

660 *Boeles, Pieter/den Heijer, Maarten/Lodder, Gerrie/Wouters, Kees*: European Migration Law, 1. Auflage 2009, Kapitel III.3.1.4, S. 257.

661 *Einarsen, Terje:* Drafting History of the 1951 Convention and the 1967 Protocol, in: Zimmermann, Andreas (Hrsg): The 1951 Convention Relating to the Status of Refugees and its 1967 Protocol – A Commentary, 2011, Kapitel C.III.1, Rn. 24, S. 49.

662 Supreme Court of New Zealand: Ioane Teitiota v. The Chief Executive of the Ministry of Business, Innovation and Employment, [2015] NZSC 107, vom 20. Juli 2015, Rn. 13.

663 *UN International Covenant on Civil and Political Rights – Human Rights Committee:* Views adopted by the Committee under Article 5(4) of the Optional Protocol, concerning communication No 2728/2016, CCPR/C/127/D/2728/2016 vom 07. Januar 2020 (Ioane Teitiota und Neuseeland), Rn. 9.11.

b. Erweiterte Auslegung durch den UNHCR

Auch wenn sich die normative Gestaltung der Flüchtlingsdefinition in der GFK nicht änderte, so zeigt die Erweiterung des Mandats des UNHCR ein verändertes Verständnis bezüglich international Schutzbedürftiger auf.

Die originäre Zuständigkeit des UNHCR ist in der Satzung des UNHCR in Kapitel II Ziffer 6 festgelegt:

> „Die Zuständigkeit des Hohen Kommissars erstreckt sich auf:
>
> A. (1) jede Person, die auf Grund der Abkommen vom 12. Mai 1926 und 30. Juni 1928 oder der Konventionen vom 28. Oktober 1933 und 10. Februar 1938, des Protokolls vom 14. September 1939 oder der Verfassung der Internationalen Flüchtlingsorganisation als Flüchtling gilt.
>
> (2) jede Person, die sich infolge von Ereignissen, die vor dem 1. Januar 1951 eingetreten sind, und aus begründeter Furcht vor Verfolgung wegen ihrer Rasse, Religion, Nationalität oder wegen ihrer politischen Meinung außerhalb des Landes befindet, dessen Staatsangehörigkeit sie besitzt, und nicht im Stande oder, infolge dieser Furcht oder aus anderen Gründen als persönlichem Belieben, nicht gewillt ist, den Schutz dieses Landes in Anspruch zu nehmen, oder jede Person, die nicht im Besitz einer Staatsangehörigkeit ist und sich außerhalb des Landes ihres früheren gewöhnlichen Aufenthaltes befindet und die nicht im Stande oder, infolge dieser Furcht oder aus anderen Gründen als persönlichem Belieben, nicht gewillt ist, dorthin zurückzukehren.
>
> (...)
>
> B. Jede andere Person, die sich außerhalb des Landes befindet, dessen Staatsangehörigkeit sie besitzt, oder die, ohne im Besitz einer Staatsangehörigkeit zu sein, sich außerhalb des Landes ihres früheren gewöhnlichen Wohnsitzes befindet, weil sie begründete Furcht vor Verfolgung wegen ihrer Rasse, Religion, Staatsangehörigkeit oder politischen Meinungen hat oder hatte, und nicht im Stande oder wegen dieser Furcht nicht gewillt ist, den Schutz dieser Regierung des Landes in Anspruch zu nehmen, dessen Staatsangehörigkeit sie besitzt, oder, wenn sie keine Staatsangehörigkeit besitzt, in das Land ihres früheren gewöhnlichen Wohnsitzes zurückzukehren."

Schutzsuchende, die die Kriterien des Status des UNHCR erfüllen, werden regelmäßig als ‚Mandatsflüchtlinge' bezeichnet.[664] Diese Mandatsflüchtlinge unterfallen dem Schutzmandat des UNHCR ungeachtet der Tatsachen, ob sie sich in einem Vertragsstaat der GFK befinden oder ob sie vom Gastland als Flüchtlinge

664 *UNHCR:* Handbuch und Richtlinien über Verfahren und Kriterien zur Feststellung der Flüchtlingseigenschaft, 2011, Rn. 16, S. 7; *Goodwin-Gill, Guy. S./McAdam, Jane:* The Refugee in International Law, 3. Auflage 2007, Kapitel 3.1, S. 52.

anerkannt werden.[665] Die Definition überschneidet sich mit der Definition des Flüchtlings der GFK, ist jedoch nicht deckungsgleich.[666]

Eine Reihe an Beschlüssen der UN-Generalversammlung hat das Schutzmandat des UNHCR im Laufe seiner Tätigkeit schließlich schrittweise erweitert.[667] In Anerkennung der Tatsache, dass es weitere Kategorien an schutzbedürftigen Individuen gibt, erweiterte der UNHCR sein Mandat auf Personen, die vor bewaffneten Konflikten oder schweren Störungen der öffentlichen Ordnung außer Landes fliehen.[668] Insbesondere bezüglich Fluchtproblematiken in Afrika erbringt der UNHCR nicht mehr nur Hilfsmaßnahmen für Mandatsflüchtlinge, sondern ebenso für Flüchtlinge dieses erweiterten Mandatsrahmens. Die Erweiterung des Mandates des UNHCR führte jedoch weder zu einer Änderung des rechtlichen Flüchtlingsbegriffes noch zu einer grundsätzlichen Erweiterung der Anwendung der GFK auf Schutzsuchende außerhalb der Definition in Art. 1 (A) GFK. Der Flüchtlingsbegriff erfährt vielmehr eine Spaltung im Anwendungsbereich des UNHCR.[669] Die erweiterte Mandatierung des UNHCR entfaltet auch keine weiteren Verpflichtungen der Staaten zur Aufnahme von Schutzsuchenden; es handelt sich um Hilfeleistungen, die ein Staat nach seinen Erfordernissen einschränken oder von Bedingungen wie finanzieller Unterstützung durch Staaten oder Übernahmeerklärungen abhängig machen kann.[670]

---

665 *UNHCR:* Handbuch und Richtlinien über Verfahren und Kriterien zur Feststellung der Flüchtlingseigenschaft, 2011, Rn. 16, S. 7.

666 Siehe dazu Fußnote 134.

667 *Nuscheler, Franz*: Internationale Migration – Flucht und Asyl, 2. Auflage 2004, Kapitel 13.5, S. 195; *Marugg, Michael:* Völkerrechtliche Definitionen des Ausdruckes „Flüchtling“, Ein Beitrag zur Geschichte unter besonderer Berücksichtigung sogenannter de-facto-Flüchtlinge, 1990, Kapitel VII.B., S. 151; *Goodwin-Gill, Guy S./McAdam, Jane*: The Refugee in International Law, 3. Auflage 2007, Kapitel 2.3.2, S. 23 ff.

668 *Richter, Dagmar*: Quasi-Asyl als Menschenrecht, ZEuS-Sonderband 2016, Kapitel B.I.2, S. 57; *Nuscheler, Franz*: Internationale Migration – Flucht und Asyl, 2. Auflage 2004, Kapitel 13.5, S. 195; *Aleinikoff, T. Alexander:* The mandate of the Office of the United Nations High Commissioner for Refugees, in: Chetail, Vincent/Bauloz, Céline (Hrsg): Research Handbook on International Law and Migration, 2014, Kapitel 2.1.1, S. 395 ff.

669 *Nuscheler, Franz:* Internationale Migration – Flucht und Asyl, 2. Auflage 2004, Kapitel 13.5, S. 195.

670 *Kau, Marcel*: Der Staat und der Einzelne als Völkerrechtssubjekt, in: Vitzthum, Wolfgang Graf/Proelß, Alexander (Hrsg): Völkerrecht, 8. Auflage 2019, 3. Abschnitt, Kapitel III.4.a), Rn. 300, S. 299.

Auch regionale Flüchtlingsschutzbestrebungen gründen sich auf die GFK, ergänzen diese jedoch ausdrücklich sowohl im normativen Anwendungsbereich als auch im tatsächlichen Umfang des Schutzes.[671]

Besondere Beispiele sind die Konvention der Organisation für Afrikanische Einheit zur Regelung der Probleme von Flüchtlingen in Afrika (OAU-Konvention) vom 10. September 1969[672] und die lateinamerikanische Erklärung von Cartagena über Flüchtlinge vom 22. November 1984. Die OAU-Konvention erweitert den Flüchtlingsbegriff der GFK, der in Art. I Abs. 1 OAU-Konvention übernommen wurde, um folgenden Absatz 2:

> „Der Begriff ‚Flüchtling' gilt auch für jede Person, die aufgrund von äußerer Aggression, Okkupation, ausländischer Vorherrschaft oder Ereignissen, die ernsthaft die öffentliche Ordnung stören, sei es in ihrem gesamten Herkunftsland oder einem Teil davon oder in dem Land, dessen Staatsangehörigkeit sie besitzt, gezwungen ist, den Ort, an dem sie für gewöhnlich ihren Wohnsitz hatte, zu verlassen, um an einem anderen Ort außerhalb ihres Herkunftslandes oder des Landes, dessen Staatsangehörigkeit sie besitzt, Zuflucht zu nehmen."

Die universelle Ebene bleibt daher bezüglich einer normativen Entwicklung des personellen Anwendungsbereichs hinter der Entwicklung auf einigen regionalen Ebenen zurück.

2. Personeller Schutzbereich des Flüchtlingsrechts der Europäischen Union

Die EU gründet die Gestaltung ihres Flüchtlingsrechts grundsätzlich auf die GFK und ihre Regelungen.[673] Dies erfasst auch die Definition des Flüchtlingsbegriffs und damit die Flüchtlingseigenschaft.[674] Im Unterschied zur GFK kommt

---

671 *UNHCR:* Richtlinie zum Internationalen Schutz Nr. 12; Anträge auf Anerkennung der Flüchtlingseigenschaft im Zusammenhang mit bewaffneten Konflikten und Gewalt gemäß Artikel 1 A (2) des Abkommens von 1951 bzw. dem Protokoll von 1967 über die Rechtsstellung der Flüchtlinge und den regionalen Flüchtlingsdefinitionen, vom 2. Dezember 2016, HCR/GIP/16/12, S. 3; *Goodwin-Gill, Guy S./McAdam, Jane:* The Refugee in International Law, 3. Auflage 2007, Kapitel 2.5, S. 37.

672 Konvention der Organisation für Afrikanische Einheit zur Regelung der Probleme von Flüchtlingen in Afrika (OAU-Konvention) vom 10. September 1969, online abrufbar in deutscher Sprachfassung unter: https://www.humanrights.ch/cms/upload/pdf/070629_OAU_Flchtlingskonvention.pdf.

673 Siehe hierzu Kapitel D.III.2.

674 *Richter, Dagmar:* Quasi-Asyl als Menschenrecht, ZEuS-Sonderband 2016, Kapitel E.II.2, S. 83.

die Normierung des Schutzumfangs für Flüchtlinge im Geltungsbereich der EU der Kritik nach, dass die Definition der GFK zu eng sei. Die EU entwickelte einen Schutzstatus des ‚internationalen Schutzes'. Dieser ist bezüglich der Voraussetzungen für die Feststellung als Flüchtling oder subsidiär Schutzberechtigter großzügiger als die der GFK.[675]

a. Entwicklung des europäischen Schutzbereichs des internationalen Schutzes

Zunächst bestand auf europäischer Ebene eine abgrenzende Systematik verschiedener Flüchtlingsbegriffe, welche jeweils verschiedene Schutzumfänge erfassten.

Im Vertrag zur Gründung der Europäischen Gemeinschaft (EG-Vertrag) in der Fassung des Vertrags von Amsterdam fand sich auf primärrechtlicher Ebene eine Differenzierung zwischen Flüchtlingen nach den Voraussetzungen der GFK, Art. 63 Nr. 1 EG-Vertrag, und anderen schutzbedürftigen Personen, Art. 62 Nr. 2 EG-Vertrag.[676] Art. 63 EG-Vertrag normierte:

> „Der Rat beschließt gemäß dem Verfahren des Artikel 67 innerhalb eines Zeitraums von fünf Jahren nach Inkrafttreten des Vertrages von Amsterdam
> (a) in Übereinstimmung mit dem Genfer Abkommen vom 28. Juli 1951 und dem Protokoll vom 31. Januar 1967 über die Rechtsstellung der Flüchtlinge sowie einschlägigen anderen Verträgen Asylmaßnahmen in folgenden Bereichen:
> a. Kriterien und Verfahren zur Bestimmung des Mitgliedstaats, der für die Prüfung eines Asylantrags zuständig ist, den ein Staatsangehöriger eines dritten Landes in einem Mitgliedstaat gestellt hat;
> b. Mindestnormen für die Aufnahme von Asylbewerbern in den Mitgliedstaaten;
> c. Mindestnormen für die Anerkennung von Staatsangehörigen dritter Länder als Flüchtlinge;
> d. Mindestnormen für die Verfahren in den Mitgliedstaaten zur Zuerkennung oder Aberkennung der Flüchtlingseigenschaft;
> (b) Maßnahmen in Bezug auf Flüchtlinge und vertriebene Personen in folgenden Bereichen:
> a. Mindestnormen für den vorübergehenden Schutz von vertriebenen Personen aus dritten Ländern, die nicht in ihr Herkunftsland zurückkehren können, und von Personen, die anderweitig internationalen Schutz benötigen;

---

675 *Hailbronner, Kay/Thym, Daniel:* Legal Framework for EU Asylum Policy, in: Hailbronner, Kay/Thym, Daniel (Hrsg): EU Immigration and Asylum Law – A Commentary, 2. Auflage 2016, Part D.I. Asylum, Kapitel I.1, Rn. 5, S. 1026.

676 *Bast, Jürgen*: Vom subsidiären Schutz zum europäischen Flüchtlingsbegriff, ZAR 2018, S. 42.

b. Förderung einer ausgewogenen Verteilung der Belastungen, die mit der Aufnahme von Flüchtlingen und vertriebenen Personen und den Folgen dieser Aufnahme verbunden sind, auf die Mitgliedstaaten (…)."

Der Flüchtlingsschutz auf Grundlage der GFK umfasste Mindestnormen bezüglich der Aufenthalts-, Familiennachzugs- und Sozialrechte. Er war begrenzt für Individuen, die die Voraussetzung der Flüchtlingsdefinition der GFK erfüllten.[677] Daneben stand der Flüchtlingsschutz des Abs. 2, der sich auf Menschenrechte gründete. Der menschenrechtliche Flüchtlingsschutz war nicht an die Definitionsvoraussetzungen der GFK gebunden, enthielt aber auch lediglich den Schutz vor Abschiebung ohne Ansprüche für die Schutzsuchenden auf Aufenthaltstitel sowie Mindestnormen bezüglich einer reinen Existenzsicherung ohne soziale Teilhaberechte.[678] Er entwickelte sich vor allem aus dem Grundsatz des Non-Refoulement, entsprechend der Rechtsprechung des EGMR zur externen Wirkung des Folterverbots nach Art. 3 EMRK.[679] Der personelle Schutzbereich auf dieser menschenrechtlichen Grundlage ist dabei weiter als der auf Grundlage der GFK. Denn die Vorschriften der EMRK schützen alle Personen, die sich im Jurisdiktionsbereich des Mitgliedstaates befinden, ohne dabei die spezifischen Voraussetzungen der GFK erfüllen zu müssen.[680] Dieser subsidiäre Schutz, der neben dem Schutz auf Grundlage der GFK bestand, war zunächst als temporärer Schutz angelegt und folgte keiner zwingenden völkerrechtlichen Vorgabe.[681]

Mit dem Vertrag von Lissabon wurde das GEAS begründet. Die gemeinsame Asylpolitik der EU erfasste nicht mehr nur die Bereiche Asyl und

---

677 *Stern, Joachim/Tohidipur, Timo:* Migration von Drittstaatsangehörigen, in: von Arnauld, Andreas (Hrsg): Europäische Außenbeziehungen, Enzyklopädie Europarecht, 1. Auflage 2014, Kapitel 14.B.III.3, Rn. 80, S. 813.

678 *Frings, Dorothee:* Flüchtlinge als Rechtssubjekte oder als Objekte gesonderter Rechte, in: Ghaderi, Cinur/Eppenstein, Thomas (Hrsg.): Flüchtlinge – Multiperspektivische Zugänge, 2017, S. 100.

679 *Stern, Joachim/Tohidipur, Timo:* Migration von Drittstaatsangehörigen, in: von Arnauld, Andreas (Hrsg): Europäische Außenbeziehungen, Enzyklopädie Europarecht, 1. Auflage 2014, Kapitel 14.B.III.3, Rn. 80, S. 813; *Löhr, Tillmann:* Die Qualifikationsrichtlinie: Rückschritt hinter internationalen Standards?, in: Hofmann, Rainer/Löhr, Tillmann (Hrsg): Europäisches Flüchtlings- und Einwanderungsrecht – Eine kritische Zwischenbilanz, 2008, S. 87.

680 *Boeles, Pieter/den Heijer, Maarten/Lodder, Gerrie/Wouters, Kees*: European Migration Law, 1. Auflage 2009, Kapitel III.3.2.1, S. 291.

681 *Bast, Jürgen*: Vom subsidiären Schutz zum europäischen Flüchtlingsbegriff, ZAR 2018, S. 41.

vorübergehender Schutz, sondern auch Regelungen hinsichtlich des subsidiären Schutzes, Art. 78 Abs. 1 AEUV.[682] Ein neuer Rahmen des internationalen Schutzes für Schutzsuchende wurde gebildet, der sich aus dem Schutz der GFK und dem in der EU begründeten subsidiären Schutz zusammensetzt.[683]

Die Umsetzung der neuen Politikkompetenz der EU erfolgte zunächst mit der alten Richtlinie 2004/83/EG (Qualifikationsrichtlinie), mit welcher die europäische Schutzkategorie des subsidiären Schutzes geschaffen wurde.[684] Im Rahmen der zweiten Welle der Anpassung des europäischen Asylsystems wurde diese alte Qualifikationsrichtlinie von der neuen Richtlinie 2011/95/EU (Qualifikationsrichtlinie) abgelöst.

b. Ausgestaltung des personellen Schutzbereichs in der Europäischen Union

Der personelle Schutzbereich des EU-Flüchtlingsrechts wird durch die Richtlinie 2011/95/EU (Qualifikationsrichtlinie) normiert. Die Richtlinie enthält Bestimmungen für die zwei unterschiedlichen Schutzsysteme, beruhend zum einen auf der Flüchtlingseigenschaft entsprechend der GFK, zum anderen auf dem subsidiären Schutzstatus, die zusammen den ‚internationalen Schutz' bilden.[685] Der subsidiäre Schutz ergänzt nachrangig den Schutz der GFK.[686] Allerdings bleibt der Schutzumfang des subsidiären Schutzes hinsichtlich der Dauer des Aufenthaltsrechts sowie dem Recht der Familienzusammenführung gemäß Art. 24 RL

---

682 *Bast, Jürgen*: Vom subsidiären Schutz zum europäischen Flüchtlingsbegriff, ZAR 2018, S. 41.

683 *Weiß, Wolfgang* in: Streinz, Rudolf (Hrsg): EUV/AEUV, 3. Auflage 2018, Art. 78 AEUV Kapitel III.2, Rn. 17, S. 889.

684 Vgl. *Frings, Dorothee:* Flüchtlinge als Rechtssubjekte oder als Objekte gesonderter Rechte, in: Ghaderi, Cinur/Eppenstein, Thomas (Hrsg): Flüchtlinge – Multiperspektivische Zugänge, 2017, S. 100.

685 EuGH, Urteil: (Ahmed vs. Bevándorlási és Menekültügyi Hivatal), C-369/17, vom 13. September 2018, Rn. 38; *Dörig, Harald:* Asylum Qualification Directive 2011/95/EU (Articles 1-10) in: Hailbronner, Kay/Thym, Daniel (Hrsg): EU Immigration and Asylum Law – A Commentary, 2. Auflage 2016, Part D.III. Asylum, Kapitel Art. 2, Rn. 4 S. 1122.

686 Erwägungsgründe (6) und (33), RL 2011/95/EU; *Hailbronner, Kay/Thym, Daniel:* Legal Framework for EU Asylum Policy, in: Hailbronner, Kay/Thym, Daniel (Hrsg): EU Immigration and Asylum Law – A Commentary, 2. Auflage 2016, Part D.I. Asylum, Kapitel II.2, Rn. 15, S. 1032.

2011/95/EU (Qualifikationsrichtlinie) hinter dem originären Flüchtlingsschutz auf Grundlage der GFK zurück.[687]

Die Richtlinie liefert umfassende Definitionen, wer Flüchtling und wer subsidiär Schutzberechtigter ist und mithin in den Anwendungsbereich fällt.

Art. 2d) RL 2011/95/EU (Qualifikationsrichtlinie) definiert einen Flüchtling als

> „einen Drittstaatsangehörigen, der aus der begründeten Furcht vor Verfolgung wegen seiner Rasse, Religion, Nationalität, politischen Überzeugung oder Zugehörigkeit zu einer bestimmten sozialen Gruppe sich außerhalb des Landes befindet, dessen Staatsangehörigkeit er besitzt, und den Schutz dieses Landes nicht in Anspruch nehmen kann oder wegen dieser Furcht nicht in Anspruch nehmen will, oder einen Staatenlosen, der sich aus denselben vorgenannten Gründen außerhalb des Landes seines vorherigen gewöhnlichen Aufenthaltes befindet und nicht dorthin zurückkehren kann oder wegen dieser Furcht nicht dorthin zurückkehren will und auf den Artikel 12 keine Anwendung findet".

Abweichend von der Definition der GFK kann nach der Richtlinie 2011/95/EU (Qualifikationsrichtlinie) nicht jedermann den Flüchtlingsstatus erreichen, sondern nur Angehörige von Drittstaaten, also Staaten, die nicht Mitglied der EU sind. Angehörige anderer EU-Mitgliedstaaten können die Flüchtlingsdefinition der Richtlinie nicht ausfüllen.

Eine Person mit Anspruch auf subsidiären Schutz definiert Art. 2f) RL 2011/95/EU (Qualifikationsrichtlinie) als

> „einen Drittstaatsangehörigen oder einen Staatenlosen, der die Voraussetzungen für die Anerkennung als Flüchtling nicht erfüllt, der aber stichhaltige Gründe für die Annahme vorgebracht hat, dass er bei einer Rückkehr in sein Herkunftsland oder, bei einem Staatenlosen, in das Land seines vorherigen gewöhnlichen Aufenthalts tatsächlich Gefahr liefe, einen ernsthaften Schaden im Sinne des Artikel 15 zu erleiden, und auf den Artikel 17 Absätze 1 und 2 keine Anwendung findet und der den Schutz dieses Landes nicht in Anspruch nehmen kann oder wegen dieser Gefahr nicht in Anspruch nehmen will".

Die Definition des subsidiär Schutzberechtigten ist eine spezifische Ausgestaltung des EU-Gesetzgebers, da dieser Schutzbereich keine universelle Grundlage hat.[688] Diese Autonomie des subsidiären Schutzes nach EU-Recht hat unter anderem die Wirkung, dass die EU-Gesetzgebung internationalen Schutz in

---

687 Hierzu *Dörig, Harald/Langenfeld, Christine:* Massenzustrom erfordert EU-Zuständigkeit für Asylverfahren, NJW 2016, S. 1-5.

688 *Hailbronner, Kay/Thym, Daniel:* Legal Framework for EU Asylum Policy, in: Hailbronner, Kay/Thym, Daniel (Hrsg): EU Immigration and Asylum Law – A Commentary, 2. Auflage 2016, Part D.I. Asylum, Kapitel II.2, Rn. 20, S. 1034.

Situationen unterhalb der Schwelle der Menschenrechtsverpflichtung vorsehen kann.[689]

Ebenfalls wie auf der universellen Ebene ist die Feststellung der Flüchtlingseigenschaft lediglich ein deklaratorischer Akt.[690] Gemäß Art. 13 und Art. 18 RL 2011/95/EU (Qualifikationsrichtlinie) erkennen die Mitgliedstaaten einem Drittstaatsangehörigen oder einem Staatenlosen, der die Voraussetzungen der Richtlinie erfüllt, die Flüchtlingseigenschaft sowie den Status als subsidiär Schutzberechtigtem zu.

Aus den Erwägungsgründen der Richtlinie ergibt sich weiterhin, dass der Unionsgesetzgeber einen grundsätzlich einheitlichen Status für alle Personen, denen internationaler Schutz gewährt wird, einführen möchte.[691] Begründet wird dies damit, dass die EU-Grundrechtecharta einen weiteren Schutz, der über den der GFK hinausgeht, fordert. Die Richtlinie 2011/95/EU (Qualifikationsrichtlinie) begründet dabei allerdings nur eine Mindestharmonisierung. Die Mitgliedstaaten haben weiterhin die Befugnis, günstigere Regelungen für Drittstaatsangehörige oder Staatenlose, die um internationalen Schutz in einem Mitgliedstaat ersuchen, einzuführen oder beizubehalten, wenn ein solcher Antrag als mit der Begründung gestellt verstanden wird, dass der Betreffende entweder ein Flüchtling im Sinne von Art. 1 (A) GFK oder eine Person mit Anspruch auf subsidiären Schutz ist.[692]

Im Unterschied zur GFK enthält die Richtlinie 2011/95/EU (Qualifikationsrichtlinie) für die Mitgliedstaaten verbindliche Auslegungsvorgaben.[693] Es soll ein EU-weit einheitliches Verständnis des internationalen Schutzes entwickelt und angewandt werden.

---

689 *Hailbronner, Kay/Thym, Daniel:* Legal Framework for EU Asylum Policy, in: Hailbronner, Kay/Thym, Daniel (Hrsg): EU Immigration and Asylum Law – A Commentary, 2. Auflage 2016, Part D.I. Asylum, Kapitel II.2, Rn. 20, S. 1035.

690 Erwägungsgrund (21), RL 2011/95/EU (Qualifikationsrichtlinie).

691 Erwägungsgründe (8), (9) und (39), RL 2011/95/EU (Qualifikationsrichtlinie); EuGH, Urteil: (Kreis Warendorf vs. Alo und Osso vs. Region Hannover), C-443/14 und C-444/14, vom 1. März 2016, Rn. 31 f.; EuGH, Urteil: (Ahmed vs. Bevándorlási és Menekültügyi Hivatal), C-369/17, vom 13. September 2018, Rn. 42; *Dörig, Harald:* Asylum Qualification Directive 2011/95/EU (Articles 1-10) in: Hailbronner, Kay/Thym, Daniel (Hrsg): EU Immigration and Asylum Law – A Commentary, 2. Auflage 2016, Part D.III. Asylum, Kapitel Art. 1, Rn. 1, S. 1115.

692 Erwägungsgrund (14), RL 2011/95/EU (Qualifikationsrichtlinie).

693 Siehe hierzu insbesondere Art. 9 und 10 der Qualifikationsrichtlinie.

Neben diesem Schutzbereich des internationalen Schutzes aus der Richtlinie 2011/95/EU (Qualifikationsrichtlinie) kennt das Schutzsystem der EU noch das Institut der vorübergehenden Schutzgewährung im Falle eines Massenzustroms. In der Richtlinie 2001/55/EG[694] aus dem Jahr 2001 werden Mindestnormen für die Gewährung vorübergehenden Schutzes im Falle eines Massenzustroms definiert. Insbesondere für Kriegsflüchtlinge soll damit eine Schutzmöglichkeit geschaffen werden, ohne dass eine vertiefte Einzelfallprüfung ihres Schutzstatus erforderlich ist. Der vorübergehende Schutz berührt ausdrücklich nicht eine Anerkennung des Flüchtlingsstatus im Sinne der GFK, Art. 3 Abs. 1 Richtlinie 2001/55/EG. Schutzansprüche entsprechend dem internationalen Schutz oder der GFK stehen vorübergehenden Schutzberechtigten im Rahmen des Massenzustroms nicht zu, da dies eine Prüfung im Einzelfall fordert.[695] Es wird aber hinsichtlich des Schutzrahmens ausdrücklich auf menschenrechtliche Verpflichtungen der Staaten gegenüber den Schutzsuchenden verwiesen. Die Mitgliedstaaten gewähren den vorübergehenden Schutz unter Wahrung der allgemeinen Menschenrechte und europäischen Grundfreiheiten sowie ihrer Verpflichtungen hinsichtlich der Nichtzurückweisung, Art. 3 Abs. 2 Richtlinie 2001/55/EG.

3. Personeller Schutzbereich des australischen Flüchtlingsrechts

Die derzeit geltende Ausgestaltung des australischen Migration Act 1958 weist keine ausdrückliche Verweisung auf die GFK und ihren Schutzbereich auf, doch es sind den Vorschriften Anlehnungen des australischen Verständnisses an diese internationalen Regelungen zu entnehmen.

Der Migration Act 1958 beschreibt zwei grundlegende Kategorien des personellen Schutzbereichs von Schutzsuchenden: die der ‚regulären' Flüchtlinge, die auf einem legalen Weg australisches Gebiet erreichen (a), und die der unauthorised maritime arrivals (unautorisierte Schiffsankömmlinge) (b).

694 Richtlinie 2001/55/EG des Rates vom 20. Juli 2001 über Mindestnormen für die Gewährung vorübergehenden Schutzes im Falle eines Massenzustroms von Vertriebenen und Maßnahmen zur Förderung einer ausgewogenen Verteilung der Belastungen, die mit der Aufnahme dieser Personen und der Folgen dieser Aufnahme verbunden sind, auf die Mitgliedstaaten.

695 *Kälin, Walter/Künzli, Jörg*: Universeller Menschenrechtsschutz – Der Schutz des Individuums auf globaler und regionaler Ebene, 4. Auflage 2019, Kapitel 18.V.2, Rn. 18.72, S. 645.

a. ‚Reguläre' Flüchtlinge gemäß Migration Act 1958

Der im Migration Act 1958 normierte Schutz für die ‚regulären' Flüchtlinge wird durch die Erteilung von Protection Visas (Schutzvisa) gewährt, Art. 35 Migration Act 1958. Die Voraussetzungen für die Erteilung der Protection Visas finden sich in Art. 36 Migration Act 1958.[696] Dieser sieht einen Katalog an Voraussetzungen vor, den ein Antragsteller erfüllen muss. Ein Kriterium für ein Schutzvisum ist, dass der Antragsteller von der Australian Security Intelligence Organisation nicht direkt oder indirekt als Sicherheitsrisiko für den australischen Staat oder die australische Gesellschaft eingestuft wird, Art. 36 (1B) Migration Act 1958.

---

696 Section 36 Migration Act 1958 – Protection visas – criteria provided for by this Act „(1A) An applicant for a protection visa must satisfy:

both of the criteria in subsections (1B) and (1C); and
be at least one of the criteria in subsection (2).

(1B) A criterion for a protection visa is that the applicant is not assessed by the Australian Security Intelligence Organisation to be directly or indirectly a risk to security (within the meaning of section 4 of the Australian Security Intelligence Organisation Act 1979)
(1C) A criterion for a protection visa is that the applicant is not a person whom the Minister considers, on reasonable grounds:

is a danger to Australia's security; or
having been convicted by a final judgment of a particularly serious crime, is a danger to the Australian community.
Note: For paragraph (b), see section 5M.

(2) A criterion for a protection visa is that the applicant for the visa is:
(a) a non-citizen in Australia in respect of whom the Minister is satisfied Australia has protection obligations because the person is a refugee; or
(aa) a non-citizen in Australia (other than a non-citizen mentioned in paragraph (a)) in respect of whom the Minister is satisfied Australia has protection obligations because the Minister has substantial grounds for believing that, as a necessary and foreseeable consequence of the non-citizen being removed from Australia to a receiving country, there is a real risk that the non-citizen will suffer significant harm; or
(b) a non-citizen in Australia who is a member of the same family unit as a non-citizen who:
(i) is mentioned in paragraph (a); and
(ii) holds a protection visa of the same class as that applied for by the applicant; or
a non-citizen in Australia who is a member of the same family unit as a non-citizen who:

is mentioned in paragraph (aa); and
holds a protection visa of the same class as that applied for by the applicant."

Weiterhin darf der Antragsteller keine Person sein, die der Einwanderungsminister aus triftigen Gründen für eine Gefahr für die australische Sicherheit oder die australische Gemeinschaft hält, Art. 36 (1C) Migration Act 1958. Erst nach diesen Ausschlussgründen folgt in Art. 36 (2) Migration Act 1958 die grundsätzliche Beschreibung des personellen Schutzbereichs des Protection Visa.[697] Danach ist eine weitere Voraussetzung für die Erteilung eines Protection Visa, dass der Antragsteller ein Nicht-Staatsangehöriger mit Aufenthalt in Australien ist, dem gegenüber der Einwanderungsminister überzeugt ist, Schutzverpflichtungen zu haben, weil die Person ein Flüchtling ist, Art. 36 (2) (a) Migration Act 1958, oder weil der Einwanderungsminister erheblichen Grund zu der Annahme hat, dass als notwendige und vorhersehbare Folge der Abschiebung des Nicht-Staatsangehörigen aus dem australischen Gebiet die reale Gefahr besteht, dass diesem Schutzsuchenden erheblicher Schaden zugefügt wird, Art. 36 (2) (aa) Migration Act 1958. Art. 36 (2) (a) Migration Act 1958 kommt den Verpflichtungen Australiens, die sich aus der GFK ergeben, nach. Art. 36 (2) (aa) Migration Act 1958 entspricht dem Grunde nach einem ergänzenden Schutz (complementary protection),[698] ohne dass er ausdrücklich als solcher bezeichnet wird.

aa. Die Flüchtlingsdefinition des Migration Act 1958

Noch bis zum Jahr 2014 war gemäß dem Migration Act 1958 die Erteilung des Visums direkt mit der Erfüllung der Verpflichtungen Australiens aus der GFK verknüpft. Mit der Gesetzesänderung im Jahr 2014[699] wurde der ausdrückliche Verweis auf die GFK aus dem Gesetzestext gestrichen. Nunmehr verweist die Definition des Begriffs Flüchtling nicht mehr auf die GFK, sondern wird durch eine ausformulierte Definition eines Schutzberechtigten ersetzt.[700] Die Streichung des direkten Verweises auf die GFK sollte, so die Gesetzesbegründung,

697 Dieser Aufbau widerspricht der Struktur der GFK und dem grundsätzlichen Ausnahmecharakter des Art. 1F GFK, *Boeles, Pieter/den Heijer, Maarten/Lodder, Gerrie/Wouters, Kees*: European Migration Law, 1. Auflage 2009, Kapitel III.3.1.17, S. 276.

698 *Rothwell, Donald R./Crawford, Emily:* International Law in Australia, 3. Auflage 2017, Kapitel 8. III.B, Rn. 8.70, S. 182.

699 Migration and Maritime Powers Legislation Amendment (Resolving the Asylum Caseload Legacy) Act 2014, No. 135, 2014, An Act to amend the law relating to migration and maritime powers, and for related purposes, vom 15. Dezember 2014.

700 *Australian Administrative Appeals Tribunal:* A Guide to Refugee Law in Australia, 2020, Kapitel 1: Protection Visas, S. 25; *Rothwell, Donald R./Crawford, Emily:* International Law in Australia, 3. Auflage 2017, Kapitel 8. III.B, Rn. 8.70, S. 185.

nicht die Verpflichtungen Australiens aufheben, die sich aus der GFK ergeben. Vielmehr sollten die Verpflichtungen entsprechend dem australischen Verständnis kodifiziert werden.[701] Die Ausformulierung des Begriffs beruht auf der Auslegung und dem Verständnis des australischen Gesetzgebers, welches er aus der GFK ableitet.[702]

Der Migration Act 1958 definiert nunmehr selbst in Art. 5 H die Bedeutung und den Umfang des Flüchtlingsbegriffs.[703] Dabei wird das Grundkonzept der GFK aufgegriffen.[704]

Art. 5 H des Migration Act 1958 lautet:

„(1) For the purpose of the application of this Act and the regulation to a particular person in Australia, the person is a refugee if the person:
- (a). in a case where the person has a nationality – is outside the country of his or her nationality and, owing to a well-founded fear of persecution, is unable or unwilling to avail himself or herself of the protection of that country; or
- (b). in a case where the person does not have a nationality – is outside the country of his or her former habitual residence and owing to a well-founded fear of persecution, is unable or unwilling to return to it."

Das Konzept der „well-founded fear of persecution" (begründete Angst vor Verfolgung) wird in Art. 5 J Migration Act 1958 weiter definiert, wobei einige Ansätze der umfassenden Bestimmungen sich dem Grunde nach aus Art. 1 (A) Abs. 2 GFK ergeben, allerdings entsprechend der Auslegung und dem Verständnis bisheriger australischer Praxis.[705] So erfordert Art. 5 J Abs. 4 (a)

---

701 *Parliament of the Commonwealth of Australia/House of Representatives:* Explanatory Memorandum, Migration and Maritime Powers Legislation Amendment (Resolving the Asylum Caseload Legacy) Bill 2014, S. 10; *Australian Administrative Appeals Tribunal:* A Guide to Refugee Law in Australia, 2020, Kapitel 1: Protection Visas, S. 25, 28.

702 *Australian Administrative Appeals Tribunal:* A Guide to Refugee Law in Australia, 2020, Kapitel 1: Protection Visas, S. 28.

703 *Australian Administrative Appeals Tribunal:* A Guide to Refugee Law in Australia, 2020, Kapitel 1: Protection Visas, S. 28.

704 *Australian Administrative Appeals Tribunal:* A Guide to Refugee Law in Australia, 2020, Kapitel 1: Protection Visas, S. 28.

705 *Australian Administrative Appeals Tribunal:* A Guide to Refugee Law in Australia, 2020, Kapitel 1: Protection Visas, S. 28; *Rothwell, Donald R./Crawford, Emily:* International Law in Australia, 3. Auflage 2017, Kapitel 8. III.B, Rn. 8.70, S. 185.

Migration Act 1958, dass eine hinreichende Verbindung zwischen den geschützten Verfolgungsgründen und der tatsächlichen Verfolgung besteht:

> „If a person fears persecution for one or more of the reasons mentioned in paragraph (1)(a):
> (a) that reason must be the essential and significant reason, or those reasons must be the essential and significant reasons, for the persecution; (...).“

Dies setzt einen hohen Maßstab des Beweises für das Vorliegen einer „well-founded fear of persecution“ an, das in dieser Intensität in der GFK nicht verankert ist. Das australische Verständnis des Flüchtlings steht in der Kritik, im Verhältnis zu den Voraussetzungen der GFK ein zu strenges Maß an das Vorliegen der Flüchtlingsvoraussetzungen zu stellen.[706]

bb. Der erweiterte australische Schutzbereich

Art. 36 (2) (aa) Migration Act 1958 erweitert den flüchtlingsspezifischen Schutzbereich des Art. 36 (2) (a) Migration Act 1958. Dem Einwanderungsminister wird die Befugnis erteilt, in Einzelfällen solchen Antragstellern einen Schutzstatus zu erteilen, die der Flüchtlingsdefinition im engeren Sinne nicht unterfallen, die aber gleichwohl einer Gefahr ausgesetzt sind, Menschenrechtsverletzungen zu erleiden.[707] Dies stellt das australische System des erweiterten Schutzes, also der complementary protection dar, ohne es als solches zu deklarieren. Die Entscheidung des Einwanderungsministers erfolgt zwar auf Grundlage humanitärer Erwägungen, allerdings wurden die Nichtzurückweisungsverpflichtungen aus verschiedenen Menschenrechtsabkommen nicht im Migration Act 1958 übernommen.[708] Auch enthält der Migration Act 1958 neben Ausschlussgründen für die Anerkennung als schutzbedürftige Person keine sonstigen rechtsverbindlichen Kriterien, an die der Einwanderungsminister bei seiner Entscheidung gebunden wäre. Es handelt sich um eine ungebundene Entscheidung des Ministers, die nur begrenzt überprüft werden kann.[709]

---

706 *Crock, Mary/Saul, Ben/Dastyari, Azadeh:* Future Seekers II – Refugees and Irregular Migration in Australia, 2006, Kapitel 5, S. 77 f.

707 *Australian Administrative Appeals Tribunal:* A Guide to Refugee Law in Australia, 2020, Kapitel 1: Protection Visas, S. 28 f.

708 *Australian Administrative Appeals Tribunal:* A Guide to Refugee Law in Australia, 2020, Kapitel 1: Protection Visas, S. 5 f. und 28 f.

709 Zur eingeschränkten Möglichkeit der Revision von Entscheidungen siehe Art. 411 Abs. 1 Migration Act 1958.

b. *Unauthorised maritime arrivals gemäß Migration Act 1958*

Der Migration Act 1958 weist eine besondere Kategorie an Schutzsuchenden in seinem Anwendungsbereich auf – die der unauthorised maritime arrivals (unautorisierte Schiffsankömmlinge), gemeinhin als Boat People bezeichnet. Art. 4 (5) Migration Act 1958 weist für diese eine besondere Zielrichtung des Gesetzes aus:

> „To advance its object, this Act provides for the taking of unauthorised maritime arrivals from Australia to a regional processing country."

Dies verdeutlicht den restriktiven und abgrenzenden Umgang Australiens mit Boat People.[710]

Art. 5 AA Migration Act 1958 definiert die Kategorie der unauthorised maritime arrivals:

„(1) For the purposes of this Act, a person is an unauthorised maritime arrival if:
  (a) the person entered Australia by sea:
    (i) at an excised offshore place at any time after the excision time for that place; or
    (ii) at any other place at any time on or after the commencement of this section; and
  (b) the person became an unlawful non-citizen because of that entry; and
  (c) the person is not an excluded maritime arrival.
  (…)."

Für die Einteilung in diese Kategorie wird ausschließlich auf den Modus der Ankunft der Schutzsuchenden abgestellt. Unabhängig von ihrer objektiven Schutzberechtigung unterfallen diese Schutzsuchenden einem gesonderten Verfahren sowie einem reduzierten Schutzstatus.[711]

Dies verdeutlicht das Verständnis Australiens, dass diese unauthorised maritime arrivals nicht ebenso schutzbedürftig und schutzwürdig sein können wie andere Schutzsuchenden, die den von Australien vorgegeben legalen Weg zur Stellung von Schutzanträgen verfolgen.[712] Nach australischem Verständnis

710 Dazu ausführlich Kapitel F.I.1.

711 *Kneebone, Susan/McDowell, Chrisopher/Morrell, Gareth*: A Mediterranean Solution? Chances of Success, International Journal of Refugee Law, 2006, Vol. 18, Nr. 3-4, S. 504.

712 Eine ähnliche Argumentation führte der EGMR in seinem Urteil vom 13.2.2020 an: Es klagten zwei Schutzsuchende gegen als push-back bezeichnete Maßnahmen des spanischen Grenzschutzes in der Exklave Melilla. Die Schutzsuchenden versuchten zusammen mit zahlreichen anderen Flüchtlingen über den Grenzzaun zwischen

verdienen sie Restriktionen, da sie die reguläre Warteschlange, die im Rahmen des Resettlementverfahrens entstehen kann, versuchten zu überspringen.[713]

Die Begrenzung des Schutzstatus liegt zunächst darin, dass unauthorised maritime arrivals grundsätzlich keinen Schutzantrag in Australien stellen können, Art. 46A Migration Act 1958.[714] Sie werden in die sogenannten ‚offshore processing centre' gebracht.[715]

4. Zwischenfazit

Zusammenfassend ist festzustellen:

- Auf universeller Ebene verbleibt der in den Regelungen niedergeschriebene personelle Schutzbereich des Flüchtlingsrechts in seinen starren, veralteten Strukturen, die einst mit der Normierung in der GFK begründet wurden. Allerdings wird der faktische Schutz insbesondere des UNHCR stetig erweitert, um damit die sich verändernden Umstände der Flüchtlingsproblematik zu erfassen.
- Obgleich der Schutzbereich der universellen Ebene durch die Ausgestaltungen der Schutzbereiche auf den regionalen Ebenen häufig überholt wird, bleibt es regelmäßig beim Ansatz der GFK, dass vorrangig individuell Verfolgten Schutz gewährt werden soll.
- Die Ausgestaltung des normativen Schutzbereiches des Flüchtlingsrechts der EU bezieht sich ausdrücklich auf die Bestimmungen der GFK. Der Schutzbereich des australischen Flüchtlingsrechts bezieht sich immerhin mittelbar

---

Marokko und der spanischen Enklave zu klettern. Sie wurden dabei vom spanischen Grenzschutz festgesetzt und unverzüglich nach Marokko zurückgewiesen. Der EGMR urteilte, dass die Maßnahmen zulässig waren und keine Kollektivausweisung vorlag. Die Schutzsuchenden hätten bewusst versucht, auf einem illegalen Weg das spanische Gebiet zu erreichen, und sich damit selbständig in diese Lage gebracht; EGMR, Urteil: N.T. und N.D. vs. Spanien, Az. 8675/15 und 8697/15, vom 13.2.2020.

713 *Glynn, Irial:* Asylum Policy, Boat People and Political Discourse – Boats, Votes and Asylum in Australia and Italy, 2016, Kapitel 3, S. 49; *Kneebone, Susan/McDowell, Chrisopher/Morrell, Gareth:* A Mediterranean Solution? Chances of Success, International Journal of Refugee Law, 2006, Vol. 18, Nr. 3-4, S. 502, 504; *van Berlo, Patrick:* Australia's Operation Sovereign Borders: Discourse, Power, and Policy from a Crimmigration Perspective, Refugee Survey Quarterly, 2015, Vol. 34, Nr. 4, S. 87.

714 Ausführlich dazu Kapitel F.I.1.a.

715 Ausführlich dazu Kapitel F.I.1.c.

auf die GFK. Damit sind die Schutzbereiche im Grundsatz vergleichbar. In der detaillierten Ausgestaltung bestehen jedoch Unterschiede.

- Der normative Schutzbereich des EU-Flüchtlingsregimes wird stark durch eine menschenrechtliche Prägung bestimmt. Die aus der GFK übernommene, jedoch auf Drittstaatsangehörige reduzierte Flüchtlingsdefinition wird durch den menschenrechtlich geprägten subsidiären Schutz ergänzt. Dies ist ausdrücklich im EU-Recht normiert.
- Australien begründet seinen normativen Schutzbereich des Flüchtlingsrechts grundsätzlich ebenfalls anhand der Definition der GFK, jedoch nicht ausdrücklich und mit einem strengeren Verständnis hinsichtlich des Maßes des Nachweises einer Schutzbedürftigkeit. Ebenso ist die Gewährung von Schutz im Rahmen des erweiterten Schutzbereichs eine ungebundene Prärogative des australischen Einwanderungsministers.
- Im Unterschied zum EU-Flüchtlingsrecht, dessen Anwendungsbereich normativ abschließend geregelt ist und den Schutzsuchenden einen Anspruch auf Erteilung des Schutzstatus verleiht, liegt im australischen Flüchtlingsrecht ein Schwerpunkt auf der politischen und moralischen Anerkennung von Schutzsuchenden. Verdeutlicht wird dies durch die australieneigene Kategorie der unauthorised maritime arrivals.

Die Normierung sowie die faktische Ausgestaltung des personellen Schutzbereiches des Flüchtlingsrechts verdeutlicht die Auswirkungen der Entwicklungen, die sich im Laufe der Zeit in den Ursachen und Reaktionen von Flucht und Migration zeigten.

Auf universeller Ebene ist zwischen dem normierten Schutzbereich der GFK und dem tatsächlichen Schutzbereich, insbesondere des UNHCR, zu unterscheiden. Während die Normierung der Flüchtlingsdefinition der GFK seit Anbeginn des modernen Flüchtlingsrechts unverändert ist und aufgrund ihrer starren Ausformulierung den Entwicklungen nicht gerecht wird, erweitert die tatsächliche Schutzgewährung diesen begrenzten Schutzbereich sukzessive. Dies verdeutlicht insbesondere die Diskussion um den Schutz für Klimaflüchtlinge.

Die regionalen bzw. nationalen Normierungen des personellen Schutzbereichs der jeweiligen Flüchtlingsregime gehen über diese universelle Normierung der GFK hinaus und legen in ihren Definitionen einen erweiterten Anwendungsbereich fest, obgleich sie sich dem Grunde nach auf die Vorgaben der GFK beziehen.

So implementiert die EU mit dem internationalen Schutz nicht nur die Definition eines Flüchtlings entsprechend der GFK, sondern erweitert ihn um die Normierung des subsidiär Schutzberechtigten. Der personelle Schutzbereich der

EU ist damit sehr weit eröffnet und gestattet einen normativen Anspruch für Schutzsuchende, die diese Voraussetzungen erfüllen.

Auch die australische Normierung des personellen Schutzbereichs geht über den der GFK hinaus. Zwar wird im australischen Migration Act 1958 nicht (mehr) unmittelbar auf Art. 1 GFK Bezug genommen, das grundlegende Verständnis der Flüchtlingseigenschaft, wie es die universelle Ebene definiert, wird jedoch zu Grunde gelegt. Allerdings sind die australischen Behörden hinsichtlich des Nachweises der geforderten Voraussetzungen sehr streng, insbesondere hinsichtlich der Begründung der Furcht vor einer Verfolgung. Zudem gewährt auch das australische Flüchtlingsrecht einen erweiterten Schutzbereich. Dieser steht jedoch in der alleinigen Kompetenz des Einwanderungsministers und eröffnet ihm eine Einzelfallentscheidung. Auf eine positive Entscheidung des Einwanderungsministers besteht kein rechtlicher Anspruch der Schutzsuchenden.

Dies verdeutlicht, wie bereits der normative Rahmen des Flüchtlingsrechts an sich, dass das australische System eine starke politische Prägung erfährt. Im Unterschied zum EU-Recht sind die Ansprüche auf die Anerkennung eines australischen Schutzstatus nicht eine rein rechtliche Angelegenheit, sondern sind zu jedem Zeitpunkt starker politischer Einflussnahme unterstellt. Die Entscheidungen des australischen Einwanderungsministers sind nicht an rechtliche Vorgaben gebunden, sondern folgen der im Zeitpunkt der Entscheidung bestehenden politischen Tendenz. Dies macht einen Flüchtlingsschutz unvorhersehbar und undurchsichtig.

Eine weitere Ausgestaltung dieser kritischen, politisch geprägten Ausgestaltung des australischen Flüchtlingsregimes ist die normierte Einteilung in legale und illegale Flüchtlinge. Eine solche Kategorisierung kennt das universelle Flüchtlingsrecht nicht und steht jeder menschenrechtlichen Schutzerwägung entgegen.

II. Asyl

1. Allgemeines zu Asyl

Der wohl wichtigste praktische Mechanismus zur Steuerung der Zulassung von Schutzsuchenden in ein Staatsgebiet ist die Gewährung von Asyl. Mittlerweile überschneiden sich das begriffliche Verständnis und mithin die Verwendung der Begrifflichkeiten des Asyls und des Flüchtlingsschutzes.[716] Der Begriff des

716 *Schmalz, Dana:* Der Flüchtling als Normative Idee, Metaphora. Journal for Literary Theory and Media, Edited Vol. 3, IV, S. 5; *Endres de Oliveira, Pauline* in: Huber,

Flüchtlings und damit verbunden des Flüchtlingsschutzes knüpft regelmäßig an das schutzsuchende Individuum an.[717] Der Begriff Asyl leitet sich vom griechischen ‚asylos' ab und bezeichnete damit zunächst den Ort der Zuflucht.[718]

Asyl ist ein Schutzsystem, das seine Wurzeln in jahrtausendalter Vergangenheit findet. Unter den ersten kodifizierten Vereinbarungen finden sich auslieferungsrechtliche Verträge mit Schutzklauseln für Flüchtlinge, die im 14. Jahrhundert v. Chr. zwischen Hethitern und ägyptischen Pharaonen oder kleinasiatischen Fürsten geschlossen wurden.[719] Auch das Alte Testament enthält Referenzen zu einem Institut des Asyls.[720] Die griechische Staatenwelt und ebenso der römische Staat entwickelten eine Asylpraxis.[721] Im europäischen Mittelalter fanden sich Asylstrukturen vorwiegend im christlich geprägten Kirchenasyl, das jedoch seine Wichtigkeit und Wirkung in der Neuzeit, besonders nach der Reformation,

---

Bertold/Eichenhofer, Johannes/Endres de Oliveira, Pauline: Aufenthaltsrecht, 1. Auflage 2017, Teil 4. Grundzüge des Asyl- und Flüchtlingsrechts, Kapitel A.1, Rn. 1708, S. 463.

717 *Schmalz, Dana:* Der Flüchtling als Normative Idee, Metaphora. Journal for Literary Theory and Media, Edited Vol. 3, IV, S. 4; *Endres de Oliveira, Pauline* in: Huber, Bertold/Eichenhofer, Johannes/Endres de Oliveira, Pauline: Aufenthaltsrecht, 1. Auflage 2017, Teil 4. Grundzüge des Asyl- und Flüchtlingsrechts, Kapitel A.1, Rn. 1708, S. 463.

718 *Endres de Oliveira, Pauline* in: Huber, Bertold/Eichenhofer, Johannes/Endres de Oliveira, Pauline: Aufenthaltsrecht, 1. Auflage 2017, Teil 4. Grundzüge des Asyl- und Flüchtlingsrechts, Kapitel A. 1, Rn. 1708, S. 463; *Richter, Dagmar:* Quasi-Asyl als Menschenrecht, ZEuS-Sonderband 2016, Kapitel A.I., 52; *Kimminich, Otto*: Grundprobleme des Asylrechts, 1983, Kapitel I.1, S. 1 f.

719 *Kimminich, Otto*: Grundprobleme des Asylrechts, 1983, Kapitel II, 1. S. 9 f.; *Marugg, Michael:* Völkerrechtliche Definitionen des Ausdrucks „Flüchtling" – Ein Beitrag zur Geschichte unter besonderer Berücksichtigung sogenannter de-facto-Flüchtlinge, 1990, Kapitel II.A, S. 18.

720 *Kimminich, Otto*: Grundprobleme des Asylrechts, 1983, Kapitel II, 1. S. 9 f.; *Marugg, Michael:* Völkerrechtliche Definitionen des Ausdrucks „Flüchtling" – Ein Beitrag zur Geschichte unter besonderer Berücksichtigung sogenannter de-facto-Flüchtlinge, 1990, Kapitel II.A, S. 18.

721 Das Asylverständnis des römischen Staates war hingegen wohl eher ein ‚hinkendes', denn Rom selber gewährte zwar Asyl, trat dieser Praxis besonders für politische Flüchtlinge im nichtrömischen Herrschaftsbereich aber entgegen, *Kimminich, Otto*: Grundprobleme des Asylrechts, 1983, Kapitel II.1, S. 11 ff.; *Marugg, Michael:* Völkerrechtliche Definitionen des Ausdrucks „Flüchtling" – Ein Beitrag zur Geschichte unter besonderer Berücksichtigung sogenannter de-facto-Flüchtlinge, 1990 Kapitel II.A., S. 18.

unter dem Einfluss weltlicher Herrschaft zunehmend verlor.[722] Ebenso zeigen sich in außereuropäischen Kulturen Asylstrukturen für Flüchtlinge.[723] Lateinamerika zum Beispiel weist eine lange Tradition der Gewährung diplomatischen Asyls auf. Bereits der Vertrag von Montevideo von 1889 enthält entsprechende Schutzvorschriften.[724]

Das Völkerrecht kennt keine einheitliche Definition des Asyls.[725] Auch hinsichtlich eines Asylrechts sind Inhalt und Reichweite auf universeller Ebene nicht einheitlich festgelegt.[726] Umstritten ist insbesondere der Umfang eines subjektiven Asylrechts. So wird zum einen darunter das Recht verstanden, Asyl zu suchen und bei Vorliegen der Voraussetzungen auch zu erhalten, zum anderen wird vertreten, es erfasse nur das Recht, nicht am Zugang zum Asyl gehindert zu werden.[727]

Zwar sieht die AEMR ein Asylrecht vor, jedoch ist dies in keinem der folgenden UN-Verträge kodifiziert und nur selten in nationales Recht überführt worden, so zum Beispiel im deutschen Grundgesetz in Art. 16a GG.[728] Dies

---

722 *Kimminich, Otto*: Grundprobleme des Asylrechts, 1983, Kapitel II.2, S. 14 ff.

723 *Marugg, Michael:* Völkerrechtliche Definitionen des Ausdrucks „Flüchtling" – Ein Beitrag zur Geschichte unter besonderer Berücksichtigung sogenannter de-facto-Flüchtlinge, 1990, Kapitel II.A, S. 18.

724 *Goodwin-Gill, Guy S./McAdam, Jane:* The Refugee in International Law, 3. Auflage 2007, Kapitel 2.5, S. 37.

725 *Wouters, Cornelis*: International Refugee and Human Rights Law: Partners in Ensuring International Protection and Asylum, in: Sheeran, Scott/Rodley, Sir Nigel (Hrsg): Routledge Handbook of International Human Rights Law, 2013, Kapitel 14.4.1, S. 240; *Fröhlich, Daniel:* Das Asylrecht im Rahmen des Unionsrechts – Entstehung eines föderalen Asylregimes in der Europäischen Union, 2011, Kapitel I, S. 7.

726 *Richter, Dagmar*: Quasi-Asyl als Menschenrecht, ZEuS-Sonderband 2016, Kapitel A.I., S. 52; *Goodwin-Gill, Guy S./McAdam, Jane:* The Refugee in International Law, 3. Auflage 2007, Kapitel 7.1, S. 355.

727 *Richter, Dagmar*: Quasi-Asyl als Menschenrecht, ZEuS-Sonderband 2016, Kapitel A.I., S. 52.

728 *den Heijer, Maarten:* Art. 18 – Right to Asylum, in: Peers, Steve/Hervey, Tamara/Kenner, Jeff/Ward, Angela: The EU Charter of Fundamental Rights – A Commentary, 2014, Kapitel C.II, Rn. 18.10, S. 524 und Kapitel C.IV, Rn. 18.22, S. 528; *Oltmer, Jochen:* Flucht, Vertreibung, Asyl: Gewaltmigration und Aufnahme von Schutzsuchenden im 20. und frühen 21. Jahrhundert, in: Oppelland, Torsten (Hrsg): Das Recht auf Asyl im Spannungsfeld von Menschenrechtsschutz und Migrationsdynamik, 2017, S. 75-111, S. 94; *Hobe, Stephan*: Einführung in das Völkerrecht, 10. Auflage 2014, Kapitel 11.5, S. 442; *Richter, Dagmar*: Quasi-Asyl als Menschenrecht, ZEuS-Sonderband 2016, Kapitel A.II., S. 53.

indiziert, dass grundsätzlich die Notwendigkeit eines solchen Rechts erkannt und befürwortet wird. Allerdings ist die AEMR lediglich eine unverbindliche Resolution,[729] die keine rechtlich bindende Verpflichtung der Staaten beinhaltet. Die GFK, die eine Ausgestaltung der AEMR hinsichtlich spezifischer Problematiken der Flüchtlinge darstellt, hat ein solches verbindliches Recht auf Asyl nicht aufgenommen.[730]

Unbestritten ist jedoch wohl der Kerninhalt des Asylrechts auf universeller Ebene. Dies ist zunächst dem Grunde nach ein zwischenstaatliches Recht zur Asylgewährung.[731] Es stellt die Befugnis des Aufnahmestaats dar, einem Ausländer auf seinem Hoheitsgebiet Schutz zu gewähren, ohne dass dies einen feindlichen Akt gegenüber dem Heimatstaat des Ausländers darstellt.[732] Es bezeichnet zunächst also ein staatliches Souveränitätsrecht.[733] Denn zu beachten ist, dass es der Souveränität eines jeden Staates unterfällt, sich um seine Staatsangehörigen zu kümmern. Die Schutzgewährung für einen fremden Staatsangehörigen ist grundsätzlich ein Eingriff in die souveränen Rechte des Heimatstaates. Dem steht jedoch die Gebietshoheit des aufnehmenden Staates gegenüber. In dieser findet das Asylrecht seine Grundlage; der asylgewährende Staat ist grundsätzlich frei in seiner Entscheidung, ob er Fremden Zutritt zu seinem Staatsgebiet gewährt und wie er diese Personen im Gebiet seines Staates behandelt.[734]

---

729 *Crawford, James:* Brownlie's Principles of Public International Law, 9. Auflage 2019, Kapitel 29.2.(C), S. 612; *Shaw, Malcolm:* International Law, 8. Auflage 2017, Kapitel 6, S. 219.

730 *Hobe, Stephan*: Einführung in das Völkerrecht, 10. Auflage 2014, Kapitel 11.5, S. 442; *Goodwin-Gill, Guy S./McAdam, Jane:* The Refugee in International Law, 3. Auflage 2007, Kapitel 4.3.1, S. 149.

731 *Kau, Marcel*: Der Staat und der Einzelne als Völkerrechtssubjekt, in: Vitzthum, Wolfgang Graf/Proelß, Alexander (Hrsg): Völkerrecht, 8. Auflage 2019, 3. Abschnitt, Kapitel III.4.b), Rn. 301, S. 299; *Hobe, Stephan*: Einführung in das Völkerrecht, 10. Auflage 2014, Kapitel 3.1.5, S. 94.

732 *Kau, Marcel*: Der Staat und der Einzelne als Völkerrechtssubjekt, in: Vitzthum, Wolfgang Graf/Proelß, Alexander (Hrsg): Völkerrecht, 8. Auflage 2019, 3. Abschnitt, Kapitel III.4.b), Rn. 301, S. 299; *Kälin, Walter/Künzli, Jörg:* Universeller Menschenrechtsschutz – Der Schutz des Individuums auf globaler und regionaler Ebene, 4. Auflage 2019, Kapitel 18.V.2, Rn. 18.70, S. 645.

733 *Kälin, Walter/Künzli, Jörg*: Universeller Menschenrechtsschutz – Der Schutz des Individuums auf globaler und regionaler Ebene, 4. Auflage 2019, Kapitel 18.V.2, Rn. 18.70, S. 645; *Fröhlich, Daniel:* Das Asylrecht im Rahmen des Unionsrechts – Entstehung eines föderalen Asylregimes in der Europäischen Union, 2011, Kapitel 1, S. 10 f.

734 *Fröhlich, Daniel:* Das Asylrecht im Rahmen des Unionsrechts – Entstehung eines föderalen Asylregimes in der Europäischen Union, 2011, Kapitel 1, S. 10 f.

Verbindliche universelle Vorgaben hinsichtlich der Gewährung und Ausgestaltung des Asyls gibt es nicht; die einzelnen schutzgewährenden Nationalstaaten können diese Voraussetzungen selbständig normieren, soweit sie völkerrechtliche Mindestanforderungen, wie die Gewährung von Menschenrechten, den in der GFK enthaltenen Mindeststandard für die Behandlung und den Umgang mit Flüchtlingen und das Verbot des Non-Refoulement beachten.[735]

Hinsichtlich des Verfahrensrechts in Asylsachen bestehen auf universeller Ebene keine ausdrücklichen Vorgaben.[736] Die GFK als wesentliches Kerninstrument des Flüchtlingsschutzes normiert keine ausdrücklichen verfahrensrechtlichen Bestimmungen.[737] Ihren Normen werden jedoch zuweilen implizite Anforderungen an ein Asylverfahren entnommen.[738] *Hofmann/Donath* ziehen aus dem Grundsatz des Non-Refoulement des Art. 33 GFK den Grundsatz des Zugangs zu einem Verfahren mit dem Gebot einer individuellen Prüfung, die

---

735 *Kau, Marcel*: Der Staat und der Einzelne als Völkerrechtssubjekt, in: Vitzthum, Wolfgang Graf/Proelß, Alexander (Hrsg): Völkerrecht, 8. Auflage 2019, 3. Abschnitt, Kapitel III.4.b), Rn. 302, S. 299; *Hobe, Stephan*: Einführung in das Völkerrecht, 10. Auflage 2014, Kapitel 11.5, S. 442; *Goodwin-Gill, Guy S./McAdam, Jane:* The Refugee in International Law, 3. Auflage 2007, Kapitel 5.3.3, S. 262; *Vedsted-Hansen, Jens:* The asylum procedures and the assessment of asylum requests, in: Chetail, Vincent/Bauloz, Céline (Hrsg): Research Handbook on International Law and Migration, 2014, S. 439 ff.

736 *Kälin, Walter/Künzli, Jörg*: Universeller Menschenrechtsschutz – Der Schutz des Individuums auf globaler und regionaler Ebene, 4. Auflage 2019, Kapitel 18.V.2, Rn. 18.73, S. 646.

737 *Hailbronner, Kay/Thym, Daniel:* Legal Framework for EU Asylum Policy, in: Hailbronner, Kay/Thym, Daniel (Hrsg): EU Immigration and Asylum Law – A Commentary, 2. Auflage 2016, Part D.I. Asylum, Kapitel IV.2, Rn. 52, S. 1048; *Hofmann, Rainer/Donath, Philipp B.:* Die Asylverfahrensrichtlinie unter besonderer Berücksichtigung völkerrechtlicher Standards, in: Hofmann, Rainer/Löhr, Tillmann (Hrsg): Europäisches Flüchtlings- und Einwanderungsrecht – Eine kritische Zwischenbilanz, 2008, S. 21; *Nykänen, Eeva:* Fragmented State Power and Forced Migration: A Study on Non-State Actors in Refugee Law, 2012, S. 24; *Kau, Marcel*: Der Staat und der Einzelne als Völkerrechtssubjekt, in: Vitzthum, Wolfgang Graf/Proelß, Alexander (Hrsg): Völkerrecht, 8. Auflage 2019, 3. Abschnitt, Kapitel III.4.e), Rn. 316, S. 308.

738 *Hofmann, Rainer/Donath, Philipp B.:* Die Asylverfahrensrichtlinie unter besonderer Berücksichtigung völkerrechtlicher Standards, in: Hofmann, Rainer/Löhr, Tillmann (Hrsg): Europäisches Flüchtlings- und Einwanderungsrecht – Eine kritische Zwischenbilanz, 2008, S. 22; *Vedsted-Hansen, Jens:* The asylum procedures and the assessment of asylum requests, in: Chetail, Vincent/Bauloz, Céline (Hrsg): Research Handbook on International Law and Migration, 2014, Kapitel 1, S. 440.

den Zugang zu einem effektiven Rechtsbehelf beinhalten muss.[739] Jedem Aufnahmestaat ist es jedoch frei überlassen, ein entsprechendes Aufnahmeverfahren, gründend auf der jeweiligen nationalen Verfassung oder Verwaltungspraxis, zu betreiben.[740] Dies führt zu erheblichen Abweichungen zwischen den Verfahrensausgestaltungen verschiedener Nationalstaaten.[741] Der UNHCR entwickelte ein Handbuch mit Richtlinien zur Ausgestaltung der Verfahren,[742] diese sind aber nicht verbindlich bzw. verpflichtend.

2. Asyl in der Europäischen Union

a. Grundsätzliches zum Asyl in der Europäischen Union

Bereits in der Zeit nach dem Zweiten Weltkrieg stellte das Asyl eine etablierte Institution in den europäischen Staaten dar.[743] Eine Besonderheit des EU-Rechts ist die Normierung eines Asylrechts in Art. 18 EU-Grundrechtecharta, das durch EU-Sekundärrecht ausgestaltet wird.[744]

In der Zeit der Europäischen Gemeinschaft bestanden erhebliche Abweichungen in der Gewährung und Ausgestaltung von Asyl zwischen den einzelnen Mitgliedstaaten.[745] Erst mit dem Vertrag von Lissabon wurde dem

---

739 *Hofmann, Rainer/Donath, Philipp B.:* Die Asylverfahrensrichtlinie unter besonderer Berücksichtigung völkerrechtlicher Standards, in: Hofmann, Rainer/Löhr, Tillmann (Hrsg): Europäisches Flüchtlings- und Einwanderungsrecht – Eine kritische Zwischenbilanz, 2008, S. 22.

740 *UNHCR:* Handbuch und Richtlinien über Verfahren und Kriterien zur Feststellung der Flüchtlingseigenschaft, 2011, Rn. 189, S. 46; *Goodwin-Gill, Guy S./McAdam, Jane*: The Refugee in International Law, 3. Auflage 2007, Kapitel 3.3, S. 53 f.

741 *UNHCR:* Handbuch und Richtlinien über Verfahren und Kriterien zur Feststellung der Flüchtlingseigenschaft, 2011, Rn. 191, S. 46; *Nykänen, Eeva:* Fragmented State Power and Forced Migration: A Study on Non-State Actors in Refugee Law, 2012, S. 24.

742 *UNHCR:* Handbuch und Richtlinien über Verfahren und Kriterien zur Feststellung der Flüchtlingseigenschaft – Gemäß dem Abkommen von 1951 und dem Protokoll von 1967 über die Rechtsstellung der Flüchtlinge, Neuauflage, Genf, 2011 (deutsche Version 2013).

743 *Klug, Anja:* Regional Developments: Europe, in: Zimmermann, Andreas (Hrsg): The 1951 Convention Relating to the Status of Refugees and its 1967 Protocol – A Commentary, 2011, Kapitel A, Rn. 2, S. 120.

744 Dazu ausführlich Kapitel D.III.2.b.cc.

745 *Klug, Anja:* Regional Developments: Europe, in: Zimmermann, Andreas (Hrsg): The 1951 Convention Relating to the Status of Refugees and its 1967 Protocol – A Commentary, 2011, Kapitel A., Rn. 2, S. 120.

Unionsgesetzgeber eine umfassende, wenngleich auch nicht exklusive, Kompetenz zum Erlass von Normen im Bereich des Flüchtlingsrechts eingeräumt.[746] Die EU füllte seit Einführung der Politikprogramme zu Asylangelegenheiten ihre Gesetzgebungskompetenz aus und errichtete dabei eine engmaschige Struktur und Koordinierung im Bereich des Migrationsrechts, die mitgliedstaatliche Politikgestaltung stark einengt und die nationalstaatliche Rechtsmaterie überformt.[747] In diesem Rahmen erließ die EU regelnde Maßnahmen mit dem Ziel eines EU-weiten Standards für die Behandlung und Anerkennung von Asylanträgen sowie den Umgang mit Schutzsuchenden. Diese Regelungen sind die Richtlinie 2013/33/EU (Aufnahmerichtlinie), die Richtlinie 2011/95/EU (Qualifikationsrichtlinie), die Richtlinie 2013/32/EU (Verfahrensrichtlinie), die Verordnung (EU) Nr. 603/2013 (EURODAC Verordnung)[748] und die Verordnung (EU) Nr. 604/2013 (Dublin III-Verordnung).

Im Grunde gemeinsam ist den Regelwerken, dass sie im Einklang mit den Grundrechten und Grundsätzen der EU, die insbesondere in der EU-Grundrechtecharta normiert sind, stehen.[749]

Die „Flüchtlingskrise" 2015/2016 verdeutlichte zuletzt, dass eine einheitliche Behandlung von Schutzsuchenden im Rahmen des Asylverfahrens in der EU bei weitem noch nicht gesichert ist. Dies liegt nicht zuletzt daran, dass das bestehende System vor allem die an den Außengrenzen gelegenen Mitgliedstaaten

---

746 Dazu ausführlich Kapitel C.II.2.b.aa.ddd.

747 *Stern, Joachim/Tohidipur, Timo:* Migration von Drittstaatsangehörigen, in: von Arnauld, Andreas (Hrsg): Europäische Außenbeziehungen, Enzyklopädie Europarecht, 1. Auflage 2014, Kapitel 14.B.I.1, Rn. 11, S. 776 f.

748 Verordnung (EU) Nr. 603/2013 des Europäischen Parlaments und des Rates vom 26. Juni 2013 über die Einrichtung von Eurodac für den Abgleich von Fingerabdruckdaten zum Zwecke der effektiven Anwendung der Verordnung (EU) Nr. 604/2013 zur Festlegung der Kriterien und Verfahren zur Bestimmung des Mitgliedstaats, der für die Prüfung eines von einem Drittstaatsangehörigen oder Staatenlosen in einem Mitgliedstaat gestellten Antrags auf internationalen Schutz zuständig ist und über der Gefahrenabwehr und Strafverfolgung dienende Anträge der Gefahrenabwehr- und Strafverfolgungsbehörden der Mitgliedstaaten und Europols auf den Abgleich mit Eurodac-Daten sowie zur Änderung der Verordnung (EU) Nr. 1077/2011 zur Errichtung einer Europäischen Agentur für das Betriebsmanagement von IT-Großsystemen im Raum der Freiheit, der Sicherheit und des Rechts (Neufassung).

749 vgl. Erwägungsgründe der Richtlinien, z. B. Erwägungsgrund (60), RL 2013/32/EU oder Erwägungsgrund (16), RL 2011/95/EU; *Bergmann, Jan:* Grundrechtecharta der EU, in: Bergmann, Jan/Dienelt, Klaus (Hrsg): Ausländerrecht, 13. Auflage 2020, Art. 18 Kapitel II, Rn. 5, S. 1974.

belastet, bei denen regelmäßig sowohl die Verantwortung für die Außengrenzkontrolle als auch für die Asylverfahren zusammenkommen.[750]

b. Antragstellung auf Schutz in der Europäischen Union

Jeder Schutzsuchende, der das Gebiet der EU erreicht, kann einen Antrag auf internationalen Schutz stellen. Dies ergibt sich aus Art. 3 RL 2013/32/EU (Verfahrensrichtlinie). Die Richtlinie gilt für alle Anträge auf internationalen Schutz, die im Hoheitsgebiet – einschließlich an der Grenze, in den Hoheitsgewässern oder in den Transitzonen – der Mitgliedstaaten gestellt werden. Dies bedeutet, dass für die Antragstellung auch bereits das Erreichen des Grenzgebietes der EU ausreichend ist. Der Modus der Ankunft spielt keine Rolle. Ein grundsätzlicher Ausschluss des Rechts, den Antrag zu stellen, kennt das EU-Recht nicht. Dies ergibt sich aus Art. 33 RL 2013/32/EU (Verfahrensrichtlinie), der die Unzulässigkeit von Anträgen normiert. Danach müssen Anträge, die als unzulässig betrachtet werden, nicht geprüft werden. Dies bedeutet folglich, dass Anträge grundsätzlich gestellt werden dürfen. Mitgliedstaaten müssen allerdings die Begründetheit des Antrages nicht prüfen, sofern einer der Unzulässigkeitstatbestände des Art. 33 Abs. 2 RL 2013/32/EU (Verfahrensrichtlinie) erfüllt ist.[751]

Die Durchführung der Prüfung des Antrags auf Zulässigkeit und Begründetheit obliegt den einzelnen Mitgliedstaaten. Daher muss zunächst geklärt werden, welcher Mitgliedstaat für die Antragsprüfung zuständig ist. Diese Notwendigkeit begründet sich auch damit, dass die Mitgliedstaaten mit dem Schengener Abkommen eine gemeinsame Außengrenze errichtet haben, die jedoch ebenso mit den einzelnen an den EU-Außengrenzen liegenden nationalstaatlichen Grenzen zusammenfallen. Die Verordnung (EU) Nr. 604/2013 (Dublin III-Verordnung) legt Kriterien und Verfahren fest, die bei der Bestimmung des Mitgliedstaats, der für die Prüfung eines von einem Drittstaatsangehörigen in einem Mitgliedstaat gestellten Asylantrags zuständig ist, zur Anwendung gelangen. Weiterhin werden allgemeine Grundsätze und Schutzgarantien normiert und konkrete Kriterien zur Bestimmung des zuständigen Mitgliedstaates definiert.[752] Die Bestimmung einheitlicher Zuständigkeitsregelungen soll sicherstellen, dass in der EU keine konkurrierenden Zuständigkeiten der Antragsbearbeitung

---

750 *Weiß, Wolfgang* in: Streinz, Rudolf (Hrsg): EUV/AEUV, 3. Auflage 2018, Art. 78 AEUV Kapitel III, Rn. 9, S. 886.

751 Bezüglich der Unzulässigkeitstatbestände siehe im Folgenden Kapitel E.II.2.d.

752 *Bergmann, Jan:* Grundrechtecharta der EU, in: Bergmann, Jan/Dienelt, Klaus (Hrsg): Ausländerrecht, 13. Auflage 2020, Art. 18 Kapitel II, Rn. 6, S. 1974.

bestehen. Die Festlegung der Prüfungskompetenz nur eines Mitgliedstaates soll ebenso dem Interesse des Asylsuchenden dienen, da er insoweit nicht beständig von einem Mitgliedstaat auf einen anderen verwiesen werden kann. Im Übrigen soll damit das Interesse der Staaten gewahrt werden, der Problematik des sogenannten ‚Asyl-Shoppings'[753] entgegenzuwirken.[754]

Die Voraussetzungen zur Zuständigkeitsbestimmung sind in den Art. 7- 15 VO (EU) Nr. 604/2013 (Dublin III- Verordnung) niedergelegt. Diese Kriterien sind das Bestehen eines engen Verwandtschaftsverhältnisses zu einem Asylberechtigten, die Erteilung einer Aufenthaltserlaubnis oder eines Visums, die Ermöglichung einer illegalen Einreise, die Gestattung der visumsfreien Einreise und – als Auffangkriterium – der Ort der Antragstellung. Diese Kriterien stehen in einer Rangfolge und orientieren sich am Verursachungsprinzip, so dass der Staat, der am stärksten an der Einreise oder dem Aufenthalt des Asylbewerbers im Gebiet der Mitgliedstaaten beteiligt war, für die Prüfung zuständig ist.[755] Für das Verfahren zur Bestimmung des für das eigentliche Asylverfahren zuständigen Staates ist derjenige Staat verantwortlich, bei dem erstmals ein Asylantrag gestellt wird.[756]

c. (Verfahrens-)Vorschriften für den Zeitraum der Antragstellung

Die Richtlinie 2013/32/EU (Verfahrensrichtlinie) stellt Standards zur umfassenden Regelung der Rechte der Asylbewerber und des Verfahrens zur Prüfung der Anträge auf.[757] Die in ihr verbrieften Verfahrensgarantien beziehen sich auf alle Phasen des Asylverfahrens.[758]

---

753 Unter Asyl-Shopping versteht man die Antragstellung eines Schutzsuchenden in mehreren Staaten, um damit ein besseres Schutzniveau oder eine höhere Chance der Antragsbewilligung zu erreichen.

754 *Weiß, Wolfgang* in: Streinz, Rudolf (Hrsg): EUV/AEUV, 3. Auflage 2018, Art. 78 AEUV Kapitel III.5, Rn. 34, S. 892; *Endres de Oliveira, Pauline* in: Huber, Bertold/Eichenhofer, Johannes/Endres de Oliveira, Pauline: Aufenthaltsrecht, 1. Auflage 2017, Teil 4. Grundzüge des Asyl- und Flüchtlingsrechts, Kapitel A.2.a), Rn. 1713, S. 465.

755 *Weiß, Wolfgang* in: Streinz, Rudolf (Hrsg): EUV/AEUV, 3. Auflage 2018, Art. 78 AEUV Kapitel III.5, Rn. 35, S. 892.

756 *Weiß, Wolfgang* in: Streinz, Rudolf (Hrsg): EUV/AEUV, 3. Auflage 2018, Art. 78 AEUV Kapitel III.5, Rn. 35, S. 892.

757 *Bergmann, Jan:* Grundrechtecharta der EU, in: Bergmann, Jan/Dienelt, Klaus (Hrsg): Ausländerrecht, 13. Auflage 2020, Art. 18 Kapitel II, Rn. 9, S. 1974.

758 *Weiß, Wolfgang* in: Streinz, Rudolf (Hrsg): EUV/AEUV, 3. Auflage 2018, Art. 78 AEUV Kapitel III.4, Rn. 25, S. 890.

Die Richtlinie 2013/32/EU (Verfahrensrichtlinie) legt bereits in ihren Erwägungsgründen Grundprinzipien in Bezug auf die Verfahren zugrunde. So soll nach Erwägungsgrund (18) über die Anträge auf internationalen Schutz so rasch wie möglich, unbeschadet der Durchführung einer angemessenen und vollständigen Prüfung der Anträge, entschieden werden. Daneben wird der Grundsatz festgelegt, dass Antragsteller bereits in der ersten Instanz unter Berücksichtigung der besonderen Umstände ihres Falles unentgeltlich über die Rechtslage und das Verfahren informiert werden sollen.[759] Auch das Betreiben eines Rechtsbehelfsverfahrens wird als Grundlage vorausgesetzt. Erwägungsgrund (23) sieht vor, dass Antragsteller in Rechtsbehelfsverfahren unter bestimmten Voraussetzungen unentgeltlich Rechtsberatung und -vertretung durch Personen erhalten, die nach nationalem Recht dazu befähigt sind. Weiterhin muss gegen jede Entscheidung, sei es die Entscheidung über einen Schutzantrag, die Ablehnung der Wiederaufnahme der Prüfung eines Antrags nach ihrer Einstellung oder die Aberkennung des Schutzstatus, ein wirksamer Rechtsbehelf vor einem Gericht gegeben sein.[760]

Diese Grundprinzipien werden durch die Bestimmungen in der Richtlinie ausgefüllt.

Gemäß Art. 31 Abs. 1 RL 2013/32/EU (Verfahrensrichtlinie) bearbeiten die Mitgliedstaaten die Anträge auf internationalen Schutz im Rahmen eines Prüfungsverfahrens unter Beachtung der Grundsätze und Garantien, die in Kapitel II der Richtlinie normiert sind. Die Richtlinie 2013/32/EU (Verfahrensrichtlinie) eröffnet daneben die Möglichkeit, bei Vorliegen bestimmter Umstände ein beschleunigtes Verfahren durchzuführen, Art. 31 Abs. 8 iVm Art. 43 RL 2013/32/EU (Verfahrensrichtlinie). Dies ist unter anderem der Fall, wenn

- der Antragsteller aus einem sicheren Herkunftsstaat im Sinne der Verfahrensrichtlinie kommt (Art. 31 Abs. 8 b), oder
- der Antragsteller unrechtmäßig in das Hoheitsgebiet des Mitgliedstaats eingereist ist oder seinen Aufenthalt unrechtmäßig verlängert hat und es ohne stichhaltigen Grund versäumt hat, zum – angesichts der Umstände seiner Einreise – frühestmöglichen Zeitpunkt bei den Behörden vorstellig zu werden oder einen Antrag auf internationalen Schutz zu stellen (Art. 31 Abs. 8 h), oder

---

759 Erwägungsgrund (22), Richtlinie 2013/32/EU.

760 Erwägungsgrund (50), Richtlinie 2013/32/EU; vgl. dazu ebenso *Weiß, Wolfgang* in: Streinz, Rudolf (Hrsg): EUV/AEUV, 3. Auflage 2018, Art. 78 AEUV Kapitel III.4, Rn. 25, S. 890.

- es schwerwiegende Gründe für die Annahme gibt, dass der Antragsteller eine Gefahr für die nationale Sicherheit oder die öffentliche Ordnung des Mitgliedstaats darstellt oder er aus schwerwiegenden Gründen der öffentlichen Sicherheit oder öffentlichen Ordnung nach nationalem Recht zwangsausgewiesen wurde (Art. 31 Abs. 8 j).

Die Mindeststandards, die während des Zeitraums der Antragstellung und -bearbeitung gegenüber den Asylantragstellern einzuhalten sind, sind in der Richtlinie 2013/33/EU (Aufnahmerichtlinie), normiert.[761] Diese umfassen unter anderem die Informationspflichten gegenüber den Asylbewerbern und Dokumente, die diesen ausgehändigt werden müssen (Art. 5 und 6 RL 2013/33/EU), Vorgaben in Bezug auf den Aufenthaltsort und die Bewegungsfreiheit inklusive Haft der Asylbewerber im Hoheitsgebiet der Mitgliedstaaten (Art. 7-11 RL 2013/33/EU), Bestimmungen zu finanziellen bzw. materiellen Leistungen und medizinischer Versorgung im Rahmen der Aufnahme (Art. 17-20 RL 2013/33/EU).[762] Dabei verbessern sich die materiellen Aufnahmebedingungen, wenn der Asylantrag als zulässig und nicht offensichtlich unbegründet eingeschätzt wird oder das Verfahren sich lange hinzieht.[763] Eine grundsätzliche Gleichstellung der Antragsteller mit Inländern in Bezug auf staatliche Versorgungsleistungen enthält die Richtlinie 2013/33/EU (Aufnahmerichtlinie) nicht.[764]

d. *Zuerkennung und Umfang des Schutzstatus in der Europäischen Union*

Dem Antrag auf internationalen Schutz wird stattgegeben, wenn er zulässig und begründet ist. Unbegründet sind solche Anträge, die von Antragstellern gestellt werden, welche die Voraussetzungen für die Zuerkennung des internationalen Schutzes nach der Maßgabe der Richtlinie 2011/95/EU (Qualifikationsrichtlinie) nicht erfüllen, Art. 32 RL 2013/32/EU (Verfahrensrichtlinie).

Art. 33 Abs. 2 RL 2013/32/EU (Verfahrensrichtlinie) enthält Gründe, die den gestellten Antrag als unzulässig gelten lassen. Dies ist der Fall, wenn

---

761 *Weiß, Wolfgang* in: Streinz, Rudolf (Hrsg): EUV/AEUV, 3. Auflage 2018, Art. 78 AEUV Kapitel III.6, Rn. 43, S. 894.

762 *Bergmann, Jan:* Grundrechtecharta der EU, in: Bergmann, Jan/Dienelt, Klaus (Hrsg): Ausländerrecht, 13. Auflage 2020, Art. 18 Kapitel II, Rn. 7, S. 1974.

763 *Weiß, Wolfgang* in: Streinz, Rudolf (Hrsg): EUV/AEUV, 3. Auflage 2018, Art. 78 AEUV Kapitel III.6, Rn. 43, S. 894.

764 *Weiß, Wolfgang* in: Streinz, Rudolf (Hrsg): EUV/AEUV, 3. Auflage 2018, Art. 78 AEUV Kapitel III.6, Rn. 43 f., S. 894.

- ein anderer Mitgliedstaat internationalen Schutz gewährt hat (Art. 33 Abs. 2 a);
- ein Staat, der kein Mitgliedstaat ist, als erster Asylstaat des Antragstellers betrachtet wird (Art. 33 Abs. 2 b);
- es sich um einen Folgeantrag handelt, bei dem keine neuen Umstände oder Erkenntnisse zu der Frage, ob der Antragsteller nach Maßgabe der Qualifikationsrichtlinie als Person mit Anspruch auf internationalen Schutz anzuerkennen ist, zutage getreten oder vom Antragsteller vorgebracht worden sind (Art. 33 Abs. 2 d);
- eine vom Antragsteller abhängige Person förmlich einen Antrag stellt, zu welchem der Antragsteller eingewilligt hat, diesen in seinem Namen zu stellen (Art. 33 Abs. 2 e); oder
- ein Staat, der kein Mitgliedstaat ist, als für den Antragsteller sicherer Drittstaat betrachtet wird (Art. 33 Abs. 2 c).

Das letztgenannte Konzept des sicheren Drittstaates stellt auf der europäischen Ebene eine besondere Problematik dar.[765] Art. 38 RL 2013/32/EU (Verfahrensrichtlinie) beinhaltet Vorgaben zum Konzept des sicheren Drittstaates, die jedoch bezüglich der Einzelheiten einen Spielraum in der Umsetzung durch die einzelnen Mitgliedstaaten lassen. Im Ergebnis bestimmt jeder Mitgliedstaat selbständig, welches Land als sicherer Drittstaat einzuordnen ist. Art. 38 Abs. 1 RL 2013/32/EU (Verfahrensrichtlinie) gibt lediglich vor, dass die Mitgliedstaaten das Konzept des sicheren Drittstaats nur dann anwenden, wenn die zuständigen Behörden sich davon überzeugt haben, dass eine Person, die um internationalen Schutz nachsucht, in dem betreffenden Drittstaat nach den folgenden Grundsätzen behandelt wird. Nach Art. 38 Abs. 2 RL 2013/32/EU (Verfahrensrichtlinie) unterliegt die Anwendung des Konzepts des sicheren Drittstaats den Regeln, die im nationalen Recht festgelegt sind. Dazu gehören

- Regeln, die eine Verbindung zwischen dem Antragsteller und dem betreffenden Drittstaat verlangen, so dass es aufgrund dieser Verbindung vernünftig erscheint, dass diese Person sich in diesen Staat begibt (Art. 38 Abs. 2 a);
- Regeln betreffend die Methodik, mit der sich die zuständigen Behörden davon überzeugen, dass das Konzept des sicheren Drittstaats auf einen bestimmten Staat oder einen bestimmten Antragsteller angewandt werden kann. Diese Methodik umfasst die Prüfung der Sicherheit des Staates im Einzelfall für

765 Siehe bezüglich einer kurzen Ausführung zum sicheren Herkunftsstaat Kapitel D.III.2.c.aa.

einen bestimmten Antragsteller und/oder die nationale Bestimmung von Staaten, die als im Allgemeinen sicher angesehen werden (Art. 38 Abs. 2 b);

- mit dem Völkerrecht vereinbare Regeln, die es ermöglichen, in Form einer Einzelprüfung festzustellen, ob der betreffende Drittstaat für einen bestimmten Antragsteller sicher ist, und die dem Antragsteller zumindest die Möglichkeit bieten, die Anwendung des Konzepts des sicheren Drittstaats mit der Begründung anzufechten, dass der betreffende Drittstaat für ihn in seiner besonderen Situation nicht sicher ist. Darüber hinaus ist dem Antragsteller die Möglichkeit einzuräumen, das Bestehen einer Verbindung gemäß Buchstabe a zwischen ihm und dem betreffenden Drittstaat anzufechten (Art. 38 Abs. 2 c).

Die Mindeststandards für den weiteren Aufenthalt ergeben sich aus der Richtlinie 2011/95/EU (Qualifikationsrichtlinie). Nach erfolgreicher Antragsstellung erhalten diese Schutzsuchenden, denen der Flüchtlingsstatus zuerkannt wurde, einen verlängerbaren Aufenthaltstitel für mindestens drei Jahre (Art. 24 Abs. 1 RL 2011/95/EU (Qualifikationsrichtlinie)); Schutzsuchende, denen der subsidiäre Schutzstatus zuerkannt wurde, erhalten einen verlängerbaren Aufenthaltstitel, der mindestens ein Jahr gültig ist (Art. 24 Abs. 2 RL 2011/95/EU (Qualifikationsrichtlinie)). Weiterhin werden ihnen Reisedokumente ausgestellt (Art. 25 RL 2011/95/EU (Qualifikationsrichtlinie)) und ein Zugang zur Erwerbstätigkeit, Bildung und zu Sozialleistungen sowie zu medizinischer Versorgung gewährt (Art. 26, 27, 29, 30 RL 2011/95/EU (Qualifikationsrichtlinie)).[766]

Zentraler Regelungsinhalt der Richtlinie 2011/95/EU (Qualifikationsrichtlinie) ist die Gewährung einheitlicher Statusrechte für Flüchtlinge im Gebiet der EU.

Im zehnten Erwägungsgrund der Richtlinie 2011/95/EU (Qualifikationsrichtlinie) wird bekräftigt, dass das besondere Ziel der Richtlinie ist, die uneingeschränkte Wahrung der Menschenwürde sowie des Asylrechts für Asylsuchende und die sie begleitenden Familienangehörigen sicherzustellen.[767]

---

766 *Weiß, Wolfgang* in: Streinz, Rudolf (Hrsg): EUV/AEUV, 3. Auflage 2018, Art. 78 AEUV Kapitel III.1, Rn. 14, S. 888.

767 Vgl. dazu ebenso *Bergmann, Jan:* Grundrechtecharta der EU, in: Bergmann, Jan/Dienelt, Klaus (Hrsg): Ausländerrecht, 13. Auflage 2020, Art. 18 Kapitel II, Rn. 5, S. 1974.

e. *Ingewahrsamnahme*

Ein wichtiger Punkt im Rahmen der Asylantragstellung ist die Ingewahrsamnahme von Schutzsuchenden.

aa. *Einschub: Ingewahrsamnahme nach universellem Recht*

Das universelle Recht beinhaltet weder ein Verbot zur grundsätzlichen Ingewahrsamnahme von Schutzsuchenden,[768] noch normiert es Vorgaben zur Ausgestaltung einer solchen Maßnahme. Die GFK enthält keine expliziten Vorschriften zu Haftmöglichkeiten während des Verfahrens zur Feststellung der Schutzbedürftigkeit.[769] Allerdings wird aus dem spezifischen Regelungsgehalt der GFK die grundsätzliche Möglichkeit einer Ingewahrsamnahme von Asylsuchenden abgeleitet.[770] Nach Art. 9 GFK darf der Staat gegen eine bestimmte Person vorläufig die Maßnahmen ergreifen, die dieser Staat für seine Sicherheit erforderlich hält.

Dem steht das Prinzip, einen Schutzsuchenden aufgrund seiner illegalen Einreise nicht zu bestrafen, des Art. 31 GFK nicht entgegen.[771] Nach Art. 31 Abs. 2 GFK steht es den Staaten zu, den Schutzsuchenden notwendige Beschränkungen aufzuerlegen, bis ihre Rechtsstellung geregelt ist. Eine solche Beschränkung kann die notwendige Festsetzung mittels Ingewahrsamnahme sein.[772] Allerdings darf das Ausmaß der Ingewahrsamnahme hinsichtlich der

---

768 *Chetail, Vincent:* The transnational movement of persons under general international law – Mapping the customary law foundations of international migration law, in: Chetail, Vincent/Bauloz, Céline (Hrsg): Research Handbook on International Law and Migration, 2014, Kapitel 3.3.1, S. 50.

769 *Markard, Nora/Heuser, Helene:* „Hotspots" an den EU-Außengrenzen: Menschen- und europarechtswidrige Internierungslager, ZAR 5-6/2016, S. 166 f.

770 *Goodwin-Gill, Guy S./McAdam, Jane:* The Refugee in International Law, 3. Auflage 2007, Kapitel 9.1.1, S. 462 f.; *Markard, Nora/Heuser, Helene:* „Hotspots" an den EU-Außengrenzen: Menschen- und europarechtswidrige Internierungslager, ZAR 5-6/2016, S. 166 f.

771 *Goodwin-Gill, Guy S./McAdam, Jane:* The Refugee in International Law, 3. Auflage 2007, Kapitel 9.1.1, S. 462; *Markard, Nora/Heuser, Helene:* „Hotspots" an den EU-Außengrenzen: Menschen- und europarechtswidrige Internierungslager, ZAR 5-6/2016, S. 166 f.

772 *Markard, Nora/Heuser, Helene:* „Hotspots" an den EU-Außengrenzen: Menschen- und europarechtswidrige Internierungslager, ZAR 5-6/2016, S. 166 f.; *Hathaway, James C.:* The Rights of Refugees under International Law, 2005, Kapitel 4.2.4, S. 419 ff.; auch das Executive Committee des UNHCR hält die Haft grundsätzlich für zulässig, betont jedoch, dass das Recht auf Freiheit und persönliche Sicherheit und das Recht

Bedingungen, der Dauer und der rechtlichen Prüfung im Rahmen eines Verwaltungsverfahrens nicht das Maß vergleichbar einer Haftstrafe erfüllen.[773]

Haft ist zudem als „Maßnahme zur Aufrechterhaltung der inneren Ordnung" im Rahmen von Ausweisungsverfahren möglich, Art. 32 Abs. 3 GFK.[774]

Allerdings muss entsprechend Art. 9 IPbpR jede Freiheitsentziehung im Zusammenhang mit Einwanderung rechtmäßig, notwendig und verhältnismäßig sein.[775]

bb. Ingewahrsamnahme nach EU-Recht

Die Möglichkeit zur Ingewahrsamnahme von Schutzsuchenden im Rahmen des Asylverfahrens ist in der Richtlinie 2013/33/EU (Aufnahmerichtlinie) geregelt. Die Richtlinie 2013/33/EU (Aufnahmerichtlinie) sieht in Art. 8 ff. die explizite Befugnis zur Ingewahrsamnahme vor. Mitgliedstaaten dürfen einen Schutzsuchenden allerdings nicht allein deshalb in Gewahrsam nehmen, weil er einen Schutzantrag gestellt hat.[776] Die Haft darf aufgrund einer Einzelfallentscheidung verhängt werden, wenn ein Haftgrund besteht und weniger einschneidende Maßnahmen nicht ausreichen, Art. 8 Abs. 3 RL 2013/33/EU (Aufnahmerichtlinie). Die Haftgründe erfassen unter anderem die Identitätsfeststellung (Art. 8 Abs. 3 a), die Beweissicherung (Art. 8 Abs. 3 b) oder Gründe der nationalen Sicherheit oder der öffentlichen Ordnung (Art. 8 Abs. 3 e). Mögliche Alternativen zur Ingewahrsamnahme müssen geprüft und angewendet werden.[777]

---

auf Bewegungsfreiheit für Asylsuchende geachtet werden müssen und bestimmte Voraussetzungen für eine Inhaftierung gelten, *Executive Committee of the High Commissioner's Programm:* Beschluss Nr. 44 (XXXVII) Inhaftierung von Flüchtlingen und Asylsuchenden, vom 13. Oktober 1986, lit. b).

773 *Goodwin-Gill, Guy S./McAdam, Jane:* The Refugee in International Law, 3. Auflage 2007, Kapitel 5.3.3, S. 266.

774 *Markard, Nora/Heuser, Helene:* „Hotspots" an den EU-Außengrenzen: Menschen- und europarechtswidrige Internierungslager, ZAR 5-6/2016, S. 166 f.

775 *Agentur der Europäischen Union für Grundrechte/Europarat:* Handbuch zu den europarechtlichen Grundlagen im Bereich Asyl, Grenzen und Migration, Ausgabe 2014, Kapitel 6.5, S. 175.

776 So Art. 26 Abs. 1 RL 2013/32/EU (Verfahrensrichtlinie), der im Übrigen auf die Richtlinie 2013/33/EU (Aufnahmerichtlinie) verweist.

777 EGMR, Urteil: Mikolenko vs Estland, Az. 10664/05, vom 8. Oktober 2009; *Agentur der Europäischen Union für Grundrechte/Europarat:* Handbuch zu den europarechtlichen Grundlagen im Bereich Asyl, Grenzen und Migration, Ausgabe 2014, Kapitel 6.2, S. 164.

Die Ingewahrsamnahme muss notwendig und verhältnismäßig sein.[778] Eine maximale Haftdauer ist in Art. 9 RL 2013/33/EU (Aufnahmerichtlinie) nicht festgelegt.

Die jeweiligen Einzelmaßnahmen sind in ihrer Rechtmäßigkeit zudem an Art. 5 EMRK zu messen.[779] Dies hat der EGMR durch seine Rechtsprechung zu Art. 5 EMRK in Bezug auf Schutzsuchende konkretisiert.[780] Insbesondere die Umstände der Festsetzung von Schutzsuchenden in griechischen Flüchtlingslagern kritisierte der EGMR als nicht in Einklang mit den Vorschriften einer menschenwürdigen Behandlung von Schutzsuchenden.[781]

3. Asyl in Australien

a. Grundlegendes zum Asyl in Australien

Australien verfolgt mit seinem sogenannten ‚humanitarian program' der Einwanderungspolitik zwei grundlegende Ansätze zur Gewährung von Schutz für

778 Art. 5 EMRK, Art. 8 und Art. 28 RL 2013/33/EU (Aufnahmerichtlinie), Art. 15 RL 2008/115/EG (Rückführungsrichtlinie); *Agentur der Europäischen Union für Grundrechte/Europarat:* Handbuch zu den europarechtlichen Grundlagen im Bereich Asyl, Grenzen und Migration, Ausgabe 2014, Kapitel 6.5, S. 175.

779 *Stern, Joachim/Tohidipur, Timo:* Migration von Drittstaatsangehörigen, in: von Arnauld, Andreas (Hrsg): Europäische Außenbeziehungen, Enzyklopädie Europarecht, 1. Auflage 2014, Kapitel 14.B.III.5, Rn. 110, S. 826.

780 EGMR, Urteil: Khlaifia und andere vs. Italien, Az. 16483/12, vom 15. Dezember 2016; *Markard, Nora/Heuser, Helene:* „Hotspots" an den EU-Außengrenzen: Menschen- und europarechtswidrige Internierungslager, ZAR 5-6/2016, S. 166 f.

781 EGMR, Urteil: Riad und Idiab vs. Belgien, Az. 29787/03 und 29810/03, vom 24. Januar 2008; EGMR, Urteil: S.D. vs. Griechenland, Az. 53541/07, vom 11. Juni 2009; EGMR, Urteil: A.A. vs. Griechenland, Az. 12186/08, vom 22. Juli 2010; EGMR, Urteil: Abdolkhani und Karimnia vs. Türkei (Nr. 2), Az. 50213/08, vom 27. Juli 2010; EGMR, Urteil: M.S.S. vs. Belgien und Griechenland, Az. 30696/09, vom 21. Januar 2011; EGMR, Urteil: A.F. vs. Griechenland, Az. 53709/11, vom 13. Juni 2013. *Markard, Nora/Heuser, Helene:* „Hotspots" an den EU-Außengrenzen: Menschen- und europarechtswidrige Internierungslager, ZAR 5-6/2016, S. 171; *Chetail, Vincent:* The transnational movement of persons under general international law – Mapping the customary law foundations of international migration law, in: Chetail, Vincent/Bauloz, Céline (Hrsg): Research Handbook on International Law and Migration, 2014, Kapitel 3.3.1, S. 53.

Menschen, die die Flüchtlingsvoraussetzungen erfüllen: Die ‚offshore protection' und die ‚onshore protection'.[782]

Der zentrale Mechanismus der offshore protection ist das Resettlement.[783] Im Rahmen der onshore protection werden Protection Visa für Schutzberechtigte ausgestellt, die sich bereits legal in australischem Hoheitsgebiet befinden.[784] Mit der Kategorie der Protection Visa, normiert in Art. 35A ff. Migration Act 1958, erfüllt Australien nach seinem Verständnis seine Verpflichtung des Grundsatzes des Non-Refoulement aus den internationalen Verträgen.[785]

Die Visa-Kategorie der Protection Visa unterteilt sich in weitere Unterkategorien: ‚Permanent Protection Visas' (PPV, Section 35A Subsection 2) und ‚Temporary Protection Visas' (TPV, Section 35A Subsection 3). Eine Unterklasse der TPV ist das ‚Safe Haven Enterprise Visa' (Section 35A Subsection 3A)[786]. Das TPV zählt nicht als Teil des humanitären

---

782 *Dauvergne, Catherine:* Humanitarianism, Identity, and Nation: Migration Laws in Canada and Australia, 2005, Kapitel 5, S. 91; *Crock, Mary/Saul, Ben/Dastyari, Azadeh:* Future Seekers II – Refugees and Irregular Migration in Australia, 2006, Kapitel 2, S. 15 ff.

783 Dazu ausführlich Kapitel E.III.2.

784 *Vrachnas, John/Bagaric, Mirko /Dimopoulos, Penny /Pathinayake, Athula*: Migration and Refugee Law - Principles and Practice in Australia, 3. Auflage 2012, Kapitel 13.1, S. 182.

785 *Australian Administrative Appeals Tribunal:* A Guide to Refugee Law in Australia, 2020, Kapitel 1: Protection Visas, S. 4 f.

786 Section 35A Migration Act 1958 – Protection visas – classes of visas:

A protection visa is a visa of a class provided for by this section.

There is a class of permanent visas to be known as permanent protection visas.

Note: These visas were classified by the Migration Regulations 1994 as Protection (Class XA) visas when this section commenced.

There is a class of temporary visas to be known as temporary protection visas.

Note: These visas were classified by the Migration Regulations 1994 as Temporary Protection (Class XD) visas when this section commenced.

(3A) There is a class of temporary visas to be known as safe haven enterprise visas.
(3B) The purpose of safe haven enterprise visas is both to provide protection and to encourage enterprise through earning and learning while strengthening regional Australia.

Note: If a person satisfies the requirements for working, study and accessing social security prescribed for the purposes of paragrapgh 46A(1A)(c), section 46A will not bar the person from making a valid application for any of the onshore visas

Programms.[787] Auf die jeweiligen Unterschiede des PPV sowie des TPV wird gleichwohl im Folgenden eingegangen.

b. Antragstellung auf Schutz in Australien

Die Möglichkeit der Stellung eines Antrags für ein Schutzvisum ist nicht jedem Antragsteller eröffnet. Antragsberechtigt für das onshore protection-Programm und damit eines PPV sind seit September 2013 ausschließlich solche Asylbewerber, die Australien auf legalem Weg erreicht haben.[788] Das bedeutet, die Antragsteller müssen Australien mit einem gültigen Visum, zum Beispiel einem Touristenvisum oder Studienvisum, erreicht haben. Denn grundsätzlich gilt für alle Ausländer entsprechend Art. 42 Abs. 2 Migration Act 1958,[789] dass sie für den Aufenthalt und auch bereits für die Einreise nach Australien ein Visum

---

prescribed for the purposes of paragraph 46A(1A)(b). This does not include permanent protection visas.

Regulations made for the purposes of subsection 31(1) may prescribe additional classes of permanent and temporary visas as protection visas.
A class of visas that was formerly provided for by subsection 36(1), as that subsection was in force before the commencement of this section, is also a class of protection visas for the purposes of this Act and the regulations.
Example: An example of a class of visas for subsection (5) is the class of visas formerly classified by the Migration Regulations 1994 as Protection (Class AZ) visas. These visas can no longer be granted.

Note: This section commenced, and subsection 36(1) was repealed, on the commencement of Part 1 of Schedule 2 to the Migration and Maritime Powers Legislation Amendment (Resolving the Asylum Legacy Caseload) Act 2014.

The criteria for a class of protection visas are:

the criteria set out in section 36; and

any other relevant criteria prescribed by regulation for the purposes of section 31.

Note: See also Subdivision AL.“

787 *Australian Government/Department of Home Affairs:* Discussion Paper – Australia's Humanitarian Program 2019-20, S. 7.

788 *Australian Government/Department of Home Affairs:* Discussion Paper – Australia's Humanitarian Program 2019-20, S. 7; *Kaldor Centre:* Australia's refugee policy: An overview, Factsheet, Juli 2020, S. 2.

789 Section 42 (1) Migration Act 1958 – Visa essential for travel:

„Subject to subsections (2), (2A) and (3), a non-citizen must not travel to Australia without a visa that is in effect.“

benötigen. Weder aus den Regelungen der GFK noch aus denen des Migration Act 1958 ergibt sich ein grundsätzliches Recht zur Einreise oder zum Aufenthalt in Australien für Personen, die die Flüchtlingsvoraussetzungen erfüllen.[790] Nach australischem Verständnis finden die Vorschriften der GFK bezüglich des Umgangs mit Flüchtlingen erst dann Anwendung, wenn Australien den Flüchtlingsstatus der schutzsuchenden Person anerkennt.[791]

Schutzsuchende, die das australische Gebiet als unauthorised maritime arrivals, das heißt mittels Boot und ohne gültiges Visum, erreichen, sind von der Antragsstellung für ein dauerhaftes Schutzvisum im Rahmen des onshore protection-Programms ausgeschlossen.[792]

c. Verfahrensvorschriften für den Zeitraum der Antragstellung

Das Verfahren sowie die Art und Weise, in der Asyl gewährt wird, wird durch den Migration Act 1958 und die Migration Regulations 1994 geregelt.[793] Flüchtlinge, die in Australien Schutz suchen wollen, müssen ein Protection Visa beantragen.[794] Die Anträge sind beim Department for Immigration (DIMA, Einwanderungsbehörde) zu stellen.[795] Das DIMA ist daneben auch für die Grenzkontrollen und die Verhinderung unerlaubter Einreise nach Australien zuständig. Einige Autoren sehen hierin einen Aufgabenkonflikt der DIMA, da sie gleichzeitig über Schutz- und Abwehraspekte bezüglich derselben Personengruppe zu entscheiden haben.[796]

---

790 *Nygh, Peter/Blay, Sam:* Refugees, in: Blay, Sam/Piotrowicz, Ryszard/Tsamenyi, Martin (Hrsg): Public International Law - An Australian Perspective, 2. Auflage 2005, Kapitel 12.1, S. 289.

791 *Nygh, Peter/Blay, Sam:* Refugees, in: Blay, Sam/Piotrowicz, Ryszard/Tsamenyi, Martin (Hrsg): Public International Law - An Australian Perspective, 2. Auflage 2005, Kapitel 12.1, S. 289.

792 *Kaldor Centre:* Australia's refugee policy: An overview, Factsheet, Juli 2020, S. 2.

793 *Vrachnas, John/Bagaric, Mirko /Dimopoulos, Penny /Pathinayake, Athula*: Migration and Refugee Law - Principles and Practice in Australia, 3. Auflage 2012, Kapitel 13.1, S. 182.

794 *Crock, Mary/Saul, Ben/Dastyari, Azadeh:* Future Seekers II – Refugees and Irregular Migration in Australia, 2006, Kapitel 5, S. 63.

795 *Crock, Mary/Saul, Ben/Dastyari, Azadeh:* Future Seekers II – Refugees and Irregular Migration in Australia, 2006, Kapitel 5, S. 63, 68.

796 *Crock, Mary/Saul, Ben/Dastyari, Azadeh:* Future Seekers II – Refugees and Irregular Migration in Australia, 2006, Kapitel 5, S. 68.

d. *Zuerkennung und Umfang des Schutzstatus in Australien*

Die Prüfung der Schutzanträge und Gewährung des Schutzes erfolgt anhand einer Einzelfallprüfung.[797] Die Gewährung der verschiedenen Kategorien an Visa bemisst sich nach den Voraussetzungen in Art. 36 Migration Act 1958. Nach Art. 36 Abs. 1A Migration Act 1958 muss ein Antragsteller für ein Protection Visa folgende Voraussetzungen erfüllen: Der Antragsteller darf keine Gefahr für die öffentliche Sicherheit darstellen und der Antragsteller muss eine schutzberechtigte Person sein.[798]

Eine erfolgreiche Antragstellung für ein PPV gelingt zudem nur Antragstellern, die zum ersten Mal einen Schutzantrag stellen und die bisher noch kein Schutzvisum einer anderen Form erhalten haben.[799] Dies ergibt sich aus Art. 45 AA Migration Act 1958 in Verbindung mit den Regelungen der Migration Regulations 1994.[800] Art. 2.08F Migration Regulations 1994 sieht vor, dass gewisse Anträge auf Protection Visa lediglich solche für TPV sind.[801] Danach sind solche Antragsteller von der Stellung eines wirksamen PPV ausgeschlossen, die bereits ein vorübergehendes Schutzvisum erhalten haben; die bei der letzten Einreise nach Australien kein gültiges Visum besaßen; unauthorised maritime arrivals sind; oder bei Ankunft in Australien nicht einreiseberechtigt waren.[802] Sie können allerdings einen Antrag für ein TPV stellen.

---

797 *Australian Government/Department of Home Affairs:* Discussion Paper – Australia's Humanitarian Program 2019-20, S. 6.

798 Siehe dazu auch die Ausführungen zum personellen Schutzbereich, Kapitel E.I.3.

799 *Australian Administrative Appeals Tribunal:* A Guide to Refugee Law in Australia, 2020, Kapitel 1: Protection Visas, S. 14.

800 Migration Regulations 1994, Statutory Rules No. 268, 1994 made under the Migration Act 1958, Compilation No. 202, vom 16. November 2019.

801 Vgl. bereits die Überschrift zu Section 2.08F der Migration Regulation 1994, „Certain applications for Protection (Class XA) visas taken to be applications for Temporary Protection (Class XD) visas".

802 Der relevante Teil der Vorschrift 2.08 F Certain applications for Protection (Class XA) visas taken to be applications for Temporary Protection (Class XD) visas:

„Conversion regulation

For section 45AA of the Act, despite anything else in the Act, a valid application (a pre-conversion application) for a Protection (Class XA) visa made before the commencement of this regulation by an applicant prescribed by subregulation (2) is, immediately after this regulation starts to apply in relation to the application under subregulation (3).

Das PPV enthält die Möglichkeit zur dauerhaften Ansiedlung und zur Beantragung der australischen Staatsbürgerschaft nach zwei Jahren rechtmäßigen Aufenthalts in Australien. Es beinhaltet das Recht, in Australien zu arbeiten und zu studieren. Zudem erhalten Inhaber des PPV die gleichen sozialen Unterstützungen wie reguläre Migranten.[803] Dies erfasst Unterstützung für Wohnen, Ausstattung und Sprachtraining.[804] Des Weiteren erhalten Visumträger des PPV die Möglichkeit, sich im australischen Gesundheitssystem ‚Medicare' einzugliedern. Der Inhaber eines PPV hat bezüglich des Schutzes seiner Rechte beinahe den gleichen Status wie ein australischer Staatsangehöriger.[805]

---

taken not to be, and never to have been, a valid application for a Protection (Class XA) visa; and

taken to be, and always to have been, a valid application for a Temporary Protection (Class XD) visa, made by the prescribed applicant.

Note 1: As a result, the Minister is required to make a decision on the pre-conversion application as i fit were a valid application for a Temporary Protection (Class XD) visa.

Note 2: If the instalment of visa application charge for the pre-conversion application had been paid before this regulation stats to apply, the first instalment of visa application charge for an application for a Temporary Protection (Class XD) visa (if any) is taken to have been paid. See section 45AA of the Act.

Prescribed applicants

The following are prescribed applicants:

an applicant who holds, or has ever held, any of the following visas:
a Subcalls 785 (Temporary Protection) visa granted before 2 December 2013;
a Temporary Safe Haven (Class UJ) visa;
a Temporary (Humanitarian Concern) (Class UO) visa;
an applicant who did not hold a visa that was in effect on the applicant's last entry into Australia;
an applicant who is an unauthorised maritime arrival;
an applicant who was not immigration cleared on the applicant's last entry into Austalia."

803 *Australian Government – Department of Home Affairs*: Subclass 866 – Protection visa, online abrufbar unter: https://immi.homeaffairs.gov.au/visas/getting-a-visa/visa-list ing/protection-866.

804 *Crock, Mary/Saul, Ben/Dastyari, Azadeh:* Future Seekers II – Refugees and Irregular Migration in Australia, 2006, Kapitel 8, S. 133.

805 *Rothwell, Donald R./Crawford, Emily:* International Law in Australia, 3. Auflage 2017, Kapitel 8.III.B, Rn. 8.70, S. 184.

Antragsteller, die die Voraussetzungen für die Erteilung eines PPV nicht erfüllen oder unauthorised maritime arrivals im Zeitraum von 2013 bis 2014 waren, können ein TPV oder ein Safe Haven Enterprise Visa beantragen. Für beide Visa besteht die Möglichkeit zur Antragstellung, wenn ein Antrag auf PPV ausgeschlossen ist. Die Antragstellung für ein TPV schließt jedoch die Antragstellung für ein Safe Haven Enterprise Visa – aus und umgekehrt.[806] Es bleibt jedoch dem Einwanderungsminister vorbehalten, im Einzelfall entsprechend seinem freien Ermessen ein anderes Visum auszustellen.[807]

Das TPV räumt ein Aufenthaltsrecht von drei Jahren ein. Im Unterschied zum PPV enthält das TPV keine Möglichkeit, einen Antrag auf Einbürgerung zu stellen. Zudem erfasst die sonstige bundesstaatliche Unterstützungsleistung lediglich eine kurzzeitige finanzielle Unterstützung.[808] Für den Schutzberechtigten besteht zwar auch mit dem TPV die Möglichkeit, Arbeit aufzunehmen. Allerdings erfährt er im Ganzen weniger Unterstützung als die Inhaber des PPV. Das TPV endet unabhängig von der Betrachtung und vom möglichen Fortbestehen der Umstände, die zum Schutzstatus berechtigen. Nach Ablauf der drei Jahre kann der Antragsteller erneut einen Schutzantrag für ein TPV stellen.[809] Dies setzt jedoch voraus, dass die Voraussetzungen zum Erhalt eines TPV in einer erneuten Prüfung als vorliegend nachgewiesen werden.

Das Safe Haven Enterprise Visa enthält im Unterschied zum TPV eine besondere Vereinbarung: Soweit sich der Schutzsuchende verpflichtet, in eine ländliche Region zu ziehen und dort Arbeit aufzunehmen, kann er sich für ein Safe Haven Enterprise Visum bewerben. Dieses gewährt einen Aufenthalt in Australien bis zu fünf Jahren.[810]

---

806 *Australian Administrative Appeals Tribunal:* A Guide to Refugee Law in Australia, 2020, Kapitel 1: Protection Visas, S. 14.

807 *Australian Administrative Appeals Tribunal:* A Guide to Refugee Law in Australia, 2020, Kapitel 1: Protection Visas, S. 8.

808 *Crock, Mary/Saul, Ben/Dastyari, Azadeh:* Future Seekers II – Refugees and Irregular Migration in Australia, 2006, Kapitel 8, S. 133; *Higgins, Claire:* Temporary Protection Visas (TPVs) and Safe Haven Enterprise Visas (SHEVs), in: Kaldor Centre, Research Brief, April 2019, S. 3 f.

809 *Australian Government – Department of Home Affairs*: Subclass 785 – Temporary Protection visa, online abrufbar unter: https://immi.homeaffairs.gov.au/visas/getting-a-visa/visa-listing/temporary-protection-785#About.

810 *Australian Government – Department of Home Affairs*: Subclass 790 – Safe Haven Enterprise visa, online abrufbar unter: https://immi.homeaffairs.gov.au/visas/getting-a-visa/visa-listing/safe-haven-enterprise-790.

e. Ingewahrsamnahme

Alle Ausländer, die Australien ohne ein Visum oder sonstige Einreisegenehmigung erreichen, werden unverzüglich festgesetzt, Art. 189 iVm Art. 14 Abs. 1 iVm Art. 13 Abs. 1 Migration Act 1958. Dies gilt auch für Schutzsuchende, die in Australien einen Schutzantrag stellen wollen.[811] Der Migration Act 1958 enthält dabei keine Vorgaben oder Verpflichtungen für die Grenz- und Einwanderungsbeamten, die festgesetzten Personen über ihr Recht zur Stellung eines Schutzantrages aufzuklären.[812] Die ersten Anhörungen von potentiellen Asylantragstellern ergehen ohne das tatsächliche Wissen oder Verständnis der potentiell Schutzberechtigten über ihre Rechte. Ihnen wird auch nicht die Möglichkeit eingeräumt, sich rechtlichen, neutralen Rat zu ihrer Angelegenheit einzuholen.[813] Eine zeitliche Begrenzung der Ingewahrsamnahme ist nicht normiert.

4. Zwischenfazit

Es ist folgendes Zwischenfazit zu ziehen:

- Die Asylverfahren der EU und Australiens weisen erhebliche Unterschiede auf, die sich bereits in der grundlegenden Priorisierung des Systems im jeweiligen Regelungsregime verdeutlichen.
- In der EU ist die Erteilung von Asyl der zentrale Mechanismus zur Gewährung von Schutz an flüchtende Individuen.
- In Australien stellt das Asylverfahren einen Mechanismus im Rahmen der verzweigten on- und offshore protection-Mechanismen dar.
- Der grundlegende Unterschied zwischen den Verfahren ist die grundsätzliche Erreichbarkeit sowie die Begrenzung im personellen Anwendungsbereich eines Asylverfahrens.
- In der EU steht der Zugang zum Antrag auf Asyl für alle Personen, die sich im Gebiet der EU oder an deren Außengrenzen befinden, offen.
- Das australische Asylverfahren ist beschränkt für solche Schutzsuchenden, die sich legal im australischen Staatsgebiet aufhalten. Dies stellt eine erhebliche Einschränkung in der Erreichbarkeit der Schutzgewährung dar.

---

811 *Crock, Mary/Saul, Ben/Dastyari, Azadeh:* Future Seekers II – Refugees and Irregular Migration in Australia, 2006, Kapitel 5, S. 63.

812 *Crock, Mary/Saul, Ben/Dastyari, Azadeh:* Future Seekers II – Refugees and Irregular Migration in Australia, 2006, Kapitel 5, S. 63.

813 *Crock, Mary/Saul, Ben/Dastyari, Azadeh:* Future Seekers II – Refugees and Irregular Migration in Australia, 2006, Kapitel 5, S. 63.

- Der größte Unterschied in den normierten Rechten besteht im Rahmen des Verfahrens für die Feststellung des Flüchtlingsstatus. Während in der EU hierbei bereits feste Regelungen erlassen wurden und dem Schutzsuchenden bereits im Rahmen des Feststellungsverfahrens gewisse Rechte gewährt werden, bestehen solche Regelungen und Rechte im australischen Rechtsrahmen nicht. Im australischen System besteht ein rechtlicher Status erst nach Anerkennung des Flüchtlingsstatus.
- Das EU-Asylverfahren ist allerdings ein langes, undurchsichtiges Verfahren mit verschiedenen, sich gegenseitig bedingenden und aufeinander verweisenden Richtlinien. Zudem bedarf es zunächst eines Verfahrens zur Feststellung, welches EU-Mitgliedsland für Prüfungsverfahren zuständig ist. Der daraufhin erteilte Schutz ist auf eine gewisse Dauer beschränkt.
- Im Unterschied dazu leistet das australische Asylverfahren in Folge der Anerkennung einen vollumfänglichen und auf dauerhaften Aufenthalt angelegten Schutzrahmen.

Das Asylverfahren, mittels dessen Schutzanträge vor Ort in den Aufnahmeländern gestellt werden können, ist die Ausformung der Pflichten und Rechte, die sich aus der GFK ergeben. Aus der GFK ergibt sich insbesondere die Verpflichtung, Schutzsuchende nicht zurückzuweisen, wenn sie aufgrund der Zurückweisung in eine Gefahr für ihr Leben oder ihre Freiheit gebracht werden und dies wegen der Rasse, Religion, Staatsangehörigkeit, der Zugehörigkeit zu einer bestimmten sozialen Gruppe oder wegen der politischen Überzeugung erfolgt, Art. 33 Abs. 1 GFK. Im Rahmen des Asylverfahrens ist eine Zugangssteuerung nur insoweit möglich, als die Schutzsuchenden nicht in die Gefahr des Refoulement oder der Verletzung ihrer Menschenrechte gebracht werden.

In der EU stellt das Asylverfahren den zentralen Mechanismus zur Schutzgewährung dar, welchem kein ausgeprägtes Element der Zugangssteuerung unterliegt. Die meisten Schutzaufnahmen erfolgen infolge eines erfolgreichen Asylverfahrens auf europäischem Gebiet. Die Durchführung des Verfahrens zur Feststellung der Flüchtlingseigenschaft ist den Mitgliedstaaten vorbehalten. Obgleich es durch unionale Verordnungen und Richtlinien vereinheitlicht werden soll, bestehen nach wie vor noch Unterschiede in den Verfahren der einzelnen Staaten. Das gemeinsame europäische Asylsystem wird aber immer weiter ausgebaut. Im Kern steht dabei die Gewährung von Rechten der Antragsteller bereits während des Verfahrens. Dies gründet sich auf dem europäischen Verständnis, dass die Rechte der GFK jedem Flüchtling, unabhängig von der Feststellung seines Status, zustehen sollten. Daher enthalten die Regelungen der EU bereits Status und Rechte für Antragsteller während des Verfahrens.

Das australische System beinhaltet ein erhebliches Element der Steuerung des Zugangs im Rahmen des Asylverfahrens. Die erste Hürde besteht bereits darin, überhaupt in das Asylverfahren aufgenommen zu werden. Denn die Rechte des Flüchtlingsschutzes im Rahmen des Asyls vor Ort entfalten ihre Wirkung erst nach Anerkennung durch die Behörden. Dabei wird nicht allein auf das Vorliegen der Flüchtlingseigenschaften abgestellt. Es kommt auch besonders auf den Modus der Einreise an, denn erst die legale Einreise entfaltet die Möglichkeit, alle Rechte, die einem Flüchtling zustehen, in Anspruch zu nehmen. Eine solche doppelte Klassifizierung von Flüchtlingen enthält diskriminierende Momente. So können Schutzsuchende aus bestimmten Herkunftsstaaten aufgrund der Visapflicht eine geringere Chance auf eine legale Einreise haben als Schutzsuchende aus anderen Herkunftsstaaten.

Eine solche Diskriminierung der Flüchtlinge entsprechend den verschiedenen Schutzkategorien in Australien verstößt gegen internationales Recht, insbesondere gegen Art. 26 IPbpR.[814] Danach sind alle Menschen vor dem Gesetz gleich und haben ohne Diskriminierung Anspruch auf gleichen Schutz durch das Gesetz. Der reduzierte Schutzumfang des TPV erfasst jedoch ausschließlich solche Schutzsuchende, die mittels Boot versuchten, das australische Festland zu erreichen. Bei den Nationalitäten dieser Boat People ist eine Zentrierung auf gewisse Herkunftsländer zu erkennen, was einer Diskriminierung aufgrund der Herkunft gleichkommt.[815]

Ein gewisses Steuerungselement im Rahmen des Asylverfahrens ist mit den Schutzerwägungen der GFK in Einklang zu bringen. Dies ist der Fall, soweit die Steuerung das Verbot des Refoulement einhält bzw. dieses nicht unterläuft. Die Steuerung darf allerdings nicht so weit gehen, dass der Schutzumfang der GFK faktisch umgangen wird. Dies wäre der Fall, wenn die Steuerung ein Ausmaß annimmt, dass die Rechte der GFK faktisch nicht zur Anwendung kommen, da das Gebiet des potentiellen Aufnahmestaates nicht erreicht werden kann. Dies ist bei den jeweiligen Systemen besonders zu berücksichtigen.

814 Ähnliche Vorgaben finden sich auch in Art. 2 UN-Kinderrechtskonvention.

815 *Ghezelbash, Daniel:* Refugee Lost – Asylum Law in an Independent World, 2018, Kapitel 6.5, S. 165 f.

III. Resettlement-Programme

1. Grundsätzliches zum Resettlement-Programm

Resettlement bedeutet in seiner wörtlichen Übersetzung in die deutsche Sprache ‚Umsiedlung' bzw. ‚Neuansiedlung'. Dies erfasst die grundlegende Idee des Resettlement: Flüchtlinge werden aus einem Staat, in dem sie zunächst Schutz gesucht haben und ihre Schutzbedürftigkeit festgestellt wurde, in einen Drittstaat umgesiedelt, welcher sich bereit erklärt hat, sie aufzunehmen.[816]

Eine solche Umsiedlung ist ein auf internationaler Ebene anerkannter Mechanismus zum Schutz von Flüchtlingen, der jedoch keinen umfassenden international bindenden Vorschriften oder Verpflichtungen unterliegt.[817]

Das Resettlement ist ein Mechanismus, der bereits in den Zeiten zwischen den beiden Weltkriegen angewandt wurde.[818] So wurden zum Beispiel während der 1930er Jahre von den Nazis verfolgte Juden aus den deutschen Gebieten in schutzbereite Staaten umgesiedelt.[819] Seit Anbeginn der Gründung des UNHCR ist der Mechanismus des Resettlement das wichtigste Werkzeug in der Organisation des Flüchtlingsschutzes.[820]

Das Resettlement-Programm des UNHCR fußt nicht auf normierten Vorgaben; die Teilhabe ist ebenfalls unverbindlich für die Staaten. Die Vorgaben zum Resettlement sind lediglich in Richtlinien des UNHCR enthalten. Im *UNHCR Resettlement Handbook*[821] werden die Vorgaben des UNHCR zusammengefasst.

---

816 Vgl. die Definition des ‚Resettlement' von *UNHCR*: UNHCR Resettlement Handbook – Division of International Protection, 2011, Kapitel: Preface, S. 3; *Kaldor Centre:* Resettlement, Factsheet, Februar 2019, S. 1.

817 *Dauvergne, Catherine:* Humanitarianism, Identity, and Nation: Migration Laws in Canada and Australia, 2005, Kapitel 5, S. 91; *Zieck, Marjoleine:* The limitations of voluntary repatriation and resettlement of refugees, in: Chetail, Vincent/Bauloz, Céline (Hrsg): Research Handbook on International Law and Migration, 2014, Kapitel 1, S. 562.

818 *Bamberg, Katharina:* The EU Resettlement Framework: From a humanitarian pathway to a migration management tool?, European Policy Centre, Discussion Paper, European Migration and Diversity Programme, vom 26. Juni 2018, Kapitel 1, S. 5.

819 *UNHCR*: UNHCR Resettlement Handbook – Division of International Protection, 2011, Kapitel 2.1, S. 47.

820 *Bamberg, Katharina:* The EU Resettlement Framework: From a humanitarian pathway to a migration management tool?, European Policy Centre, Discussion Paper, European Migration and Diversity Programme, vom 26. Juni 2018, Kapitel 1, S. 5.

821 *UNHCR*: UNHCR Resettlement Handbook – Division of International Protection, 2011.

Hierbei findet sich eine Definition des Resettlement, das in seinem Verständnis über die Beschreibung der Umsiedlung hinausgeht und ebenfalls den anschließenden Status der umgesiedelten Flüchtlinge erfasst:

> „Resettlement involves the selection and transfer of refugees from a State in which they have sought protection to a third State which has agreed to admit them – as refugees – with permanent residence status. The status provided ensures protection against refoulement and provides a resettled refugee and his/her family or dependants with access to rights similar to those enjoyed by nationals. Resettlement also carries with the opportunity to eventually become a naturalized citizen of the resettlement country."[822]

Die Zielsetzung des Resettlement-Programms des UNHCR erfasst drei Komponenten:

Zunächst soll durch das Resettlement der internationalen Schutzverpflichtung für Flüchtlinge nachgekommen werden.[823] Dies verdeutlicht die Definition in der Annahme, dass es sich um festgestellte Flüchtlinge handelt, welche umgesiedelt werden sollen.

Weiterhin soll durch das Resettlement ein gerechter Interessensausgleich im Rahmen der internationalen Solidarität berücksichtigt werden.[824] Alle Staaten, auch diejenigen, die nicht in unmittelbarer Zufluchtsnähe für Schutzsuchende liegen, sollen zu deren Schutz effektiv beitragen können. Diese Verpflichtung zur Solidarität in Fluchtangelegenheiten ist unter anderem auch in der GFK angelegt. In ihrer Präambel wird festgehalten, dass sich aus der Gewährung des Asylrechts schwere Belastungen für einzelne Länder ergeben können und dass eine befriedigende Lösung des Problems ohne internationale Zusammenarbeit der Staaten nicht erreicht werden könne.[825] Dieser Solidaritätsverpflichtung soll der Mechanismus des Resettlement beikommen.

Schließlich soll mit dem Resettlement eine nachhaltige Lösung für Flüchtlinge geschaffen werden, die eine rechtliche Gleichstellung mit Staatsangehörigen des Schutzstaates bis hin zur Einbürgerung in diesen umfassen kann.[826]

---

822 *UNHCR*: UNHCR Resettlement Handbook – Division of International Protection, 2011, Kapitel: Preface, S. 3.

823 *UNHCR*: UNHCR Resettlement Handbook – Division of International Protection, 2011, Kapitel: Preface, S. 3.

824 *UNHCR*: UNHCR Resettlement Handbook – Division of International Protection, 2011, Kapitel: Preface, S. 3.

825 Absatz 4 Präambel GFK.

826 *UNHCR*: UNHCR Resettlement Handbook – Division of International Protection, 2011, Kapitel: Preface, S. 3.

Das Resettlement schließt in seine Erwägung beide Blickfelder ein: So soll neben dem Schutz der Flüchtlinge zu einem interessengerechten Ausgleich zwischen den schutzgewährenden Staaten beigetragen werden.[827]

Das Resettlement bietet Raum für kontroverse Diskussionen und Ansichten.[828] Dies bestätigt sich darin, dass der Mechanismus nur von wenigen Staaten konsequent durchgesetzt wird.[829] Aufgrund fehlender internationaler Verbindlichkeit zum Resettlement sowie fehlender Verpflichtung zur Aufnahme eines bestimmten Kontingents an Schutzsuchenden beteiligt sich nur eine begrenzte Anzahl von Staaten an einer regelmäßigen Umsiedlung. Derzeit beteiligen sich 29 Staaten am Resettlement-Programm des UNHCR, wobei die USA, Kanada und Australien die meisten Plätze stellen.[830] Auch Mitgliedstaaten der EU stellen Plätze im Rahmen des UNHCR Resettlement. Die EU selbst ist jedoch kein Teilnehmer des Programms.[831] Der UNHCR stellt fest, dass die Zahl der Schutzsuchenden, die des Schutzes durch eine Umsiedlung bedürften, im letzten Jahrzehnt erheblich gestiegen ist. Die Zahl der möglichen Resettlement-Plätze blieb hingegen auf einem durchgehend niedrigen Niveau; so kämen auf einen möglichen Resettlement-Platz durchschnittlich 20 Schutzberechtigte.[832]

Kontrovers diskutiert wird die innerstaatliche Motivation zur Teilnahme und zum Betreiben eines Resettlement-Programms. In einzelnen Staaten zeigt sich, dass die alleinige humanitäre Bestrebung, Flüchtlingen Schutz zu gewähren,

---

827 *Kaldor Centre:* Resettlement, Factsheet, Februar 2019, S. 1.

828 *UNHCR:* Global Trends – Forced Displacement in 2019, Stand: 18. Juni 2020, Kapitel 5, S. 51; siehe dazu auch für eine kritische Betrachtung des Resettlements *Zieck, Marjoleine:* The limitations of voluntary repatriation and resettlement of refugees, in: Chetail, Vincent/Bauloz, Céline (Hrsg): Research Handbook on International Law and Migration, 2014, Kapitel 3, S. 574 ff.

829 Darunter die USA, Kanada, Australien, Schweden.

830 *UNHCR:* Global Trends – Forced Displacement in 2019, Stand: 18. Juni 2020, Kapitel 5, S. 52; siehe dazu auch *Zieck, Marjoleine:* The limitations of voluntary repatriation and resettlement of refugees, in: Chetail, Vincent/Bauloz, Céline (Hrsg): Research Handbook on International Law and Migration, 2014, Kapitel 3.1 ff., S. 574 ff.

831 In der Liste aufgezählte EU-Mitgliedstaaten sind: Belgien, Bulgarien, Tschechische Republik, Dänemark, Finnland, Frankreich, Deutschland, Irland, Niederlande, Portugal, Rumänien und Schweden, vgl. https://www.unhcr.org/protection/resettlement/4a2ccf4c6/unhcr-resettlement-handbook-country-chapters.html.

832 *UNHCR:* Global Trends – Forced Displacement in 2019, Stand: 18. Juni 2020, Kapitel 5, S. 51; bis zum Jahr 2017 stieg die Zahl der teilnehmenden Staaten stetig und erreichte einen Höchststand von 35 Staaten, in den Jahren 2018 und 2019 fiel die Anzahl der teilnehmenden Staaten auf 29 zurück.

innenpolitisch nicht ausreichend überzeugt, um ein Resettlement-Programm zu implementieren.[833] Um einen positiven Effekt des Resettlements darzustellen, wird daher von Befürwortern des Resettlement angeführt, dass das Resettlement ein Schutzmechanismus ist, der von einem nationalstaatlichen Steuerungsmodus geprägt ist.[834] Die Nationalstaaten können individuelle Voraussetzungen an die Aufnahme von Flüchtlingen stellen und somit den Zugang spezifisch steuern. Demnach können Schutzsuchende einzeln ausgewählt werden, die sich an die staatlichen Regelungen zur Einreise halten und die zu einer Weiterentwicklung des Staates in wirtschaftlicher und gesellschaftlicher Hinsicht beitragen. Dies sichert ebenso das Vertrauen in die Souveränität und Kontrolle der staatlichen Grenzen.[835]

Die verschiedenen Herangehensweisen und innerstaatlichen Motivationen zum Betreiben des Resettlement zeigen die Beispiele der EU und Australiens deutlich auf.

---

833 Vgl. dazu spezifisch die Argumentation in Australien für die Förderung des offshore Resettlement Programms, *Losoncz, Ibolya:* The Structural and Institutional Exclusion of Refugees in Australia, in: Garnier, Adèle/Jubilut, Liliana Lyra/Bergtora Sandvik, Kristin (Hrsg): Refugee Resettlement – Power, Politics, and Humanitarian Governance, 2018, S. 142; *Ghezelbash, Daniel:* Refugee Lost – Asylum Law in an Independent World, 2018, Kapitel 2.3, S. 29; *Dauvergne, Catherine:* Humanitarianism, Identity, and Nation: Migration Laws in Canada and Australia, 2005, Kapitel 5, S. 92; *Kneebone, Susan/McDowell, Christopher/Morrell, Gareth:* A Mediterranean Solution? Chances of Success, International Journal of Refugee Law, 2006, Vol. 18, Nr. 3-4, S. 501.

834 *Losoncz, Ibolya:* The Structural and Institutional Exclusion of Refugees in Australia, in: Garnier, Adèle/Jubilut, Liliana Lyra/Bergtora Sandvik, Kristin (Hrsg): Refugee Resettlement – Power, Politics, and Humanitarian Governance, 2018, S. 142; *Ghezelbash, Daniel:* Refugee Lost – Asylum Law in an Independent World, 2018, Kapitel 2.3, S. 29; *Dauvergne, Catherine:* Humanitarianism, Identity, and Nation: Migration Laws in Canada and Australia, 2005, Kapitel 5, S. 92; *Kneebone, Susan/McDowell, Christopher/Morrell, Gareth:* A Mediterranean Solution? Chances of Success, International Journal of Refugee Law, 2006, Vol. 18, Nr. 3-4, S. 501.

835 *Losoncz, Ibolya:* The Structural and Institutional Exclusion of Refugees in Australia, in: Garnier, Adèle/Jubilut, Liliana Lyra/Bergtora Sandvik, Kristin (Hrsg): Refugee Resettlement – Power, Politics, and Humanitarian Governance, 2018, S. 142; *Ghezelbash, Daniel:* Refugee Lost – Asylum Law in an Independent World, 2018, Kapitel 2.3, S. 29; *Dauvergne, Catherine:* Humanitarianism, Identity, and Nation: Migration Laws in Canada and Australia, 2005, Kapitel 5, S. 92; *Kneebone, Susan/McDowell, Christopher/Morrell, Gareth:* A Mediterranean Solution? Chances of Success, International Journal of Refugee Law, 2006, Vol. 18, Nr. 3-4, S. 501.

Australien stellt einen der größten Beitragsleistenden im Rahmen des Resettlement-Programms des UNHCR dar.[836] Die EU selbst ist bisher noch kein Beitragsleistender in diesem Programm. Im Folgenden wird daher zunächst die australische Praxis des Resettlements (2), im Anschluss dann die Praxis der EU (3) dargestellt.

2. Resettlement in Australien

Resettlement hat eine lange Tradition in Australien. Es ist der primäre Schutzmechanismus Australiens, welcher politisch und gesellschaftlich als die richtige und damit vorzugswürdige Art angesehen wird, in Australien Schutz zu suchen.[837]

a. Geschichte des australischen Resettlement

Der Anfang des australischen Resettlement lässt sich zurückführen in die Jahre nach dem Zweiten Weltkrieg.[838] Australien trug durch sein Resettlement-Programm dazu bei, den Folgen der Vertreibung vieler Menschen durch den Zweiten Weltkrieg nachzukommen. Seit 1977 ist Australien beständiger und aktiver Beitragsleistender des UNHCR-Resettlement-Programms.[839] Dabei reagierte die australische Regierung in der Ausgestaltung des nationalen Resettlement-Plans hinsichtlich des Umfangs und Schwerpunkts auf die sich entwickelnde humanitäre Situation und die Veränderungen des weltweiten vom

836 *UNHCR:* Global Trends – Forced Displacement in 2019, Stand: 18. Juni 2020, Kapitel 5, S. 52; *Vrachnas, John/Bagaric, Mirko /Dimopoulos, Penny /Pathinayake, Athula*: Migration and Refugee Law - Principles and Practice in Australia, 3. Auflage 2012, Kapitel 18.1.2, S. 307; *Zieck, Marjoleine:* The limitations of voluntary repatriation and resettlement of refugees, in: Chetail, Vincent/Bauloz, Céline (Hrsg): Research Handbook on International Law and Migration, 2014, Kapitel 3.1, S. 574.

837 *Dauvergne, Catherine:* Humanitarianism, Identity, and Nation: Migration Laws in Canada and Australia, 2005, Kapitel 5, S. 92.

838 *Australian Government/Department of Home Affairs:* Refugee and humanitarian program, About the programm, März 2020, online abrufbar unter: https://immi.homeaffairs.gov.au/what-we-do/refugee-and-humanitarian-program/about-the-program/about-the-program; *Cellini, Amanda*: Annex – Current Refugee Resettlement Program Profiles, in: Garnier, Adèle/Jubilut, Liliana Lyra/Bergtora Sandvik, Kristin (Hrsg): Refugee Resettlement – Power, Politics, and Humanitarian Governance, 2018, S. 256; *Australian Government/Department of Home Affairs:* Discussion Paper – Australia's Humanitarian Program 2019-20, Attachment B, S. 9.

839 vgl. https://www.unhcr.org/protection/resettlement/4a2ccf4c6/unhcr-resettlement-handbook-country-chapters.html.

UNHCR angezeigten Umsiedlungsbedarfs.[840] Seit dem Ende des Zweiten Weltkrieges hat Australien mehr als 865 000 Flüchtlinge und andere schutzbedürftige Personen umgesiedelt.[841] Allerdings setzt Australien eine jährliche Quote für die Anzahl anzusiedelnder Personen fest. Diese Quote erfasst das gesamte australische humanitäre Schutzprogramm, also sowohl die Schutzanträge aus dem onshore protection-Programm als auch solche aus dem offshore protection-Programm, zu dem das Resettlement zu zählen ist. Die geplante Aufnahmequote im Finanzjahr 2017/2018 zum Beispiel lag bei 14 800 Plätzen.[842] Die Quote wird dabei jedes Jahr neu vom Einwanderungsminister festgelegt.

b. Resettlement als Teil des australischen humanitären Programms

Das australische Resettlement-Programm bildet zahlenmäßig den größten Teil des Flüchtlings- und humanitären Programms der australischen Einwanderungspolitik.[843] Es gilt als Teil des offshore protection-Programms. Mit dem Flüchtlings- und humanitären Programm, insbesondere mit dem Resettlement, verfolgt die australische Regierung eine klare Zielsetzung.[844] Mit der Umsiedlung soll Schutz solchen Personen geboten werden, die nach der Ansicht der australischen Regierung am schutzbedürftigsten sind und sich noch außerhalb des australischen Staatsgebiets in Flüchtlingscamps befinden.[845] Dabei schreibt Australien dem Resettlement die Fähigkeit zu, sich flexibel und verantwortungsvoll auf die sich ändernden globalen Umstände einstellen und anpassen zu können, da es keinen universellen Vorgaben unterliegt. So kann die Aufnahme von Flüchtlingen im Resettlement-Programm neue humanitäre Situationen erfassen

---

840 *Australian Government/Department of Home Affairs:* Discussion Paper – Australia's Humanitarian Program 2019-20, Attachment B, S. 9; siehe ebenso *Crock, Mary/Saul, Ben/Dastyari, Azadeh:* Future Seekers II – Refugees and Irregular Migration in Australia, 2006, Kapitel 2, S. 15 f.

841 *UNHCR:* UNHCR Resettlement Handbook and Country Chapters – Country Chapters: Australia, 2018, Kapitel 1.1, S. 2.

842 *UNHCR:* UNHCR Resettlement Handbook and Country Chapters – Country Chapters: Australia, 2018, Kapitel: Overview, S. 2.

843 *Australian Government/Department of Home Affairs:* Discussion Paper – Australia's Humanitarian Program 2019-20, S. 3; *Crock, Mary/Saul, Ben/Dastyari, Azadeh:* Future Seekers II – Refugees and Irregular Migration in Australia, 2006, Kapitel 2, S. 17.

844 *Australian Government/Department of Home Affairs:* Discussion Paper – Australia's Humanitarian Program 2019-20, S. 3.

845 *Dauvergne, Catherine:* Humanitarianism, Identity, and Nation: Migration Laws in Canada and Australia, 2005, Kapitel 5, S. 92.

und auf diese entsprechend reagieren.[846] Am Ende soll mit dem Resettlement-Programm aber insbesondere Australiens internationale Schutzverpflichtung erfüllt werden.[847] Neben diesen außenpolitischen Aspekten werden dem Resettlement-Programm auch innenpolitische Aspekte zugeschrieben. Mit einer gezielten Auswahl der Schutzbedürftigen im Rahmen des Resettlement soll das australische Einwanderungssystem im Ganzen gefördert werden, indem die ausgewählten, anzusiedelnden Flüchtlinge aufgrund ihrer Fähigkeiten vorteilsbringend für die australische Gesellschaft sind.[848]

c. Das australische Resettlementverfahren

Die Verfahrensvorschriften zum australischen Resettlement sind im Migration Act 1958 sowie in den Migration Regulations 1994 normiert. Vom UNHCR anerkannte Flüchtlinge, die sich in Aufnahmelagern oder anderen Einrichtungen außerhalb Australiens befinden, können sich für einen Resettlement-Platz im Rahmen des offshore Resettlement-Programms in Australien bewerben.[849] Aufgrund dieser ersten Angaben erfolgt eine erste Auswahl der in Australien anzusiedelnden Flüchtlinge. Die Anträge werden entsprechend den Vorschriften der Migration Regulations 1994 für jeden Antrag einzeln geprüft. Grundlegende Voraussetzung ist, dass der Antragsteller ein vom UNHCR anerkannter Flüchtling ist und nach Abwägung aller Umstände eine Umsiedlung die angemessenste Lösung für den Antragsteller darstellt.[850] Praktische Erwägungen bei der Auswahl spielen gängige Visa-Kriterien wie auch Prioritäten der Regierung

846 *Australian Government/Department of Home Affairs:* Discussion Paper – Australia's Humanitarian Program 2019-20, S. 3.

847 *Australian Government/Department of Home Affairs:* Discussion Paper – Australia's Humanitarian Program 2019-20, S. 3.

848 *Losoncz, Ibolya:* The Structural and Institutional Exclusion of Refugees in Australia, in: Garnier, Adèle/Jubilut, Liliana Lyra/Bergtora Sandvik, Kristin (Hrsg): Refugee Resettlement – Power, Politics, and Humanitarian Governance, 2018, S. 139-158, S. 142.

849 Migration Regulation Act 1994 Section 2.07AM und Part 4 1402; *UNHCR*: UNHCR Resettlement Handbook – Division of International Protection, 2011, Kapitel 1, S. 9; *Australian Government/Department of Home Affairs:* Discussion Paper – Australia's Humanitarian Program 2019-20, S. 4 f.

850 Siehe hierzu Migration Regulation Act 1994 Section 2.07AM und Part 4 1402; *UNHCR*: UNHCR Resettlement Handbook – Division of International Protection, 2011, Kapitel 1, S. 9.

hinsichtlich Neuansiedlungs- und Integrationsmöglichkeiten der jeweiligen Flüchtlinge.[851]

Als nächster Schritt folgt ein Interview, bei welchem der Antrag sowie der Flüchtling selbst umfassender geprüft werden und insbesondere Informationen zum Schutzbedarf des Individuums sowie zu seiner Integrationsfähigkeit gesammelt werden. Schließlich folgt ein allgemeiner Sicherheits- sowie Gesundheitscheck. Die letztendliche Entscheidung für die Aufnahme eines Flüchtlings in das australische Resettlement-Programm obliegt der australischen Einwanderungsbehörde (Immigration Department).[852]

Für den Fall, dass der Schutzsuchende in das Resettlement-Programm aufgenommen wird, erhält er ein australisches Visum, das ihn zur Einreise nach Australien berechtigt. Dort angekommen wird er im australischen ‚Humanitarian Settlement'-Programm aufgenommen.[853] Das Humanitarian Settlement-Programm bietet den Personen, die mittels humanitärer Ansiedlung in Australien sind, umfassende Hilfeleistungen. Das Programm unterstützt die Ankommenden insbesondere bei ihrer ersten Ansiedlung in Australien.[854]

Das Visum im Rahmen des Humanitarian Settlement-Programm verleiht den Visumsinhabern ein dauerhaftes Aufenthaltsrecht in Australien mit der Möglichkeit, nach vier Jahren einen Antrag auf Einbürgerung zu stellen.[855] Das Resettlement in Australien ist folglich, ebenso wie die Verleihung des Asylrechts im onshore-Programm, eine dauerhafte Schutzvariante, die die dauerhafte Integration der Flüchtlinge zum ultimativen Ziel hat.

---

851 Migration Regulations 1994, Schedule 2, Subclass 200, Criterion 200.22 ff., *Karlsen, Elibritt:* Refugee resettlement to Australia: what are the facts, Parliament of Australia, 07. September 2016.

852 *Karlsen, Elibritt:* Refugee resettlement to Australia: what are the facts, Parliament of Australia, 07. September 2016.

853 *Australian Government/Department of Home Affairs:* Australia's offshore Humanitarian Program: 2018-19, Stand 2019, S. 3.

854 *Spinks, Harriet:* Australia's Settlement Service for Migrants and Refugees, Parliament of Australia Department of Parliamentary Service, Research Paper no. 29, 2008-09, 29. April 2009, S. 3.

855 *Australian Government/Department of Home Affairs*: Become an Australian citizen (by conferral): Permanent residents or New Zealand citizens, April 2020.

d. Kritik am australischen Resettlement-Programm

Das australische Engagement im Resettlement des UNHCR ist vorbildlich. Gleichwohl enthält das australische Resettlement-Programm einzelne Komponenten, die kritisch zu betrachten sind.

Die Verlinkung des offshore-Programms mit dem onshore-Programm durch die jährliche Obergrenze ist eine solche kritische Komponente.[856] Die einzelnen Programmplätze bedingen sich dabei gegenseitig, wobei das offshore Resettlement-Programm als vorbildliche Lösung dargestellt wird und Schutzsuchende, die aufgrund dieses Programms nach Australien gelangen, als besonders schutzwürdig und vorbildlich wahrgenommen werden.[857] Anderen Antragstellern, insbesondere solchen, die zunächst versuchten, mit dem Boot Australien zu erreichen, wird vorgehalten, sie würden „die Warteschlange überspringen".[858] Allerdings ist fraglich, ob eine solche legitime „Warteschlange" überhaupt besteht.[859] Das internationale Schutzsystem kennt keine Hierarchie verschiedener Flüchtlingsgruppen. Auch nimmt die Art und Weise der Flucht und der Schutzsuche keinen Einfluss auf die Bewertung der Schutzbedürftigkeit an sich.

Das Resettlement darf nicht als einziger legitimer Mechanismus zur Schutzsuche betrachtet werden, sondern sollte sich in die Riege sonstiger Schutzmechanismen, insbesondere der Asylantragstellung, einfügen und mit diesen zusammenwirken.[860]

Des Weiteren liegt im Resettlement eine gewisse Gefahr einer Diskriminierung bei der Auswahl der Schutzbedürftigen, welche sich durch ihre

---

856 *Karlsen, Elibritt:* Refugee resettlement to Australia: what are the facts, Parliament of Australia, 07. September 2016.

857 *Crock, Mary/Berg, Laurie*: Immigration, Refugees and Forced Migration – Law, Policy and Practice in Australia, 2011, Kapitel 12.2, Rn. 12.15, S. 332.

858 *Dauvergne, Catherine:* Humanitarianism, Identity, and Nation: Migration Laws in Canada and Australia, 2005, Kapitel 5, S. 92; *Crock, Mary/Saul, Ben/Dastyari, Azadeh:* Future Seekers II – Refugees and Irregular Migration in Australia, 2006, Kapitel 1, S. 8.

859 Verneinend hierzu *McAdam, Jane/Chong, Fiona:* Refugees – Why seeking Asylum is legal and Australia's policies are not, 2014, S. 62 ff.; *Kaldor Centre:* Frequently Asked Questions About Refugees, Factsheet, Oktober 2018, S. 2; auch die australische Regierung räumt ein, dass eine solche Warteschlange nicht exisitiert: *Karlsen, Elibritt:* Refugee resettlement to Australia: what are the facts, Parliament of Australia, 07. September 2016.

860 *Feller, Erika:* Asylum, Migration and Refugee Protection: Realities, Myths and the Promise of Things to Come, International Journal of Refugee Law, 2006, Vol. 18, Ausgabe 3-4, S. 523.

vermeintliche Integrationsfähigkeit in die australische Gesellschaft gerechtfertigt sieht.[861] Denn lediglich ein Drittel der im Rahmen des jährlichen Resettlement-Programms umgesiedelten Personen werden aufgrund der Empfehlung des UNHCR nach Australien umgesiedelt.[862] Die übrigen umzusiedelnden Flüchtlinge ergeben sich aufgrund von Auswahlkriterien der australischen Regierung, die insbesondere auf familiäre Bindungen oder die Eingliederungsmöglichkeiten in die Gesellschaft (zum Beispiel aufgrund von Ausbildung und Beruf) ausgerichtet sind.[863]

3. Resettlement in der Europäischen Union

Bevor das Resettlement in der EU betrachtet wird, ist zunächst eine EU-spezifische Abgrenzung darzustellen. Denn auf EU-Ebene ist zwischen ‚Relocation' (Umsiedlung) und Resettlement zu unterscheiden.

---

861 *Spinks, Harriet:* Australia's Settlement Service for Migrants and Refugees, Parliament of Australia Department of Parliamentary Service, Research Paper no. 29, 2008-09, 29. April 2009, S. 11 f., führt insoweit eine kritische Betrachtung afrikanischer Flüchtlinge an. Die Anzahl der afrikanischen Flüchtlinge in Australien nahm in den Jahren 2006-2007 erheblich zu. Aufgenommene Flüchtlinge wurden insbesondere in Gegenden Australiens angesiedelt, in denen bisher keine afrikanischen Flüchtlinge angesiedelt wurden. Dies führte zu Diskussionen einer möglichen Integration, sodass 2007 der damalige Immigrationminister ankündigte, die Quote der afrikanischen Flüchtlinge im Rahmen der Humanitären Aufnahme begrenzen zu wollen. Dies stieß auf Resentiments und Vorwürfe des Rassismus; siehe dazu ebenso *Crock, Mary/Berg, Laurie*: Immigration, Refugees and Forced Migration – Law, Policy and Practice in Australia, 2011, Kapitel 12.2, Rn. 12.17, S. 333.

862 *Kaldor Centre*: Resettlement, Factsheet, Februar 2019, S. 2; *Cellini, Amanda*: Annex – Current Refugee Resettlement Program Profiles, in: Garnier, Adèle/Jubilut, Liliana Lyra/Bergtora Sandvik, Kristin (Hrsg): Refugee Resettlement – Power, Politics, and Humanitarian Governance, 2018, S. 258 f.; *Crock, Mary/Berg, Laurie*: Immigration, Refugees and Forced Migration – Law, Policy and Practice in Australia, 2011, Kapitel 12.2, Rn. 12.14, S. 332.

863 *Kaldor Centre*: Resettlement, Factsheet, Februar 2019, S. 2; *Cellini, Amanda*: Annex – Current Refugee Resettlement Program Profiles, in: Garnier, Adèle/Jubilut, Liliana Lyra/Bergtora Sandvik, Kristin (Hrsg): Refugee Resettlement – Power, Politics, and Humanitarian Governance, 2018, S. 258 f.; *Crock, Mary/Berg, Laurie*: Immigration, Refugees and Forced Migration – Law, Policy and Practice in Australia, 2011, Kapitel 12.2, Rn. 12.14, S. 332.

a. *EU-spezifische Relocation*

Im Rahmen der Relocation werden Asylsuchende, die einen aussichtsreichen Asylantrag in einem europäischen Staat stellten, in welchem sie angekommen sind, in andere Mitgliedstaaten umgesiedelt. In diesen Mitgliedstaaten werden die Asylanträge schließlich bearbeitet.[864] Der Europäische Rat erließ zum Beispiel im September 2015 zwei Beschlüsse für eine Notfallumsiedlung in Folge des Konflikts in Syrien.[865] Da entsprechend den Flüchtlingsströmen aus den Krisengebieten des Nahen Ostens und zudem Afrikas vorwiegend die Mitgliedstaaten an den Südostaußengrenzen der EU von diesen betroffen sind, stellt die Relocation einen Mechanismus dar, der auf diese Notstände reagieren und eine Solidarität in der EU herstellen soll.[866] Sofern schließlich den in den umgesiedelten Mitgliedstaaten gestellten Anträgen stattgegeben wird, wird den Antragstellern der Flüchtlingsstatus mit dem Recht auf Aufenthalt in dem Mitgliedstaat, in den sie umgesiedelt werden, zuerkannt.[867]

b. *Das Resettlement*

Einzelne Mitgliedstaaten der EU nehmen selbständig am Resettlement-Programm des UNHCR teil. Die so neu angesiedelten Flüchtlinge erhalten ein Aufenthaltsrecht, und ihnen werden die gleichen Rechte gewährt, wie den übrigen Personen, denen internationaler Schutz in der EU gewährt wird.[868]

Im Gegensatz zu Australien, wo das Resettlement seit langer Zeit den Schwerpunkt der Schutzgewährung für Flüchtlinge bildet, hat das Resettlement in

---

864 *Europäische Kommission*: Relocation and Resettlement – State of Play, Factsheet, vom 8. Februar 2017.

865 Beschluss (EU) 2015/1523 und Beschluss (EU) 2015/1601, welche nicht mehr in Kraft sind, dazu ausführlich Kapitel C.II.2.b.bb.eee, sowie F.II.2.

866 Siehe hierzu zum Beispiel die Erwägungsgründe des Beschlusses (EU) 2015/1523, insbesondere Nr. 13; *Jakuleviciene, Lyra/Blileisis, Mantas:* EU Refugee Resettlement: Key Challenges of Expanding the Practice into New Member States, in: Baltic Journal of Law & Politics, A Journal of Vytautas Magnus University, 2016, Vol. 9, Nr. 1, S. 95.

867 Siehe dazu u.a. Erwägungsgrund Nr. 31 des Beschlusses (EU) 2015/1523 und Erwägungsgrund Nr. 36 des Beschlusses (EU) 2015/1601.

868 *Europäische Kommission:* Die Europäische Migrationsagenda, Mitteilung der Kommission an das Europäische Parlament, den Rat, den Europäischen Wirtschafts- und Sozialausschuss und den Ausschuss der Regionen, vom 13.5.2015, COM(2015) 240 final, S. 24.

Europa und in der EU keine lange Tradition.[869] Einzelne europäische Staaten bilden Ausnahmen davon. Denn insbesondere Schweden, Norwegen und das Vereinigte Königreich betreiben auf nationaler Ebene Resettlement-Programme und beteiligen sich damit unter anderem am Resettlement des UNHCR.[870]

Auf EU-Ebene arbeitet die europäische Kommission eng mit dem UNHCR zusammen – mit der Zielsetzung, mehr Mitgliedstaaten zu einem Engagement im Resettlement-Programm des UNHCR zu bewegen. Die Kommission unterstützt dabei solche Mitgliedstaaten finanziell, die sich am UNHCR Resettlement-Programm beteiligen.[871] Eine verpflichtende Teilnahme der EU-Staaten am Resettlement ist jedoch nicht im EU-Recht normiert.[872]

Nicht zuletzt die Krise in Syrien,[873] die hinsichtlich ihrer Folgen, insbesondere der Flüchtlingswanderung, erheblichen Einfluss auf den europäischen Flüchtlingsschutz hatte, bewog die EU zu einem Ausbau des Resettlement in ihrem Gebiet.[874] Neben ad hoc-Resettlement-Maßnahmen soll mit dem ‚Resettlement-Framework' ein neuer rechtlicher Rahmen geschaffen werden.

aa. Ad hoc-Resettlement-Maßnahmen

Seit der Einführung der Programmatik zu einem GEAS durch die Politikprogramme von Tampere, Den Haag und Stockholm bestehen auch Bestrebungen für die Implementierung eines gemeinsamen europäischen Resettlement-Programms.[875] Dieser Zielvorschlag stößt jedoch auf einige

---

869 *Kneebone, Susan/McDowell, Chrisopher/Morrell, Gareth*: A Mediterranean Solution? Chances of Success, International Journal of Refugee Law, 2006, Vol. 18, Nr. 3-4, S. 495.

870 *Bamberg, Katharina:* The EU Resettlement Framework: From a humanitarian pathway to a migration management tool?, European Policy Centre, Discussion Paper, European Migration and Diversity Programme, vom 26. Juni 2018, Kapitel 1, S. 5.

871 *UNHCR*: UNHCR Resettlement Handbook – Division of International Protection, 2011, Kapitel 2.4.2, S. 67.

872 *Jakuleviciene, Lyra/Blileisis, Mantas:* EU Refugee Resettlement: Key Challenges of Expanding the Practice into New Member States, in: Baltic Journal of Law & Politics, A Journal of Vytautas Magnus University, 2016, Vol. 9, Nr. 1, S. 103.

873 Beginnend mit dem syrischen Bürgerkrieg, der im Herbst 2010 ausbrach.

874 *Bamberg, Katharina:* The EU Resettlement Framework: From a humanitarian pathway to a migration management tool?, European Policy Centre, Discussion Paper, European Migration and Diversity Programme, vom 26. Juni 2018, Kapitel 1, S. 5.

875 Vgl. z. B. *Europäisches Parlament/Europäischer Rat*: Entscheidung Nr. 573/2007/EG zur Einrichtung des Europäischen Flüchtlingsfonds für den Zeitraum 2008 bis 2013 innerhalb des Generellen Programms „Solidarität und Steuerung der Migrationsströme" und zur Aufhebung der Entscheidung 2004/904/EG des Rates, vom 23. Mai

Vorbehalte auf der nationalstaatlichen Ebene. Im Zentrum steht erneut das Argument der Souveränität der Staaten, welches sich insbesondere darin äußert, unabhängig zu entscheiden, wer Zugang zum Staatsgebiet findet und wer nicht.[876] Daneben steht das Resettlement ebenso wie die Relocation vor dem Problem einer anteilig gerechten Verteilung auf die Mitgliedstaaten. Auf Ebene der EU wurden daher in jüngster Vergangenheit zunächst lediglich ad hoc-Maßnahmen im Rahmen des Resettlement organisiert und durchgeführt.[877]

Im Juli 2015 einigte sich der Europäische Rat auf den Vorschlag der Kommission zu einem Europäischen Resettlement Plan.[878] Infolgedessen wurden zwei ad hoc-Resettlement-Maßnahmen angesetzt. In der ersten ad hoc-Maßnahme 2015 sollten um die 20 000 Plätze für Schutzsuchende geschaffen werden, 2017 wurden bis zu 50 000 Plätze in Planung gebracht, die bis 2019 mit Schutzsuchenden besetzt werden sollten.[879] Mit dem Resettlement erhofft sich die EU, ihren humanitären Verpflichtungen nachzukommen, aber ebenso die illegale Migration und damit das Geschäft der Menschenschlepper zu unterlaufen.[880]

2007; *Jakuleviciene, Lyra/Blileisis, Mantas:* EU Refugee Resettlement: Key Challenges of Expanding the Practice into New Member States, in: Baltic Journal of Law & Politics, A Journal of Vytautas Magnus University, 2016, Vol. 9, Nr. 1, S. 93.

876 Siehe zum Beispiel die Stellungnahme des Tschechischen Senates zum Vorschlag COM(2016)0468, *Senat of the Parliament of the Czech Republic*, 549th Resolution of the Senate on the Proposal for a Regulation of the European Parliament and the Council establishing a Union Resettlement Framework an damending Regulation (EU) No 516/2014 of the European Parliament and the Council, 19.10.2016, Nr. II.3.

877 *Europäische Kommission:* Empfehlung der Kommission zu legalen Schutzwegen in die EU: Förderung der Neuansiedlung, der Aufnahme aus humanitären Gründen und andere komplementärer Zugangswege, vom 23.9.2020, C(2020) 6467 final, Erwägungsgründe Nr. 7 ff, S. 2 f.

878 *Europäische Kommission*: Relocation and Resettlement – State of Play, Factsheet, vom 8. Februar 2017.

879 *Europäische Kommission:* Fortschrittsbericht über die Umsetzung der Europäischen Migrationsagenda, Mitteilung der Kommission an das Europäische Parlament, den Europäischen Rat und den Rat, vom 14. März 2018, COM(2018) 250 final, S. 23; *Europäische Kommission*: Relocation and Resettlement – State of Play, Factsheet, vom 8. Februar 2017; *Bamberg, Katharina:* The EU Resettlement Framework: From a humanitarian pathway to a migration management tool?, European Policy Centre, Discussion Paper, European Migration and Diversity Programme, vom 26. Juni 2018, Kapitel 1, S. 5.

880 *Europäische Kommission:* Fortschrittsbericht über die Umsetzung der Europäischen Migrationsagenda, Mitteilung der Kommission an das Europäische Parlament, den Europäischen Rat und den Rat, vom 14. März 2018, COM(2018) 250 final, S. 23;

Neben diesen ad hoc-Resettlement-Plätzen wurden weitere Resettlement-Plätze in den Mitgliedstaaten der EU aufgrund des EU-Türkei-Deals geschaffen.[881]

bb. Resettlement-Framework

Im Rahmen der Entwicklung des GESA wurde ebenfalls das Instrument des EU Resettlement-Framework auf die europäische Agenda gebracht.[882] Im Unterschied zu den ad hoc-Maßnahmen soll das Framework ein dauerhaftes Instrument des europäischen Flüchtlingsschutzes werden und parallel neben nationalen Programmen laufen.[883] Das Resettlement-Framework soll zur Harmonisierung des Resettlement in der EU beitragen und ein gemeinsames Instrument darstellen.[884] Eine nähere Umsetzung dieser Bestrebung besteht bisher[885] noch nicht.

4. Zwischenfazit

Zusammenfassend ist folgendes festzustellen:

Europäische Kommission: Relocation and Resettlement – State of Play, Factsheet, vom 8. Februar 2017.

881 *Europäische Kommission:* Fortschrittsbericht über die Umsetzung der Europäischen Migrationsagenda, Mitteilung der Kommission an das Europäische Parlament, den Europäischen Rat und den Rat, vom 14. März 2018, COM(2018) 250 final, S. 8.

882 *Europäische Kommission:* Proposal for a Regulation of the European Parliament and of the Council establishing a Union Resettlement Framework and amending Regulation (EU) No 516/2014 of the European Parliament and the Council, vom 13. Juli 2016, COM(2016) 468 final; *Bamberg, Katharina:* The EU Resettlement Framework: From a humanitarian pathway to a migration management tool?, European Policy Centre, Discussion Paper, European Migration and Diversity Programme, vom 26. Juni 2018, S. 4.

883 *Bamberg, Katharina:* The EU Resettlement Framework: From a humanitarian pathway to a migration management tool?, European Policy Centre, Discussion Paper, European Migration and Diversity Programme, vom 26. Juni 2018, Kapitel 1, S. 5.

884 *Europäische Kommission:* Proposal for a Regulation of the European Parliament and of the Council establishing a Union Resettlement Framework and amending Regulation (EU) No 516/2014 of the European Parliament and the Council, vom 13. Juli 2016, COM(2016) 468 final; *Bamberg, Katharina:* The EU Resettlement Framework: From a humanitarian pathway to a migration management tool?, European Policy Centre, Discussion Paper, European Migration and Diversity Programme, vom 26. Juni 2018, S. 4.

885 Stand Sommer 2020.

- Der Mechanismus des Resettlement ist ein Mechanismus zur ausgleichenden Verteilung der Flüchtlingslast. Gleichzeitig gewährt er einen Schutz der Flüchtlinge, da so eine gefahrfreie Reise in den Schutzstaat möglich ist. Regelmäßig bestehen jedoch lange Wartezeiten in Lagern in der unmittelbaren Nähe zum Heimatstaat, die schlechte Lebensbedingungen während der Wartezeit bedeuten.
- Grundsätzlich ist das Resettlement ein Mechanismus, der eine effektive Steuerung der Fluchtmigration begründet. Es läuft allerdings auch Gefahr, diskriminierende Elemente in der Auswahl der schutzberechtigten Antragsteller zu fördern.
- Das australische Resettlement-Engagement könnte grundsätzlich der EU ein Vorbild sein, denn es ist sehr nachhaltig, umfassend und bezieht auch effektiv nationalstaatliche Interessen ein, wie die spezifische Verteilung von Schutzsuchenden auf ländliche Regionen entsprechend ihren Fähigkeiten. Dies verhilft den Schutzsuchenden zu einer schnellen und effektiven Integration. Allerdings muss hierbei eine nichtdiskriminierende Auswahl stattfinden.
- Das Resettlement-System der EU muss dabei dem Problem der internen Verteilung beikommen sowie seinem Verständnis, dass der Schutz im Rahmen des Resettlement ein dauerhafter sein sollte, nachkommen. Dieses dauerhafte Schutzverständnis weicht von dem bisherigen, vorübergehenden Schutzverständnis der EU ab.

Das Resettlement zielte in seiner ursprünglichen Gestaltung auf eine gerechte Lastenteilung von Flüchtlingen auf verschiedene Aufnahmestaaten ab.[886] Erstaufnahmestaaten sollten mit dem humanitären Problem von großen Flüchtlingswellen nicht allein gelassen werden.

Im Zentrum heutiger Resettlementengagements der Staaten steht jedoch die bewusste Steuerungsmöglichkeit der Aufnahme von Flüchtlingen im Rahmen des Resettlements. Flüchtlinge können spezifisch ausgewählt und in die jeweilige Gesellschaft eingegliedert werden. Grundsätzlich ist das Resettlement ein Mechanismus, der eine hohe Steuerungsmöglichkeit hinsichtlich des Zugangs von Schutzsuchenden zum Aufnahmestaat enthält.

Dies verdeutlicht das australische Resettlement Programm, das den zentralen Mechanismus des australischen Flüchtlingsschutzes bildet. Im europäischen

---

886 So zum Beispiel die Zielsetzung des Comprehensive Plan of Action für Indoasia, *Kneebone, Susan/McDowell, Chrisopher/Morrell, Gareth:* A Mediterranean Solution? Chances of Success, International Journal of Refugee Law, 2006, Vol. 18, Nr. 3-4, S. 501.

Flüchtlingsschutz hingegen stellt das Resettlement lediglich ein zusätzliches Schutzprogramm dar, das noch keine vertiefte Auswirkung auf einen möglichen Steuerungsmechanismus hat.

Die Stärke des Resettlements liegt in der Zusammenführung von Interessen der Schutzsuchenden und der schutzgewährenden Staaten selbst. So kann die spezifische Ansiedlung von Schutzsuchenden wirtschaftliche und gesellschaftliche Interessen des Schutzstaates fördern. Die freie Auswahlmöglichkeit der Staaten bezüglich Schutzsuchender im Rahmen des Resettlement-Programms birgt allerdings die Gefahr einer versteckten Diskriminierung. Da keine universellen Vorgaben bezüglich Resettlement bestehen, sind Staaten nicht verpflichtet, die schutzwürdigsten Antragsteller auszuwählen, sondern können eigene Kriterien mit in die Auswahl aufnehmen. Diese Kriterien orientieren sich dabei an der Herkunft, der Ausbildung und der beruflichen Tätigkeiten der Schutzsuchenden. Insbesondere die letzten beiden Kriterien setzen voraus, dass Schutzsuchende in ihren bisherigen Aufenthaltsländern entsprechende Möglichkeiten zur Ausbildung oder Ausübung beruflicher Tätigkeiten erhielten. Eine spezifische Auswahl an Schutzsuchenden zeigt sich am Beispiel der afrikanischen Flüchtlinge, die nach Australien umgesiedelt wurden. Eine solche Auswahl der Flüchtlinge hinterlässt auch die Gefahr, dass nur integrierungsfähige und -würdige Flüchtlinge im Rahmen des Resettlement aufgenommen werden, jedoch nicht die wahrlich Schutzbedürftigen, insbesondere Kranke, Schwache oder Alte.

Soweit das Resettlement nicht ausschließlich den Belangen der Aufnahmestaaten unterworfen wird, sondern ebenso die Schutzbedürftigkeit der Individuen beachtet wird, bewirkt der Mechanismus eine erhebliche Steuerungsmöglichkeit für die Staaten.

Der Vorteil des Resettlement liegt darin, dass soweit die Auswahl zur Umsiedlung abhängig von Bedürftigkeit ist, größere Gerechtigkeit besteht, als wenn die Voraussetzung für Schutz ist, wer sich eher die Dienste von Schmugglern leisten kann; zudem besteht die Möglichkeit der Bekämpfung des Menschenschmuggel-Geschäfts.[887]

887 Vgl. *Hathaway, James C.*: Three legal requirements for the EU-Turkey deal: An interview with JAMES HATHAWAY, Verfassungsblog, 09. März 2016.

F. Vergleich praktischer Problempunkte

Während in den vorhergehenden Kapiteln die politischen und rechtlichen Grundlagen gelegt wurden und die wichtigsten Mechanismen zur Steuerung von Fluchtmigration dargestellt wurden, werden im Folgenden drei praktische Problempunkte dargestellt und einem Vergleich unterzogen. Diese Problempunkte treten ihrem Wesen nach sowohl in der EU als auch in Australien auf.

I. Boat People

Boat People, im Deutschen Bootsflüchtlinge genannt, stellen einen besonderen Problempunkt in der Thematik des Flüchtlingsrechts, sowohl aus der europäischen als auch aus der australischen Perspektive, dar.

Boat People versuchen über den Seeweg mittels Boot die Grenze zu einem anderen Staat zu überscheiten, um dort Schutz zu suchen. Für viele Schutzsuchende scheint dies der einzige Weg zu sein, das Staatsgebiet des potentiellen Schutzstaates zu erreichen, denn strenge Migrationsbestimmungen der Zielstaaten, wie insbesondere das Visumerfordernis, erschweren den Zugang in das Staatsgebiet auf legalem Wege.[888] Bezüglich des Zugangs zur EU schätzen *Goodwin-Gill/McAdam*, dass ca. 90% der Asylsuchenden auf illegale Methoden angewiesen sind, die EU zu erreichen.[889] Wege einer unautorisierten Einreise sind unter anderem die Vorlage gefälschter Unterlagen bei Stellung eines Visumantrags oder der Zugang zum Staatsgebiet mittels Boots.[890] Da die Schutzsuchenden so die regulären Bestimmungen zur Einreise zu umgehen versuchen, um das Zielland ohne dessen Erlaubnis zu erreichen, wird in diesem

---

888 *Glynn, Irial:* Asylum Policy, Boat People and Political Discourse – Boats, Votes and Asylum in Australia and Italy, 2016, Kapitel 2, S. 23; *Agentur der Europäischen Union für Grundrechte/Europarat:* Handbuch zu den europarechtlichen Grundlagen im Bereich Asyl, Grenzen und Migration, Ausgabe 2014, Kapitel 1.6, S. 39.

889 *Goodwin-Gill, Guy S./McAdam, Jane:* The Refugee in International Law, 3. Auflage 2007, Kapitel 7.4.3, S. 375: die strikten Visa-Bestimmungen vieler Industriestaaten würden Schutzsuchende quasi dazu zwingen, den ‚illegalen' Weg zu wählen, S. 376.

890 Siehe hierzu zum Beispiel Das Stockholmer Programm – Ein offenes und sicheres Europa im Dienste und zum Schutz der Bürger, 2010/C 115/01, ABl. C 115/1 vom 4.5.2010, Nr. 6.

Zusammenhang oftmals von nichtregulierter Einreise, respektive von illegalen Migranten, gesprochen.[891]

Die Bezeichnung als Boat People ist kein Begriff lediglich der jüngsten Vergangenheit oder der Gegenwart. Tatsächlich wurde der Begriff der Boat People bereits in den 1970er Jahren im Zusammenhang mit den Flüchtlingen des Vietnamkriegs geprägt.[892] Im Laufe der Zeit unterlag die Begrifflichkeit der Boat People im englischen Sprachraum Diskussionen.[893] So führt beispielsweise *Mankowski* an, dass der Begriff der Boat People nunmehr einem beleidigenden umgangssprachlichen Begriffsverständnis („offensive colloquialism“) unterliege und plädiert dafür, den Sprachgebrauch insbesondere des australischen Gesetzgebers und der australischen Behörden zu adaptieren, die von unauthorised maritime arrivals, so in Art. 5AA Migration Act 1958, sprechen.[894]

Die deutsche Begrifflichkeit ‚Bootsflüchtlinge‘ impliziert zunächst dem Wortlaut nach, dass diejenigen, die mittels Boot Schutz suchen, Flüchtlinge sind und wahrscheinlich einen Anspruch auf Schutz haben. Wie bereits in der Einführung zu dieser Arbeit dargestellt, ist jedoch die Verwendung des Flüchtlingsbegriffs nicht einheitlich, sodass auf eine solche sprachliche Differenzierung nicht abgestellt werden kann.[895]

Bereits die Diskussion um den Begriff der Boat People spiegelt die grundlegende Problematik der Wahrnehmung dieser Schutzsuchenden in der Gesellschaft wider. Der angemessene Umgang mit dem Phänomen der Boat People ist politisch und gesellschaftlich, insbesondere auf medialen Plattformen, heftig umstritten. Eine Erklärung für die besondere Streitbefangenheit dieser Thematik kann darin gesehen werden, dass die nicht erlaubte Einreise mittels Boot ein gut sichtbares Beispiel für die Nichtbeachtung von Grenzen jeder Art ist.[896] Durch

---

891 *Glynn, Irial:* Asylum Policy, Boat People and Political Discourse – Boats, Votes and Asylum in Australia and Italy, 2016, Kapitel 2, S. 22.

892 *Glynn, Irial:* Asylum Policy, Boat People and Political Discourse – Boats, Votes and Asylum in Australia and Italy, 2016, Kapitel 2, S. 18.

893 *Glynn, Irial:* Asylum Policy, Boat People and Political Discourse – Boats, Votes and Asylum in Australia and Italy, 2016, Kapitel 2, S. 22.

894 *Mankowski, Emily:* From ‚Boat People‘ to Refugees: Analyzing the Plight of Asylum Seekers in Australia and the Country's Violations of International Law, 2014, Kapitel IV.1, S. 6; *Glynn, Irial:* Asylum Policy, Boat People and Political Discourse – Boats, Votes and Asylum in Australia and Italy, 2016, Kapitel 2, S. 22.

895 Siehe hierzu Kapitel A.

896 *Kneebone, Susan/McDowell, Chrisopher/Morrell, Gareth*: A Mediterranean Solution? Chances of Success, International Journal of Refugee Law, 2006, Vol. 18, Nr. 3-4, S. 497.

die Einreise entgegen den jeweiligen Einreisevorschriften der Staaten scheinen die Boat People die staatliche Souveränität nicht zu achten.[897] Gleichwohl erhoffen sie sich, nach ihrer Ankunft staatliche Hilfe in Anspruch zu nehmen.[898] Reguläre staatliche Programme zur Gewährung von Flüchtlingsschutz – wie Resettlement-Programme – werden gleichzeitig übergangen.[899]

Ein weiterer kritischer Punkt in Diskussionen um Boat People ist, dass nicht alle Menschen, die auf diesem Weg die Einreise in einen Zielstaat suchen, schutzberechtigte Personen oder Asylsuchende sind. Unter ihnen finden sich auch Personen, die als (Arbeits-)Migranten gelten.[900] Für Arbeitsmigranten gelten jedoch andere Bestimmungen und Schutzvorschriften als für Flüchtlinge und Asylsuchende.[901] Eine Differenzierung zwischen diesen beiden Gruppen von Boat People ist ohne nähere Prüfung im Einzelfall alleine auf den ersten Blick nicht möglich. Jedoch sind von den Boat People, die sich auf dem Weg nach Australien oder in die EU machen, 80% bis 90% schutzberechtigte Asylsuchende.[902]

Regelungen spezifisch für den Umgang mit Boat People existieren bislang auf universeller Ebene nicht. Die GFK, die internationalen Menschenrechtspakte sowie das internationale Seerecht normieren jedoch Grundsätze, die bei der Behandlung und dem Umgang mit Boat People zu beachten sind.

Die Vorschriften des internationalen Seerechts enthalten keinen besonderen Schutzumfang für Migranten, sondern erfassen grundsätzlich alle Menschen auf See. Dies gilt mithin ebenso für „legale" als auch „illegale" Flüchtlinge.[903]

---

897 *Glynn, Irial:* Asylum Policy, Boat People and Political Discourse – Boats, Votes and Asylum in Australia and Italy, 2016, Kapitel 3, S. 49.

898 *Glynn, Irial:* Asylum Policy, Boat People and Political Discourse – Boats, Votes and Asylum in Australia and Italy, 2016, Kapitel 2, S. 27.

899 Diese Annahme verdeutlicht sich in der australischen Beschreibung ‚jumping the queue', dazu mehr im folgenden Abschnitt.

900 *Glynn, Irial:* Asylum Policy, Boat People and Political Discourse – Boats, Votes and Asylum in Australia and Italy, 2016, Kapitel 2, S. 22; *Goodwin-Gill, Guy S./McAdam, Jane:* The Refugee in International Law, 3. Auflage 2007, Kapitel 5.2.5, S. 222.

901 Diese Differenzierung zeigt sich in der Teilung der beiden UN-Pakte zur Migration; Arbeitsmigranten fallen dabei unter Teil I der Pakte.

902 *UNHCR:* Global Trends – Forced Displacement in 2019, Stand: 18. Juni 2020, Kapitel 4, S. 39; *Moreno-Lax, Violeta:* The Interdiction of Asylum Seekers at Sea: Law and (mal)practice in Europe and Australia, in: Kaldor Centre: Policy Brief 4, Mai 2017, S. 2.

903 *Beushausen, Till:* Völkerrechtliche Pflichten und Rechte von (EU-)Küstenstaaten gegenüber Migranten auf See, ZAR 2010, S. 46 f., der ausführt, dass dem Kapitän eines Schiffs, welches unter deutscher Flagge fährt, gemäß der deutschen Verordnung über die Sicherung der Seefahrt zwar ein Ermessen über die Beurteilung der Seenotlage

Aus dem internationalen Seerecht ergibt sich eine grundsätzliche Hilfeleistungspflicht auf See.

Das Seerechtsübereinkommen (SRÜ)[904] schreibt in Art. 98 SRÜ eine Pflicht zur Hilfeleistung auf See vor. Auch das Internationale Übereinkommen von 1974 zum Schutz des menschlichen Lebens auf See (International Convention for the Safety of Life at Sea, SOLAS)[905] oder die Internationale Konvention über die Suche auf See und die Seenotrettung (International Convention on Maritime Search and Rescue, SAR)[906] beinhalten Pflichten zur Hilfeleistung.[907] Die SOLAS normiert zudem die Pflicht, die geretteten Personen an einen sicheren Ort zu verbringen.[908] Eine Definition des sicheren Ortes sucht man jedoch vergebens.[909]

Allerdings enthalten weder das SRÜ, die SOLAS noch das SAR weitere Vorschriften darüber, wie nach der unmittelbaren Hilfeleistung an den geretteten Personen mit diesen weiter zu verfahren ist, noch ergeben sich aus den Seerechtsabkommen weiterreichende Aufnahmeverpflichtungen der geretteten Boat People durch Ziel- oder Drittstaaten.[910]

---

zukommt, der mögliche flüchtlings- oder asylrechtliche Status der in Seenot befindlichen Personen jedoch nicht berücksichtigt werden darf; *Moreno-Lax, Violeta:* The Interdiction of Asylum Seekers at Sea: Law and (mal)practice in Europe and Australia, in: Kaldor Centre: Policy Brief 4, Mai 2017, S. 6, die ausführt, dass der personelle Anwendungsbereich von "Search and Rescue" (SAR) universell ist und damit jede Person erfasst.

904 Seerechtsübereinkommen der Vereinten Nationen (UNCLOS), vom 10. Dezember 1982.

905 Vom 01. November 1974.

906 Vom 27. April 1979.

907 *Beushausen, Till:* Völkerrechtliche Pflichten und Rechte von (EU-)Küstenstaaten gegenüber Migranten auf See, ZAR 2010, S. 46.

908 *Beushausen, Till:* Völkerrechtliche Pflichten und Rechte von (EU-)Küstenstaaten gegenüber Migranten auf See, ZAR 2010, S. 46.

909 *Beushausen, Till:* Völkerrechtliche Pflichten und Rechte von (EU-)Küstenstaaten gegenüber Migranten auf See, ZAR 2010, S. 46; *Rah, Sicco:* Kein Flüchtlingsschutz auf See? Flüchtlings- und seerechtliche Probleme am Beispiel der „Cap Anamur", Humanitäres Völkerrecht 18. Jahrgang 2005, Ausgabe 4, S. 278.

910 *Beushausen, Till:* Völkerrechtliche Pflichten und Rechte von (EU-)Küstenstaaten gegenüber Migranten auf See, ZAR 2010, S. 46 f., der zwar anmerkt, dass sich aus den völkerrechtlichen Vorschriften zum Menschen- und Flüchtlingsrecht eine vorläufige Aufnahmepflicht der Staaten für aus Seenot gerettete Schutzsuchende ergeben kann, allerdings darüber hinaus keine völkerrechtliche Verpflichtung zur Asylgewährung; *Nygh, Peter/Blay, Sam:* Refugees, in: Blay, Sam/Piotrowicz, Ryszard/Tsamenyi, Martin

Aus dem internationalen Seerecht wie auch aus dem universellen Flüchtlings- und Menschenrechtsschutz ergibt sich folglich kein klares, unstreitiges Regelungsregime, das ein einheitliches internationales Vorgehen hinsichtlich Boat People vorgibt.[911] Dies erklärt die erheblichen Unterschiede in der Herangehensweise Australiens und der EU, wie sich im Folgenden darstellen wird.

1. Australiens Abwehrprogramm

Obgleich die Anzahl der mittels Boot Ankommenden in Australien nicht dem Umfang der Problematik in Europa gleichkommt,[912] und auch im gesamten Verhältnis der australischen Flüchtlingszahlen einen geringen Anteil darstellt,[913] wird politisch und gesellschaftlich die Problematik oft in den Mittelpunkt gestellt. Die Tampa-Affäre[914] im Jahr 2001 gab Anlass für eine erneute und in ihrem Umfang besondere Debatte.[915]

Die jeweils amtierenden Regierungen der vergangenen Jahre waren sich in der grundlegenden Ansicht und Handhabung hinsichtlich Boat People einig – eine strikte Abwehr und Ablehnung derjenigen, die versuchen, die „Warteschlange zu überspringen" („jumping the queue"), stand im Zentrum der jeweiligen Politikprogramme.[916] Nach australischem Verständnis sind Schutzsuchende, die

---

(Hrsg): Public International Law – An Australian Perspective, 2. Auflage 2005, Kapitel 12.1, S. 289 f. führt aus, dass die GFK über die Rettung von Flüchtlingen hinaus keine weiteren Verpflichtungen zur Aufnahme und Statusfeststellung von Boat People enthält, die das Staatsgebiet eines Staates noch nicht erreicht haben; *Rah, Sicco:* Kein Flüchtlingsschutz auf See? Flüchtlings- und seerechtliche Probleme am Beispiel der „Cap Anamur", Humanitäres Völkerrecht 18. Jahrgang 2005, Ausgabe 4, S. 278.

911 *Beushausen, Till:* Völkerrechtliche Pflichten und Rechte von (EU-)Küstenstaaten gegenüber Migranten auf See, ZAR 2010, S. 48 verweist darauf, dass die Dichte und Effektivität der bisherigen völkerrechtlichen Regelungen zu gering sind, um der Brisanz der humanitären Problematik von Migranten auf See gerecht zu werden.

912 *Moreno-Lax, Violeta:* The Interdiction of Asylum Seekers at Sea: Law and (mal)practice in Europe and Australia, in: Kaldor Centre: Policy Brief 4, Mai 2017, S. 3.

913 *Glynn, Irial:* Asylum Policy, Boat People and Political Discourse – Boats, Votes and Asylum in Australia and Italy, 2016, Kapitel 1, S. 1.

914 Siehe dazu bereits ausführlicher Kapitel C.I.3 sowie C.II.3.d.

915 *Moreno-Lax, Violeta:* The Interdiction of Asylum Seekers at Sea: Law and (mal)practice in Europe and Australia, in: Kaldor Centre: Policy Brief 4, Mai 2017, S. 1.

916 *Zamfir, Ionel:* Refugee and asylum policy in Australia – Between resettlement and deterrence, in: European Parliament/European Parliamentary Research Service: Members' Research Service, Briefing November 2016, S. 3; *Kneebone, Susan/McDowell,*

mittels Boot das australische Gebiet erreichen wollen, unauthorised maritime arrivals, Art. 5AA Migration Act 1958.

Bereits seit der Jahrtausendwende und insbesondere in Folge der Tampa-Affäre 2001 implementieren australische Regierungen strikte Regeln zur Abwehr von Boat People.[917] Die Politikmaßnahmen, die zunächst mit dem umfassenden Programm der Pacific Solution im Jahr 2001 eingeführt wurden, wurden in den folgenden Jahren von den jeweiligen Regierungen immer wieder vereinzelt modifiziert, ausgesetzt oder erneut implementiert.

Die Maßnahmen beinhalten verschiedene, im Folgenden getrennt dargestellte Mechanismen, namentlich die Ausgliederung australischen Hoheitsgebietes aus der Migrationszone (a), die Rückführung von Booten auf See (b) und die Verbringung von Flüchtlingen in offshore processing centres (c).[918]

a. Ausgliederung australischen Hoheitsgebietes aus der Migrationszone

Der erste zu untersuchende Mechanismus verdeutlicht das Bestreben der australischen Regierung, Boat People den Zugang zu australischem Gebiet grundsätzlich nicht zu ermöglichen. Im Jahr 2001 verabschiedete die Regierung unter Ministerpräsident Howard (Liberal/Coalition) den Migration Amendment (Excision from Migration Zone) Act 2001,[919] der die Ausgliederung australischen Hoheitsgebietes aus der Migrationszone ermöglicht.[920]

Chrisopher/Morrell, Gareth: A Mediterranean Solution? Chances of Success, International Journal of Refugee Law, 2006, Vol. 18, Nr. 3-4, S. 502.

917 So zum Beispiel der Border Protection Legislation Amendment Act 1999, No. 160, 1999, vom 8. Dezember 1999; *Crock, Mary/Saul, Ben/Dastyari, Azadeh:* Future Seekers II – Refugees and Irregular Migration in Australia, 2006, Kapitel 7, S. 109 f.

918 *Crock, Mary/Saul, Ben/Dastyari, Azadeh:* Future Seekers II – Refugees and Irregular Migration in Australia, 2006, Kapitel 7, S. 117.

919 Migration Amendment (Excision from Migration Zone) Act 2001, Nr. 127, 2001, An Act to excise certain Australian territory from the migration zone under the Migration Act 1958 for purposes related to unauthorised arrivals, and for related purposes, vom 27. September 2001.

920 *Phillips, Janet:* A comparison of Coalition and Labor government asylum policies in Australia since 2001, Parliament of Australia, Department of Parliamentary Services, Research Paper Series, 2016-17, 2. Februar 2017, S. 4.

aa. Der Mechanismus

Mit dem Migration Amendment (Excision from Migration Zone) Act 2001 wurde der bisherige Art. 5 Abs. 1 Migration Act 1958[921] abgeändert, sodass fortan abschließend aufgezählte Gebiete des australischen Territoriums als ‚excised offshore places' (ausgeschlossene offshore-Gebiete) normiert werden. Dies bedeutet, dass diese australischen Hoheitsgebiete aus dem Anwendungsbereich des australischen Einwanderungsrechts ausgeschlossen sind. Das Gesetz schafft die Fiktion, dass in diesem Gebiet ankommende Personen nicht im rechtlichen Sinn nach Australien eingereist sind.[922]

Schutzsuchende, die diese Gebiete des australischen Territoriums erreichen, sind gemäß Art. 5AA Abs. 1 (i) Migration Act 1958 unauthorised maritime arrivals und können nach Art. 46A Migration Act 1958[923] keinen

---

921 Section 5 para 1 Migration Act 1958 beinhaltet die Definitionen für das Gesetz:

„excised offshore place means any of the following:
(a) the Territory of Christmas Island;
(b) the Territory of Ashmore and Cartier Island;
(c) the Territory of Cocos (Keeling) Islands;
(d) any other external Territory that is prescribed by the regulations for the purposes of this paragrapgh;
(e) any island that forms part of a State or Territory and is prescribed for the purposes of this paragrapgh;
(f) an Australian sea installation;
(g) an Australian resources installation."

922 *Moreno-Lax, Violeta:* The Interdiction of Asylum Seekers at Sea: Law and (mal) practice in Europe and Australia, in: Kaldor Centre: Policy Brief 4, Mai 2017, S. 3; *Goodwin-Gill, Guy S./McAdam, Jane:* The Refugee in International Law, 3. Auflage 2007, Kapitel 5.3.3, S. 255.

923 Section 46A Migration Act 1958 – Visa applications by unauthorised maritime arrivals:

(1) An application for a visa is not a valid application if it is made by an unauthorised maritime arrival who:
  (a) is in Australia; and
  (b) either:
    (i) is an unlawful non-citizen; or
    (ii) holds a bridging visa or a temporary protection visa, or a temporary visa of a kind (however described) prescribed for the purpose of this subparagraph.

(1A) Subsection (1) does not apply in relation to an applicant for a visa if:

(a) either:
    (i) the applicant holds a safe enterprise visa (see subsection 35A(3A)); or

wirksamen Visumantrag stellen. Sie fallen somit aus dem australischen onshore-Flüchtlingsschutzsystem heraus.[924] Eine Ausnahme hiervon kann ausschließlich vom Einwanderungsminister im Einzelfall gemacht werden, sofern er der Überzeugung ist, dass diese Ausnahme zugunsten des Schutzsuchenden und ebenso im nationalstaatlichen Interesse ist.[925]

Während zunächst nur die Gebiete von Christmas Island, Ashmore Reef, Cariter Island und Cocos Island[926] dieser Regelung unterfielen, wurde diese später auf alle Gebiete außerhalb des Festlands Australiens erweitert.[927]

bb. Rechtliche Erwägungen – Verstoß gegen den Grundsatz des Non-Refoulement

Die Ausgliederung staatlichen Hoheitsgebiets aus der Migrationszone ist eine rechtliche Fiktion des australischen Gesetzgebers,[928] die im internationalen Diskurs äußerst kritisch betrachtet wird. Denn die Ausgliederung territorialen Gebiets aus der Migrationszone verhindert faktisch jeglichen Zugang für Boat

---

(ii) the applicant is a lawful non-citizen who has ever held a safe haven enterprise visa; and

(b) the application is for a visa prescribed for the purposes of this paragraph; and

(c) the applicant satisfies any employment, educational or social security benefit requirements prescribed in relation to the safe haven enterprise visa for the purposes of this paragraph.

(2) If the Minister thinks that it is in the public interest to do so, the Minister may, by written notice given to an unauthorised maritime arrival, determine that subsection (1) does not apply to an application by the unauthorised maritime arrival for a visa of a class specified in the determination."

924 *Crock, Mary/Saul, Ben/Dastyari, Azadeh:* Future Seekers II – Refugees and Irregular Migration in Australia, 2006, Kapitel 7, S. 117; *Phillips, Janet:* A comparison of Coalition and Labor government asylum policies in Australia since 2001, Parliament of Australia, Department of Parlimantary Servies, Research Paper Series, 2016-17, 2. Februar 2017, S. 4.

925 Section 46A para 2 Migration Act 1958; *Phillips, Janet:* A comparison of Coalition and Labor government asylum policies in Australia since 2001, Parliament of Australia, Department of Parliamentary Services, Research Paper Series, 2016-17, 2. Februar 2017, S. 4.

926 Dies sind alles australische Inseln, die im indischen Ozean befindlich sind in geographischer Nähe zu Indonesien.

927 *Ghezelbash, Daniel:* Refugee Lost – Asylum Law in an Independent World, 2018, Kapitel 5.2, S. 111 f.

People zum australischen Asylsystem. Ohne die Ausgliederung australischen Gebietes aus der Migrationszone könnten Boat People, die dieses Gebiet erreichen, legitime Schutzanträge stellen. Nach der australischen Regelung ist dies nicht möglich, obwohl die Boat People australisches Territorium erreichen. Diese Maßnahme ist jedoch kritisch hinsichtlich des universell geltenden Grundsatzes des Non-Refoulement, der sich aus der GFK sowie aus dem IPbpR oder der UN-Anti-Folter-Konvention ergibt, zu betrachten.

Australien hat ein sehr enges Verständnis des Anwendungsbereichs des Non-Refoulement-Grundsatzes.[929] Das Verbot der Zurückweisung findet ausschließlich auf australischem territorialem Gebiet, einschließlich der territorialen Gewässer, Anwendung. Über diese Grenzen hinaus entfaltet es keine Wirkung.[930] Zudem ist der Grundsatz des Non-Refoulement nur dann verletzt, wenn die Schutzsuchenden im Anschluss an die Zurückweisung der Gefahr der Verfolgung ausgesetzt sind. Im Fall aller australischen Maßnahmen im Rahmen der Pacific Solution, inklusive des Ausschlusses von australischem Gebiet aus der Migrationszone, sei diese Gefahr jedoch nicht gegeben, da die Boat People an Drittstaaten verwiesen werden, von denen keine Verfolgung gegen sie ausgehe.[931] Australien sieht es zur Erfüllung seiner internationalen Pflichten als ausreichend an, dass es geprüft habe, dass diese Drittstaaten sicher sind und den Schutz für die überstellten Personen gewähren.[932] Zudem bewirke der Ausschluss von Gebieten aus der Migrationszone lediglich, dass der Migration Act 1958 mit seinen prozeduralen Vorschriften keine Anwendung finde. Die menschen- und flüchtlingsrechtlichen Verpflichtungen Australiens würden

---

928 *Kneebone, Susan/McDowell, Chrisopher/Morrell, Gareth:* A Mediterranean Solution? Chances of Success, International Journal of Refugee Law, 2006, Vol. 18, Nr. 3-4, S. 504.

929 *Ghezelbash, Daniel:* Refugee Lost – Asylum Law in an Independent World, 2018, Kapitel 6.2.3, S. 144; *Kneebone, Susan/McDowell, Chrisopher/Morrell, Gareth:* A Mediterranean Solution? Chances of Success, International Journal of Refugee Law, 2006, Vol. 18, Nr. 3-4, S. 503.

930 *Ghezelbash, Daniel:* Refugee Lost – Asylum Law in an Independent World, 2018, Kapitel 6.2.3, S. 144; *Kneebone, Susan/McDowell, Chrisopher/Morrell, Gareth:* A Mediterranean Solution? Chances of Success, International Journal of Refugee Law, 2006, Vol. 18, Nr. 3-4, S. 503.

931 *Hathaway, James C.:* Refugees and Asylum, in: Opeskin, Brian/Perruchoud, Richard/Redpath-Cross, Jillyanne (Hrsg): Foundations of International Migration Law, 2012, Kapitel 7.3.2, S. 196.

gleichwohl fortbestehen und sollen durch die Ausgliederung von Gebieten nicht umgangen werden.[933]

Das universelle Verständnis des Grundsatzes des Non-Refoulement geht jedoch über das australische Verständnis hinaus. Die Pflicht zum Non-Refoulement beginnt ab dem Zeitpunkt, ab dem ein Schutzsuchender unter die Jurisdiktion eines Konventionsstaates fällt.[934] Sie beinhaltet dabei nicht nur die Einschränkung der Ausweisung aus einem Gebiet, sondern ebenso die Zurückweisung an der Grenze.[935] Das Refoulement-Verbot, das sich aus der GFK oder den menschenrechtlichen Verträgen ergibt, ist demnach keine Verpflichtung des Staates, die lediglich auf sein territoriales Gebiet beschränkt ist, sondern auch jenseits dieses Gebietes Geltung erlangen kann.[936] Die australische Maßnahme steht daher mit dem universell geltenden Grundsatz des Non-Refoulement in Konflikt.[937]

Die Problematik des engen australischen Verständnisses verdeutlicht sich im direkten Vergleich zum europäischen Verständnis. Ein räumlich weites Verständnis von flüchtlings- und menschenrechtlichen Schutzgeboten, wie insbesondere des Non-Refoulement, legt auch der EGMR seiner Rechtsprechung

---

932 *Goodwin-Gill, Guy, S./McAdam, Jane:* The Refugee in International Law, 3. Auflage 2007, Kapitel 5.3.3, S. 255.

933 *Crock, Mary/Saul, Ben/Dastyari, Azadeh:* Future Seekers II – Refugees and Irregular Migration in Australia, 2006, Kapitel 7, S. 118.

934 *Goodwin-Gill, Guy S./McAdam, Jane:* The Refugee in International Law, 3. Auflage 2007, Kapitel 5.2.1, S. 208; *Kau, Marcel*: Der Staat und der Einzelne als Völkerrechtssubjekt, in: Vitzthum, Wolfgang Graf/Proelß, Alexander (Hrsg): Völkerrecht, 8. Auflage 2019, 3. Abschnitt, Kapitel III.4.c), Rn. 304, S. 300; *Hathaway, James C.:* The Rights of Refugees under International Law, 2005, Kapitel 3.1.1, S. 161; *Nußberger, Angelika:* Flüchtlingsschicksale zwischen Völkerrecht und Politik – Zur Rechtsprechung des EGMR zu Fragen der Staatenverantwortung in Migrationsfällen, NVwZ 2016, S. 816.

935 *Goodwin-Gill, Guy S./McAdam, Jane:* The Refugee in International Law, 3. Auflage 2007, Kapitel 5.2.1, S. 208; *Kau, Marcel*: Der Staat und der Einzelne als Völkerrechtssubjekt, in: Vitzthum, Wolfgang Graf/Proelß, Alexander (Hrsg): Völkerrecht, 8. Auflage 2019, 3. Abschnitt, Kapitel III.4.c), Rn. 304, S. 300; *Hathaway, James C.:* The Rights of Refugees under International Law, 2005, Kapitel 3.1.1, S. 161; *Nußberger, Angelika:* Flüchtlingsschicksale zwischen Völkerrecht und Politik – Zur Rechtsprechung des EGMR zu Fragen der Staatenverantwortung in Migrationsfällen, NVwZ 2016, S. 816; siehe dazu ausführlich Kapitel D.II.1.

936 *Goodwin-Gill, Guy S./McAdam, Jane:* The Refugee in International Law, 3. Auflage 2007, Kapitel 5.3.3, S. 244.

bezüglich Maßnahmen auf See zugrunde.[938] In seiner zustimmenden Stellungnahme zum Urteil in der Sache Hirsi Jamaa führt Richter am EGMR *Pinto de Albuquerque* zudem weiter aus, dass bereits eine effektive Kontrolle europäischer Hoheitsträger ausreicht, um die Möglichkeit der Asylantragstellung zu eröffnen. Dabei fordert er nicht einmal eine territoriale Verbindung. So genüge bereits die Verbringung von Schutzsuchenden an Bord eines Schiffes für eine hinreichende effektive Kontrolle, die menschenrechtlichen Verpflichtungen des Staates zu eröffnen.[939]

Auch die australische Argumentation, dass von den Drittstaaten, in welche die Boat People verbracht würden, keine Verfolgung ausgehe, vermag nicht zu überzeugen. Dies ist eine generalisierende Annahme, die keine Prüfung im Einzelfall erwägt. Das Vorgehen der australischen Regierung ist zudem kritisch hinsichtlich des universellen Gebots des ‚good faith' (Treu und Glaube) zu betrachten. Danach sind Maßnahmen, die zwar nicht gegen ausdrückliche Vorgaben internationaler Verträge verstoßen, gleichwohl als kritisch einzuschätzen, soweit sie den Sinn und Zweck des Vertrages zu umgehen suchen oder verhindern.[940] Eine solche Umgehung des Sinns und Zwecks der GFK könnte im Mechanismus der Ausgliederung von Staatsgebiet gesehen werden. Australien macht den rechtlichen Zugang zum Staatsgebiet und damit zur Anwendung der GFK durch die eigene Gesetzgebung faktisch unmöglich.

Es spricht vieles dafür, in der generellen Abweisung der Boat People aufgrund der ausgegliederten Migrationszone eine Verletzung internationaler Normen zu sehen.

---

937 *Crock, Mary/Saul, Ben/Dastyari, Azadeh:* Future Seekers II – Refugees and Irregular Migration in Australia, 2006, Kapitel 7, S. 118.

938 EGMR, Urteil: Hirsi Jamaa u.a. vs. Italien, Az. 27765/09, vom 23. Februar 2012; *Moreno-Lax, Violeta:* Hirsi Jamaa and Others v Italy or the Strasbourg Court versus Extraterritorial Migration Control?, Human Rights Law Review, 2012, Vol. 12, Nr. 3, S. 579 ff.; *Oudejans, Nanda/Rijken, Conny/Pijnenburg, Annick:* Protecting the EU External Borders and the Prohibition of Refoulement, Melbourne Journal of International Law, 2018, Vol. 19 (2), Kapitel III, S. 11; *Lehnert, Matthias/Markard, Nora:* Mittelmeerroulette – Das Hirsi-Urteil des EGMR und die europäische Grenzschutzpolitik auf See, ZAR 2012, S. 195 ff.

939 EGMR, Urteil: Hirsi Jamaa u.a. vs. Italien, Az. 27765/09, vom 23. Februar 2012; zustimmende Stellungnahme von Richter am EGMR Pinto de Albuquerque; *Oudejans, Nanda/Rijken, Conny/Pijnenburg, Annick:* Protecting the EU External Borders and the Prohibition of Refoulement, Melbourne Journal of International Law, 2018, Vol. 19 (2), Kapitel IV, S. 11.

b. *Maritime interdiction on sea-Maßnahmen*

Weitere Maßnahmen, die dafür Sorge tragen, dass Boat People australisches Gebiet grundsätzlich nicht erreichen können, sind maritime interdiction on sea-Maßnahmen wie turn backs und take backs.

aa. *Der Mechanismus*

Die vom Militär durchgeführte Operation Sovereign Borders (OSB), die die Maßnahmen der maritime interdiction on sea erfasst, wird seit September 2013 betrieben.[941] Boat People, die sich auf dem Weg nach Australien befinden, werden von der australischen Küstenwache abgefangen und zu dem Staat der Abfahrt (country of departure) zurückgeführt.[942] Die australische Regierung differenziert dabei zwischen turn backs und take backs. Bei turn backs werden die unautorisierten Schiffe aus australischen Gewässern zurück bis zur Grenze oder in die territorialen Gewässer der Abfahrtsstaaten gebracht. Im Rahmen von take backs arbeitet Australien mit den Abfahrtsstaaten in der Weise zusammen, dass die auf dem Schiff befindlichen Personen mit Flugzeug oder Schiff in den Abfahrtsstaat zurückgebracht werden.[943]

Die nationalrechtliche Grundlage der Maßnahme zur Rückführung von Booten findet sich im Maritime Powers Act 2013.[944] Das Gesetz ermächtigt zur Abdrängung von Booten, Art. 54 Maritime Powers Act 2013,[945] Boote

---

940 *Goodwin-Gill, Guy S./McAdam, Jane:* The Refugee in International Law, 3. Auflage 2007, Kapitel 5.3.3, S. 257 und Kapitel 7.5.4, S. 387.

941 *Moreno-Lax, Violeta:* The Interdiction of Asylum Seekers at Sea: Law and (mal)practice in Europe and Australia, in: Kaldor Centre: Policy Brief 4, Mai 2017, S. 3.

942 *Moreno-Lax, Violeta:* The Interdiction of Asylum Seekers at Sea: Law and (mal)practice in Europe and Australia, in: Kaldor Centre: Policy Brief 4, Mai 2017, S. 3.

943 *Kaldor Centre:* Research Brief: Turning Back Boats, August 2018, S. 4.

944 Maritime Powers Act 2013, Nr. 15, 2013, An Act to provide for the administration and enforcement of Australian laws in maritime areas, and for related purposes.

945 Section 54 Maritime Powers Act 2013 – Additional powers – vessels:

"*Stopping, manoeuvring etc.*

(1) A maritime officer may require the person in charge of a vessel to do one or more of the following:
   (a) stop or manoeuvre the vessel;
   (b) adopt a specified course or speed;
   (c) maintain a specified course or speed.

Note: It is an offence to fail to comply with a requirement under this subsection: see section 103.

festzusetzen, Art. 69 Maritime Powers Act 2013,[946] und die sich an Bord der

---

(2) The requirement is made whether or not the person in charge of the vessel understands or is aware of the requirement.

Chasing

(3) If the person in charge of a vessel does not comply with a requirement to stop or facilitate boarding of the vessel, a maritime officer may do one or more of the following:

(a) chase the vessel;

(b) use any reasonable means to obstruct the passage of the vessel;

(c) use any reasonable means to halt or slow the passage of the vessel, including by fouling the propellers of the vessel;

(d) after firing a warning shot, fire at or into the vessel to disable it or compel it to be brought to for boarding.

Requirement taken to be made to support vessels

(4) A requirement made to a person in charge of a vessel (the ***supported vessel***) to stop or facilitate boarding of the supported vessel, is taken to have been made also to the person in charge of any vessel supporting the supported vessel.

946 Section 69 Maritime Powers Act 2013 – Vessels and aircraft:

"(1) A maritime officer may detain a vessel or aircraft.

Note: For other provisions affecting powers under this section, see section 69A and Division 8A.

(2) The officer may:

(a) take the vessel or aircraft, or cause the vessel or aircraft to be taken, to a place (the ***destination***); and

(b) remain in control of the vessel or aircraft, or require the person in charge of the vessel or aircraft to remain in control of the vessel or aircraft, at the destination, until whichever of the following occurs first:

(i) the vessel or aircraft is returned to a person referred to in subsection 87(1);

(ii) action is taken as mentioned in subsection 87(3) in relation to the vessel or aircraft.

(3) The destination may be:

(a) in the migration zone; or

(b) outside the migration zone (including outside Australia).

Note: Section 75C contains additional provisions about the place that may be the destination.

(3A) A maritime officer may change the destination to a different place at any time (including a time after arrival at the place that was previously the destination). If the destination is changed to a different place:

(a) that different place is then the destination; but

festgesetzten Boote befindlichen Personen an kooperierende Drittstaaten zu übergeben, Art. 72 Maritime Powers Act 2013.[947]

(b) this does not affect the exercise of powers under this Act before the change.

Note: It is possible that the destination may change more than once.

(4) A vessel detained under subsection (1) is a ***detained vessel***.

(5) An aircraft detained under subsection (1) is a ***detained aircraft***."

947 Section 72 Maritime Powers Act 2013 – Persons on detained vessels and aircraft:

"(1) This section applies to a person:

(a) on a detained vessel or detained aircraft; or

(b) whom a maritime officer reasonably suspects was on a vessel or aircraft when it was detained.

Note 1: For detaining vessels and aircraft, see section 69.
Note 2: For other provisions affecting powers under this section, see section 72A and Division 8A.

(2) A maritime officer may return the person to the vessel or aircraft.

(3) A maritime officer may require the person to remain on the vessel or aircraft until whichever of the following occurs first:

(a) the vessel or aircraft is returned to a person referred to in subsection 87(1);

(b) action is taken as mentioned in subsection 87(3) in relation to the vessel or aircraft.

Note: It is an offence to fail to comply with a requirement under this subsection: see section 103.

(4) A maritime officer may detain the person and take the person, or cause the person to be taken, to a place (the ***destination***).

(4A) The destination may be:

(a) in the migration zone; or

(b) outside the migration zone (including outside Australia).

Note: Section 75C contains additional provisions about the place that may be the destination.

(4B) A maritime officer may change the destination to a different place at any time (including a time after arrival at the place that was previously the destination). If the destination is changed to a different place:

(a) that different place is then the destination; but

(b) this does not affect the exercise of powers under this Act before the change.

Hervorzuheben ist dabei Art. 22A Abs. 1(a) Maritime Powers Act 2013,[948] wonach Maßnahmen der Beamten nicht allein deshalb ungültig sind, weil sie nicht internationales Recht beachten.[949] Australien überwacht nicht, was mit den Schutzsuchenden passiert, nachdem die Boote im Rahmen der OSB zurückgeführt werden.[950]

Note: It is possible that the destination may change more than once.

(5) For the purposes of taking the person to the destination, a maritime officer may within or outside Australia:

(a) place the person on a vessel or aircraft, or in a particular place on a vessel or aircraft; or

(b) restrain the person on a vessel or aircraft, or in a particular place on a vessel or aircraft; or

(c) remove the person from a vessel or aircraft."

948 Section 22A Maritime Powers Act 2013 – Failure to consider international obligations etc. does not invalidate authorisation:

"(1) The exercise of a power to give an authorisation under a provision of this Division is not invalid:

(a) because of a failure to consider Australia's international obligations, or the international obligations or domestic law of any other country; or

(b) because of a defective consideration of Australia's international obligations, or the international obligations or domestic law of any other country; or

(c) because the exercise of the power is inconsistent with Australia's international obligations.

(2) Subsection (1) is not to be taken to imply that the exercise of a power under any other provision of this Act is invalid for a reason of a kind specified in paragraph (1)(a), (b) or (c)."

949 Einzelne Autoren sehen darin sogar eine quasi Erlaubnis der Beamten, internationales Recht nicht zwingend beachten zu müssen, so z.B. *Ghezelbash, Daniel:* Refugee Lost – Asylum Law in an Independent World, 2018, Kapitel 4.2, S. 85 f.

950 *Kaldor Centre:* Research Brief: Turning Back Boats, August 2018, S. 5.

Über genauere Einzelheiten der jeweiligen Maßnahmen ist nicht viel bekannt, da die australische Regierung diese vor öffentlicher Berichterstattung abschottet.[951] Es wird berichtet, dass diese Abfangmaßnahmen nicht nur auf hoher See stattfänden, sondern dass solche Abfangmaßnahmen und Zurückweisungen von Booten auch in australischem Hoheitsgewässer stattfänden.[952] Aufgrund fehlender genauer staatlicher Angaben und tatsächlicher Erfahrungsberichte kann nicht mit Sicherheit festgestellt werden, ob Schutzsuchenden im Rahmen der Rückführung die Möglichkeit zur Stellung eines Asylantrages gegeben wird.[953] Im Rahmen der take backs, also der Rückführung der Boat People mittels Flugzeug oder australischer Schiffe, wird zuweilen das enhanced screening, also eine verkürzte Schnellprüfung, angewendet.[954]

bb. Rechtliche Erwägungen – Vereinbarkeit mit internationalem Recht

Die Maßnahmen der maritime interdictions on sea stehen zum Teil in Konflikt mit den Vorgaben des universellen Rechts, insbesondere hinsichtlich des Grundsatzes des Non-Refoulement.

aaa. Vereinbarkeit mit den Regelungen des Seerechts

Es steht bereits grundsätzlich in Frage, ob Australien überhaupt das Recht zusteht, die Flüchtlingsboote auf hoher See oder in seinem territorialen Gewässer abzudrängen oder zurückzuführen.

Soweit die Schiffe, die die Boat People transportieren, unter der Flagge eines anderen Staates fahren, ist ein solches Recht begrenzt.

Auf Hoher See unterstehen Schiffe, die unter der Flagge eines Staates fahren, ausschließlich dessen Hoheitsgewalt, Art. 92 Abs. 1 SRÜ. Sie dürfen von Kriegsschiffen anderer Staaten nur unter den begrenzten Voraussetzungen des Art. 110 Abs. 1 SRÜ angehalten werden. Demnach muss ein begründeter Anlass für den Verdacht bestehen, dass das Schiff entweder Seeräuberei oder Sklavenhandel betreibt, das Schiff nicht genehmigte Rundfunksendungen verbreitet, das

---

951 *Kaldor Centre:* Research Brief: Turning Back Boats, August 2018, S. 3; *Kaldor Centre:* Turning back boats, Factsheet, April 2019, S. 1; ebenso *Kaldor Centre:* Australia's refugee policy: An overview, Factsheet, Juli 2020, S.2; *Ghezelbash, Daniel:* Refugee Lost – Asylum Law in an Independent World, 2018, Kapitel 6.2, S. 138.

952 *Ghezelbash, Daniel:* Refugee Lost – Asylum Law in an Independent World, 2018, Kapitel 4.2, S. 85.

953 *Kaldor Centre:* Turning back boats, Factsheet, April 2019, S. 1 f.

954 *Kaldor Centre:* Research Brief: Turning Back Boats, August 2018, S. 5 f.; *Kaldor Centre:* Turning back boats, Factsheet, April 2019, S. 1.

Schiff keine Staatszugehörigkeit besitzt oder es, obwohl es eine fremde Flagge führt oder sich weigert, seine Flagge zu zeigen, in Wirklichkeit dieselbe Staatszugehörigkeit wie das Kriegsschiff besitzt. Diese Voraussetzungen sind im Falle von Schiffen, die Boat People transportieren, regelmäßig nicht erfüllt. Darüber hinaus ergibt sich aus Art. 110 Abs. 2 SRÜ lediglich ein Recht, das Schiff zur Überprüfung dieser Voraussetzungen zu besuchen, und nicht, dieses festzusetzen oder anderen Ortes zu verbringen.[955]

Regelmäßig sind die Boote, die von Boat People zur Überfahrt verwendet werden, jedoch so klein, dass sie unter keiner Flagge fahren. Inwieweit die Voraussetzungen des Art. 110 SRÜ auch für diese gelten, ergibt sich aus den Regeln des Seerechts nicht.[956]

Soweit die abzudrängenden Schiffe allerdings bereits die australische Anschlusszone erreicht haben, ist Art. 33 Abs 1 lit. a) SRÜ zu beachten. In der Anschlusszone kann der Küstenstaat die erforderliche Kontrolle ausüben, um Verstöße gegen seine Einreise- oder Gesundheitsgesetze und diesbezügliche sonstige Vorschriften in seinem Hoheitsgebiet oder in seinem Küstenmeer zu verhindern. Ob dies auch das Recht erfasst, Schiffe festzusetzen und zurückzuführen, ist umstritten.[957] *Moreno-Lax* führt dazu an, dass die erforderliche Kontrolle diese Maßnahmen nicht erfasse, da zu ihrem Zeitpunkt die vorgegebenen Verstöße von dem Schiff noch nicht mit hinreichender Sicherheit ausgehen konnten.[958]

Für den Fall, dass die abzudrängenden Boote bereits in australisches Küstenmeer eingefahren sind, sind die Art. 17 ff. SRÜ zu beachten. Das Küstenmeer ist

---

955 *Guilfoyle, Douglas* in: Proelss Alexander: Law of the Sea - A Commentary, 2017, Art. 110 UNCLOS, Rn. 11, S. 770; *Kaldor Centre:* Research Brief: Turning Back Boats, August 2018, S. 7; *Moreno-Lax, Violeta:* The Interdiction of Asylum Seekers at Sea: Law and (mal)practice in Europe and Australia, in: Kaldor Centre: Policy Brief 4, Mai 2017, S. 5; *Goodwin-Gill, Guy S./McAdam, Jane:* The Refugee in International Law, 3. Auflage 2007, Kapitel 5.4.2, S. 271 mit Verweis auf gegenteilige Literaturansichten.

956 *Guilfoyle, Douglas* in: Proelss Alexander: Law of the Sea - A Commentary, 2017, Art. 110 UNCLOS, Rn. 15, S. 771; *Moreno-Lax, Violeta:* The Interdiction of Asylum Seekers at Sea: Law and (mal)practice in Europe and Australia, in: Kaldor Centre: Policy Brief 4, Mai 2017, S. 5.

957 *Khan, Daniel-Erasmus* in: Proelss Alexander: Law of the Sea - A Commentary, 2017, Art. 33 UNCLOS, Rn. 23, S. 264; hinsichtlich der Bewertung der Rechtmäßigkeit solcher Maßnahmen offengelassen auch von *Goodwin-Gill, Guy S./McAdam, Jane:* The Refugee in International Law, 3. Auflage 2007, Kapitel 5.4.2, S. 276.

958 *Moreno-Lax, Violeta:* The Interdiction of Asylum Seekers at Sea: Law and (mal)practice in Europe and Australia, in: Kaldor Centre: Policy Brief 4, Mai 2017, S. 1.

Teil des staatlichen Hoheitsgebietes, in welchem der Küstenstaat seine Hoheitsgewalt frei ausüben kann, Art. 2 Abs. 1 SRÜ. Diese staatliche Souveränität wird jedoch durch Art. 17 SRÜ begrenzt, der fremden Schiffen eine friedliche Durchfahrt durch das Küstenmeer gestattet. Nach Art. 19 Abs. 2 lit. g) SRÜ ist die Durchfahrt eines fremden Schiffes jedoch nicht friedlich, wenn das Schiff im Küstenmeer das Laden oder Entladen von Personen entgegen den Einreisegesetzen vornimmt. Die australischen Maßnahmen könnten hierin ihre Begründung finden.

In der Literatur ist jedoch umstritten, zu welchem Zeitpunkt die Unfriedlichkeit der Durchfahrt beginnt und ob Art. 19 Abs. 2 lit. g) SRÜ auch gegenüber Schutzsuchenden, die einen Schutzantrag stellen wollen, Anwendung findet.[959] Einige Autoren führen an, dass bereits der Aufenthalt von Schutzsuchenden an Bord eines Schiffes bei Einfahrt in das Küstenmeer nicht mit den Vorschriften der friedlichen Durchfahrt übereinstimme.[960]

Soweit von australischer Seite angeführt wird, dass die Rückführung der Boote aufgrund von Such- und Rettungsmaßnahmen ergehe und dass sich aus den internationalen Vorschriften keine Verpflichtung zur Aufnahme dieser Personen im eigenen Staatsgebiet ergebe,[961] ist darauf hinzuweisen, dass die geretteten Personen im Rahmen von Such- und Rettungsmaßnahmen an sicheres Land gebracht werden müssen. Die Verbringung der Boat People bis an die Grenzen des Küstenmeers eines Drittstaates erfüllt diese Voraussetzungen nicht.[962]

---

959 Zusammenfassend hierzu *Moreno-Lax, Violeta:* The Interdiction of Asylum Seekers at Sea: Law and (mal)practice in Europe and Australia, in: Kaldor Centre: Policy Brief 4, Mai 2017, S. 4.

960 *Goodwin-Gill, Guy S./McAdam, Jane:* The Refugee in International Law, 3. Auflage 2007, Kapitel 5.4.2, S. 274.

961 So die Begründung von Richter *Beaumont* in Ruddock v Vadarlis, in welcher er ausführt: „…whilst customary international law imposes an obligation upon a coastal state to provide humanitarian assistance to vessels in distress, international law imposes no obligation upon the coastal state to resettle those rescued in the coastal state's territory. This accords with the principles of the Refugee Convention. By Art. 33, a person who has established refugee status may not be expelled to a territory where his life and freedom would be threatened for a Convention reason. Again, there is no obligation on the coastal state to resettle in its own territory. Any extra-judicial assessment of Executive policy in the present circumstances should be seen in this context.", Federal Court of Australia, Urteil: Ruddock v Vadarlis, [2001] FCA 1329, vom 18. September 2001, Rn. 126; *Nygh, Peter/Blay, Sam:* Refugees, in: Blay, Sam/ Piotrowicz, Ryszard/Tsamenyi, Martin (Hrsg): Public International Law – An Australian Perspective, 2. Auflage 2005, Kapitel 12.1, S. 289 f.

962 *Moreno-Lax, Violeta:* The Interdiction of Asylum Seekers at Sea: Law and (mal)practice in Europe and Australia, in: Kaldor Centre: Policy Brief 4, Mai 2017, S. 7 f.

Die Rechtmäßigkeit und Vereinbarkeit der australischen Maßnahme, Flüchtlingsboote unter Berufung auf internationales Seerecht festzusetzen, abzudrängen oder zurückzuführen ist nicht eindeutig und daher umstritten.

bbb. Vereinbarkeit mit dem Grundsatz des Non-Refoulement

Weiterhin ist zu befürchten, dass durch die Rückweisung der Boote auf See das Refoulement-Verbot verletzt wird. Dies ist nur dann ausgeschlossen, wenn weder die Gefahr einer Rücksendung in den Heimatstaat, gegebenenfalls im Rahmen einer Kettenrücksendung, noch die einer so genannten ‚refugee in orbit-Situation', also die Situation, dass die Schutzsuchenden stetig von einem Staat an den nächsten verwiesen werden, bestehen.[963] *Goodwin-Gill/McAdam* führen aus, dass die Operationen der Rückführung von Booten nicht automatisch einen Bruch des Refoulement-Verbots bedeuten, sondern dass es Anzeichen für die Gefahr bedürfe, dass die Personen im Anschluss an die Rückführung einer Verfolgung ausgesetzt sind.[964] Dies lässt sich jedoch nur durch eine Untersuchung der jeweiligen Fluchtumstände eines jeden einzelnen Schutzsuchenden feststellen. Auch wenn insoweit im Rahmen des take backs ein verkürztes Verfahren zur Feststellung der Flüchtlingseigenschaft durchgeführt wird, besteht nach wie vor die Gefahr der Verletzung dieser internationalen Pflichten. Ein Feststellungsverfahren auf dem Meer kann die Voraussetzungen an ein rechtmäßiges Verfahren, wie es auf der Grundlage der GFK erfolgen soll, nicht erfüllen. Es besteht die Gefahr, dass aufgrund der Umstände auf See die Schutzbedürftigkeit nicht mit erforderlicher Sicherheit festgestellt werden kann und somit die Gefahr einer Verfolgung nicht ausreichend berücksichtigt wird.[965] Zudem können Schutzsuchende weder gebotene Hilfestellung, wie rechtliche Beratung oder Übersetzungen in ihre Muttersprache, in Anspruch nehmen, noch eine hinreichende Überprüfung des Verfahrens anstreben.[966] Ein verkürztes Verfahren kann das

963 *Rah, Sicco:* Kein Flüchtlingsschutz auf See? Flüchtlings- und seerechtliche Probleme am Beispiel der „Cap Anamur", Humanitäres Völkerrecht, 2005, 18. Jahrgang, Ausgabe 4, S. 284.

964 *Goodwin-Gill, Guy S./McAdam, Jane:* The Refugee in International Law, 3. Auflage 2007, Kapitel 5.4.2, S. 277.

965 *Kaldor Centre:* Research Brief: Turning Back Boats, August 2018, S. 6, *UNHCR:* Protection Policy Paper - Maritime interception operations and the processing of international protection claims: legal standards and policy considerations with respect to extraterritorial processing, November 2010, Kapitel C.IV. Rn. 55 ff., S. 15.

966 Bezüglich der Verfahrensvoraussetzungen zur Feststellung der Schutzbedürftigkeit mit Bezug auf ein ‚Safe Third Country' vgl. *Vedsted-Hansen, Jens:* The asylum procedures

reguläre Verfahren lediglich ergänzen, nicht jedoch vollständig ersetzen. Im Fall des enhanced screenings im Rahmen der take backs ersetzt es jedoch vollständig eine Prüfung der Schutzbedürftigkeit möglicher Antragsteller. Auch insoweit ist der Mechanismus der maritime interdiction on sea in der Form, in der die australische Regierung es bisher betreibt, nicht mit internationalem Recht in Einklang zu bringen.

ccc. Vereinbarkeit mit dem Verbot der Kollektivausweisung

Zudem drängt sich die Frage auf, ob diese Maßnahme eine Kollektivausweisung darstellt. Kollektivausweisungen sind jegliche Maßnahmen, die Ausländer dazu veranlassen, ein Land als Gruppe zu verlassen, ohne eine angemessene und objektive Prüfung des Einzelfalls zu berücksichtigen.[967]

Dem australischen Normgeber oder den australischen Behörden stellt sich die Problematik der Kollektivausweisung auf Ebene des nationalen Rechts nicht. Der Migration Act 1958 beinhaltet keine Einschränkung hierzu.

In den universellen Menschenrechtspakten, insbesondere im IPbpR, ist ein solches Verbot der Kollektivausweisung nicht ausdrücklich ausformuliert.[968] Allerdings sieht der UN-Menschenrechtsausschuss (Humans Rights Committee) ein solches Verbot in Art. 13 IPbpR.[969] Nach Art. 13 IPbpR kann ein Ausländer, der sich rechtmäßig im Hoheitsgebiet eines Vertragsstaates aufhält, aus diesem nur auf Grund einer rechtmäßig ergangenen Entscheidung ausgewiesen werden und es ist ihm, sofern nicht zwingende Gründe der nationalen Sicherheit

---

and the assessment of asylum requests, in: Chetail, Vincent/Bauloz, Céline (Hrsg): Research Handbook on International Law and Migration, 2014, Kapitel 5.2, S. 452.

967 *Chetail, Vincent:* The transnational movement of persons under general international law – Mapping the customary law foundations of international migration law, in: Chetail, Vincent/ Bauloz, Céline (Hrsg): Research Handbook on International Law and Migration, 2014, Kapitel 3.3.2.1, S. 55; *Agentur der Europäischen Union für Grundrechte/Europarat:* Handbuch zu den europarechtlichen Grundlagen im Bereich Asyl, Grenzen und Migration, Ausgabe 2014, Kapitel 3.2, S. 95; *Kau, Marcel:* Der Staat und der Einzelne als Völkerrechtssubjekt, in: Vitzthum, Wolfgang Graf/Proelß, Alexander (Hrsg): Völkerrecht, 8. Auflage 2019, 3. Abschnitt, Kapitel III.3.d), Rn. 292, S. 293 f.

968 *Ghezelbash, Daniel:* Refugee Lost – Asylum Law in an Independent World, 2018, Kapitel 6.2.4, S. 149.

969 *UN Human Rights Committee:* General Comment No. 15: The Position of Aliens under the Covenant, UN Doc HRI/GEN/1/Rev.9 (Vol 1), vom 11. April 1986, Rn. 10; *Ghezelbash, Daniel:* Refugee Lost – Asylum Law in an Independent World, 2018, Chapter 6.2.4, S. 149.

entgegenstehen, Gelegenheit zu geben, die gegen seine Ausweisung sprechenden Gründe vorzubringen und diese Entscheidung durch die zuständige Behörde oder durch eine oder mehrere von dieser Behörde besonders bestimmte Personen nachprüfen und sich dabei vertreten zu lassen. Der Menschenrechtsausschuss versteht darin eine implizite Berechtigung jedes einzelnen Ausländers zu einer Entscheidung in seinem Einzelfall. Dieses Recht werde durch eine Kollektivausweisung beschnitten.[970]

Das australische Verständnis hinsichtlich der territorialen Auswirkung von menschenrechtlichen Verpflichtungen, die ein solches Verbot der Kollektivausweisung beinhalten, ist eng begrenzt auf eine territoriale Anwendung.[971] Das Verbot der Kollektivausweisung impliziert, dass die Schutzsuchenden sich bereits im eröffneten Schutzbereich des jeweiligen Schutzstaates befinden. Aus diesem soll nicht ausgewiesen werden. Nach australischem Verständnis eröffnen sich Flüchtlingsrechte und damit komplementär gehende Pflichten des Staates erst dann, wenn die Schutzsuchenden die australische Migrationszone erreicht haben.[972] Dies ist bei den Operationen auf Hoher See eben nicht der Fall, sodass bereits insoweit keine Verpflichtung zur Beachtung des Verbots der Kollektivausweisung eröffnet ist.

Diesem engen Verständnis wird weder auf universeller noch auf europäischer Ebene gefolgt. Auf europäischer Ebene ist ein Verbot der Kollektivausweisung normiert in Art. 19 Abs. 1 EU-Grundrechtecharta sowie in Art. 4 Protokoll Nr. 4 zur Konvention zum Schutz der Menschenrechte und Grundfreiheiten.[973]

c. *Die offshore processing centres*

Der zentrale Mechanismus im Rahmen der Pacific Solution war das so genannte ‚offshore processing' oder ‚extraterritorial processing'. Dieser ist kein aktiver

---

970 *UN Human Rights Committee:* General Comment No. 15: The Position of Aliens under the Covenant, UN Doc HRI/GEN/1/Rev.9 (Vol 1), vom 11. April 1986, Rn. 10; *Chetail, Vincent:* The transnational movement of persons under general international law – Mapping the customary law foundations of international migration law, in: Chetail, Vincent/ Bauloz, Céline (Hrsg): Research Handbook on International Law and Migration, 2014, Kapitel 3.3.2.1, S. 55.

971 Siehe hierzu Kapitel D.IV.2.

972 Siehe hierzu Kapitel D.II.1.b.

973 Protokoll Nr. 4 zur Konvention zum Schutz der Menschenrechte und Grundfreiheiten, durch das gewisse Rechte und Freiheiten gewährleistet werden, die nicht bereits in der Konvention oder im ersten Zusatzprotokoll enthalten sind, vom 16. September 1963. Es finden sich ebenso entsprechende Regelungen zur Kollektivausweisung in Art. 22 Abs. 9 American Convention on Human Rights, in Art. 26 Abs. 2 Arab Charter

Bestandteil mehr der australischen Lösung zur Abwehr von Boat People. Gleichwohl soll dieser Mechanismus hier vorgestellt werden, da er nach wie vor erhebliche Auswirkung sowie Einfluss auf die australische Programmatik zur Behandlung von Boat People hat. Die Entwicklung des offshore processing ist in seiner tatsächlichen Ausgestaltung in drei Phasen zu unterteilen: die erste Phase der Pacific Solution Teil I von 2001 bis 2007, die zweite Phase von Christmas Island von 2007 bis 2012 und die dritte Phase der Pacific Solution Teil II ab 2012.[974]

aa. Der Mechanismus

Das offshore processing erfasst jedes Verfahren zur Prüfung oder Beurteilung von Asylanträgen, das außerhalb der territorialen Grenzen eines Staates durchgeführt wird.[975]

Mit der Einführung der Pacific Solution im Jahr 2001 schloss Australien mit den Inselstaaten Nauru und Papua-Neuguinea Vereinbarungen zum Betrieb von offshore processing centres.[976] In diese offshore processing centres konnte Australien die in ihrem Gebiet angekommenen oder aufgegriffenen unauthorised maritime arrivals überstellen.[977] In diesen Zentren erhielten die überstellten Boat People die Möglichkeit Asylanträge zu stellen. Soweit ein Schutzstatus festgestellt wurde, wurden die Schutzsuchenden im Rahmen von Resettlement-Vereinbarungen in Drittstaaten umgesiedelt. Eine Umsiedlung nach Australien in Folge dieses Verfahrens stand nur wenigen Schutzberechtigten offen.

Im Jahr 2007 wurden die Zentren in Papua-Neuguinea und auf Nauru geschlossen und ein entsprechendes Zentrum auf Christmas Island eröffnet.[978]

---

on Human Rights und in Art. 12 Abs. 5 African Convention on Human Rights and Peoples‘ Rights.

974 So die Einteilung von *Ghezelbash* bezüglich der Maßnahme des ‚Extraterritorial Processing‘, *Ghezelbash, Daniel:* Refugee Lost – Asylum Law in an Independent World, 2018, Kapitel 5.2, S. 111 ff.

975 *Ghezelbash, Daniel:* Refugee Lost – Asylum Law in an Independent World, 2018, Kapitel 5, S. 100.

976 Ausführlich dazu Kapitel C.II.3.d.

977 Memorandum of Understanding between Papua New Guinea and the Commonwealth of Australia, vom 11. Oktober 2001; Memorandum of Understanding between the Republic of Nauru and the Commonwealth of Australia, vom 11. Dezember 2001.

978 *Crock, Mary/Saul, Ben/Dastyari, Azadeh:* Future Seekers II – Refugees and Irregular Migration in Australia, 2006, Kapitel 3, S. 40; *Phillips, Janet:* A comparison of Coalition and Labor government asylum policies in Australia since 2001, Parliament of Australia, Department of Parlimantary Servies, Research Paper Series, 2016-17, 2.

Christmas Island war dabei von der Migrationszone ausgeschlossen. Anträge auf Schutz, die in Christmas Island gestellt wurden, galten nicht als im australischen Gebiet gestellte Schutzanträge.[979]

2012 wurden die offshore processing centres in Papua-Neuguinea und Nauru auf Grundlage neuer Verträge zwischen Australien und diesen Staaten wiedereröffnet.[980] Es galten nun allerdings modifizierte und strengere Regelungen im Vergleich zur ersten Phase.[981] Fortan waren die Staaten Nauru und Papua-Neuguinea in Zusammenarbeit mit dem UNHCR für die Durchführung der Asylstatusfeststellungsverfahren und der sonstigen Behandlung der Boat People zuständig.[982] Soweit die Schutzbedürftigkeit von Antragstellern festgestellt wurde, hatten diese nicht mehr die Möglichkeit nach Australien umgesiedelt zu werden.

Seit 2014 wurden keine neuen Boat People von Australien in die Zentren nach Nauru oder Papua-Neuguinea überstellt.[983] Dies ist Folge der im vorherigen

---

Februar 2017, S. 3; *Ghezelbash, Daniel:* Refugee Lost – Asylum Law in an Independent World, 2018, Kapitel 5.2.2, S. 113.

979 Ausführlich zur Ausgliederung aus der Migrationszone F.I.1.a.

980 Memorandum of Understanding between the Republic of Nauru and the Commonwealth of Australia, relating to the transfer to and assessment of persons in Nauru, and related issues, vom 29. August 2012; sowie Memorandum of Understanding between the Government of the Independent State of Papua New Guinea and the Government of Australia, relating to the Transfer to and Assessment of Persons in Papua New Guinea, and Related Issues, vom 8. September 2012; *Parliamentary Joint Committee on Human Rights:* Examination of legislation in accordance with the Human Rights (Parliamentary Scrutiny) Act 2011 – Migration Legislation Amendment (Regional Processing and Other Measures) Act 2012 and related legislation, 9. Report 2013.

981 *Ghezelbash, Daniel:* Refugee Lost – Asylum Law in an Independent World, 2018, Kapitel 5, S. 101.

982 *Parliamentary Joint Committee on Human Rights:* Examination of legislation in accordance with the Human Rights (Parliamentary Scrutiny) Act 2011 – Migration Legislation Amendment (Regional Processing and Other Measures) Act 2012 and related legislation, 9. Report 2013, Rn. 1.43, S. 13 sowie Rn. 2.43 ff., S. 40 ff.; *Ghezelbash, Daniel:* Refugee Lost – Asylum Law in an Independent World, 2018, Kapitel 6.3.3, S. 160; *Zamfir, Ionel:* Refugee and asylum policy in Australia – Between resettlement and deterrence, in: European Parliament/European Parliamentary Research Service: Members‘ Research Service, Briefing November 2016, S. 4.

983 *Gleeson, Madeline:* Australia's Responsibility for Offshore Processing on Nauru and Manus Island, in: Kaldor Centre, Research Brief, August 2018, S. 1; dazu ebenso *Moreno-Lax, Violeta:* The Interdiction of Asylum Seekers at Sea: Law and (mal)practice in Europe and Australia, in: Kaldor Centre: Policy Brief 4, Mai 2017, S. 3.

Abschnitt dargestellten maritime interdiction on sea-Maßnahme, bei welcher Boat People bereits auf dem Wasser in die Abfahrtsstaaten zurückgeschickt werden.[984] Im Jahr 2016 urteilte der Oberste Gerichtshof von Papua-Neuguinea, dass das Lager auf der Insel Manus nach dem Recht Papua-Neuguineas verfassungswidrig und illegal ist.[985] Der High Court of Australia urteilte daraufhin in 2017, dass die Feststellung des Obersten Gerichtshofes von Papua-Neuguinea keine Auswirkung auf die Rechtmäßigkeit der australischen Maßnahmen im Rahmen der Abwehr von Boat People entsprechend der australischen Gesetzeslage habe; diese seien nach wie vor verfassungsmäßig.[986] Gleichwohl schloss die australische Regierung das Lager auf Manus Island in Papua-Neuguinea 2017 offiziell. Allerdings verblieben einige hundert asylsuchende Boat People weiterhin vor Ort.[987] Das Zentrum in Nauru ist weiterhin in Betrieb, und zahlreiche schutzsuchende Boat People warten noch auf ihr Verfahren zur Statusfeststellung oder auf weiteren Schutz.[988]

Seit der Wiedereröffnung in 2012 ist Australien alleine für die Finanzierung der Zentren in Papua-Neuguinea und Nauru verantwortlich und beschäftigt australische Mitarbeiter vor Ort.[989] Trotzdem sah sich Australien in keiner

---

984 *Gleeson, Madeline:* Australia's Responsibility for Offshore Processing on Nauru and Manus Island, in: Kaldor Centre, Research Brief, August 2018, S. 1; dazu ebenso *Moreno-Lax, Violeta:* The Interdiction of Asylum Seekers at Sea: Law and (mal)practice in Europe and Australia, in: Kaldor Centre: Policy Brief 4, Mai 2017, S. 3, die ausführt, die Zahl der ankommenden Boote sei „virtually zero".

985 Supreme Court of Papua New Guinea: Namah v Pato [2016] PGSC 13; SC1497, vom 26. April 2016: „unconstitutionality of transfer and detention of asylum seekers from Australia to Papua New Guinea".

986 High Court of Australia: Plaintiff S195/2016 v Minister for Immigration and Border Protection (CTH) & ors [2017] HCA 31, vom 17. August 2017.

987 *Gleeson, Madeline*: Refugee Status Determination on Manus Island, in: Kaldor Centre, Research Brief, August 2018, S. 10.

988 *Gleeson, Madeline*: Refugee Status Determination on Manus Island, in: Kaldor Centre, Research Brief, August 2018, S. 7.

989 *Parliamentary Joint Committee on Human Rights:* Examination of legislation in accordance with the Human Rights (Parliamentary Scrutiny) Act 2011 – Migration Legislation Amendment (Regional Processing and Other Measures) Act 2012 and related legislation, 9. Report 2013, Rn. 2.34 ff., S. 37 ff.; *Ghezelbash, Daniel:* Refugee Lost – Asylum Law in an Independent World, 2018, Kapitel 6.3.3, S. 160; *Zamfir, Ionel:* Refugee and asylum policy in Australia – Between resettlement and deterrence, in: European Parliament/European Parliamentary Research Service: Members' Research Service, Briefing November 2016, S. 4.

weiteren Verpflichtung oder Verantwortlichkeit bezüglich der Statusfeststellung und verwies insoweit auf die Souveränität der Staaten, in welchen sich die Zentren befinden.[990]

bb. Rechtliche Erwägungen

Die Politik der offshore processing centres stand häufig in der Kritik, nicht mit den Vorgaben des universellen Rechts in Einklang zu stehen.[991] Ein möglicher Verstoß gegen den Grundsatz des Non-Refoulement war dabei jedoch kein Kritikpunkt, denn das Non-Refoulement verbietet nicht, Schutzsuchende in einen anderen sicheren, aber weniger attraktiven Drittstaat zu verbringen.[992] Da sowohl Nauru als auch Papua-Neuguinea Vertragsstaaten der GFK sind, liegt daher kein grundsätzlicher Verstoß gegen das Refoulement-Verbot vor.

Der UNHCR und Amnesty International bemängeln gleichwohl die Verfahrensbedingungen und Lebensumstände, unter denen die Flüchtlingsstatusfeststellungsverfahren in den offshore processing centre in Papua-Neuguinea und Nauru stattfanden bzw. nach wie vor stattfinden.[993] Die von australischen Behörden überstellten Boat People wurden in die offshore processing centres verbracht, deren Zu- und Ausgang begrenzt ist. Die Ausstattung der Camps ist

990 *Parliamentary Joint Committee on Human Rights:* Examination of legislation in accordance with the Human Rights (Parliamentary Scrutiny) Act 2011 – Migration Legislation Amendment (Regional Processing and Other Measures) Act 2012 and related legislation, 9. Report 2013, Rn. 2.19, S. 32; *Ghezelbash, Daniel:* Refugee Lost – Asylum Law in an Independent World, 2018, Kapitel 6.3.3, S. 159; *Gleeson, Madeline:* Australia's Responsibility for Offshore Processing on Nauru and Manus Island, in: Kaldor Centre, Research Brief, August 2018, S. 2, 10.

991 *Zamfir, Ionel:* Refugee and asylum policy in Australia – Between resettlement and deterrence, in: European Parliament/European Parliamentary Research Service: Members' Research Service, Briefing November 2016, S. 5.

992 *Rah, Sicco:* Kein Flüchtlingsschutz auf See? Flüchtlings- und seerechtliche Probleme am Beispiel der „Cap Anamur", Humanitäres Völkerrecht 18. Jahrgang 2005, Ausgabe 4, S. 283; ebenso im Grundsatz *Kälin, Walter/Künzli, Jörg:* Universeller Menschenrechtsschutz – Der Schutz des Individuums auf globaler und regionaler Ebene, 4. Auflage 2019, Kapitel 18.V.3, Rn. 18.74, S. 646; *Fröhlich, Daniel:* Das Asylrecht im Rahmen des Unionsrechts – Entstehung eines föderalen Asylregimes in der Europäischen Union, 2011, Kapitel 1.1.II, S. 15.

993 *UNHCR:* UNHCR urges Australia to evacuate off-shore facilities as health situation deteriorates, vom 12. Oktober 2018; *Amnesty International:* Report 2017/2018 – Zur Weltweiten Lage der Menschenrechte, Nauru 2017/2018, Stand Dezember 2017.

rudimentär und gleicht größtenteils der Gestaltung von Gefängnissen.[994] Dies begründet die Befürchtung der Verletzung von universellen Menschenrechten, insbesondere hinsichtlich der Wahrung des Lebens und der Gesundheit.

aaa. Australische Verantwortlichkeit für die Boat People in den offshore processing centres

Fraglich ist jedoch, ob diese Verletzungen der Menschenrechte durch die Ausgestaltung der offshore processing centres Australien zuzurechnen sind. Eine Verantwortlichkeit Australiens bzw. eine Zurechnung erfordert, dass das staatliche Handeln Australiens eine hinreichende Verbindung zu diesen Umständen geschaffen hat.[995]

Die offshore processing centres befinden sich auf den Staatsgebieten der souveränen Staaten Papua-Neuguinea und Nauru. Grundsätzlich unterliegen die Boat People damit der alleinigen Zuständigkeit und Verantwortung dieser Staaten. Entsprechend den Memoranden of Understanding, die zwischen Australien und Papua-Neuguinea sowie Nauru geschlossen wurden, untersteht das Verfahren zur Feststellung des Flüchtlingsstatus den nationalen Vorschriften der Staaten, in denen sich die offshore processing centres befinden.[996] Die offshore processing centres werden von der australischen Regierung finanziert[997] und wurden zeitweise von australischen Unternehmen betrieben. Berichten zufolge sollen australische Einwanderungsbeamte nach wie vor Tätigkeiten in den Zentren leisten oder zumindest überwachen.[998] Dies rechtfertigt die Annahme, dass

---

994 *UNHCR:* UNHCR urges Australia to evacuate off-shore facilities as health situation deteriorates, vom 12. Oktober 2018; *Amnesty International:* Report 2017/2018 – Zur weltweiten Lage der Menschenrechte, Nauru 2017/2018, Stand Dezember 2017.

995 Dazu ebenso *Parliamentary Joint Committee on Human Rights:* Examination of legislation in accordance with the Human Rights (Parliamentary Scrutiny) Act 2011 – Migration Legislation Amendment (Regional Processing and Other Measures) Act 2012 and related legislation, 9. Report 2013, Rn. 2.18 ff., S. 32 ff.

996 Memorandum of Understanding between the Republic of Nauru and the Commonwealth of Australia, relating to the transfer to and assessment of persons in Nauru, and related issues, vom 29. August 2012; sowie Memorandum of Understanding between the Government of the Independent State of Papua New Guinea and the Government of Australia, relating to the Transfer to and Assessment of Persons in Papua New Guinea, and Related Issues, vom 8. September 2012.

997 Memorandum of Understanding between the Republic of Nauru and the Commonwealth of Australia, relating to the transfer to and assessment of persons in Nauru, and related issues, vom 29. August 2012, Rn. 6.

998 *Parliamentary Joint Committee on Human Rights:* Examination of legislation in accordance with the Human Rights (Parliamentary Scrutiny) Act 2011 – Migration

Australien eine hinreichende Kontrolle über die Flüchtlinge in den offshore processing centres und mithin effektive Gewalt ausübt, die zur Wahrung der Rechte aus internationalen Verträgen verpflichtet.[999] Verletzungen von Menschen- und auch Verfahrensrechten in den offshore processing centres sind daher auch Australien zuzurechnen.[1000]

Dass eine solche fortbestehende effektive Gewalt zur Begründung staatlicher Verantwortlichkeit auf internationaler Ebene eine anerkannte Theorie ist, verdeutlicht die Rechtsprechung des EGMR. Auch der EGMR erkennt, dass die Umstände, die in einem Verfahrenszentrum in einem anderen Staat bestehen, eine Schutzpflicht aufgrund zu wahrender Menschenrechte entfaltet. Der EGMR hat dabei eine Rückweisung von Asylsuchenden aus Belgien und der Schweiz nach Griechenland (2011) und Italien (2014) abgelehnt, mit der Begründung, dass die Umstände in den Aufnahmezentren in den jeweiligen Staaten nicht den grundlegenden menschenrechtlichen Bestimmungen entsprechen, sondern sogenannte systemische Mängel aufweisen.[1001]

Legislation Amendment (Regional Processing and Other Measures) Act 2012 and related legislation, 9. Report 2013, Rn. 2.18 ff., S. 32 ff.; *Gleeson, Madeline:* Australia's Responsibility for Offshore Processing on Nauru and Manus Island, in: Kaldor Centre, Research Brief, August 2018, S. 9 f.

999 *Parliamentary Joint Committee on Human Rights:* Examination of legislation in accordance with the Human Rights (Parliamentary Scrutiny) Act 2011 – Migration Legislation Amendment (Regional Processing and Other Measures) Act 2012 and related legislation, 9. Report 2013, Rn. 2.54 ff., S. 43; *Gleeson, Madeline:* Australia's Responsibility for Offshore Processing on Nauru and Manus Island, in: Kaldor Centre, Research Brief, August 2018, S. 9 f.; im Ergebnis so auch *von Doussa, John:* Human Rights and Offshore Processing, UTS Law Review, 2007, Nr. 9, S. 41 ff., der die Verantwortung Australiens für Menschen- und Flüchtlingsrechtsverletzungen in den Offshore Processing Centren sieht, soweit diese Verletzungen von Australien hätten vorhergesehen werden können.

1000 Vgl hierzu auch *Oudejans, Nanda/Rijken, Conny/Pijnenburg, Annick:* Protection the EU External Border and the Prohibition of Refoulement, Melbourne Journal of International Law, 2018, Vol. 19(2), S. 12 ff., die ausführen, dass eine hinreichende Unterstützung eines Drittstaates bei Verletzungen von internationalen Pflichten eine eigene staatliche Verantwortlichkeit hervorrufen kann.

1001 EGMR, Urteil: M.S.S. vs. Belgien und Griechenland, Az. 30696/09, vom 21. Januar 2011; EGMR, Urteil: Tarakhel vs. Schweiz, Az. 29217/12, vom 4. November 2014; *Gleeson, Madeline:* Australia's Responsibility for Offshore Processing on Nauru and Manus Island, in: Kaldor Centre, Research Brief, August 2018, S. 6.

bbb. Verletzung von Verfahrensvorgaben bzw. -vorschriften

Dass sowohl die Staaten Nauru und Papua-Neuguinea als auch Australien für die Boat People Verantwortung tragen, führt zu einer weiteren Problematik; eine klare Zuständigkeit der jeweiligen Staaten für das Verfahren ist für die Schutzsuchenden nicht erkennbar. Die Flüchtlingsstatusbestimmung in Drittstaaten oder auf ausgegliedertem nationalem Gebiet läuft Gefahr, außerhalb der sonst für reguläre Schutzsuchenden geltenden Bestimmungen und mithin in einem möglichen legalen Vakuum stattzufinden.[1002] Aufgrund der fehlenden ausschließlichen Zuständigkeit eines Staates kann die Verantwortung für die Überprüfung des ordentlichen Verfahrens jeweils dem anderen Staat zugeschoben werden. Dadurch entsteht die Gefahr, dass kein faires, effektives Verfahren für die Feststellung des Schutzantrags garantiert werden kann. Zudem können ablehnende Bescheide eines Asylantrags nicht mit erforderlicher Sicherheit von einer weiteren Instanz überprüft werden,[1003] denn die grundsätzliche Zuständigkeit und Verantwortlichkeit für Beschwerden ist für den Antragsteller nicht hinreichend genau bestimmt.

2. Europas Abwehrprogramm

Auch die EU hat sich mit der Problematik der Boat People auseinanderzusetzen. Dabei ist diese Thematik keine ausschließlich der jüngsten Vergangenheit, die erst im Zusammenhang mit den Konflikten im Nahen Osten oder der erweiterten Mobilität afrikanischer Schutzsuchender zusammenhängt. Europäische Anrainerstaaten des Mittelmeers kennen die Problematik der Boat People mindestens seit den 1990er Jahren. Insbesondere Italien implementierte bereits im Jahr 1991 erste Maßnahmen im Rahmen des Umgangs mit aus Albanien flüchtenden Personen, die das italienische Staatsgebiet mittels Bootes erreichten.[1004]

1002 *Kneebone, Susan/McDowell, Chrisopher/Morrell, Gareth*: A Mediterranean Solution? Chances of Success, International Journal of Refugee Law, 2006, Vol. 18, Nr. 3-4, S. 503.

1003 *von Doussa, John:* Human Rights and Offshore Processing, UTS Law Review, 2007, Nr. 9, S. 48.

1004 *Ghezelbash, Daniel:* Refugee Lost – Asylum Law in an Independent World, 2018, Kapitel 7.1.1, S. 169; *Lutterbeck, Derek:* Policing Migration in the Mediterranean, Mediterranean Politics, 2006, Vol. 11, Nr. 1, S. 67; *Moreno-Lax, Violeta:* The Interdiction of Asylum Seekers at Sea: Law and (mal)practice in Europe and Australia, in: Kaldor Centre: Policy Brief 4, Mai 2017, S. 2; *Ryan, Bernard*: Extraterritorial Immigration Control: What Role for Legal Guarantees?, in: Ryan, Bernard/Mitsilegas, Valsamis (Hrsg): Extraterritorial Immigration Control – Legal Challenges, 2010, S. 31.

Über die Jahre schwankte die Zahl derer, die versuchten Europa mittels Bootes zu erreichen, erheblich. 2015 erreichte die Zahl derer, die irregulär über die Mittelmeerrouten in die EU einreisten, ihren Höhepunkt: Über eine Million Einreisen wurden verzeichnet.[1005] Zuletzt wurden 2019 rund 120 000 irreguläre Grenzübertritte an den EU-Außengrenzen festgestellt.[1006] Seit 2015 ist ein stetiger Rückgang der Zahl der irregulären Einreisen zu verzeichnen, jedoch ist dies keine Garantie für einen weiteren Rückgang dieser Zahlen.[1007]

Für eine genauere Betrachtung der Problematik der Boat People wird das Mittelmeer regelmäßig in verschiedene Gebiete entsprechend der Reiserouten eingeteilt: die Route über das östliche Mittelmeer, mit Ausgangspunkten in der Türkei und Ankunftspunkten auf den griechischen Inseln; über das zentrale Mittelmeer, beginnend in Libyen mit Ziel Italien; oder über das westliche Mittelmeer von Algerien und Marokko nach Spanien zusammen mit der Atlantikroute auf die Kanarischen Inseln.[1008] Die Auslastung dieser Routen wechselt sporadisch, oftmals abhängig von den jeweils geltenden Schutz- oder Abwehrmaßnahmen, die die jeweilige Route betreffen.[1009]

Die bisher ergriffenen und implementierten Maßnahmen sind vorwiegend nationalstaatliche Maßnahmen der EU-Mittelmeeranrainerstaaten. Ein einheitliches EU-Vorgehen auf dem Mittelmeer wird angestrebt, besteht bisher jedoch noch nicht. Die EU leistet den Mitgliedstaaten Unterstützung bei ihrem Vorgehen.[1010]

Im Folgenden werden drei zentrale Maßnahmen betrachtet, die insbesondere durch eine starke mediale Aufmerksamkeit gekennzeichnet sind. Dies sind

---

1005 *Europäischer Rat/Rat der Europäischen Union*: Infografik – Migrationsströme: Östliche, zentrale und westliche Mittelmeerroute, Stand Juli 2020.

1006 *Europäischer Rat/Rat der Europäischen Union*: Infografik – Migrationsströme: Östliche, zentrale und westliche Mittelmeerroute, Stand Juli 2020.

1007 *Europäische Kommission*: Europäische Migrationsagenda: EU muss Fortschritte der letzten vier Jahre ausbauen, Pressemitteilung vom 6. März 2019, vgl. dazu auch *Europäischer Rat/Rat der Europäischen Union*: Infografik – Migrationsströme: Östliche, zentrale und westliche Mittelmeerroute, Stand Juli 2020.

1008 *Europäischer Rat/Rat der Europäischen Union*: Infografik – Migrationsströme: Östliche, zentrale und westliche Mittelmeerroute, Stand Juli 2020.

1009 Vgl. dazu die differenzierten Zahlen der Übersicht des *Europäischer Rat/Rat der Europäischen Union*: Infografik – Migrationsströme: Östliche, zentrale und westliche Mittelmeerroute, Stand Juli 2020.

1010 *Europäischer Rat/Rat der Europäischen Union*: Rettung von Menschenleben auf See und Bekämpfung von Migrantenschleusung, online abrufbar unter: https://www.consilium.europa.eu/de/policies/eu-migration-policy/saving-lives-sea/#operations.

namentlich diverse maritime Einsätze der Mitgliedstaaten und der EU auf dem Mittelmeer (a), die Schließung von Häfen an den Küsten der Mitgliedstaaten (b) sowie Abkommen mit Drittstaaten und den einzelnen Mitgliedstaaten bzw. der EU (c).

a. Maritime Einsätze auf dem Mittelmeer und dem Atlantik

Maritime Einsätze zur Bekämpfung unregulierter Migration auf dem Mittelmeer oder dem Atlantik wurden zunächst ausschließlich auf nationaler Ebene der einzelnen Mitgliedstaaten durchgeführt, später auf Ebene der EU koordiniert.[1011] Diese Einsätze waren zum einen Schutzmaßnahmen zugunsten der Boat People, jedoch enthielten sie auch Maßnahmen, die die Ankunft von Boat People im Gebiet der Mitgliedstaaten abwehren sollten.

aa. Der Mechanismus

aaa. Nationalstaatliche push back-Operationen vor 2009

Italien führte Operationen durch, die als push back und Rückführungen auf dem Meer zu qualifizieren sind.[1012] Während Italien zunächst noch die von Libyen kommenden Boote abfing und die darauf befindlichen Boat People nach Italien verbrachte, änderte die italienische Regierung 2009 ihr Vorgehen und brachte diese Boote auf Grundlage einer Vereinbarung mit Libyen zurück in libysches Hoheitsgebiet.[1013] Der EGMR stellte in seinem Hirsi Jamaa Urteil[1014] fest, dass diese push back-Operationen der italienischen Küstenwache nicht zulässig sind. Die Operationen verstoßen gegen die EMRK. Der Hirsi Jamaa-Entscheidung des EGMR sind zudem weitere Grundsätze zur Rechtmäßigkeit solcher maritimen Einsätze zu entnehmen. Zu beachten sind insbesondere der Grundsatz des Non-Refoulement aus Art. 3 EMRK, das Recht auf wirksame Beschwerde des Art. 13 EMRK sowie das Verbot der Kollektivausweisung in

---

1011 *Ghezelbash, Daniel:* Refugee Lost – Asylum Law in an Independent World, 2018, Kapitel 7.1.1, S. 169; *Ryan, Bernard*: Extraterritorial Immigration Control: What Role for Legal Guarantees?, in: Ryan, Bernard/Mitsilegas, Valsamis (Hrsg): Extraterritorial Immigration Control – Legal Challenges, 2010, S. 31 ff.

1012 *Goodwin-Gill, Guy S./McAdam Jane:* The Refugee in International Law, 3. Auflage 2007, Kapitel 5.4.2, S. 270.

1013 *Ghezelbash, Daniel:* Refugee Lost – Asylum Law in an Independent World, 2018, Kapitel 7.1.1, S. 169; *Lehnert, Matthias/Markard, Nora:* Mittelmeerroulette – Das Hirsi-Urteil des EGMR und die europäische Grenzschutzpolitik auf See, ZAR 2012, S. 194 f.

1014 EGMR, Urteil: Hirsi Jamaa u.a. vs. Italien, Az. 27765/09, vom 23. Februar 2012.

Art. 4 Protokoll Nr. 4 zur EMRK. Diese Vorschriften wurden durch die italienischen push back-Maßnahmen verletzt.[1015] Der EGMR stellte dabei fest, dass Ausländer auch auf internationalen Gewässern der Jurisdiktion eines Vertragsstaates unterfallen, wenn sie an Bord eines Schiffes geholt werden, das unter der Flagge eines Vertragsstaates fährt.[1016] Neben dem Refoulement-Verbot entfaltet so auch das Verbot der Kollektivausweisung extraterritoriale Wirkung.[1017] Diese Vorschriften werden nicht nur bei der aktiven Rückführung der Boat People auf den Schiffen der Vertragsstaaten verletzt, gleiches gelte bereits für die gewaltsame Abdrängung von Booten durch staatliche Schiffe.[1018]

Die italienische Vereinbarung mit Libyen stieß zudem besonders auf öffentliche Kritik.[1019] Dies lag vor allem an der Menschenrechtslage in Libyen.

Auch Spanien führte im gleichen Zeitraum Boote, die von westafrikanischen Küsten in Richtung der Kanarischen Inseln starteten, aufgrund von bilateralen Vereinbarungen mit afrikanischen Küstenstaaten, namentlich Marokko, Mauretanien, Senegal, Kapverdische Inseln, Gambia, Guinea und Guinea-Bissau, zurück.[1020] Im Rahmen dieser push back-Operationen führte Spanien keine Verfahren zur Statusfeststellung der Boat People durch.[1021]

1015 *Lehnert, Matthias/Markard, Nora:* Mittelmeerroulette – Das Hirsi-Urteil des EGMR und die europäische Grenzschutzpolitik auf See, ZAR 2012, S. 195 ff.; *Kau, Marcel:* Der Staat und der Einzelne als Völkerrechtssubjekt, in: Vitzthum, Wolfgang Graf/Proelß, Alexander (Hrsg): Völkerrecht, 8. Auflage 2019, 3. Abschnitt, Kapitel III.4.e), Rn. 317, S. 308; *Gammeltoft-Hansen, Thomas:* Extraterritorial Migration Control and the Reach of Human Rights, in: Chetail, Vincent/Bauloz, Céline (Hrsg): Research Handbook on International Law and Migration, 2014, Kapitel 2.2, S. 121.

1016 EGMR, Urteil: Hirsi Jamaa u. a. vs. Italien, Az. 27765/09, vom 23. Februar 2012; *Zamfir, Ionel:* Refugee and asylum policy in Australia – Between resettlement and deterrence, in: European Parliament/European Parliamentary Research Service: Members' Research Service, Briefing November 2016, S. 5 f.

1017 *Lehnert, Matthias/Markard, Nora:* Mittelmeerroulette – Das Hirsi-Urteil des EGMR und die europäische Grenzschutzpolitik auf See, ZAR 2012, S. 196.

1018 *Lehnert, Matthias/Markard, Nora:* Mittelmeerroulette – Das Hirsi-Urteil des EGMR und die europäische Grenzschutzpolitik auf See, ZAR 2012, S. 197.

1019 Als Beispiel für viele *Süddeutsche Zeitung:* Italien und Libyen schließen umstrittene Flüchtlingsvereinbarung, vom 3. Februar 2017, online abrufbar unter: https://www.sueddeutsche.de/politik/fluechtlingspolitik-italien-und-libyen-schliessen-umstrittene-fluechtlingsvereinbarung-1.3362307.

1020 *Ghezelbash, Daniel:* Refugee Lost – Asylum Law in an Independent World, 2018, Kapitel 7.1.1, S. 169 f.

1021 *Ghezelbash, Daniel:* Refugee Lost – Asylum Law in an Independent World, 2018, Kapitel 7.1.1, S. 170; *Moreno-Lax, Violeta:* Hirsi Jamaa and Others v Italy or the

Eine Unterstützung dieser nationalstaatlichen Maßnahmen durch die EU ist nicht deutlich festzumachen; die Verantwortung für die push back-Maßnahmen lag ausschließlich bei Italien und Spanien.[1022]

bbb. FRONTEX-koordinierte maritime Einsätze auf dem Mittelmeer

Spätere maritime Einsätze der italienischen und spanischen Küstenwache waren nicht mehr auf push back-Operationen ausgelegt, sondern sollten Grenzschutz- und Rettungsmaßnahmen erfüllen. An diesen nationalstaatlichen Maßnahmen beteiligte sich die EU durch finanzielle Subventionierungen.[1023] Die italienische Operation *Mare Nostrum*, die eine Such- und Rettungsoperation war und von Oktober 2013 bis Oktober 2014 betrieben wurde,[1024] wurde von der FRONTEX-koordinierten Operation *Triton* abgelöst. *Triton* stellt vornehmlich die Grenzsicherung ins Zentrum der operativen Tätigkeit.[1025] Soweit jedoch Boote in Seenot geraten, werden Rettungsmaßnahmen koordiniert und die geretteten Schutzsuchenden nach Italien verbracht.[1026] Rückführungen und Abschiebungen von Booten nach Libyen sind nicht vorgesehen und finden offiziell nicht statt. Die EU-Kommission betont die Bestrebungen der FRONTEX-Operationen zum Schutz der Menschen auf See.[1027]

Strasbourg Court versus Extraterritorial Migration Control?, Human Rights Law Review, 2012, Vol. 12, Nr. 3, S. 576.

1022 *Ghezelbash, Daniel:* Refugee Lost - Asylum Law in an Independent World, 2018, Kapitel 7.1.1, S. 171.

1023 Im Unterschied dazu ist das Ausmaß der Teilhabe der EU an den von Italien und Spanien durchgeführten Push Back Operationen nicht deutlich zu benennen. FRONTEX Operationen haben sowohl die Verbringung von Schutzsuchenden in europäische Gebiete enthalten, wie auch in einigen Fällen Push Back Maßnahmen, *Ghezelbash, Daniel:* Refugee Lost – Asylum Law in an Independent World, 2018, Kapitel 7.1.1, S. 170.

1024 *Ghezelbash, Daniel:* Refugee Lost – Asylum Law in an Independent World, 2018, Kapitel 7.1.1, S. 170; *Moreno-Lax, Violeta:* The Interdiction of Asylum Seekers at Sea: Law and (mal)practice in Europe and Australia, in: Kaldor Centre: Policy Brief 4, Mai 2017, S. 2.

1025 *Ghezelbash, Daniel:* Refugee Lost – Asylum Law in an Independent World, 2018, Kapitel 7.1.1, S. 170; *Moreno-Lax, Violeta:* The Interdiction of Asylum Seekers at Sea: Law and (mal)practice in Europe and Australia, in: Kaldor Centre: Policy Brief 4, Mai 2017, S. 2.

1026 *Europäische Kommission:* How does Frontex Joint Operation Triton support search and rescue operations?, Factsheet.

1027 *Europäische Kommission*: Wir lassen Fakten sprechen: Mythen über Migration, Factsheet, März 2019.

Weitere FRONTEX-Operationen zum Schutz der europäischen Grenzen auf dem Mittelmeer sind die Operation *Poseidon* zur Unterstützung der Sicherung der griechischen Küstengewässer und die Operation *Indalo* im westlichen Mittelmeer. Beide Operationen beinhalten keine ausdrücklichen Such- und Rettungsprogramme.[1028]

Die Verordnung (EU) Nr. 656/2014[1029] schafft den rechtlichen Rahmen für diese Maßnahmen. Sie legt Regelungen für die Überwachung der Seeaußengrenzen im Rahmen der von FRONTEX koordinierten operativen Zusammenarbeit fest. Die Verordnung erlaubt den Mitgliedstaaten, zur Sicherung der Seeaußengrenzen Boote zu stoppen, an Bord zu gehen, zu durchsuchen, zu beschlagnahmen, aufzufordern, einen anderen Kurs zu nehmen, oder diese rückzuführen. Die Verordnung unterscheidet zwischen den Befugnissen auf Hoher See, Art. 7, und im Küstenmeer der Mitgliedstaaten, Art. 6. Grundsätzlich sind aber immer der Grundsatz des Non-Refoulement zu beachten sowie sonstige Verpflichtungen aus universellen Verträgen, Art. 4, sowie die Präambel.

bb. Rechtliche Erwägungen

Wie bereits in Kapitel F.I.1.b.bb.aaa. dargelegt, ist fraglich, ob Rückführungsmaßnahmen auf Hoher See grundsätzlich mit dem internationalen Seerecht vereinbar sind. Art. 7 Abs. 2 VO (EU) Nr. 656/2014 räumt die Befugnis zur Rückführung erst für den Fall ein, dass Beweise für den Verdacht der Schleusung von Migranten gefunden wurden. Zudem ist mit Art. 4 VO (EU) Nr. 656/2014 der Grundsatz der Nichtzurückweisung zu beachten. Dieser sieht in Abs. 3 eine Einzelfallprüfung möglicher schutzberechtigter Personen vor, bevor diese rückgeführt werden dürfen. Zudem soll den Schutzsuchenden medizinischer und rechtlicher Beistand zur Verfügung gestellt werden.

Grundsätzlich weist auch die Präambel auf die Pflicht der Mitgliedstaaten hin, die Vorgaben internationaler Vorschriften, insbesondere der GFK stets zu wahren.

1028 Vgl. *Europäischer Rat/Rat der Europäischen Union*: Rettung von Menschenleben auf See und Bekämpfung krimineller Netze, April 2020.

1029 Verordnung (EU) Nr. 656/2014 des Europäischen Parlaments und des Rates vom 15. Mai 2014 zur Festlegung von Regelungen für die Überwachung der Seeaußengrenzen im Rahmen der von der Europäischen Agentur für die operative Zusammenarbeit an den Außengrenzen der Mitgliedstaaten der Europäischen Union koordinierten operativen Zusammenarbeit.

Die rechtlichen Rahmenbedingungen der Verordnung liegen damit innerhalb der universellen Vorgaben des Flüchtlingsrechts und des Menschenrechtsschutzes.

b. *Schließung von Häfen*

Ein weiteres Vorgehen einzelner Küstenmitgliedstaaten der EU ist die Schließung von Häfen für Schiffe, die Boat People an Board haben und diese in den Häfen ausschiffen wollen. Zu betonen ist, dass die Schließung der Häfen ausdrücklich keine Maßnahme der EU ist. Gleichwohl erfolgten Schließungen von Häfen nicht nur in Einzelfällen in den jeweiligen Mitgliedstaaten und bewirkten regelmäßig hohe Resonanz in der Öffentlichkeit.

aa. Der Mechanismus

In den letzten Jahren schlossen insbesondere Italien und Malta ihre Häfen für die Ausschiffung von Boat People.[1030] Zunächst betraf dies ausschließlich Schiffe, die nicht im Rahmen einer EU-geführten Such- und Rettungsoperation operierten, sondern von NGOs organisiert wurden und Schutzsuchende auf Hoher See aufgriffen. Im Rahmen von FRONTEX-geführten Such- und Rettungsoperationen wurde die Ausschiffung von geretteten Schutzsuchenden im Vorfeld jeder einzelnen Operation geplant und mit den Küstenmitgliedstaaten abgeklärt.[1031] Die Schließung von Häfen war daher zunächst ein Problem bei privaten, nicht in Zusammenarbeit mit FRONTEX vorgenommenen, Such- und Rettungsmaßnahmen.

Dies änderte sich mit Beginn der neuen Phase von FRONTEX-Operationen seit 2018.[1032] Eine vorherige Planung und Verpflichtung der Mitgliedstaaten, die Ausschiffung der Boat People zu gestatten, wurde im Rahmen der FRONTEX-Operation *Themis* nicht mehr ausdrücklich vereinbart. Daher schlossen Italien und Malta ihre Häfen zuweilen auch für die Ausschiffung von geretteten Personen im Rahmen von FRONTEX-Operationen.[1033]

1030 Als Beispiel für die zahlreiche Berichterstattung: *BBC News:* Migrant crisis: Italy minister Salvini closes ports to NGO boats, vom 30. Juni 2018, online abrufbar unter: https://www.bbc.com/news/world-europe-44668062.

1031 Art. 10 VO (EU) Nr. 656/2014; *Moreno-Lax, Violeta:* The Interdiction of Asylum Seekers at Sea: Law and (mal)practice in Europe and Australia, in: Kaldor Centre: Policy Brief 4, Mai 2017, S. 8.

1032 https://frontex.europa.eu/we-support/main-operations/operation-themis-italy-/.

1033 *Kaldor Centre:* Reseach Brief: European Responses to Forced Migration: 2015 - June 2018, Dezember 2018, S. 33 f.

Die Schließung italienischer oder maltesischer Häfen für die Ausschiffung von Boat People wurde jedes Mal heftig kritisiert. Gleichwohl konnten auf EU-Ebene bisher keine verbindlichen Regelungen oder Maßnahmen gefunden oder erlassen werden, die dieser Problematik tatsächliche, langfristige Abhilfe verschafften. Bisher wurden lediglich im Einzelfall Lösungen gefunden; so erlaubten Frankreich oder Spanien die Ausschiffung in ihren Häfen, andere Mitgliedstaaten verpflichteten sich zur sofortigen Aufnahme der ausgeschifften Boat People.[1034]

Der Europäische Rat einigte sich im Rahmen seiner Tagung am 28. Juni 2018 auf den Vorschlag von so genannten Ausschiffungsplattformen.[1035] Die Mitgliedstaaten sollen sich auf rein freiwilliger Basis an der Einrichtung von Zentren beteiligen, in welche gerettete Personen für eine Feststellung ihres Schutzstatus verbracht werden sollen.[1036] Solche Plattformen sind bisher nicht in Betrieb.

bb. Rechtliche Erwägungen – Verstoß gegen den Grundsatz des Non-Refoulement und gegen Vorschriften des Seerechts

Die Schließung von Häfen verdeutlicht erneut die grundlegende Problematik des Flüchtlingsrechts: Der Schutz des Individuums steht dem Schutz der staatlichen Souveränität gegenüber. Denn grundsätzlich steht es jedem Staat frei, zu bestimmen, wer sein Territorium betreten darf. Dies erfasst nicht nur das Gebiet der Erdoberfläche, sondern auch die Gebiete des Küstenmeers.[1037] Die Sperrung eines Hafens für den Zugang eines ausländischen Schiffes ergeht auf Grundlage dieser souveränen Hoheitsgewalt. Diese souveräne Hoheitsgewalt muss im Flüchtlingsrecht mit den Schutzaspekten zugunsten eines einzelnen Individuums in Einklang gebracht werden.

Eine Einschränkung dieses Souveränitätsrechts liegt in Art. 33 GFK, wenn die Abweisung der Schutzsuchenden eine Gefahr beinhaltet, der zufolge sie Verfolgung ausgesetzt werden. Das Schließen der Hafenanlagen, womit die

---

1034 *Tagesschau*: Übergangslösung für Bootsflüchtlinge steht, vom 23. September 2019, online abrufbar unter: https://www.tagesschau.de/ausland/bootsfluechtlinge-119.html.

1035 *Europäischer Rat:* Tagung des Europäischen Rates (28. Juni 2018) – Schlussfolgerungen, EUCO 9/18, CO EUR 9 CONCL 3, vom 28. Juni 2018.

1036 *Europäischer Rat:* Tagung des Europäischen Rates (28. Juni 2018) – Schlussfolgerungen, EUCO 9/18, CO EUR 9 CONCL 3, vom 28. Juni 2018, Nr. I.5, S. 2.

1037 Siehe dazu Art. 2 Abs. 1 SRÜ, der vorsieht, dass die Souveränität eines Küstenstaats sich jenseits seines Landgebiets und seiner inneren Gewässer auf einen angrenzenden Meeresstreifen, das Küstenmeer genannt, bezieht.

Ausschiffung von Schutzsuchenden verhindert wird, erfüllt nicht per se den Tatbestand des Refoulement-Verbots. Das Verbot des Refoulement ist dann gegeben, wenn die tatsächlichen Umstände erwarten lassen, dass eine Rückführung der geretteten Schutzsuchenden in Staaten erfolgen wird, in welchen die hinreichende Gefahr besteht, dass sie dort einer individuellen Verfolgung ausgesetzt sein werden.[1038] Soweit jedoch die reale Möglichkeit besteht, dass die geretteten Personen anderweitig Schutzanträge stellen können, ist der Grundsatz des Non-Refoulement durch die Schließung der Häfen nicht per se verletzt.

Die Schließung der Hafenanlagen ist jedoch auch mit Blick auf das internationale Seerecht zu bewerten. Das SRÜ enthält kein Recht auf Zugang zu einer Hafenanlage eines fremden Staates. Aus dem Recht zur friedlichen Durchfahrt des Küstenmeers des Art. 17 SRÜ ergibt sich kein konkludentes Recht zum ungehinderten Zugang zu einer Hafenanlage.[1039] Vielmehr normiert Art. 18 Abs. 1 lit. b) SRÜ, dass die Durchfahrt im Sinne des Art. 17 SRÜ insbesondere nicht das Anlaufen von Hafenanlagen beinhaltet.

Aus dem internationalen Seerecht ergeben sich jedoch weitere Verpflichtungen, die die Rechtmäßigkeit der Schließung von Hafenanlagen in Frage stellen. Wie bereits einführend in diesem Abschnitt dargelegt, sieht Art. 98 SRÜ eine Pflicht zur Hilfeleistung auf Hoher See vor. Aus der SOLAS und der SAR ergibt sich eine Kooperationspflicht der Staaten sowie die Verpflichtung, die geretteten Personen an einen sicheren Ort zu verbringen.[1040] Die Pflicht zur Verbringung an einen sicheren Ort ist verbunden mit einer gegenläufigen Pflicht der vorläufigen Aufnahme von Schiffbrüchigen an diesem sicheren Ort. Komplementiert wird diese Verbindlichkeit von den menschenrechtlichen Erwägungen zum Schutz des Lebens und der körperlichen Unversehrtheit. Daraus ergibt sich jedoch keine Pflicht der Küstenstaaten, die Boat People langfristig aufzunehmen und umzusiedeln.[1041] Die EU-Verordnung für die FRONTEX-koordinierten

1038 *Goodwin-Gill, Guy S./McAdam, Jane:* The Refugee in International Law, 3. Auflage 2007, Kapitel 5.3.1, S. 233 und Kapitel 5.4.3, S. 278.

1039 *Rah, Sicco:* Kein Flüchtlingsschutz auf See? Flüchtlings- und seerechtliche Probleme am Beispiel der „Cap Anamur", Humanitäres Völkerrecht, 18. Jahrgang 2005 Ausgabe 4, S. 279.

1040 Kapitel V, Regel 33 SOLAS; Annex Kapitel 3.1.9 SAR; *Moreno-Lax, Violeta:* The Interdiction of Asylum Seekers at Sea: Law and (mal)practice in Europe and Australia, in: Kaldor Centre: Policy Brief 4, Mai 2017, S. 7; *Goodwin-Gill, Guy S./McAdam, Jane:* The Refugee in International Law, 3. Auflage 2007, Kapitel 5.4.3, S. 283.

1041 *Ghezelbash, Daniel:* Refugee Lost – Asylum Law in an Independent World, 2018, Kapitel 6.2.2, S. 143 geht sogar weiter und sagt, es gibt grundsätzlich keine Verpflichtung

Such- und Rettungssituationen enthält keine grundsätzliche Pflicht der Mitgliedstaaten, geretteten Personen in jedem Fall Zugang zu ihrem Staatsgebiet zu verschaffen. Art. 10 VO (EU) Nr. 656/2014 schreibt lediglich vor, dass die Einsatzpläne für die von FRONTEX-koordinierten Maßnahmen entsprechende Modalitäten enthalten.

Die Schließung der Häfen verstößt per se nicht gegen geltendes Recht. Soweit jedoch insbesondere unmittelbare Gefahren für die an Bord befindlichen Personen bestehen, sind diese in Sicherheit zu bringen.[1042] Dies erfordert jedoch das Vorliegen eben dieser unmittelbaren Gefahr für Leib oder Leben.

c. Abkommen mit Nachbarstaaten

Eine weitere Maßnahme der EU zur Steuerung der Migrationsströme im Mittelmeer ist, dafür Sorge zu leisten, dass die Schutzsuchenden erst gar nicht den Weg über das Meer wählen. Aus europäischer Perspektive ist das gewährleistet, indem die südlichen und östlichen Anrainerstaaten des Mittelmeers, wie Libyen, Marokko oder die Türkei, dafür Sorge tragen, dass geplante Fahrten über das Mittelmeer erst gar nicht stattfinden.

aa. Der Mechanismus

Die EU sowie die jeweiligen besonders betroffenen Küstenmitgliedstaaten schlossen Vereinbarungen mit Drittstaaten, die ebenfalls Mittelmeeranrainerstaaten sind.[1043] Die einzelnen Mitgliedstaaten dürfen nach wie vor selbständige Abkommen mit Drittstaaten über Außengrenzkontrollen abschließen, soweit diese mit dem Unionsrecht vereinbar sind.[1044] Die vorgegebenen Zielsetzungen der Vereinbarungen sind der Schutz des Lebens der Boat People auf den Gewässern, irreguläre Migration zu stoppen, Menschenhandel und Menschenschmuggel zu

---

der Staaten die Ausschiffung zu akzeptieren; *Gammeltoft-Hansen, Thomas:* Extraterritorial Migration Control and the Reach of Human Rights, in: Chetail, Vincent/Bauloz, Céline (Hrsg): Research Handbook on International Law and Migration, 2014, Kapitel 4, S. 128 f.

1042 Dies gilt für den Fall, dass die grundlegenden Menschenrechte wie das Recht auf Leben verletzt werden oder die unmittelbare Gefahr besteht, dass diese verletzt werden können. Die betreffende Rechtspflicht ergibt sich aus den grundlegenden Menschenrechten iVm. der Pflicht zur Hilfeleistung aus Art. 98 Abs. 1 SRÜ.

1043 *European Union/European External Action Service (EEAS)*: EU actions along the Western Mediterranean Route, 16. Oktober 2019.

1044 *Haratsch, Andreas/Koenig, Christian/Pechstein, Matthias:* Europarecht, 11. Auflage 2018, Kapitel 4.II.2, Rn. 1113, S. 557.

bekämpfen und Schutzsuchende auf ihrem Weg in die Sicherheit zu unterstützen. Dazu sollen neben der Verhinderung der Überfahrt über das Mittelmeer legale Wege zur Erreichung von Schutz sowie wirtschaftliche Anreize geschaffen werden, die eine irreguläre Migration unattraktiv machen.[1045] Solche Partnerschaften bestehen mit den nordafrikanischen Nachbarstaaten im Kampf gegen illegale Migration, insbesondere mit Marokko[1046] und Libyen.[1047]

Während die Bereiche der Zusammenarbeit mit den Drittstaaten zugunsten von Schutzerwägungen von Schutzsuchenden überwiegend positiv betrachtet werden, sehen sich vor allem die Vereinbarungen hinsichtlich der gemeinsamen Abwehrmaßnahmen von Boat People auf See erheblicher Kritik ausgesetzt. Insbesondere die Zusammenarbeit mit Libyen und der Türkei wird dabei kritisch bewertet.[1048]

bb. Rechtliche Erwägungen – die Legalität der EU-Türkei-Vereinbarung

Das Abkommen, das die Mitgliedstaaten der EU mit der Türkei im März 2016 schlossen,[1049] sorgte und sorgt nach wie vor für erhebliche Kritik. Der Großteil der Schutzsuchenden, die 2015 zur Hochzeit der europäischen Flüchtlingskrise die EU erreichten, passierten die türkisch-griechische EU-Außengrenze.[1050]

1045 *European Union/European External Action Service (EEAS)*: EU actions along the Western Mediterranean Route, 16. Oktober 2019.

1046 *European Union/European External Action Service (EEAS)*: EU actions along the Western Mediterranean Route, 16. Oktober 2019.

1047 *European Union/European External Action Service (EEAS)*: Central Mediterranean Route: Protection migrants and managing irregular flows, Factsheet, 16. Oktober 2019; *Europäischer Rat/Rat der Europäischen Union*: Zentrale Mittelmeerroute, April 2020.

1048 *Süddeutsche Zeitung*: Italien und Libyen schließen umstrittene Flüchtlingsvereinbarung, vom 3. Februar 2017, online abrufbar unter: https://www.sueddeutsche.de/politik/fluechtlingspolitik-italien-und-libyen-schliessen-umstrittene-fluechtlingsvereinbarung-1.3362307; zur Vereinbarung mit der Türkei siehe im folgenden Abschnitt.

1049 Das Gericht der Europäischen Union, das von einem pakistanischen Schutzsuchenden bezüglich der Rechtmäßigkeit dieses Abkommens angerufen wurde, stellte klar, dass diese Vereinbarung dem Grunde nach keine Vereinbarung zwischen der EU und der Türkei ist, sondern zwischen den einzelnen Staats- und Regierungschefs der Mitgliedstaaten der EU und ihrem türkischen Amtskollegen; EuG, Beschluss: (NF v. Europäischer Rat), T-192/16, vom 28. Februar 2017, Rn. 69; *Oudejans, Nanda/Rijken, Conny/Pijnenburg, Annick: Protecting* the EU External Borders and the Prohibition of Refoulement, Melbourne Journal of International Law, 2018, Vol. 19 (2), Kapitel I, S. 3.

1050 *Europäischer Rat/Rat der Europäischen Union*: Östliche Mittelmeerroute, April 2020.

Dies bewog im November 2015 die Mitgliedstaaten der EU und die Türkei zur Einigung auf einen gemeinsamen Aktionsplan (Joint Action Plan) bezüglich der Migrationsroute im östlichen Mittelmeer.[1051] Bezweckt werden sollte der Ausbau der Aktivität der türkischen Küstenwache in diesem Gebiet sowie eine engere Zusammenarbeit mit FRONTEX hierbei und der Ausbau finanzieller Unterstützung durch die EU bei der Etablierung eines funktionierenden Systems des vorübergehenden Schutzes im türkischen Staatsgebiet.[1052] Auf Grundlage dieses Aktionsplans erfolgte das EU-Türkei-Abkommen, welches am 20. März 2016 in Kraft trat.[1053]

Zentraler Punkt des Abkommens ist die Vereinbarung, dass die Türkei die über die türkische Grenze illegal in die EU eingereisten schutzsuchenden Syrer zurücknimmt, dafür ein anderer schutzsuchender Syrer aus der Türkei in die EU umgesiedelt wird. Vorrang bei der Umsiedlung erhalten dabei solche Schutzsuchenden, die vorher noch nicht irregulär in die EU einreisten und dies auch nicht versuchten.[1054] Diese Vereinbarung enthält mithin Elemente der Zurückweisung sowie des Resettlements.

Kritisiert wird diese Vereinbarung insbesondere hinsichtlich der Einordnung der Türkei als sicherer Staat, in welchen eine Rückweisung in Übereinstimmung mit der GFK unproblematisch zulässig ist.[1055] Die Türkei ist Vertragsstaat der GFK, allerdings ohne Zustimmung zum Protokoll 1967.[1056] Das bedeutet, die

---

1051 *Europäischer Rat/Rat der Europäischen Union:* Östliche Mittelmeerroute, April 2020.

1052 *Oudejans, Nanda/Rijken, Conny/Pijnenburg, Annick:* Protecting the EU External Borders and the Prohibition of Refoulement, Melbourne Journal of International Law, 2018, Vol. 19 (2), Kapitel VI.A, S. 19; *Europäischer Rat/Rat der Europäischen Union:* Östliche Mittelmeerroute, April 2020.

1053 *Europäischer Rat/Rat der Europäischen Union:* Östliche Mittelmeerroute, April 2020; *Oudejans, Nanda/Rijken, Conny/Pijnenburg, Annick:* Protecting the EU External Borders and the Prohibition of Refoulement, Melbourne Journal of International Law, 2018, Vol. 19 (2), Kapitel VI.A, S. 19.

1054 *Europäischer Rat/Rat der Europäischen Union*: Erklärung EU-Türkei, 18. März 2016, Pressemitteilung vom 18. März 2016; *Hofmann, Rainer/Schmidt, Adela*: Die Erklärung EU-Türkei vom 18.3.2016 aus rechtlicher Perspektive, NVwZ-Extra, 11/ 2016, S. 2.

1055 U.a. *Hathaway, James C.:* Three legal requirements for the EU-Turkey deal: An interview with JAMES HATHAWAY, Verfassungsblog, 09. März 2016; *Rohländer, Jonas:* EU-Türkei-Erklärung – Saubere Lösung oder schmutziger Deal, Kritische Justiz, 2017, Vol. 50, Nr. 1, S.86 ff.

1056 Siehe hierzu die Übersicht über die Vertragsstaaten zur GFK, https://www.unhcr.org/5d9ed32b4.

Türkei stellt die Geltung der GFK unter eine geographische Begrenzung, nach welcher die Verpflichtungen der GFK ausschließlich gegenüber Schutzsuchenden aus europäischem Gebiet bestehen. Gegenüber Schutzsuchenden aus anderen Gebieten erwächst für die Türkei keine Verantwortung entsprechend der Verpflichtung aus der GFK. Dies begründet die grundsätzliche Befürchtung, dass Schutzsuchenden in der Türkei nicht der erforderliche Schutz der GFK, insbesondere hinsichtlich der Rückführung, gewährleistet wird.[1057] Zudem bestehen Berichte über de facto Rückführungen von Schutzsuchenden aus der Türkei in unsichere Staaten, die mit dem Grundsatz des Non-Refoulement nicht in Einklang stehen.[1058]

Weiterhin verpflichtet sich die Türkei im Rahmen des Abkommens dazu, alle erforderlichen Maßnahmen zu ergreifen, um zu verhindern, dass neue See- oder Landrouten für die illegale Migration von der Türkei in die EU entstehen.[1059] Der darauf gründende Ausbau der Aktivität der türkischen Küstenwachen, die mit europäischen Mitteln finanziell unterstützt wird, führte dazu, dass erheblich weniger Boat People europäisches Gewässer erreichten. Die europäische Finanzierung wurde an die Bedingungen geknüpft, dass die Türkei die Migrationsströme steuert und den Zugang nach Europa für Boat People faktisch schließt.[1060]

1057 *Hathaway, James C.:* Three legal requirements for the EU-Turkey deal: An interview with JAMES HATHAWAY, Verfassungsblog, 09. März 2016; *Rohländer, Jonas:* EU-Türkei-Erklärung – Saubere Lösung oder schmutziger Deal, Kritische Justiz, 2017, Vol. 50, Nr. 1, S. 92; *Hofmann, Rainer/Schmidt, Adela:* Die Erklärung EU-Türkei vom 18.3.2016 aus rechtlicher Perspektive, NVwZ-Extra, 11/2016, S. 7.

1058 *Rohländer, Jonas:* EU-Türkei-Erklärung – Saubere Lösung oder schmutziger Deal, Kritische Justiz, 2017, Vol. 50, Nr. 1, S. 90, 92; *Deutsches Institut für Menschenrechte*: Stellungnahme – Die EU-Türkei-Vereinbarung vom 18. März 2016: Umsetzung und Konsequenzen aus menschen- und flüchtlingsrechtlicher Perspektive – Empfehlungen an die Bundesregierung, vom 20. Juni 2016.

1059 *Europäischer Rat/Rat der Europäischen Union*: Erklärung EU-Türkei, 18, März 2016, Pressemitteilung vom 18. März 2016.

1060 *Oudejans, Nanda/Rijken, Conny/Pijnenburg, Annick:* Protecting the EU External Borders and the Prohibition of Refoulement, Melbourne Journal of International Law, 2018, Vol. 19 (2), Kapitel VI.C, S. 22; *Moreno-Lax, Violeta/Guiffré, Mariagiulia:* The Rise of Consensual Containment: From ‚Contactless Control‘ to ‚Contactless Responsibility‘ for Forced Migration Flows, in Juss, Satvinder (Hrsg): Research Handbook on International Refugee Law, 2019, Kapitel 7.2.1, S. 87.

Die Türkei erfüllt bildlich gesprochen die Rolle des Türstehers für den Zugang zur EU.[1061] Es stellt sich die Frage, inwieweit die EU bzw. die Mitgliedstaaten für die Verletzungen von Flüchtlings- und Menschenrechten, die in diesem Zusammenhang durch die türkische Küstenwache begangen werden, verantwortlich ist bzw. sind. Denn im Unterschied zur Wertung der Verantwortlichkeit im Rahmen der australischen push back-Operationen gelangen Boat People, die von der türkischen Küstenwache abgefangen wurden, nicht unter die Jurisdiktion unionseuropäischer Akteure. Eine Kausalität, die gleichwohl eine Verantwortlichkeit der EU-Mitgliedstaaten begründet, sehen Stimmen der Literatur in einer erheblichen Zweckbindung finanzieller Hilfsmittel.[1062] Sofern diese spezifisch für den Einsatz solcher maritimen Einsätze aufgewendet werden, sei darin eine mittelbare Beteiligung der EU-Mitgliedstaaten zu sehen, die eine Verantwortung zur Wahrung von Flüchtlings- und Menschenrechten begründe.[1063]

Problematisch erscheint dabei jedoch die Grenze zu ziehen, an welchem Punkt die Finanzleistungen solche zweckgebundenen Leistungen darstellen. Denn diese Grenzziehung verwischt die Trennung von rechtlicher und moralischer Verantwortlichkeit.

cc. Rechtliche Erwägungen – die Legalität der Abkommen mit Libyen

Die EU schloss seit 2016 mehrere Vereinbarungen mit Libyen zur Verringerung der irregulären Einreise in die EU über die zentrale Mittelmeerroute.[1064] Die

---

1061 *Yazici, Göksun*: Aus den Augen, aus dem Sinn – Flüchtlinge und Migranten an den Rändern Europas – Ein brüchiger Deal, Heinrich Böll Stiftung, E-Paper, 2017, S. 9.

1062 *Moreno-Lax, Violeta/Guiffré, Mariagiulia:* The Rise of Consensual Containment: From ‚Contactless Control' to ‚Contactless Responsibility' for Forced Migration Flows, in Juss, Satvinder (Hrsg): Research Handbook on International Refugee Law, 2019, Kapitel 7.5, S. 101 ff.; *Oudejans, Nanda/Rijken, Conny/Pijnenburg, Annick:* Protecting the EU External Borders and the Prohibition of Refoulement, Melbourne Journal of International Law, 2018, Vol. 19 (2), Kapitel VI.C, S. 22 f.

1063 Mit Verweis auf Art. 1 EMRK, *Moreno-Lax, Violeta/Guiffré, Mariagiulia:* The Rise of Consensual Containment: From ‚Contactless Control' to ‚Contactless Responsibility' for Forced Migration Flows, in Juss, Satvinder (Hrsg): Research Handbook on International Refugee Law, 2019, Kapitel 7.5, S. 101 ff.; *Oudejans, Nanda/Rijken, Conny/Pijnenburg, Annick:* Protecting the EU External Borders and the Prohibition of Refoulement, Melbourne Journal of International Law, 2018, Vol. 19 (2), Kapitel VI.C, S. 22 f.

1064 Auch Italien vereinbarte Partnerschaften mit Libyen, die inhaltlich abweichend zu denen der EU waren. Insbesondere enthielten diese Vereinbarungen zur Rückweisung von Boat People nach Libyen. Da es sich jedoch um nationale Vereinbarungen handelt und nicht solche der EU, soll auf diese nicht weiter vertieft eingegangen werden.

Maßnahmen der EU zum Umgang mit der Migrationssituation in Libyen konzentrieren sich auf vier Eckpunkte: 1. die Ausbildung der Küstenwache, 2. den Schutz und die Unterstützung von Migranten sowie Flüchtlingen, 3. die Unterstützung der lokalen Bevölkerung und 4. die Verbesserung des Grenzmanagements.[1065] Diese Maßnahmen werden durch den Nothilfe-Treuhandfonds der EU für Afrika finanziert.[1066]

Von 2016 bis Ende März 2020 förderte die EU die Schulung der libyschen Küstenwache. Die Schulungen thematisierten die Unterbindung der Schleusung und des Menschenhandels in Libyen sowie die Durchführung von Such- und Rettungsaktionen.[1067] Nach dem Verständnis der EU werde dabei vor allem der Schutz der Boat People als zentrales Ziel gesehen, indem das Küstenpersonal bessere Rettungseinsätze fahren könne und mit den internationalen menschenrechtlichen Pflichten vertraut gemacht werde.[1068] Die EU betont, dass eine Rückweisung von Boat People nach Libyen nicht stattfinde.[1069] Allerdings sorgt die Vereinbarung der EU mit Libyen faktisch dafür, dass erst gar keine Boat People das libysche territoriale Gewässer verlassen. Die Aufstockung der libyschen Küstenwache wirkt sich dahingehend aus, dass keine Boote mit Boat People mehr das libysche Küstengewässer verlassen, unabhängig davon, ob die Boat People sich in Seenot befinden oder nicht. Besonders kritisch ist dies zu bewerten, da aufgrund der innenpolitischen Lage in Libyen nicht unbedingt von einem gefestigten Rechtsstaat gesprochen werden kann.

dd. Erwägungen hinsichtlich des Abkommens mit Marokko

Ähnliches zeigt sich in den Vereinbarungen der EU sowie Spaniens mit Marokko. Hier hat sich aufgrund der Vereinbarung ein Rückgang der Boote um 47% in dem Jahr von 2018 auf 2019 gezeigt.[1070]

1065 *Europäischer Rat/Rat der Europäischen Union:* Zentrale Mittelmeerroute, April 2020.

1066 *European Union*: Emergency Trust Fund for Africa, online abrufbar unter: https://trust-fund-for-africa.europa.eu/index_en.

1067 *Europäischer Rat/Rat der Europäischen Union:* Zentrale Mittelmeerroute, April 2020.

1068 *European Union/European External Action Service (EEAS)*: Central Mediterranean Route: Protection migrants and managing irregular flows, Factsheet, Brüssel, 16. Oktober 2019.

1069 *Europäische Kommission*: Wir lassen Fakten sprechen: Mythen über Migration, Factsheet, März 2019.

1070 *European Union/European External Action Service (EEAS)*: EU actions along the Western Mediterranean Route, Brussels, 16. Oktober 2019; *Europäische Kommission:* Fortschrittbericht über die Umsetzung der Europäischen Migrationsagenda,

Die EU leistete erhebliche finanzielle Unterstützung für das marokkanische Grenzmanagement, sodass die marokkanische Regierung ihre Grenzkontrollen verstärken und Schleuser effektiver bekämpfen kann.[1071] Da Marokko hinsichtlich seines innerstaatlichen Rechtsaufbaus nicht ebenso kritisch betrachtet wird wie Libyen, ist die öffentliche Kritik an diesen Vereinbarungen nicht all zu laut.

3. Zwischenfazit

Es ist folgendes Zwischenfazit zu ziehen:

- Der universelle rechtliche Rahmen im Zusammenhang mit der Bewältigung der Problematik der Boat People ist nicht ausreichend, um einen hinreichenden Schutz für Schutzsuchende zu gewähren.
- Die Maßnahmen und Mechanismen, die Australien und die EU zur Bewältigung der Problematik der Boat People implementiert haben, sind mit dem gleichwohl lediglich lückenhaft bestehenden internationalen Recht, insbesondere mit den Menschen- und Flüchtlingsrechten, nicht in Einklang zu bringen.
- Das australische System zur Abwehr der Boat People stellt ein umfassendes Konzept dar, das allerdings wenige Schutzerwägungen beinhaltet.
- Die EU hat in der Vergangenheit einzelne Maßnahmen implementiert, die nicht unmittelbar zusammenspielen. Allerdings beinhalten diese unter anderem auch Schutzelemente.

Bisherige, universell geltende Regelungen zur Bewältigung der Problematik der Boat People sind nicht ausreichend, um der „Brisanz der humanitären Problematik von Migranten auf See gerecht zu werden."[1072] Universelle rechtliche Grundlagen bieten meist erst dann Schutz zugunsten der Schutzsuchenden, wenn eine Verletzung ihres Lebens oder ihrer körperlichen Unversehrtheit unmittelbar bevorsteht.

Zur Bewältigung der Problematik der Boat People werden auf nationaler und regionaler Ebene verschiedene politische und rechtliche Ansätze gewählt. Übereinstimmend wird allerdings im Rahmen der Rechtfertigung implementierter

---

Mitteilung der Kommission an das Europäische Parlament, den Europäischen Rat und den Rat, vom 16. Oktober 2019, COM(2019) 481 final, S. 4.

1071 *Europäische Kommission:* Fortschrittsbericht über die Umsetzung der Europäischen Migrationsagenda, Mitteilung der Kommission an das Europäische Parlament, den Europäischen Rat und den Rat, vom 16. Oktober 2019, COM(2019) 481 final, S. 4, 13.

1072 *Beushausen, Till:* Völkerrechtliche Pflichten und Rechte von (EU-)Küstenstaaten gegenüber Migranten auf See, ZAR 2010, S. 48.

Maßnahmen neben dem Schutz der Menschen vor allem die Abwehr ‚illegaler Zuwanderung' und damit der Schutz staatlicher Souveränität in die Waagschale geworfen.[1073]

Die dargestellten Mechanismen verdeutlichen, dass sowohl Australien als auch die EU bezüglich der Problematik der Boat People Politiken betreiben, die auf die Abwehr von Boat People abzielen. Die Vereinbarkeit mit menschenrechtlichen oder flüchtlingsrechtlichen Vorschriften des universellen Rechts ist dabei nicht immer gewährleistet.

Die untersuchten australischen Mechanismen zur Abwehr von Boat People stellen eine umfangreiche Programmatik dar. Die einzelnen Mechanismen knüpfen aneinander an und sorgen dafür, dass Australien für Boat People faktisch unerreichbar ist. Diese Mechanismen basieren auf dem australischen Verständnis, dass internationale flüchtlings- und menschenrechtliche Verpflichtungen eine nationale, territoriale Verbindung erfordern. Dieses Verständnis wird in der internationalen Literatur und Rechtsprechung nicht geteilt. Internationale Kritik an ihrem Vorgehen, wie zum Beispiel vom UN- Menschenrechtsausschuss, scheint Australien in die Bewertung und Ausgestaltung von Maßnahmen zur Abwehr von Boat People nicht miteinzubeziehen.[1074]

Die europäischen Mechanismen, welche zur Bewältigung der Problematik der Boat People eingesetzt werden, stellen im Vergleich zum australischen System keine einheitliche Programmatik oder in sich schlüssiges System dar. Vielmehr behandeln die einzelnen Mechanismen jeweils einzelne, spezifische Problempunkte. Das europäische Vorgehen lässt in der Problematik der Boat People ein gemeinsames, die Problematik als Ganzes begreifendes Vorgehen vermissen. Die Mechanismen und Maßnahmen wirken wie unstrukturierte Einzelbauteile, die keine Konstante in ihrer Anwendung und Durchsetzung aufzeigen. Dies ist darauf zurückzuführen, dass nicht alle europäischen Mitgliedstaaten gleichermaßen von der Problematik der Boat People betroffen sind, zumindest nicht in ihrer unmittelbaren Ausprägung. Die unterschiedliche Wahrnehmung der Problematik innerhalb der EU steht einem gemeinsamen Verständnis des Problems entgegen.

1073 *Kneebone, Susan/McDowell, Christopher/Morrell, Gareth*: A Mediterranean Solution? Chances of Success, International Journal of Refugee Law, 2006, Vol. 18, Nr. 3-4, S. 502 führen aus, dass sowohl Sicherheitsaspekte als auch Kostenaspekte im Rahmen der Rechtfertigung solcher Maßnahmen aufgeführt werden.

1074 *Ghezelbash, Daniel:* Refugee Lost – Asylum Law in an Independent World, 2018, Kapitel 6.1.4, S. 138.

Eine unmittelbare Übernahme des australischen Regelungsregimes in eine europäische Praxis scheitert aufgrund der rechtlichen Rahmenbedingungen, an die die Gesetzgebung der EU gebunden ist.[1075]

Die EU bindet sich durch die regionale Menschenrechtsvereinbarung der EMRK und der EU-Grundrechte Charta, die dem Grunde nach denen der internationalen Verpflichtungen entsprechen, an die Einhaltung dieser Menschenrechte auf regionaler und damit auch nationaler Ebene.[1076] Zudem kommt dem EGMR eine erhebliche Kompetenz zu, die Einhaltung dieser Rechte zu sichern, zu interpretieren und durchzusetzen. Dies verdeutlicht sich in der Ausweitung der Wahrung der Menschenrechte außerhalb des territorialen Gebietes, soweit eine staatliche Jurisdiktion vorliegt.

II. Verteilungsprobleme

Ein weiterer tatsächlicher Problempunkt ist die Verteilung von Schutzsuchenden innerhalb der Gebiete der hier zum Vergleich stehenden EU und Australiens. Dieser ist jedoch unter besonderer Beachtung der grundsätzlich verschiedenen Strukturen der Vergleichsobjekte zu betrachten. Während Australien ein einzelner, souveräner Staat ist, ist die EU ein Staatenverbund aus aktuell 27 souveränen Staaten. Gleichwohl treten sowohl in der EU als auch in Australien Probleme hinsichtlich der Verteilung von Schutzsuchenden auf, jedoch mit unterschiedlichem Stellenwert in der jeweiligen innenpolitischen Betrachtung.

1. Verteilung der Schutzberechtigten in Australien

Aufgrund der strikten Unterbindung von unregulierter Migration nach Australien, die sich aus der Pacific Solution ergibt, erreichen Schutzsuchende lediglich auf regulierte Weise im Rahmen der Asylantragstellung und nach genehmigter Einreise oder im Rahmen des Resettlement australisches Staatsgebiet.[1077] Die Einreise erfolgt planvoll und kann bereits Verteilungserwägungen mitberücksichtigen. Gleichwohl besteht die Problematik einer unausgewogenen Verteilung der Schutzsuchenden innerhalb des australischen Staatsgebiets. Bereits

1075 *Zamfir, Ionel:* Refugee and asylum policy in Australia – Between resettlement and deterrence, in: European Parliament/European Parliamentary Research Service: Members' Research Service, Briefing November 2016, S. 5 f.

1076 *Ghezelbash, Daniel:* Refugee Lost – Asylum Law in an Independent World, 2018, Kapitel 7.4.1, S. 179.

1077 Siehe hierzu Kapitel E.II.3.a, E.III.2.c und F.I.1.

seit den ersten fluchtbedingten Einwanderungsbewegungen nach dem Zweiten Weltkrieg siedelten sich Flüchtlinge und Migranten vorwiegend in den großen australischen Städten an.[1078] Während im absoluten Verhältnis gesehen lediglich circa 37% der australischen Bevölkerung in Sydney und Melbourne lebten, ließ sich allein in diesen beiden Städten die überwiegende Mehrheit aller Schutzsuchenden im australischen Staatsgebiet hier nieder.[1079] Dies führte zu einer unausgewogenen Verteilung der kommunalen Lasten, die mit der Aufnahme von Schutzberechtigten einhergingen. Die australische Regierung führte in den vergangenen Jahrzehnten daher immer wieder Programme ein, die eine Ansiedlung von Schutzberechtigten in ländlichen Gegenden, außerhalb der großen Metropolen fördern sollte.[1080] Dabei versteht die australische Regierung dies nicht allein als einen Lastenausgleich zwischen den australischen Kommunen, die für die Versorgung hinsichtlich der Schutzsuchenden sorgen. Die Programme der Ansiedlung von Schutzsuchenden in ländlichen Regionen bezwecken gleichzeitig die Stärkung und Förderung dieser ländlichen Regionen an sich durch Aufbau der Bevölkerungsdichte und insbesondere der Arbeitskraft in diesen Gebieten. Dies solle zu einer nachhaltigen wirtschaftlichen und sozialen Entwicklung der ländlichen Regionen beitragen.[1081]

Nach Angaben des Department of Home Affairs für das Berichtsjahr 2018-2019 unterstützte die Regierung 39% der Schutzberechtigten bei der Ansiedlung in ländlichen Gegenden.[1082]

1078 *McDonald, Brooke/Gifford, Sandy/Webster, Kim/Wiseman, John/Casey, Sue:* Refugee Resettlement in Regional and Rural Victoria: Impacts and Policy Issues, März 2008, S. 7, 14.

1079 *Schech* gibt für das Jahr 2009 an, dass 53.5% aller Ankömmlinge eines humanitären Visas in Australien in Melbourne oder Sydney ansiedelten, im Jahr 1998 waren es noch 69,7%, *Schech, Susanne:* Silent Bargain or Rural Cosmopolitanism? Refugee Settlement in Regional Australia, Journal of Ethnic and Migration Studies, 2014, Vol. 4, Nr. 4, S. 606.

1080 *McDonald, Brooke/Gifford, Sandy/Webster, Kim/Wiseman, John/Casey, Sue*: Refugee Resettlement in Regional and Rural Victoria: Impacts and Policy Issues, März 2008, S. 7, 15.

1081 *Schech, Susanne:* Silent Bargain or Rural Cosmopolitanism? Refugee Settlement in Regional Australia, Journal of Ethnic and Migration Studies, 2014, Vol. 4, Nr. 4, S. 604, 606; *McDonald, Brooke/Gifford, Sandy/Webster, Kim/Wiseman, John/Casey, Sue*: Refugee Resettlement in Regional and Rural Victoria: Impacts and Policy Issues, März 2008, S. 15.

1082 *Australian Government/Department of Home Affairs:* Annual Report 2018-2019, Stand 2019, S. 63.

Bereits bei Verteilung der australischen Schutzvisa werden solche Anträge bevorzugt, die mit der Zielrichtung gestellt werden, dass die Antragsteller sich verpflichten, sich in einem ländlichen Gebiet anzusiedeln.[1083]

Eine solche Verpflichtung ist zum Beispiel mittels des Safe Haven Enterprise Visa möglich, welches im September 2014 eingeführt wurde und in die Kategorie der TPV fällt. Die schutzsuchenden Antragsteller verpflichten sich hierbei, im ländlichen Australien zu arbeiten oder zu studieren. Im Vergleich zu den anderen TPV, die regelmäßig nur eine Dauer von drei Jahren erfassen, ist dieses Visum fünf Jahre lang gültig.[1084]

Allerdings erfassen staatliche regionale Ansiedlungsprogramme nur bestimmte Personengruppen an Schutzsuchenden, namentlich vorwiegend solche mit einem entsprechenden Bildungs-, Ausbildungs- oder Arbeitshintergrund.[1085] Zudem zentrierte die australische Regierung zunächst die Auswahl von Schutzsuchenden für ländliche Ansiedlungsprogramme auf bestimmte Herkunftsregionen wie Myanmar (bzw. ehemals Burma), Irak, Kongo oder Sudan.[1086] Dies führte dazu, dass die Anzahl der aus Afrika stammenden Flüchtlinge in Australien Mitte der 2000er Jahre erheblich zunahm. Aufgenommene Schutzberechtigte wurden zudem in ländlichen Gegenden Australiens angesiedelt, in denen bisher keine afrikanischen Flüchtlinge angesiedelt worden waren.[1087] Dies führte zu Bedenken gegenüber den offenkundig Fremden in einer überwiegend ‚weißen' Landbevölkerung, sodass 2007 der damalige Einwanderungsminister ankündigte, die Quote der afrikanischen Schutzberechtigten im Rahmen der humanitären Aufnahme begrenzen zu wollen.[1088] Im Finanzjahr 2018-2019

1083 *Australian Government/Department of Home Affairs:* Discussion Paper – Australia's Humanitarian Program 2019-20, S. 5.

1084 *Kaldor Centre*: Temporary Protection Visas (TPVs) and Safe Haven Enterprise Visas (SHEVs), Factsheet, April 2019.

1085 *Schech, Susanne:* Silent Bargain or Rural Cosmopolitanism? Refugee Settlement in Regional Australia, Journal of Ethnic and Migration Studies, 2014, Vol. 4, Nr. 4, S. 607.

1086 *Schech, Susanne:* Silent Bargain or Rural Cosmopolitanism? Refugee Settlement in Regional Australia, Journal of Ethnic and Migration Studies, 2014, Vol. 4, Nr. 4, S. 607.

1087 *Spinks, Harriet:* Australia's Settlement Service for Migrants and Refugees, Parliament of Australia Department of Parliamentary Service, Research Paper No. 29, 2008-09, 29. April 2009, S. 11 f.

1088 *Spinks, Harriet:* Australia's Settlement Service for Migrants and Refugees, Parliament of Australia Department of Parliamentary Service, Research Paper No. 29, 2008-09,

erfasst die Statistik zur Erteilung der humanitären Visa lediglich 14,9% Antragsteller afrikanischen Ursprungs. 58,5% der Schutzsuchenden stammen aus dem Nahen Osten.[1089]

Kritisch zu bewerten ist, dass dieses Ansiedlungsprogramm die tatsächliche Schutzbedürftigkeit der Schutzsuchenden nicht berücksichtigt. Bereits bei der Auswahl im Rahmen des Visumverfahrens wird auf die Fähigkeiten und die Integrationsaussicht der Schutzantragsteller abgestellt. Bevorzugt werden Schutzsuchende, die eine Arbeits- oder sonstige wirtschaftlich wertvolle Leistung erbringen können. Inwieweit die tatsächliche Schutzbedürftigkeit in dieser Abwägung einen Erwägungspunkt darstellt, ist nicht ersichtlich. Jedenfalls fallen besonders schutzwürdige Schutzsuchende wie Kinder, Kranke oder alte Menschen regelmäßig nicht in den Rahmen dieses Ansiedlungsprogramms.

2. Verteilung der Schutzberechtigten in der Europäischen Union

In der EU sind nach wie vor die einzelnen Mitgliedstaaten selbständig für die Feststellung, Anerkennung und Aufnahme der Schutzsuchenden zuständig. Obgleich das EU-Recht versucht, diese Verfahren, Umstände und Voraussetzungen für die Anerkennung, Aufnahme und Beherbergung der schutzberechtigten Personen durch Richtlinien anzugleichen, bestehen nach wie vor erhebliche Unterschiede. Diese Unterschiede haben zur Folge, dass einige Mitgliedstaaten mehr Asylanträge von Schutzsuchenden erhalten als andere Staaten der EU.[1090] Der Grund hierfür liegt in erheblich abweichenden Anerkennungsraten sowie im Schutzumfang, der zwischen den einzelnen Mitgliedstaaten teilweise erheblich abweicht.[1091]

29. April 2009, S. 11 f., führt insoweit eine kritische Betrachtung afrikanischer Flüchtlinge an; *Crock, Mary/Berg, Laurie*: Immigration, Refugees and Forced Migration – Law, Policy and Practice in Australia, 2011, Kapitel 12.2, Rn. 12.17, S. 333.

1089 *Australian Government/Department of Home Affairs:* Australia's offshore Humanitarian Program: 2018-19, Stand 2019, S. 6.

1090 So waren zum Beispiel die wichtigsten Zielländer in 2018 Deutschland (28 % aller Asylantragsteller in der EU-28) und Frankreich (19 %), vgl. *Eurostat Statistics Explained:* Statistiken über Asyl, Datenauszug vom 12.03.2019 und 24.04.2019, online abrufbar unter: https://ec.europa.eu/eurostat/statistics-explained/index.php?title=Asylum_statistics/de&oldid=391115#Wichtigste_Ziell.C3.A4nder:_Deutschland.2C_Frankreich_und_Griechenland

1091 *Europäische Kommission*: Statistik zur Migration nach Europa – Einwanderung in die europäische Gesellschaft – ein Überblick, online abrufbar unter: https://commission.europa.eu/strategy-and-policy/priorities-2019-2024/promoting-our-european-way-life/statistics-migration-europe_de#asylantr%C3%A4ge-in-europa.

Die EU hat die grundsätzliche Problematik dieser ungleichen Verteilung erkannt und daher eine Verordnung zur Festlegung der Kriterien und Verfahren zur Bestimmung des Mitgliedstaats erlassen, der für die Prüfung eines von einem Drittstaatsangehörigen oder Staatenlosen in einem Mitgliedstaat gestellten Antrags auf internationalen Schutz zuständig ist, die Verordnung (EU) Nr. 604/2013 (Dublin III-VO). Die Zuständigkeit bestimmt sich hierarchisch nach personeller Verbindung auf der Grundlage von familiären Verbindungen in Europa (Art. 9-11 VO (EU) Nr. 604/2013 (Dublin III-Verordnung)) oder tatsächlichen Begebenheiten, wie die Erteilung einer Aufenthaltsgenehmigung oder eines Visums (Art. 12 VO (EU) Nr. 604/2013 (Dublin III-Verordnung)) oder schließlich der Einreise ins territoriale Hoheitsgebiet (Art. 13-15 VO (EU) Nr. 604/2013 (Dublin III-Verordnung)). So soll sichergestellt werden, dass nur ein Mitgliedstaat für das Anerkennungsverfahren zuständig ist, dieser zügig festgestellt wird und sich die Mitgliedstaaten in ihren Verfahren nicht überkreuzen.[1092] Zudem soll eine so genannte Sekundärmigration oder Asylshopping[1093] verhindert werden.

Die Problematik der Verteilung wird allerdings durch diese Regelung zur Verteilung der Zuständigkeit und den Modus der Einreise von Flüchtlingen verstärkt. So sind insbesondere die südlichen Grenzstaaten der EU mit einer hohen Anzahl von Asylsuchenden konfrontiert.

Die Jahre der Flüchtlingskrise seit 2015 verdeutlichen einen kritischen Regelungspunkt der Verordnung (EU) Nr. 604/2013 (Dublin III-Verordnung). Nach Art. 13 Abs. 1 VO (EU) Nr. 604/2013 (Dublin III-Verordnung) ist der Mitgliedstaat für die Prüfung des Antrages auf internationalen Schutz eines Antragstellers zuständig, dessen Land-, See- oder Luftgrenze der Schutzsuchende illegal überschritten hat. Diese Regelung bedingt die ungleiche Verteilung der Schutzsuchenden auf die europäischen Ankunftsgebiete. Denn eine anderweitige Einreise in die EU ist neben dem direkten Land- oder Wasserweg faktisch nicht möglich. Aufgrund von EU-Recht bestehen Sanktionen für Beförderungsunternehmen, so zum Beispiel für Fluggesellschaften.[1094] Soweit sie Personen befördern, die

1092 Verordnung (EU) Nr. 604/2013 (Dublin III-Verordnung), Erwägungsgrund Nr. 4, 5.

1093 Darunter versteht man die Antragstellung eines Schutzsuchenden in mehreren Staaten, damit ein besseres Schutzniveau erreicht werden kann, oder eine höhere Chance der Antragsbewilligung.

1094 Art. 26 Schengen Übereinkommen (Übereinkommen zur Durchführung des Übereinkommens von Schengen vom 14. Juni 1985 zwischen den Regierungen der Staaten der Benelux-Wirtschaftsunion, der Bundesrepublik Deutschland und der Französischen Republik betreffend den schrittweisen Abbau der Kontrollen an den

kein legales Visum für die Einreise in die EU besitzen, droht ihnen neben der Kostenübernahme des Rücktransports eine zusätzliche Geldstrafe.[1095] Die Fluggesellschaften werden mittelbar dazu eingesetzt, eine ausgelagerte Grenzkontrolle zu vollziehen.[1096] Infolgedessen ist eine illegale Einreise in das europäische Gebiet mittels Flugzeugs fast nicht möglich. Die Einreise von Schutzsuchenden konzentriert sich auf die Land- und Wassergrenzen.

Dieser Mangel im System der Verordnung (EU) Nr. 604/2013 (Dublin III-Verordnung) wurde insbesondere im Sommer 2015 sichtbar. Der Zustrom von Schutzsuchenden insbesondere über die östlichen Mittelmeerrouten überforderte die EU-Mitgliedstaaten Griechenland und Italien. Infolgedessen vereinbarten die EU-Mitgliedstaaten eine Umsiedlung der Schutzsuchenden, die sich in überfüllten Aufnahmelagern in Griechenland und Italien befanden.[1097] Diese Beschlüsse erfolgten auf Grundlage von Art. 78 Abs. 3 AEUV. Die grundsätzliche Regelung der Verordnung (EU) Nr. 604/2013 (Dublin III-Verordnung) wurde damit außer Kraft gesetzt, sodass auch andere Staaten für das Feststellungsverfahren zuständig werden konnten. Diese Maßnahme galt als Notfallplan für die konkrete Situation und verpflichtete die Mitgliedstaaten zur Aufnahme von Schutzsuchenden entsprechend einem erarbeiteten Verteilungsschlüssel, jeweils Art. 4 und 5 der Beschlüsse 2015/1523 und 2015/1601. Diese Maßnahme war jedoch unter den Mitgliedstaaten heftig umstritten. So weigerten sich bis zuletzt die Regierungen Polens, Ungarns und Tschechiens, Schutzsuchende aus den Aufnahmelagern in Griechenland und Italien aufzunehmen. Die EU-Kommission verklagte diese Staaten vor dem EuGH. Mit Urteil vom 02. April 2020 folgte der EuGH dem Antrag der Kommission und stellte fest, dass die Mitgliedstaaten ihre Umsiedlungspflicht, die sich aus dem wirksam gefassten EU-Beschluss ergeben, einzuhalten haben.[1098] Einen durchsetzbaren Zwang oder Sanktionen gegen diese Staaten (vgl. Art. 260 AEUV) enthält das Urteil

---

gemeinsamen Grenzen); Richtlinie 2001/51/EG des Rates vom 28. Juni 2001 zur Ergänzung der Regelungen nach Artikel 26 des Übereinkommens zur Durchführung des Übereinkommens von Schengen vom 14. Juni 1985.

1095 Art. 26 Abs. 1 und Abs. 2 Schengen Übereinkommen.

1096 *Crock, Mary/Saul, Ben/Dastyari, Azadeh:* Future Seekers II – Refugees and Irregular Migration in Australia, 2006, Kapitel 3, S. 30.

1097 EU-Beschluss 2015/1523 und EU-Beschluss 2015/1601 zur Einführung von vorläufigen Maßnahmen im Bereich des internationalen Schutzes zugunsten von Italien und Griechenland; *Haratsch, Andreas/Koenig, Christian/Pechstein, Matthias*: Europarecht, 11. Auflage 2018, 4. Kapitel II., Rn. 1117, S. 559.

1098 EuGH, Urteil: C-715/17; 718/17; 719/17, vom 02. April 2020.

jedoch nicht, insbesondere weil die EU-Beschlüsse zeitlich begrenzt waren bis September 2017.

Daneben schlug die Kommission auch einen Plan für einen Langzeitansatz in dieser Problematik vor. Insbesondere das bisherige System zur Verteilung der Schutzsuchenden unter der Verordnung (EU) Nr. 604/2013 (Dublin III-Verordnung) wurde dabei infrage gestellt und der Vorschlag unterbreitet, einen Verteilungsschlüssel einzuführen.[1099] Eine Einigung darüber konnte bisher nicht gefunden werden.

3. Zwischenfazit

Zusammenfassend ist festzustellen:

- Die australischen Verteilungsmechanismen, insbesondere der Mechanismus der gezielten Ansiedlung von Schutzberechtigten in ländlichen Gebieten, sind geprägt von starken wirtschaftlichen Erwägungen.
- Im australischen Verteilungssystem wird im besonderen Maße die Integrationsfähigkeit der einzelnen Schutzsuchenden berücksichtigt und gezielt gefördert.
- Es besteht jedoch die Gefahr einer diskriminierenden Auswahl der Antragsteller innerhalb des australischen Verteilungssystems.
- Im europäischen Verteilungssystem führt die derzeitige Verordnung (EU) Nr. 604/2013 (Dublin III-Verordnung) zu einer ungerechten Zuteilung der Antragsteller auf die einzelnen EU-Mitgliedstaaten.
- Eine tatsächlich gerechte Aufteilung der Lasten der einzelnen Mitgliedstaaten, die mit der Gewährung von Schutz und Asyl einhergehen, hat im derzeitigen europäischen System keine Grundlage.
- Grundsätzlich könnte das australische Verteilungssystem, insbesondere die gezielte Ansiedlung von Schutzberechtigten in besonders bestimmten Gebiete, für eine Überarbeitung der europäischen Verordnung (EU) Nr. 604/2013 (Dublin III-Verordnung) als Vorbild genommen werden.

1099 *Europäische Kommission*: Reformierung des Gemeinsamen Europäischen Asylsystems und Erleichterung legaler Wege nach Europa, Mitteilung der Kommission an das Europäische Parlament und den Rat, vom 06. April 2016, COM(2016) 197 final; *Kaldor Centre:* Reseach Brief: European Responses to Forced Migration: 2015-June 2018, Dezember 2018, S. 13 ff.

- Bei einer Überarbeitung des europäischen Verteilungssystems auf Grundlage des australischen Systems sollte allerdings den im australischen System innewohnenden diskriminierenden Aspekten entgegengewirkt werden.

Die Verteilung der Schutzberechtigten im australischen Staatsgebiet unterliegt zum Teil einem starken planerischen Konzept. Die Schutzberechtigten können sich im Austausch gegen weiterreichende Vergünstigungen für eine Ansiedlung in ländlichen Regionen bewerben. Dieses System berücksichtigt dabei nicht nur Schutzerwägungen zugunsten der Schutzberechtigten, sondern auch staatliche, wirtschaftliche Interessen.

Die europäische Verordnung (EU) Nr. 604/2013 (Dublin III-Verordnung) führt zu einer ungerechten Aufteilung der Antragsteller auf die Mitgliedstaaten.[1100] Mitgliedstaaten an den europäischen Außengrenzen werden erheblich mehr belastet als Mitgliedstaaten ohne Außengrenzen. Einen effektiven Ausgleich für diese Problematik beinhaltet das derzeitige System nicht. Die Beschlüsse zur Relocation von Flüchtlingen aus den griechischen und italienischen Gebieten waren zeitlich begrenzt. Zusätzliche Zahlungsleistungen anderer Mitgliedstaaten an die betroffenen Mitgliedstaaten der Außengrenzen sind nicht ausreichend.

Dies betrifft insbesondere den Aspekt eines hinreichenden Schutzes der Menschen- und Flüchtlingsrechte der Schutzsuchenden, die sich im Gebiet dieser überlasteten Mitgliedstaaten befinden, insbesondere mit Blick auf die zügige und gesetzmäßige Bearbeitung ihrer Schutzanträge sowie im besonderen Maße hinsichtlich des Schutzes des Grundrechts auf Wahrung der Gesundheit mit Blick auf überfüllte Sammelunterkünfte.

In den bisherigen Regelungen der EU zur Verteilung der Schutzsuchenden im Gebiet der EU werden humanitäre Erwägungen nicht hinreichend berücksichtigt.[1101]

Die australische Idee, Anreize für Schutzsuchende zu schaffen, sich planvoll in ländlichen Gebiete Australiens niederzulassen, stellt grundsätzlich eine interessante Erwägung dar, die einen neuen Überarbeitungsansatz für die Verordnung (EU) Nr. 604/2013 (Dublin III-Verordnung) bietet. Allerdings muss bei einer europäischen Umsetzung darauf geachtet werden, dass aus diesen Regelungen keine spezifisch benachteiligenden Umstände hinsichtlich der Auswahl

1100 *Nykänen, Eeva:* Fragmented State Power and Forced Migration: A Study on Non-State Actors in Refugee Law, 2012, S. 67.

1101 *Nykänen, Eeva:* Fragmented State Power and Forced Migration: A Study on Non-State Actors in Refugee Law, 2012, S. 67.

der anzusiedelnden Schutzsuchenden hervorgehen, die sich aus einer Bevorzugung wegen ihrer Herkunft, Bildung oder beruflichen Tätigkeit ergeben. Denn insbesondere die letzten beiden Punkte setzen voraus, dass die schutzsuchende Person die jeweilige Bildung oder die jeweilige berufliche Tätigkeit in ihrem letzten Aufenthaltsstaat erlangen bzw. praktizieren konnte. Diese Problematik ist in der derzeitigen australischen Umsetzung zu bemängeln, die insbesondere die Integrationsfähigkeit - zum Beispiel hinsichtlich Arbeitsfähigkeit und Ausbildungsstand - und nicht die Schutzbedürftigkeit der Schutzsuchenden, insbesondere von Kindern, Kranken und älteren Menschen, fördert.

Vor allem ist jedoch darauf zu achten, dass eine Verteilungsmethode auf Grundlage von Anreizen für die Schutzsuchenden kein Anreiz für eine Alles-oder-Nichts-Bevorzugung ist; das bedeutet, auch wenn Schutzberechtigte nicht die geförderte freiwillige Verteilung erwägen, ihnen gleichwohl Schutz zugeteilt wird und diese nicht aus dem Verfahren herausfallen.

Diese Berücksichtigung der Integrationsverteilung ist jedoch unmittelbar an die Dauerhaftigkeit des Schutzstatus gebunden. Denn erst wenn der Anreiz für einen dauerhaften Aufenthalt im Schutzstaat besteht, besteht eine hinreichende Integrationswilligkeit. Die dauerhafte Gewährung des Aufenthaltsrechts stellt jedoch im Unterschied zum australischen System im EU-System lediglich die Ausnahme dar.

III. Rückführung von nicht schutz- und aufenthaltsberechtigten Personen

Die Problematik der Rückführung von Migranten, die weder schutz- noch aufenthaltsberechtigt sind, nimmt einen unterschiedlichen Stellenwert in der politischen und gesellschaftlichen Betrachtung in der EU und in Australien ein. Während in der EU und im Speziellen in Deutschland die Rückführung von nicht aufenthaltsberechtigten Personen einen zentralen Diskussionspunkt der Asylpolitik darstellt, ist die Problematik in Australien im politischen und rechtlichen Bereich eine nicht im unmittelbaren Fokus stehende Thematik. Dies ist unter anderem eine Folge der unterschiedlichen Ausgangslagen, die im Vorfeld zu den Rückführungsproblematiken liegen – namentlich der tatsächliche, illegale Aufenthalt von nicht schutzberechtigten Personen im jeweiligen Staatsgebiet.

1. In Australien

Grundsätzlich besteht in der EU ebenso wie in Australien die Problematik der Rückführung von Schutzsuchenden, die entweder keinen Schutzstatus erhalten haben oder welchen der Schutzstatus wieder entzogen worden ist. Die Anzahl dieser Personen, die infolgedessen aus dem australischen Staatsgebiet in ihren Herkunftsstaat oder einen für sie zuständigen Drittstaat zurückzuführen sind, ist faktisch nicht so hoch wie im Vergleich zur Anzahl derer, die aus europäischem Gebiet zurückzuführen sind.

Dies liegt zunächst daran, dass aufgrund der australischen Mechanismen zur Abwehr von unauthorised maritime arrivals wenige – bis keine – Schutzsuchende australisches Gebiet erreichen, in welchem sie sich ohne Berechtigung ansiedeln können.[1102] Diese Schutzsuchenden werden bereits auf dem Seeweg nach Australien abgefangen und in andere Staaten verbracht.

Schutzsuchende, die auf offiziellem Weg einreisen, erhalten überwiegend einen dauerhaften Schutzstatus, der ebenfalls berechtigt, nach einer Aufenthaltsdauer von drei bis fünf Jahren einen Antrag auf Einbürgerung zu stellen.[1103] Da jedoch zur wirksamen Stellung eines Schutzantrags im australischen Gebiet vorher ein gültiges Visum erstellt werden musste, ist die Anzahl dieser Schutzsuchenden, die erst im australischen Gebiet einen Antrag stellen, sehr gering.

Die Problematik der Rückführung aus australischem Gebiet besteht daher nur in einem begrenzten Rahmen, namentlich für diese Personen, denen kein Schutzstatus erteilt oder denen der Schutzstatus wieder entzogen wurde, und für die Inhaber eines TPV, deren Schutzdauer abgelaufen ist.

Die Ermächtigung zur Rückführung von Ausländern ergibt sich aus Art. 198 Migration Act 1958. Der Einwanderungsminister hat dabei die Kompetenz, Ausländer auszuweisen, die als unlawful non-citizen zu kategorisieren sind. Nach Art. 197C Migration Act 1958 geht das grundsätzlich auch entgegen dem Grundsatz des Non-Refoulement, allerdings wird dies durch das Ministerial Direction 65[1104] begrenzt. Der Minister hat zudem die Kompetenz, die Abschiebung anzuordnen, Art. 200 Migration Act 1958. Dies betrifft auch Schutzberechtigte, die strafrechtlich in Erscheinung getreten sind.

Soweit einem Schutzberechtigten das Schutzvisum entzogen wird, er jedoch aufgrund des Refoulement-Verbotes nicht zurückgeschickt werden kann, wird er in zeitlich unbegrenzte Abschiebehaft verbracht.[1105]

1102 Dazu bereits ausführlich F.I.1.

1103 Dazu bereits E.II.3.

1104 *Australian Minister for Immigration and Border Protection:* Direction No. 65 – Migration Act 1958 – Direction under section 499 Visa refusal and cancellation under s501 and revocation of a mandatory cancellation of a visa under s501CA, vom 22. Dezember 2014.

1105 *Kaldor Centre:* When can refugees be removed from Australia?, Factsheet, August 2018.

2. In der Europäischen Union

In der EU ist die Problematik der Rückführung von nicht schutz- und aufenthaltsberechtigten Personen sichtbarer. Denn im Unterschied zu Australien gibt es in der EU eine größere Anzahl von Menschen, die unter den Anwendungsbereich der Rückführungsregelungen fallen. Die Erwägung zur Rückführung betrifft all jene, die einen Schutzantrag in der EU stellten, der jedoch abgelehnt wurde, und welchen auch kein sonstiges Aufenthaltsrecht erteilt wurde. Bereits diese Anzahl an Menschen ist im Vergleich zu Australien wesentlich größer. Ebenso betrifft die Problematik der Rückführung Personen, deren Schutzbedürftigkeit weggefallen ist, zum Beispiel aufgrund von Änderungen der Umstände im Heimatland, die ihren Schutzanspruch zunächst begründeten.

Die Rückführung ist Aufgabe der einzelnen Mitgliedstaaten.[1106] Die EU hat mit der Richtlinie 2008/115/EG (Rückführungsrichtlinie) Rechtsvorschriften für die Rückführung erlassen, nimmt im Übrigen bisher jedoch lediglich koordinierende Aufgaben wahr. Die Richtlinie 2008/115/EG (Rückführungsrichtlinie) enthält Normen und Verfahrensvorgaben zur Rückführung von sich illegal in der EU aufhaltenden Drittstaatsangehörigen. Gemäß Art. 1 RL 2008/115/EG (Rückführungsrichtlinie) sollen ihre Normen im Einklang mit den Grundrechten als allgemeinen Grundsätzen des Gemeinschafts- und des Völkerrechts anzuwenden sein. Insbesondere wird in Art. 5 RL 2008/115/EG (Rückführungsrichtlinie) darauf verwiesen, dass der Grundsatz der Nichtzurückweisung einzuhalten ist.

Die Rückkehrpolitik bezüglich nicht aufenthaltsberechtigter Personen bildet nach dem Verständnis der EU einen wichtigen Bestandteil der Asyl- und Migrationspolitik.[1107] Die Rückführung sei ein notwendiger Bestandteil eines fairen Migrations- und Asylplans. Denn nur soweit die Rückführung von nicht aufenthaltsberechtigten Personen effektiv umgesetzt werde, würden auch die anderen Maßnahmen im Zusammenhang mit Asyl und Migration in ihrer Auswirkung glaubwürdig.[1108]

1106 *Legomsky, Stephen H.:* The removal of irregular migrants in Europe and America, in: Chetail, Vincent/Bauloz, Céline (Hrsg): Research Handbook on International Law and Migration, 2014, Kapitel 1.1, S. 150.

1107 Erwägungsgrund Nr. 4 RL 2008/115/EG (Rückführungsrichtlinie).

1108 *Europäische Kommission*: Fortschrittsbericht über die Umsetzung der Europäischen Migrationsagenda, Mitteilung der Kommission an das Europäische Parlament, den Europäischen Rat und den Rat, vom 06. März 2019, COM(2019) 126 final, S. 12.

Trotz dieser gemeinsamen Zielsetzung und Rechtsvorschriften auf europäischer Ebene fehlt es an einer wirksamen operativen Zusammenarbeit.[1109] Die bisherigen Rückführungsquoten der Mitgliedstaaten sind niedrig.[1110] Um eine entschlossenere Rückführung durchzusetzen, leistet FRONTEX den Mitgliedstaaten Hilfe, indem diese bei der Koordinierung von Rückflügen unterstützt werden.[1111] Zudem unterstützt die EU die Mitgliedstaaten beim Abschluss von zwischenstaatlichen Rückkehrvereinbarungen mit Drittstaaten.[1112] Diese Rückkehrvereinbarungen mit Drittstaaten stellen einen wichtigen Mechanismus in der EU dar, was die zahlreich bestehenden bilateralen Abkommen bekräftigen. Auch die EU selbst vereinbart vermehrt entsprechende Abkommen.[1113]

Allerdings ist die tatsächliche Rückführungsrate der Mitgliedstaaten sehr niedrig.[1114] Die Kommission schlug daher eine weitere Überarbeitung des Rückführungssystems vor.[1115] So sollen Drittstaaten an ihrer Vereinbarung zur Aufnahme ihrer ausgewiesenen Staatsbürger festgehalten werden, die

1109 *Europäische Kommission:* Mitteilung der Kommission an das Europäische Parlament, den Rat, den Europäischen Wirtschafts- und Sozialausschuss und den Ausschluss der Regionen – Die Europäische Migrationsagenda, vom 13. Mai 2015, COM(2015) 240 final, S. 12 f.

1110 *Europäische Kommission*: Fortschrittsbericht über die Umsetzung der Europäischen Migrationsagenda, Mitteilung der Kommission an das Europäische Parlament, den Europäischen Rat und den Rat, vom 06. März 2019, COM(2019) 126 final, S 12; *Legomsky, Stephen H.:* The removal of irregular migrants in Europe and America, in: Chetail, Vincent/Bauloz, Céline (Hrsg): Research Handbook on International Law and Migration, 2014, Kapitel 1.1, S. 153.

1111 *Europäische Kommision:* Die EU und die Migrationskrise, Factsheet, Juli 2017, S. 3.

1112 *Europäische Kommision*: Die EU und die Migrationskrise, Factsheet, Juli 2017, S. 3; *Europäische Kommission:* Fortschrittsbericht über die Umsetzung der Europäischen Migrationsagenda, Mitteilung der Kommission an das Europäische Parlament, den Europäischen Rat und den Rat, vom 14. März 2018, COM(2018) 250 final, S. 18; *Europäische Kommission:* Europäische Migrationsagenda: EU muss Fortschritte der letzten vier Jahre ausbauen, Pressemitteilung vom 6. März 2019.

1113 *Legomsky, Stephen H.:* The removal of irregular migrants in Europe and America, in: Chetail, Vincent/Bauloz, Céline (Hrsg): Research Handbook on International Law and Migration, 2014, Kapitel 1.3.2, S. 161 f.

1114 *Europäische Kommission*: Vorschlag für eine Richtlinie des Europäischen Parlaments und des Rates über gemeinsame Normen und Verfahren in den Mitgliedstaaten zur Rückführung illegal aufhältiger Drittstaatsangehöriger (Neufassung), vom 12. September 2018, COM(2018) 634 final, Begründung, Abschnitt 1., S. 2.

1115 *Europäische Kommission*: Vorschlag für eine Richtlinie des Europäischen Parlaments und des Rates über gemeinsame Normen und Verfahren in den Mitgliedstaaten zur

EU-Richtlinien sollen vollständig in den Mitgliedstaaten umgesetzt werden und FRONTEX soll seine Kapazität bei der Unterstützung in den Rückführungsoperationen erhöhen.[1116]

Tatsächliche Änderungen wurden bisher noch nicht vorgenommen.[1117]

3. Zwischenfazit

Es ist folgendes Zwischenfazit zu ziehen:

- Die Problematik der Rückführung von nicht schutz- und aufenthaltsberechtigten Personen aus dem jeweiligen Staatsgebiet nimmt in der EU im Unterschied zu Australien einen zentralen Streitpunkt in der öffentlichen Debatte ein.
- Aufgrund der abschottenden australischen Politik gegenüber Boat People ist die faktische Anzahl der Personen, die weder aufenthalts- noch schutzberechtigt sind, in Australien deutlich geringer als in der EU.
- Die Rückführung von nichtaufenthaltsberechtigten Personen in der EU ist Aufgabe der einzelnen Mitgliedstaaten.
- Die Rückführungsquote in den europäischen Mitgliedstaaten ist sehr gering.
- Der häufigste Mechanismus im Rahmen der Rückführung durch die EU-Mitgliedstaaten ist der Abschluss von Rückkehrvereinbarungen mit Dritt- und Herkunftsstaaten.

Ein wichtiger Bestandteil eines fairen Asylverfahrens ist die rechtmäßige Rückführung von nicht (mehr) Schutzbedürftigen in einen sicheren Herkunftsstaat. Dies verdeutlicht die Besonderheit des Schutzstatus von anerkannt Schutzberechtigten. Die Vorzüge des Schutzes sollen diesen Individuen zugutekommen, die ihn tatsächlich benötigen. Andere, nicht schutzberechtigte Personen sollen

---

Rückführung illegal aufhältiger Drittstaatsangehöriger (Neufassung), vom 12. September 2018, COM(2018) 634 final.

1116 *Europäische Kommission*: Vorschlag für eine Richtlinie des Europäischen Parlaments und des Rates über gemeinsame Normen und Verfahren in den Mitgliedstaaten zur Rückführung illegal aufhältiger Drittstaatsangehöriger (Neufassung), vom 12. September 2018, COM(2018) 634 final, Begründung Abschnitt 1, S. 1 f.; *Kaldor Centre*: Reseach Brief: European Responses to Forced Migration: 2015-June 2018, Dezember 2018, S. 21 ff.

1117 Zum derzeitigen Stand des Vorschlags: Procedure 2018/0329/COD, online abrufbar unter: https://eur-lex.europa.eu/legal-content/DE/HIS/?uri=COM%3A2018%3A634%3AFIN.

sich an die weiteren Vorschriften zur Einreise und Aufenthalt von Nichtstaatsbürgern halten. Eines unmittelbaren Schutzes bedürfen sie regelmäßig nicht. Um dies in ein ausgewogenes Verhältnis zu bringen, sind diese Personen zurückzuführen, die auf dieser Grundlage kein Aufenthaltsrecht genießen.

Die Rückführung ist im politischen und gesellschaftlichen Rahmen Australiens kein zentraler Problempunkt. Dies liegt an der abschottenden Wirkung der übrigen Asyl- und Migrationspolitik, die eine Ankunft in Australien ohne Genehmigung nahezu unmöglich macht. Da Schutzsuchende, die gleichwohl australisches Gebiet erreichen, ohne schutzbedürftig zu sein, die australischen Einreisebestimmungen grundsätzlich verletzen, ist ihr Aufenthalt und ebenso ihre Wahrnehmung in der australischen Gesellschaft mit einem Bruch der Legalität verbunden. Rückführende Maßnahmen sind daher als entsprechende strafende Folge gesellschaftlich anerkannt.

In der EU ist die Anzahl dieser Personen, die den Tatbestand einer Rückführung erfüllen, deutlich höher als in Australien. Dies liegt unter anderem daran, dass der Schutzstatus, der in der EU verliehen wird, nicht in jedem Fall einen dauerhaften Schutz gewährt. Die Rückführung ist Aufgabe der einzelnen Mitgliedstaaten, wobei die Rückführungsquote sehr gering ist.

Zur Wahrung der Legalität der Rückführung ist es essentiell, dass die Menschenrechte während des Verfahrens der Rückführung eingehalten werden. Dies bedeutet, dass Gefahren berücksichtigt und mögliche Haftdauern so bestimmt wie möglich und verhältnismäßig sein müssen. Dies ist jedoch nur bei enger Zusammenarbeit mit den Herkunftsstaaten, in welche die Personen zurückzuführen sind, zu leisten.

G. Abschließendes Fazit

Nach diesem Vergleich der politischen und rechtlichen Rahmen der EU und Australiens zur Steuerung von Fluchtmigration sind folgende grundlegenden Schlussfolgerungen zu ziehen:

- Das Flüchtlingsrecht ist ein eigenständiges Teilrechtsgebiet im System des internationalen Völkerrechts.
- Das universelle Flüchtlingsrecht bildet keinen erschöpfenden rechtlichen Rahmen, der den Schutz und die Rechte des flüchtenden Individuums hinreichend mit den Grundsätzen der staatlichen Souveränität in Einklang bringt.
- Auf universeller Ebene steht vornehmlich der Schutz des flüchtenden Individuums im Zentrum des Flüchtlingsrechts.
- Auf regionaler Ebene, beispielhaft verdeutlicht anhand des Europarates, werden Erwägungen zum Schutze des Einzelnen grundlegend berücksichtigt. Jedoch stehen diese Erwägungen neben jenen der inneren Sicherheit und Ordnung sowie der Souveränität der regionalen Staatengemeinschaft.
- Auf nationalstaatlicher Ebene werden im Rahmen des Flüchtlingsrechts, insbesondere im Zusammenhang mit dem Zugang von Schutzsuchenden zu einem Staatsgebiet, verstärkt Erwägungen hinsichtlich der Funktionalität und der innerstaatlichen Sicherheit und Ordnung der jeweiligen Nationalstaaten in den Mittelpunkt politischer und rechtlicher Erwägungen gestellt.
- Die politische Entwicklung und Ausgestaltung des tatsächlichen Flüchtlingsschutzes stehen in engem Zusammenhang zur unmittelbaren Betroffenheit des jeweiligen Staates mit der Thematik von Flucht und Migration.
- Das Gebiet der EU war in der Vergangenheit selbst Herkunftsgebiet von Schutzsuchenden. Das europäische Flüchtlingsrecht war daher zunächst geprägt von einem Verbundenheitsgefühl der Schutzgeber gegenüber den Schutzsuchenden. Seitdem Schutzsuchende immer weitere Distanzen auf dem Weg ihrer Flucht überwinden, schwindet der persönliche Bezug der europäischen Bevölkerung zu diesen geographisch und dabei auch kulturell entfernten Schutzsuchenden immer mehr. Dies verdeutlicht sich in einer zunehmend abwehrenden Haltung der EU-Mitgliedstaaten gegenüber Schutzsuchenden insbesondere afrikanischer Herkunft.
- Das unionseuropäische Flüchtlingsrecht und im besonderen Maße die Steuerung des Zugangs zum Staatsgebiet sind durch eine Vielzahl an Mechanismen ausgestaltet, die eine Prägung durch die verschiedenen europäischen Ebenen

tragen. Die Mechanismen weisen kein in sich geschlossenes System auf und spielen nur vereinzelt zusammen.

- Das grundsätzliche Schutzverständnis der EU gewährt einen zeitlichen, vorübergehenden Schutz für die Flüchtlinge.
- Australien war in seiner Geschichte nie Ursprungsgebiet von Fluchtbewegungen. Das australische Flüchtlingsrecht ist von jeher Teil der australischen Einwanderungspolitik und des Einwanderungsrechts und folgt dessen systematischer Ausgestaltung.
- Das australische Flüchtlingsrecht besteht aus einem einfachgesetzlichen Gesetzeswerk, welches regelmäßig Änderungen erfährt, die auch rückwirkende Geltung entfalten können. Es hat dabei eine starke politische Prägung. Die normierten Regelungen überlassen zuweilen dem Einwanderungsminister einen erheblichen Handlungs- und Entscheidungsspielraum.
- In diesem Rahmen betreibt Australien ein aufeinander abgestimmtes System zur Steuerung von Fluchtmigration in das australische Gebiet, wobei einzelne Komponenten zusammenspielen, verwoben sind und sich gegenseitig bedingen.
- Das australische Flüchtlingsrecht beschreibt grundsätzlich einen dauerhaften Schutzstatus der schutzberechtigten Personen.
- Die Systeme der EU sowie Australiens haben jeweils erhebliche Schwächen, weisen jedoch auch Stärken auf. Diese Stärken des jeweiligen Systems könnten Vorbild für einen Verbesserungsansatz des anderen Systems sein:
  - Das australische Resettlement-Programm leistet Vorbild hinsichtlich einer sicheren An- und Umsiedlung der Schutzsuchenden. Allerdings sollten diskriminierende Erwägungen bezüglich der Auswahl der Schutzsuchenden im Rahmen des Resettlement ausgeschlossen werden.
  - Ebenso ist das australische Verfahren, das eine Verteilung der Schutzsuchenden im australischen Gebiet als Ganzes berücksichtigt, ein Vorbild für eine europäische Anwendung. Diese ganzheitliche Betrachtung bezieht sowohl Schutzerwägungen zugunsten der Schutzsuchenden ein wie wirtschaftliche und gesellschaftliche Erwägungen zugunsten des Nationalstaates. Für Schutzsuchende werden staatliche Anreize geschaffen, sich in Gebieten Australiens niederzulassen, die von der Ansiedlung ebenfalls profitieren. Dies stellt einen umsichtigen Ansatz dar, der in besonderem Maße wirtschaftliche Aspekte mit Schutzaspekten zugunsten der Individuen in Einklang bringt.
  - Die EU leistet eine Vorbildfunktion aufgrund ihrer Normierung von Menschenrechten, die ebenfalls Schutzrechte für Flüchtlinge umfassen. Die europäischen Menschenrechte gewähren die Einhaltung verbindlicher

Mindeststandards, die bei politischen Erwägungen hinsichtlich der Steuerung von Fluchtmigration beachtet werden müssen. Dies führt zu mehr Transparenz im Flüchtlingsschutz, da diese Mindeststandards zu jeder Zeit gewahrt und beachtet werden müssen. Sie bilden daher einen grundsätzlichen Rahmen des Schutzes.

Das Flüchtlingsrecht ist ein eigenständiges Teilrechtsgebiet im System des Völkerrechts. Es enthält Normen zum Umgang mit der spezifischen Situation von Schutzsuchenden, die ihren Heimatstaat oder den Staat ihres gewöhnlichen Aufenthalts verlassen müssen. Dabei sind zwei Grundsatzerwägungen in Konkordanz zu bringen: der Schutz des Individuums und der Schutz des funktionalen, souveränen Nationalstaates.

Das Flüchtlingsrecht ist stark geprägt durch die jeweiligen regionalen und nationalstaatlichen Akteure. Dies begründet die erheblichen Unterschiede des Flüchtlingsrecht auf der nationalen bzw. regionalen Ebene.

Die Normen und Maßnahmen des Flüchtlingsrechts auf universeller Ebene, insbesondere hinsichtlich der Bewältigung von Fluchtmigration, sind im besonderen Maße geprägt von Schutzerwägungen zugunsten der Schutzsuchenden. Im Zentrum des Flüchtlingsrechtes der UN steht die GFK. Diese verleiht Flüchtlingen Statusrechte und erlegt den GFK-Konventionsmitgliedstaaten Mindeststandards im Umgang mit diesen auf. Auf universeller Ebene wird die Wirkung der GFK ergänzt durch das Engagement des UNHCR. Dieses Engagement ist auf den Schutz und die Unterstützung von Schutzsuchenden ausgerichtet. Abgerundet wird dieser universelle Schutzrahmen durch die universellen Menschenrechte. Allerdings besitzen diese Normen und Maßnahmen der universellen Ebene nur wenig tatsächliche sowie rechtliche Durchsetzungskraft. Diese fehlende Durchsetzungskraft ist die Ausgangslage für eine starke politische Betrachtungs- und Herangehensweise der Fluchtproblematik auf regionalen und nationalen Ebenen.

Zudem ist der politische sowie normative Rahmen des Flüchtlingsschutzes auf universeller Ebene unvollständig. Es bestehen viele Problembereiche, die zum Zwecke einer tatsächlich effektiven Schutzgewährung einer Ausgestaltung auf universeller Ebene bedürften. Dies betrifft im besonderen Maße eine gerechte Verteilung der Flüchtlingslast auf die internationale Staatengemeinschaft als tatsächliche Gemeinschaft. Je mehr Staaten der internationalen Gemeinschaft sich gemeinschaftlich der Bewältigung der Fluchtproblematik stellten, desto ausgewogener und effektiver könnte ein Schutz nicht nur zugunsten der Schutzsuchenden, sondern auch zugunsten der Nationalstaaten selbst gestaltet werden.

Weiterhin sind die Unterschiede in der regionalen und nationalen Ausgestaltung des Flüchtlingsrechts zuweilen erheblich. Dies betrifft im besonderen Maße die Unterschiede der Umstände der Schutzgewährung und der grundsätzlichen Erreichbarkeit bzw. des Zugangs zum Schutz. Diese Unterschiede bedingen, dass Staaten, welche einen umfassenden und erreichbaren Schutz für Flüchtlinge gewähren, von diesen als primäre Zielregionen angestrebt werden. Diese Staaten erhalten folglich eine große, teilweise nicht zu bewältigende Anzahl an Schutzgesuchen.

Zugunsten einer gerechten, ausgleichenden und dabei effektiven Flüchtlingspolitik liegt daher die Erwägung nahe, einen verbindlichen gemeinschaftlichen Flüchtlingsschutz auf Ebene der universellen Staatengemeinschaft zu gestalten. So würden nicht vereinzelte Staaten zur vorwiegenden Zielregion der Schutzsuchenden, wenn diese in allen Staaten der Staatengemeinschaft vergleichbare Schutzmöglichkeiten erhielten. Dies würde die Last, insbesondere in wirtschaftlicher Hinsicht, von einigen wenigen Staaten auf das gesamte Staatenkollektiv verteilen.

Mit Blick auf die derzeitigen politischen Entwicklungen, die einen wachsenden Nationalismus der Staaten erkennen lassen, erscheint dieser universelle Ansatz zur Bewältigung von Flüchtlingsproblematiken in naher Zukunft jedoch als unwahrscheinlich.

Derzeit unterscheiden sich die Ausgestaltungen der nationalen oder regionalen Flüchtlingsrechtsregime erheblich. Es ist eine Art ‚Abstufung' der Schwerpunktsetzung hinsichtlich der politischen Abwägung zwischen den sich gegenüberstehenden Grundsätzen auf den einzelnen Ebenen zu erkennen: Auf universeller Ebene steht der Schutz des Individuums im Zentrum vieler Maßnahmen und Mechanismen; auf regionaler Ebene stehen diese Schutzerwägungen zugunsten des Einzelnen bereits im stärkeren Widerstreit zu Erwägungen zugunsten der innerstaatlichen Sicherheit, Ordnung und Funktionalität des regionalen Gebildes; auf nationaler Ebene steht die Wahrung der Funktionalität des souveränen Staates im politischen Zentrum. Soweit der Flüchtlingsschutz auf nationaler Ebene geregelt wird, überwiegen regelmäßig Schutzerwägungen zugunsten des Nationalstaates. Bei Regelungen auf Ebene der internationalen Staatengemeinschaft hingegen wird regelmäßig der Schutz des Einzelnen als Schwerpunkt der Abwägung gesehen.

Die Betrachtung zeigt, dass ein Zusammenhang zu erkennen ist zwischen der jeweiligen nationalen bzw. regionalen Schutzerwägung und der Intensität und Unmittelbarkeit von Fluchtbewegung in diese jeweiligen Gebiete. Je stärker ein – vornehmlich wirtschaftlich starker – Nationalstaat von unmittelbaren

Schutzsuchenden betroffen ist, desto stärker entwickelt dieser Nationalstaat Politiken und Maßnahmen zur Abwehr dieser Schutzsuchenden.

Begründet wird dieses politische Vorgehen der Staaten zumeist mit der Gefahr des Verlusts der innerstaatlichen Ordnung, Sicherheit und Funktionalität.

Die Stärkung nationalstaatlicher Schutzerwägungen in ‚Krisenzeiten' ist keine neuartige politische oder gesellschaftliche Entwicklung der jüngsten Zeit. So stellt zum Beispiel *Frings* fest, dass die Maßnahmen zur Flüchtlingsaufnahme in den 1930er und 1940er Jahre von der Staatengemeinschaft und den jeweiligen Nationalstaaten nur dann positiv bewertet wurden, wenn mit dieser Aufnahme eigene staatliche Interessen und Positionierungen innerhalb internationaler Konflikte verbunden waren.[1118] Ab diesem Moment jedoch, in welchem das Ausmaß der Fluchtbewegungen eine Belastung der eigenen Systeme erwarten ließ – und nach wie vor lässt – und diese Belastung nicht ebenfalls auch zur wirtschaftlichen Entwicklung des jeweiligen Nationalstaates beitragen kann, bleibt es bei unverbindlichen Deklarationen und dem Verweis auf die Verpflichtungen anderer Staaten gegenüber den Schutzsuchenden.[1119] Diese Erkenntnis ist nicht nur auf die Maßnahmen in den 1930er und 1940er Jahren zu beziehen, sondern weist auch noch heute Gültigkeit auf. Beispielshaft soll hierbei auf die Tampa-Affäre der australischen Flüchtlingspolitik sowie auf die europäische Flüchtlingskrise des Jahres 2015 hingewiesen werden. Diese Ereignisse, in denen Australien sowie die EU nach einer langen Phase konstanter Zahlen an Schutzsuchenden von einem plötzlichen Anstieg an Schutzanträgen betroffen waren, bedingten jeweils das Entstehen einer zunehmend abwehrenden Flüchtlingspolitik.

Neben dieser zunehmend abwehrenden Haltung der Flüchtlingspolitik zeigen jedoch sowohl die EU als auch Australien ebenfalls Schutzerwägungen zugunsten der Schutzsuchenden auf.

Die Schutzerwägungen zugunsten der Schutzsuchenden in der EU können historisch auf ein persönliches Verbundenheitsgefühl der Bevölkerung der Mitgliedstaaten mit den Schutzsuchenden zurückgeführt werden. Im Gegensatz zu Australien war das Gebiet der EU selbst einst Ursprungsregion von Fluchtbewegungen. Diese geschichtliche Verbundenheit der EU-Mitgliedstaaten mit

1118 *Frings, Dorothee*: Flüchtlinge als Rechtssubjekte oder als Objekte gesonderter Rechte, in: Ghaderi, Cinur/Eppenstein, Thomas (Hrsg): Flüchtlinge – Multiperspektivische Zugänge, 2017, S. 98.

1119 *Frings, Dorothee*: Flüchtlinge als Rechtssubjekte oder als Objekte gesonderter Rechte, in: Ghaderi, Cinur/Eppenstein, Thomas (Hrsg): Flüchtlinge – Multiperspektivische Zugänge, 2017, S. 98.

Flüchtlingen verdeutlicht das Bekenntnis auf der Ebene der EU zu menschen- und flüchtlingsrechtlichen Mindeststandards, die verbindlich im Gebiet der EU und ihrer Mitgliedstaaten einzuhalten sind.

Australien war nie Ursprung von massenhafter Fluchtmigration. Ein historisches Verständnis oder eine Verbundenheit mit Schutzsuchenden im vergleichbaren Maße wie in der EU sind in der australischen Politik daher nicht verankert. Australische Staatsbürger waren im australischen Staatsgebiet fast nie von erheblichen Verletzungen von Grund- und Menschenrechten betroffen; die Ausnahme hiervon, nämlich die Geschichte der australischen Ureinwohner, soll hierbei jedoch erwähnt werden. Dies begründet die bisher nicht für erforderlich gehaltene Normierung von Grund- und Menschenrechten im australischen Verfassungsrecht. Da die Grund- und Menschenrechte im Grunde im australischen Gebiet noch nie in vergleichbarem Maße wie im Gebiet der EU verletzt oder beeinträchtigt wurden, besteht aus australischer Perspektive keine ersichtliche Notwendigkeit, Menschenrechte zu normieren.

Diese fehlende rechtliche Schranke der Grund- und Menschenrechte begründet den ausgeprägten politischen Einfluss auf das australische Flüchtlingsrecht. Die Vorschriften des einfachgesetzlichen Migration Act 1958 können und werden durch den Gesetzgeber flexibel an aufkommende Situationen angepasst. Dabei können neue Vorschriften rückwirkende Geltung entfalten. Zudem besteht eine erhebliche Kompetenz des Einwanderungsministers für Entscheidungen im Einzelfall.

In der EU unterliegt die Ausgestaltung der Flüchtlingspolitik und des Flüchtlingsrechts unterdessen einem ausgeprägten normierten Rahmen, der von menschenrechtlichen Schutzerwägungen geprägt ist und der die Rechte der Schutzsuchenden im Verhältnis zur universellen Ebene erweitert. Dies verdeutlicht sich durch die Gewährung des internationalen Schutzes. Dieser erfasst neben dem Schutz von Schutzberechtigten im Sinne der GFK auch subsidiär Schutzberechtigte. Die europäische Schutzerwägung ist menschenrechtlich ausformuliert und muss sich auf allen EU-Ebenen an diesen Normen messen lassen. Mit dem EuGH oder dem EGMR bestehen supra- bzw. internationale gerichtliche Kontrollinstanzen.

Das Flüchtlingsrecht der EU ist mithin stark normativ geprägt und weist damit eine gewisse Transparenz auf. In der australischen Herangehensweise überwiegt dagegen eine vorwiegend politische Betrachtung der Flüchtlingsproblematik.

Eine politische geprägte Herangehensweise führt oftmals zu einem unvorhersehbaren Ergebnis für jeden Einzelfall eines Schutzsuchenden. Denn die rechtlichen Rahmenbedingungen, die ein Schutzsuchender gegebenenfalls im Zeitpunkt seiner Fluchtentscheidung nach Australien in Erwägung zog, können sich mit Wirkung für die Vergangenheit ändern. Dies führt zu einer erheblichen Unsicherheit für Schutzsuchende.

Gleichzeitig jedoch gewährt ein stark politisch geprägtes System eine Flexibilität, die zu einer Verbesserung oder Erweiterung des Schutzes von Flüchtlingen führen kann. Denn so können neue Umstände und Situationen, die zu einem Schutzbedürfnis von Individuen führen, besser und schneller erfasst und in ein Schutzverhältnis überführt werden. Allerdings zeigt sich, dass die gesellschaftliche Grundstimmung in Krisenzeiten schnell in Erwägungen zuungunsten humanitärer Hilfestellung umschlagen kann, und Erwägungen des Schutzes der staatlichen Souveränität, Ordnung und Wirtschaft eine Abwehrhaltung der Nationalstaaten begründen.

Staatliche oder regionale Systeme, die vornehmlich auf eine Normierung des Flüchtlingsschutzes begründet sind, sind in Situationen der plötzlichen Änderung der Umstände meist zu starr und unflexibel. Regelmäßig wird eine fehlende Normierung als erklärende Ausrede für das Nichthandeln der Politik in dieser veränderten Situation vorgeschoben. Verdeutlicht wird dies zum Beispiel am Fall der Verordnung (EU) Nr. 604/2013 (Dublin III-Verordnung). Die einzelnen Mitgliedstaaten der EU berufen sich auf diese – der derzeitigen tatsächlichen Situation unangepasste – Vorschrift, um ihre Schutzverpflichtungen gegenüber Flüchtlingen abzustreiten und die Verpflichtung zur Aufnahme der Schutzsuchenden auf andere Mitgliedstaaten abzuschieben. Auch die bestehende Kritik an der GFK, dass diese veraltet und zu starr sei, verdeutlicht, dass eine Schutznormierung nicht in jedem erforderlichen Fall Schutz gewährt.

Neben diesem grundlegenden Unterschied der Gewichtung von politischen Einflüssen und rechtlichen Normierungen unterscheiden sich zudem die Regelungs- und Steuerungsregime im Umgang mit der Fluchtmigration in Australien und der EU.

Australien betreibt ein umfassendes System zur Steuerung von Fluchtmigration, das insbesondere einen Schwerpunkt auf die Abwehr von unautorisierten Schutzsuchenden legt, die mit dem Boot australisches Gebiet erreichen bzw. zu erreichen suchen. Als umfassend ist das System zu beschreiben, da die einzelnen Komponenten der Steuerung zusammenspielen, verwoben sind und sich gegenseitig bedingen. Dies verdeutlicht das Beispiel der Koppelung der Obergrenze für die verschiedenen Varianten der Vergabe von Schutzplätzen; hierbei wird die Anzahl der Offshore und Onshore Protection-Plätze unter einer gemeinsamen Obergrenze zusammengefasst. Soweit die für ein Finanzjahr vorgesehene Kapazität in einem Schutzprogramm ausgeschöpft ist, wird auf die noch nicht erschöpfte Kapazität des anderen Schutzprogramms zurückgegriffen, ohne jedoch einen weiteren Ausgleich im Rahmen der Gesamtzahl der zu vergebenden Schutzplätze zu schaffen. Zudem verdeutlicht sich eine klare benachteiligende Behandlung von Schutzsuchenden, die sich nicht an die australischen Einreisevorgaben halten, die also innerhalb des australischen Gebietes Schutz suchen, ohne dabei eine gültige Aufenthaltsberechtigung zu besitzen.

In der EU besteht ebenfalls eine Vielzahl an Mechanismen, die spezifisch den Zugang für Schutzsuchende zum Gebiet der EU regulieren. Diese Mechanismen spielen jedoch nur vereinzelt zusammen und bilden dabei kein abschließendes System. So besteht der Schutz im Rahmen der Gewährung von Asyl unabhängig von weiteren Schutzmechanismen, wie zum Beispiel eines möglichen Resettlement-Programmes. Eine gegenseitige Bedingung dieser Programme besteht in der Systematik des EU-Flüchtlingsrechts nicht.

Ein weiterer grundlegender Unterschied ist das Verständnis hinsichtlich der grundsätzlichen Dauer der Schutzgewährung.

In der EU bildet der vorübergehende Schutz, wie er auch der GFK zu entnehmen ist, den Grundsatz.

Australiens grundlegender Schutzumfang versteht sich hingegen als ein dauerhafter Schutzaufenthalt. Vom australischen Staat anerkannte Schutzsuchende erhalten im Rahmen des Resettlements oder im Rahmen der regulären Onshore Protection einen dauerhaften Aufenthaltsstatus mit einer frühzeitigen Möglichkeit, die australische Staatsbürgerschaft zu beantragen.

Dieser Unterschied liefert eine Erklärung dafür, dass Australien hinsichtlich der Gewährung dieses Schutzstatus strengere Maßstäbe anlegt. Denn der australische Schutz bewirkt eine dauerhafte Verbindung des Individuums zum Staat.

All diese grundlegenden Unterschiede in den Systemen zur Steuerung der Fluchtmigration in der EU und Australien erklären die unterschiedliche mediale, gesellschaftliche und politische Wahrnehmung der Flüchtlingsproblematik auf den verschiedenen Ebenen, in den Regionen und in den Nationalstaaten. Diese Unterschiede begründen und bedingen die Herangehensweisen der Staaten und Regionen im Umgang mit der Fluchtmigration und dem Schutz von Flüchtlingen. Dies bedeutet folglich auch, dass diese grundlegenden Unterschiede in der Beurteilung der Rechtmäßigkeit jeder einzelnen Maßnahme der jeweiligen Systeme hinreichend zu berücksichtigen sind. Sofern in Betracht gezogen wird, Mechanismen oder Systeme, die bereits in einem anderen Staat oder Regionalorganisation etabliert sind, in das eigene nationale oder regionale System zu implementieren, sind diese vergleichenden Erwägungen zu berücksichtigen.

Aufgrund des vorliegend gezogenen Vergleichs der Systeme der EU und Australiens zur Steuerung der Fluchtmigration ist festzustellen, dass beide Systeme offenkundige Schwächen haben, die zu Recht eine kritische Betrachtung erfahren. Beiden Systemen sind jedoch ebenso Ansätze zu entnehmen, deren

Heranziehung und Umsetzung im System des jeweiligen anderen Vergleichsobjekts ein positives Fortkommen in der globalen Fluchtproblematik bewirken könnten.

Das australische System sollte dazu dem Grunde nach als Vorbild eines unionseuropäischen Resettlement-Systems gelten.

Das australische Resettlement ist seit Jahren Vorbild hinsichtlich des Umfangs seiner Resettlement-Maßnahmen und hinsichtlich ihrer Ausgestaltung. Den Großteil des humanitären Schutzrahmens erfüllt Australien im Rahmen des Resettlement-Programms. Der zu würdigende Vorteil dieses Systems ist, dass den Schutzsuchenden eine riskante Fluchtroute erübrigt wird. Die Schutzantragstellung erfolgt regelmäßig in Lagern oder Staaten in unmittelbarer Nähe zum Heimat- oder Herkunftsstaat der Schutzsuchenden. Mit Erhalt eines Resettlementplatzes werden die Schutzsuchenden vom Schutzstaat auf sichere Weise in das Staatsgebiet verbracht.

Allerdings sollten diskriminierende Erwägungen hinsichtlich der Auswahl der Schutzsuchenden im Rahmen eines Resettlements ausgeschlossen werden. Im Zentrum der Auswahl sollte allein die Schutzbedürftigkeit der Antragsteller stehen.

Ebenso als Vorbild sollte die australische ganzheitliche Betrachtung hinsichtlich der Verteilung von Schutzsuchenden im australischen Gebiet gesehen werden. Die Schaffung von Anreizen für Schutzsuchende, sich in diesen Gebieten Australiens niederzulassen, die von der Anwesenheit der Schutzsuchenden ebenfalls profitieren, stellt einen Ansatz dar, der in besonderem Maße wirtschaftliche Aspekte des Nationalstaates mit Schutzaspekten zugunsten der Individuen in Einklang bringt.

Die EU hingegen sollte als Vorbild gesehen werden hinsichtlich ihrer starken Normierung von Menschenrechten, die ebenfalls Schutzrechte für Flüchtlinge darstellen. Diese Rechte gewähren die Einhaltung verbindlicher Mindeststandards, die in politischen Erwägungen beachtet werden müssen. Dies führt zu einer Transparenz des Flüchtlingsschutzes, da diese Mindeststandards zu jeder Zeit gewahrt und beachtet werden müssen.

Eine Steuerung der Fluchtmigration bei gleichzeitiger Wahrung der Flüchtlings- und Menschenrechte ist grundsätzlich möglich.[1120] Die sich gegenüberstehenden Grundsätze der Sicherung und Wahrung der Souveränität und

1120 So im Ergebnis auch *Thym, Daniel*: Migrationssteuerung im Einklang mit den Menschenrechten – Anmerkungen zu den migrationspolitischen Diskursen der Gegenwart, ZAR 2018, Vol. 38, Nr. 5-6, S. 193 ff.

Funktionsfähigkeit des Nationalstaates und der Schutz des Individuums können bei abwägender Betrachtung in Einklang gebracht werden. Dies fordert jedoch eine grundlegende universelle Zusammenarbeit aller Staaten zur Bewältigung von Fluchtbewegungen. Auf nationalstaatlicher politischer Ebene ist dies leider regelmäßig schwer durchzusetzen.

Dies erklärt und begründet, warum Problematiken rund um Flucht und Migration keine neuen oder regionalen Erscheinungen sind.

Flucht und Migration waren und sind zeitlose und vor allem globale Themen.

Literaturverzeichnis

- alle Hyperlinks letztmalig besucht am 30. April 2022 -

Agentur der Europäischen Union für Grundrechte/Europarat: Handbuch zu den europarechtlichen Grundlagen im Bereich Asyl, Grenzen und Migration, Ausgabe 2014, Luxemburg 2014

Aleinikoff, T. Alexander: The mandate of the Office of the United Nations High Commissioner for Refugees, in: Chetail, Vincent/Bauloz, Céline (Hrsg): Research Handbook on International Law and Migration, Edward Elgar Publishing Limited Cheltenham 2014, S. 389-416

Alleweldt, Ralf: Preamble to the 1951 Convention, in: Zimmermann, Andreas (Hrsg): The 1951 Convention Relating to the Status of Refugees and its 1967 Protocol – A Commentary, Oxford University Press Oxford 2011, S.225-240

Amnesty International: Report 2016/17 - The State of the World's Human Rights, Stand 2017, online abrufbar unter: https://www.amnesty.org/en/wp-content/uploads/2021/05/POL1048002017ENGLISH.pdf

Amnesty International: Report 2017/2018 – Zur Weltweiten Lage der Menschenrechte, Nauru 2017/2018, Stand Dezember 2017 online abrufbar unter: https://www.amnesty.de/jahresbericht/2018/nauru#section-3518943

Arboleda, Eduardo/Hoy, Ian: The Convention Refugee Definition in the West: Disharmony of Interpretation and Application, International Journal of Refugee Law, 1993, Vol. 5, Nr. 1, S. 66-90

Australian Administrative Appeals Tribunal: A Guide to Refugee Law in Australia, Migration and Refugee Division Legal Services, Commonwealth of Australia 2020, online abrufbar unter: https://www.aat.gov.au/guide-to-refugee-law-in-australia

Australian Government/Department of Home Affairs: Annual Report 2018-2019, Stand 2019, online abrufbar unter: https://www.homeaffairs.gov.au/reports-and-pubs/Annualreports/home-affairs-annual-report-2018-19.pdf

Australian Government/Department of Home Affairs: Australia's offshore Humanitarian Program: 2018-19, Stand 2019, online abrufbar unter: https://www.homeaffairs.gov.au/research-and-stats/files/australia-offshore-humanitarian-program-2018-19.pdf

Australian Government/Department of Home Affairs: Become an Australian citizen (by conferral): Permanent residents or New Zealand citizens, April 2020, online abrufbar unter: https://immi.homeaffairs.gov.au/citizenship/become-a-citizen/permanent-resident#Eligibility

Australian Government/Department of Home Affairs: Discussion Paper – Australia's Humanitarian Program 2019-20, online abrufbar unter: https://www.homeaffairs.gov.au/reports-and-pubs/files/2019-20-discussion-paper.pdf

Australian Government/Department of Home Affairs: Refugee and humanitarian program: About the program, März 2020, online abrufbar unter: https://immi.homeaffairs.gov.au/what-we-do/refugee-and-humanitarian-program/about-the-program/about-the-program

Babeck, Wolfgang: Einführung in das australische Recht mit neuseeländischem Recht, C.H.Beck München 2011

Bailey, Peter H.: Human Rights – Australia in an International Context, Butterworths Sydney 1990

Bamberg, Katharina: The EU Resettlement Framework: From a humanitarian pathway to a migration management tool?, European Policy Centre, Discussion Paper, European Migration and Diversity Programme, vom 26. Juni 2018

Bast, Jürgen: Vom subsidiären Schutz zum europäischen Flüchtlingsbegriff, ZAR 2018, S. 41-46

BBC News: Migrant crisis: Italy minister Salvini closes ports to NGO boats, vom 30. Juni 2018, online abrufbar unter: https://www.bbc.com/news/world-europe-44668062

Ben-Nun, Gilad: From *Ad Hoc* to Universal: The International Refugee Regime from Fragmentation to Unity 1922-1954, Refugee Survey Quaterly, 2015, Vol. 34, S. 23-44

Bergmann, Jan: Grundrechtecharta der EU, in: Bergmann, Jan/Dienelt, Klaus (Hrsg): Ausländerrecht, C.H. Beck München 13. Auflage 2020, S. 1945-2010

Beushausen, Till: Völkerrechtliche Pflichten und Rechte von (EU-) Küstenstaaten gegenüber Migranten auf See, ZAR 2010, S. 45-49

Biedermann, Bettina: Migration und Integration, in: Biedermann, Bettina/Dieter, Heribert (Hrsg): Länderbericht Australien, Bundeszentrale für politische Bildung Bonn 2012, S. 243-284

Boeles, Pieter/den Heijer, Maarten/Lodder, Gerrie/Wouters, Kees: European Migration Law, Intersentia Antwerpen 1. Auflage 2009

Bolzman, Claudio: Chilenische Flüchtlinge in Europa seit dem Militärputsch in Chile 1972 (Beispiel Schweiz), in: Bade, Klaus J./Emmer, Pieter C./Lucassen, Leo/Oltmer, Jochen (Hrsg): Enzyklopädie Migration in Europa – Vom 17. Jahrhundert bis zur Gegenwart, Ferdinand Schöningh Wilhelm Fink Paderborn 3. Auflage 2010, S. 436-438

Cassimatis, Anthony E./Lacey, Wendy/McNaughton, Anne/Rayfuse, Rosemary: An Australian Companion to Harris – Cases and Materials on International Law, Thomson Reuters Australia 2. Auflage 2011

Cellini, Amanda: Annex – Current Refugee Resettlement Program Profiles, in: Garnier, Adèle/Jubilut, Liliana Lyra/Bergtora Sandvik, Kristin (Hrsg): Refugee Resettlement – Power, Politics, and Humanitarian Governance, Berghan New York 2018, S. 253-305

Chappell, Louise/Chesterman, John/Hill, Lisa: The Politics of Human Rights in Australia, Cambridge University Press Cambridge 2009

Chetail, Vincent: Are Refugee Rights Human Rights? An Unorthodox Questioning of the Relations between Refugee Law and Human Rights Law, in: Rubio-Marín, Ruth (Hrsg): Human Rights and Immigration, Collected courses of the Academy of European Law, Oxford Scholarship Oxford 2014, S. 19-72

Chetail, Vincent: The transnational movement of persons under general international law – Mapping the customary law foundations of international migration law, in: Chetail, Vincent/ Bauloz, Céline (Hrsg): Research Handbook on International Law and Migration, Edward Elgar Cheltenham 2014, S. 1-72

Clark, David: Introduction to Australian Public Law, LexisNexis Butterworths Australia 5. Auflage 2016

Crawford, James: Brownlie's Principles of Public International Law, Oxford University Press Oxford 9. Auflage 2019

Crock, Mary/Berg, Laurie: Immigration, Refugees and Forced Migration – Law, Policy and Practice in Australia, The Federation Press Sydney 2011

Crock, Mary/Saul, Ben/Dastyari, Azadeh: Future Seekers II – Refugees and Irregular Migration in Australia, The Federation Press Sydney 2006

Dauvergne, Catherine: Humanitarianism, Identity, and Nation: Migration Laws in Canada and Australia, UBC Press Vancouver 2005

Deutsches Institut für Menschenrechte: Stellungnahme – Die EU-Türkei-Vereinbarung vom 18. März 2016: Umsetzung und Konsequenzen aus menschen- und flüchtlingsrechtlicher Perspektive – Empfehlungen an die Bundesregierung, vom 20. Juni 2016, online abrufbar unter: https://www.institut-fuer-menschenrechte.de/fileadmin/user_upload/Publikationen/Stellungnahmen/DIMR_Stellungnahme_Menschenrechtliche_Bewertung_EU-Tuerkei-Vereinbarung_in_ihrer_Umsetzung_20_06_2016.pdf

den Heijer, Maarten: Art. 18 – Right to Asylum, in: Peers, Steve/Hervey, Tamara/Kenner, Jeff/Ward, Angela: The EU Charter of Fundamental Rights – A Commentary, Hart Publishing Oxford 2014

Dörig, Harald: Asylum Qualification Directive 2011/95/EU (Articles 1-10) in: Hailbronner, Kay/Thym, Daniel (Hrsg): EU Immigration and Asylum Law – A Commentary, C.H. Beck München 2. Auflage 2016, S. 1108-1191

Dörig, Harald/Langenfeld, Christine: Massenzustrom erfordert EU-Zuständigkeit für Asylverfahren, NJW 2016, S. 1-5

Einarsen, Terje: Drafting History of the 1951 Convention and the 1967 Protocol, in: Zimmermann, Andreas (Hrsg): The 1951 Convention Relating to the Status of Refugees and its 1967 Protocol – A Commentary, Oxford University Press 2011, S. 37-73

Endres de Oliveira, Pauline in: Huber, Bertold/Eichenhofer, Johannes/Endres de Oliveira, Pauline: Aufenthaltsrecht, C.H. Beck München 1. Auflage 2017

Engler, Marcus: Europäische Asyl- und Flüchtlingspolitik seit 2015 – eine Bilanz, Bundeszentrale für politische Bildung, 11. Mai 2019, online abrufbar unter: https://www.bpb.de/gesellschaft/migration/laenderprofile/290977/europaeische-asyl-und-fluechtlingspolitik-seit-2015?p=all

Europarat Portal: Special Representative on Migration and Refugees, Special Representative of the Secretary General on Migration and Refugees, online abrufbar unter: https://www.coe.int/en/web/special-representative-secretary-general-migration-refugees/special-representative

Europarat Portal: Action Plan on Protecting Refugee and Migrant Children in Europe (2017- 2019), Special Representative of the Secretary General on Migration and Refugees, online abrufbar unter: https://www.coe.int/en/web/special-representative-secretary-general-migration-refugees/action-plan

Europäische Kommission: Bewältigung der Flüchtlingskrise: Kommission legt Bericht über die Durchführung des gemeinsamen Aktionsplans EU-Türkei vor, vom 10. Februar 2016, online abrufbar unter: https://ec.europa.eu/commission/presscorner/detail/de/IP_16_268.

Europäische Kommission: Die Europäische Migrationsagenda, Mitteilung der Kommission an das Europäische Parlament, den Rat, den Europäischen Wirtschafts- und Sozialausschuss und den Ausschuss der Regionen, vom 13.5.2015, COM(2015) 240 final, online abrufbar unter: https://ec.europa.eu/transparency/regdoc/rep/1/2015/DE/1-2015-240-DE-F1-1.PDF

Europäische Kommission: Die EU und die Migrationskrise, Factsheet, Juli 2017, online abrufbar unter: http://publications.europa.eu/resource/cellar/e9465e4f-b2e4-11e7-837e-01aa75ed71a1.0011.04/DOC_1

Europäische Kommission: Durchbruch bei der Migrationssteuerung und Grenzsicherung, Factsheet, Stand bis einschließlich 2018, online abrufbar unter: https://ec.europa.eu/commission/presscorner/detail/de/IP_19_1496

Europäische Kommission: Empfehlung der Kommission zu legalen Schutzwegen in die EU: Förderung der Neuansiedlung, der Aufnahme aus humanitären Gründen und andere komplementärer Zugangswege, vom 23.9.2020, C(2020) 6467 final

Europäische Kommission: Europäische Migrationsagenda: EU muss Fortschritte der letzten vier Jahre ausbauen, Pressemitteilung vom 6. März 2019, online abrufbar unter: https://ec.europa.eu/commission/presscorner/detail/de/ip_19_1496

Europäische Kommission: EU-Operationen im Mittelmeer, Factsheet, Stand Oktober 2016, online abrufbar unter: https://ec.europa.eu/home-affairs/sites/homeaffairs/files/what-we-do/policies/securing-eu-borders/fact-sheets/docs/20161006/eu_operations_in_the_mediterranean_sea_de.pdf

Europäische Kommission: Flüchtlingskrise: die Europäische Kommission handelt, Pressemitteilung vom 9. September 2015, online abrufbar unter: https://ec.europa.eu/commission/presscorner/detail/de/IP_15_5596

Europäische Kommission: Fortschrittsbericht über die Umsetzung der Europäischen Migrationsagenda, Mitteilung der Kommission an das Europäische Parlament, den Europäischen Rat und den Rat, vom 14. März 2018, COM(2018) 250 final, online abrufbar unter: https://ec.europa.eu/transparency/regdoc/rep/1/2018/DE/COM-2018-250-F1-DE-MAIN-PART-1.PDF

Europäische Kommission: Fortschrittsbericht über die Umsetzung der Europäischen Migrationsagenda, Mitteilung der Kommission an das Europäische Parlament, den Europäischen Rat und den Rat, vom 06. März 2019, COM(2019) 126 final, online abrufbar unter: https://ec.europa.eu/home-affairs/sites/homeaffairs/files/what-we-do/policies/european-agenda-migration/20190306_com-2019-126-report_de.pdf

Europäische Kommission: Fortschrittsbericht über die Umsetzung der Europäischen Migrationsagenda, Mitteilung der Kommission an das Europäische Parlament, den Europäischen Rat und den Rat, vom 16. Oktober 2019, COM(2019) 481 final, online abrufbar unter: https://ec.europa.eu/home-affairs/system/files/2019-10/20191016_com-2019-481-report_de.pdf

Europäische Kommission: How does Frontex Joint Operation Triton support search and rescue operations?, Factsheet, online abrufbar unter: https://ec.europa.eu/home-affairs/sites/homeaffairs/files/what-we-do/policies/european-agenda-migration/background-information/docs/frontex_triton_factsheet_en.pdf oder https://reliefweb.int/sites/reliefweb.int/files/resources/frontex_triton_factsheet_en.pdf

Europäische Kommission: EU-Turkey joint action plan, vom 15. Oktober 2015, online abrufbar unter https://ec.europa.eu/commission/presscorner/detail/en/MEMO_15_5860

Europäische Kommission: Proposal for a Regulation of the European Parliament and of the Council establishing a Union Resettlement Framework and amending Regulation (EU) No 516/2014 of the European Parliament and the Council, vom 13. Juli 2016, COM(2016) 468 final, online abrufbar unter: https://eur-lex.europa.eu/legal-content/EN/TXT/?uri=CELEX%3A52016PC0468

Europäische Kommission: Reformierung des Gemeinsamen Europäischen Asylsystems und Erleichterung legaler Wege nach Europa, Mitteilung der Kommission an das Europäische Parlament und den Rat, vom 06. April 2016, COM(2016) 197 final, online abrufbar unter: https://eur-lex.europa.eu/legal-content/DE/TXT/PDF/?uri=CELEX:52016DC0197&from=EN

Europäische Kommission: Relocation and Resettlement – State of Play, Factsheet, vom 8. Februar 2017, online abrufbar unter: https://ec.europa.eu/home-affairs/sites/homeaffairs/files/what-we-do/policies/european-agenda-migration/20170208_factsheet_on_relocation_and_resettlement_en.pdf oder https://ec.europa.eu/home-affairs/system/files/2020-09/factsheet_relocation_and_resettlement_-_state_of_play_en_2.pdf

Europäische Kommission: Statistik zur Migration nach Europa – Einwanderung in die europäische Gesellschaft – ein Überblick, online abrufbar unter: https://commission.europa.eu/strategy-and-policy/priorities-2019-2024/promoting-our-european-way-life/statistics-migration-europe_de#asylantr%C3%A4ge-in-europa

Europäische Kommission: Vollendung der Reform des Gemeinsamen Europäischen Asylsystems: eine effiziente, faire und humane Asylpolitik, Pressemitteilung (IP/16/2433) vom 13. Juli 2016, online abrufbar unter: http://europa.eu/rapid/press-release_IP-16-2433_de.htm

Europäische Kommission: Vorschlag für eine Richtlinie des Europäischen Parlaments und des Rates über gemeinsame Normen und Verfahren in den Mitgliedstaaten zur Rückführung illegal aufhältiger Drittstaatsangehöriger (Neufassung), vom 12. September 2018, COM(2018) 634 final, online abrufbar unter: https://eur-lex.europa.eu/resource.html?uri=cellar:829fbece-b661-11e8-99ee-01aa75ed71a1.0003.02/DOC_1&format=PDF

Europäische Kommission: Wir lassen Fakten sprechen: Mythen über Migration, Factsheet, März 2019, online abrufbar unter: https://ec.europa.eu/home-affairs/sites/homeaffairs/files/what-we-do/policies/european-agenda-migration/20190306_managing-migration-factsheet-debunking-myths-about-migration_de.pdf oder https://ec.europa.eu/commission/presscorner/detail/de/IP_19_1496

European Union/European External Action Service (EEAS): Central Mediterranean Route: Protection migrants and managing irregular flows, Factsheet, Brüssel, 16. Oktober 2019, (UNIQUE ID: 171117_39), online abrufbar unter: https://eeas.europa.eu/headquarters/headquarters-homepage/35787/central-mediterranean-route-protecting-migrants-and-managing-irregular-flows_en

European Union/European External Action Service (EEAS): EU actions along the Western Mediterranean Route, Factsheet, Brüssel, 16. Oktober 2019,

(UNIQUE ID: 181203_10), online abrufbar unter: https://eeas.europa.eu/headquarters/headquarters-homepage/54761/eu-actions-along-western-mediterranean-route_en.

Europäisches Parlament (European Parliament): Tampere Europäischer Rat 15. und 16. Oktober 1999, Schlussfolgerungen des Vorsitzes, 1999, online abrufbar unter: http://www.europarl.europa.eu/summits/tam_de.htm

Europäisches Parlament/Europäischer Rat: Entscheidung Nr. 573/2007/EG zur Einrichtung des Europäischen Flüchtlingsfonds für den Zeitraum 2008 bis 2013 innerhalb des Generellen Programms „Solidarität und Steuerung der Migrationsströme" und zur Aufhebung der Entscheidung 2004/904/EG des Rates, vom 23. Mai 2007, online abrufbar unter: https://eur-lex.europa.eu/legal-content/DE/TXT/PDF/?uri=CELEX:32007D0573&from=DE

Europäischer Rat: Schlussfolgerungen – Tagung vom 26./27. Juni 2014, EUCO 79/14 CO EUR 4 CONCL 2, vom 27. Juni 2014

Europäischer Rat: Tagung des Europäischen Rates (25. und 26. Juni 2015) – Schlussfolgerungen, EUCO 22/15, CO EUR 8 CONCL 3, vom 26. Juni 2015, online abrufbar unter: http://data.consilium.europa.eu/doc/document/ST-22-2015-INIT/de/pdf

Europäischer Rat: Tagung des Europäischen Rates (28. Juni 2018) – Schlussfolgerungen EUCO 9/18, CO EUR 9 CONCL 3, vom 28. Juni 2018, online abrufbar unter: https://www.consilium.europa.eu/media/35938/28-euco-final-conclusions-de.pdf

Europäischer Rat/Rat der Europäischen Union: Eine neue Strategische Agenda 2019-2024, Pressemitteilung vom 20. Juni 2019, online abrufbar unter: https://www.consilium.europa.eu/de/press/press-releases/2019/06/20/a-new-strategic-agenda-2019-2024/.

Europäischer Rat/Rat der Europäischen Union: Erklärung EU-Türkei, 18. März 2016, Pressemitteilung vom 18. März 2016, online abrufbar unter https://www.consilium.europa.eu/de/press/press-releases/2016/03/18/eu-turkey-statement/.

Europäischer Rat/Rat der Europäischen Union: EUNAVFOR MED: EU gibt grünes Licht für „Operation Sophia" – die aktive Phase der Operation gegen Schleuser, Pressemitteilung vom 28. September 2015, online abrufbar unter: https://www.consilium.europa.eu/de/press/press-releases/2015/09/28/eunavfor/

Europäischer Rat/Rat der Europäischen Union: Gipfeltreffen zu Migrationsfragen in Valletta, 11./12. November 2015, Stand Mai 2019, online abrufbar unter: https://www.consilium.europa.eu/de/meetings/international-summit/2015/11/11-12/

Europäischer Rat/Rat der Europäischen Union: Infografik – Migrationsströme: Östliche, zentrale und westliche Mittelmeerroute, Stand Juli 2020, online abrufbar unter https://www.consilium.europa.eu/de/infographics/eastern-and-central-mediterranean-routes-09-2017/

Europäischer Rat/Rat der Europäischen Union: Östliche Mittelmeerroute, April 2020, online abrufbar unter: https://www.consilium.europa.eu/de/policies/migratory-pressures/eastern-mediterranean-route/

Europäischer Rat/Rat der Europäischen Union: Rettung von Menschenleben auf See und Bekämpfung krimineller Netze, April 2020, online abrufbar unter: https://www.consilium.europa.eu/de/policies/migratory-pressures/sea-criminal-networks/

Europäischer Rat/Rat der Europäischen Union: Rettung von Menschenleben auf See und Bekämpfung von Migrantenschleusung, online abrufbar unter: https://www.consilium.europa.eu/de/policies/eu-migration-policy/saving-lives-sea/#operations.

Europäischer Rat/Rat der Europäischen Union: Zentrale Mittelmeerroute, April 2020, online abrufbar unter: https://www.consilium.europa.eu/de/policies/migratory-pressures/central-mediterranean-route/

Executive Committee of the High Commissioner's Programme: Beschluss Nr. 44 (XXXVII) Inhaftierung von Flüchtlingen und Asylsuchenden, vom 13. Oktober 1986, online abrufbar unter: https://www.refworld.org/docid/5db830582.html

Feller, Erika: Asylum, Migration and Refugee Protection: Realities, Myths and the Promise of Things to Come, International Journal of Refugee Law, 2006, Vol. 18, Ausgabe 3-4, S. 509-536

Frings, Dorothee: Flüchtlinge als Rechtssubjekte oder als Objekte gesonderter Rechte; in: Ghaderi, Cinur/Eppstein, Thomas (Hrsg): Flüchtlinge – Multiperspektivische Zugänge, Springer Fachmedien Wiesbaden 2017, S. 95-111

FRONTEX: Was ist Frontex?, 2020, online abrufbar unter: https://frontex.europa.eu/de/.

Fröhlich, Daniel: Das Asylrecht im Rahmen des Unionsrechts – Entstehung eines föderalen Asylregimes in der Europäischen Union, Mohr Siebeck Tübingen 2011

Funke-Kaiser, Michael: Asylpolitik der EU, in: Bergmann, Jan (Hrsg): Handlexikon der Europäischen Union, Nomos Verlagsgesellschaft Baden-Baden 5. Auflage 2015, S. 78-82

Gammeltoft-Hansen, Thomas: Extraterritorial Migration Control and the Reach of Human Rights, in: Chetail, Vincent/Bauloz, Céline (Hrsg): Research

Handbook on International Law and Migration, Edward Elgar Cheltenham 2014, S. 113-131

Gammeltoft-Hansen, Thomas: The Normative Impact of the Global Compact on Refugees, International Journal of Refugee Law, 2018, Vol. 30, Nr. 4, S. 605-610

Garlick, Madeline/Kumin, Judith: Seeking Asylum in the EU: Disentangling Refugee Protection from Migration Control, in: Martenczuk, Bernd/Van Thiel, Servaas (Hrsg): Justice, Liberty, Security: New Challenges for EU External Relations, VUBPRESS Brussels University Press Brüssel 2008, S. 111-144

Germov, Roz/Motta, Francesco: Refugee Law in Australia, Oxford University Press Oxford 2003

Ghezelbash, Daniel: Refugee Lost - Asylum Law in an Independent World, Cambridge University Press Cambridge 2018

Ghorashi, Halleh: Iranische Flüchtlinge in Nord-, West- und Mitteleuropa seit 1980 (Beispiel Niederlande), in: Bade, Klaus J./Emmer, Pieter C./Lucassen, Leo/Oltmer, Jochen (Hrsg): Enzyklopädie Migration in Europa – Vom 17. Jahrhundert bis zur Gegenwart, Ferdinand Schöningh Wilhelm Fink Paderborn 3. Auflage 2010, S. 646-649

Giannacopoulos, Maria/Loughnan, Claire: When closure isn't closure: carceral expansion on Manus Island, University of Melbourne, vom 17. Juli 2019, online abrufbar unter: https://arts.unimelb.edu.au/school-of-social-and-political-sciences/our-research/comparative-network-on-refugee-externalisation-policies/blog/carceral-expansion

Gleeson, Madeline: Australia's Responsibility for Offshore Processing on Nauru and Manus Island, in: Kaldor Centre, Research Brief, August 2018, online abrufbar unter: https://www.kaldorcentre.unsw.edu.au/sites/default/files/Research%20brief_responsibility_Aug2018.pdf

Gleeson, Madeline: Refugee Status Determination on Manus Island, in: Kaldor Centre, Research Brief, August 2018, online abrufbar unter: https://www.kaldorcentre.unsw.edu.au/sites/kaldorcentre.unsw.edu.au/files/Research%20Brief_NauruRSD_Aug2018.pdf

Glynn, Irial: Asylum Policy, Boat People and Political Discourse – Boats, Votes and Asylum in Australia and Italy, Palgrave Macmillan London 2016

Göbel-Zimmermann, Ralph/Eichhorn, Alexander/Beichel-Benedetti, Stephan: Asyl- und Flüchtlingsrecht, C.H. Beck München 1. Auflage 2017

Goeke, Pascal: Flüchtlinge aus dem ehemaligen Jugoslawien in Europa seit 1991, in: Bade, Klaus J./Emmer, Pieter C./Lucassen, Leo/Oltmer, Jochen (Hrsg): Enzyklopädie Migration in Europa – Vom 17. Jahrhundert bis zur Gegenwart, Ferdinand Schöningh Wilhelm Fink Paderborn 3. Auflage 2010, S. 578-585

Goodwin-Gill, Guy S.: The Extraterritorial Processing of Claims to Asylum or Protection: The Legal Responsibilities of States and International Organisations, UTS Law Review, 2007, Nr. 9, S. 26- 40

Goodwin-Gill, Guy S./McAdam, Jane: The Refugee in International Law, Oxford University Press Oxford 3. Auflage 2007

Grabenwarter, Christoph: Europäischer Grundrechteschutz, in: Hatje, Armin/ Müller-Graff, Peter-Christian: Enzyklopädie Europarecht, Band 2, Nomos Verlagsgesellschaft Baden-Baden, 2. Auflage 2022

Guilfoyle, Douglas in: Proelss Alexander: Law of the Sea - A Commentary, C.H. Beck Verlag München 2017

Haase, Marianne/Jugl, Jan C.: Asyl- und Flüchtlingspolitik der EU, Bundeszentrale für Politische Bildung, Stand: 27. November 2007

Haedrich, Martina: Völker- und europarechtliche Grundlagen des Menschenrechtsschutzes für Flüchtlinge, in: Oppelland, Torsten (Hrsg): Das Recht auf Asyl im Spannungsfeld von Menschenrechtsschutz und Migrationsdynamik, Berliner Wissenschaftsverlag Berlin 1. Auflage 2017, S. 49-73

Hailbronner, Kay/Thym, Daniel: Constitutional Framework and Principles for Interpretation, in: Hailbronner, Kay/Thym, Daniel (Hrsg): EU Immigration and Asylum Law – A Commentary, C.H.Beck München 2. Auflage 2016, S. 1-30

Hailbronner, Kay/Thym, Daniel: Legal Framework for EU Asylum Policy, in: Hailbronner, Kay/Thym, Daniel (Hrsg): EU Immigration and Asylum Law – A Commentary, C.H.Beck München 2. Auflage 2016, S. 1023-1053

Haratsch, Andreas/Koenig, Christian/Pechstein, Matthias: Europarecht, Mohr Siebeck Tübingen 11. Auflage 2018

Harris, Chauncy D./Wülker, Gabriel: The Refugee Problem of Germany, Economic Geography, 1953, Vol. 23, Nr. 1, S. 10-25

Hathaway, James C.: Refugees and Asylum, in: Opeskin, Brian/Perruchoud, Richard/Redpath-Cross, Jillyanne (Hrsg): Foundations of International Migration Law, Cambridge University Press Cambridge 2012, S. 177-204

Hathaway, James C.: The Rights of Refugees under International Law, Cambridge University Press Cambridge 2005

Hathaway, James C.: Three legal requirements for the EU-Turkey deal: An interview with JAMES HATHAWAY, Verfassungsblog, 09. März 2016, online abrufbar unter: http://verfassungsblog.de/three-legal-requirements-for-the-eu-turkey-deal-an-interview-with-james-hathaway/.

Herdegen, Matthias: Europarecht, C.H. Beck München 21. Auflage 2019

Herdegen, Matthias: Völkerrecht, C.H. Beck München 18. Auflage 2019

Higgins, Claire: Temporary Protection Visas (TPVs) and Safe Haven Enterprise Visas (SHEVs), in: Kaldor Centre, Research Brief, April 2019, online abrufbar unter: https://www.kaldorcentre.unsw.edu.au/sites/default/files/Research%20 Brief_TPV_SHEV_Aug2018.pdf

Hirsch, Asher Lazarus: The Borders Beyond the Border: Australia's Extraterritorial Migration Controls, Refugee Survey Quarterly, 2017, Vol. 36, S. 48-80

Hobe, Stephan: Einführung in das Völkerrecht, A. Franke Verlag Tübingen 10. Auflage 2014

Hoerder, Dirk/Lucassen, Jan/Lucassen Leo: Terminologien und Konzepte in der Migrationsforschung, in: Bade, Klaus J./Emmer, Pieter C./Lucassen, Leo/Oltmer, Jochen (Hrsg): Enzyklopädie Migration in Europa – Vom 17. Jahrhundert bis zur Gegenwart, Ferdinand Schöningh Wilhelm Fink Paderborn 3. Auflage 2010, S. 28-53

Hofmann, Rainer/Donath, Philipp B.: Die Asylverfahrensrichtlinie unter besonderer Berücksichtigung völkerrechtlicher Standards, in: Hofmann, Rainer/ Löhr, Tillmann (Hrsg): Europäisches Flüchtlings- und Einwanderungsrecht – Eine kritische Zwischenbilanz, Nomos Verlagsgesellschaft Baden-Baden 2008, S. 19-45

Hofmann, Rainer/Schmidt, Adela: Die Erklärung EU-Türkei vom 18.3.2016 aus rechtlicher Perspektive, NVwZ-Extra, 2016, Vol. 35, Nr. 11, S. 1-9

Hofmann, Tessa: Armenische Flüchtlinge in Frankreich seit dem Ersten Weltkrieg, in: Bade, Klaus J./Emmer, Pieter C./Lucassen, Leo/Oltmer, Jochen (Hrsg): Enzyklopädie Migration in Europa – Vom 17. Jahrhundert bis zur Gegenwart, Ferdinand Schöningh Wilhelm Fink Paderborn 3. Auflage 2010, S. 380-382

Hyndman, Jennifer/Mountz, Alison: Another Brick in the Wall? Neo-Refoulement and the Externalization of Asylum by Australia and Europe, Government and Opposition, 2009, Vol. 43, Nr. 2, S. 249-269

Ipsen, Knut: Völkerrecht, C.H. Beck München 6. Auflage 2014

Jakuleviciene, Lyra/Blileisis, Mantas: EU Refugee Resettlement: Key Challenges of Expanding the Practice into New Member States, in: Baltic Journal of Law & Politics, A Journal of Vytautas Magnus University, 2016, Vol. 9, Nr. 1, S. 93-123

Kaldor Centre (Andrew & Renata Kaldor Centre for International Refugee Law): Australia's refugee policy: An overview, Factsheet, Juli 2020, online abrufbar unter: https://www.kaldorcentre.unsw.edu.au/sites/default/files/Factsheet_ Australian%20Refugee%20Policy_Apr2019.pdf

Kaldor Centre (Andrew & Renata Kaldor Centre for International Refugee Law): Australia-United States Resettlement Arrangement, Factsheet, 24. März

2020, online abrufbar unter: https://www.kaldorcentre.unsw.edu.au/publication/australia–united-states-resettlement-arrangement.

Kaldor Centre (Andrew & Renata Kaldor Centre for International Refugee Law): Frequently Asked Questions About Refugees, Factsheet, Oktober 2018, online abrufbar unter: https://www.kaldorcentre.unsw.edu.au/sites/default/files/Factsheet_FAQ_Nov2018.pdf

Kaldor Centre (Andrew & Renata Kaldor Centre for International Refugee Law): Reseach Brief: European Responses to Forced Migration: 2015 - June 2018, Dezember 2018, online abrufbar unter: https://www.kaldorcentre.unsw.edu.au/sites/default/files/ResearchBrief_EuropeanApproachesToForcedMigration_Final.pdf

Kaldor Centre (Andrew & Renata Kaldor Centre for International Refugee Law): Research Brief: Turning Back Boats, August 2018 online abrufbar unter: https://www.kaldorcentre.unsw.edu.au/sites/default/files/Research%20Brief_Turning%20back%20boats_final.pdf

Kaldor Centre (Andrew & Renata Kaldor Centre for International Refugee Law): Resettlement, Factsheet, Februar 2019, online abrufbar unter: https://www.kaldorcentre.unsw.edu.au/sites/default/files/Factsheet_Resettlement.pdf

Kaldor Centre (Andrew & Renata Kaldor Centre for International Refugee Law): Temporary Protection Visas (TPVs) and Safe Haven Enterprise Visas (SHEVs), Factsheet, April 2019, online abrufbar unter: https://www.kaldorcentre.unsw.edu.au/publication/temporary-protection-visas

Kaldor Centre (Andrew & Renata Kaldor Centre for International Refugee Law): Turning back boats, Factsheet, April 2019, online abrufbar unter: https://www.kaldorcentre.unsw.edu.au/publication/turning-back-boats-0

Kaldor Centre (Andrew & Renata Kaldor Centre for International Refugee Law): When can refugees be removed from Australia?, Factsheet, August 2018, online abrufbar unter: https://www.kaldorcentre.unsw.edu.au/sites/default/files/Factsheet_Removal%20from%20Australia_Aug2018.pdf

Kälin, Walter/Epiney, Astrid/Caroni, Martina/Künzli, Jörg: Völkerrecht – Eine Einführung, Stämpfli Verlag Bern 4. Auflage 2016

Kälin, Walter/Künzli, Jörg: Universeller Menschenrechtsschutz – Der Schutz des Individuums auf globaler und regionaler Ebene, Helbing Lichtenhahn Verlag Basel 4. Auflage 2019

Karlsen, Elibritt: Refugee resettlement to Australia: what are the facts, Parliament of Australia, 07. September 2016, online abrufbar unter: https://www.aph.gov.au/About_Parliament/Parliamentary_Departments/Parliamentary_Library/pubs/rp/rp1617/RefugeeResettlement

Karlsen, Elibritt/Phillips, Janet: Developments in Australian refugee law and policy (2012 to August 2013), Parliament of Australia, Department of Parliamentary Services, Research Paper Series, 2014-15, 25. September 2014, online abrufbar unter: https://www.aph.gov.au/About_Parliament/Parliamentary_Departments/Parliamentary_Library/pubs/rp/rp1415/RefugeeLawPolicy

Karlsen, Elibritt/Phillips, Janet: Developments in Australian refugee law and policy: the Abbott and Turnbull Coalition governments (2013-2016), Parliament of Australia, Department of Parliamentary Services, Research Paper Series, 2017-18, 19. September 2017, online abrufbar unter: https://www.aph.gov.au/About_Parliament/Parliamentary_Departments/Parliamentary_Library/pubs/rp/rp1718/Australian_refugee_law_and_policy

Kau, Marcel: Der Staat und der Einzelne als Völkerrechtssubjekt, in: Vitzthum, Wolfgang Graf/Proelß, Alexander (Hrsg): Völkerrecht, De Gruyter Berlin 8. Auflage 2019, S. 159-318

Keeley, Brian: Internationale Migration – Die menschliche Seite der Globalisierung, Bundeszentrale für politische Bildung Bonn 2010

Khan, Daniel-Erasmus in: Proelss Alexander: Law of the Sea - A Commentary, C.H. Beck Verlag München 2017

Kimminich, Otto: Grundprobleme des Asylrechts, Wissenschaftliche Buchgesellschaft Darmstadt 1983

Kischel, Uwe: Rechtsvergleichung, C.H.Beck München 2015

Kleist, J. Olaf: The History of Refugee Protection: Conceptual and Methodological Challenges, Journal of Refugee Studies, 2017, Vol. 30, Nr. 2, S. 161-169

Klug, Anja: Regional Developments: Europe, in: Zimmermann, Andreas (Hrsg): The 1951 Convention Relating to the Status of Refugees and its 1967 Protocol – A Commentary, Oxford University Press Oxford 2011, S. 117-144

Kneebone, Susan: Refugees and displaced persons: the refugee definition and ‚humanitarian' protection, in: Joseph, Sarah/McBeth, Adam (Hrsg): Research Handbook on International Human Rights Law, Edward Elgar Cheltenham 2010, S. 215-240

Kneebone, Susan: The Pacific Plan: The Provision of ‚Effective Protection'?, International Journal of Refugee Law, 2006, Vol. 18, Nr. 3-4, S. 696-721

Kneebone, Susan/McDowell, Chrisopher/Morrell, Gareth: A Mediterranean Solution? Chances of Success, International Journal of Refugee Law, 2006, Vol. 18, Nr. 3-4, S. 492-508

Kokott, Juliane/Doehring, Karl/Buergenthal, Thomas: Grundzüge des Völkerrechts, C.F. Müller Heidelberg 3. Auflage 2003

Kühl, Kristian/Reichold, Hermann/Ronellenfitsch, Michael: Einführung in die Rechtswissenschaft – Ein Studienbuch, C.H.Beck München 3. Auflage 2019

Lauterpacht, Sir Elihu/Bethlehem, Daniel: The scope and content of the principle of non-refoulement: Opinion, in: Feller, Erika/Türk, Volker/Nicholson, Frances (Hrsg): Refugee Protection in International Law: UNHCR's Global Consultations on International Protection, Cambridge University Press Cambridge 2003, S. 87-177

Legomsky, Stephen H.: The removal of irregular migrants in Europe and America, in: Chetail, Vincent/Bauloz, Céline (Hrsg): Research Handbook on International Law and Migration, Edward Elgar Cheltenham 2014, S. 148-169

Lehnert, Matthias/Markard, Nora: Mittelmeerroulette – Das Hirsi-Urteil des EGMR und die europäische Grenzschutzpolitik auf See, ZAR 2012, S. 194-199

Löhr, Tillmann: Die kinderspezifische Auslegung des völkerrechtlichen Flüchtlingsbegriffs, Nomos Verlagsgesellschaft Baden-Baden 2009

Löhr, Tillmann: Die Qualifikationsrichtlinie: Rückschritt hinter internationalen Standards?, in: Hofmann, Rainer/Löhr, Tillmann (Hrsg): Europäisches Flüchtlings- und Einwanderungsrecht – Eine kritische Zwischenbilanz, Nomos Verlagsgesellschaft Baden-Baden 2008, S. 47-97

Losoncz, Ibolya: The Structural and Institutional Exclusion of Refugees in Australia, in: Garnier, Adèle/Jubilut, Liliana Lyra/Bergtora Sandvik, Kristin (Hrsg): Refugee Resettlement – Power, Politics, and Humanitarian Governance, Berghahn Books New York 2018, S. 139-158

Lutterbeck, Derek: Policing Migration in the Mediterranean, Mediterranean Politics, 2006, Vol. 11, Nr. 1, S. 59-82

Lüthi, Damaris: Sri Lanka-Tamilen in West- und Mitteleuropa seit den 1980er Jahren (Beispiel Schweiz), in: Bade, Klaus J./Emmer, Pieter C./Lucassen, Leo/Oltmer, Jochen (Hrsg): Enzyklopädie Migration in Europa – Vom 17. Jahrhundert bis zur Gegenwart, Ferdinand Schöningh Wilhelm Fink Paderborn 3. Auflage 2010, S. 1011-1015

Mahlmann, Matthias: Konkrete Gerechtigkeit – Eine Einführung in Recht und Rechtswissenschaft der Gegenwart, Nomos Verlagsgesellschaft Baden-Baden 4. Auflage 2019

Mankowski, Emily: From ‚Boat People' to Refugees: Analysing the Plight of Asylum Seekers in Australia and the Country's Violations of International Law, Engaged Learning Collection, 2014, Paper 46, online abrufbar unter: https://scholar.smu.edu/cgi/viewcontent.cgi?article=1045&context=upjournal_research

Manning, Patrick: Wanderung Flucht Vertreibung – Geschichte der Migration, magnusglobal Essen 2007

Markard, Nora: Ein neues Schutzkonzept? Der Einfluss der Menschenrechte auf den internationalen Schutz, ZAR 2/2015, S. 56-60

Markard, Nora/Heuser, Helene: „Hotspots" an den EU-Außengrenzen: Menschen- und europarechtswidrige Internierungslager, ZAR, 2016, Nr. 5-6, S. 165-171

Marugg, Michael: Völkerrechtliche Definitionen des Ausdruckes „Flüchtling", Ein Beitrag zur Geschichte unter besonderer Berücksichtigung sogenannter de-facto-Flüchtlinge, Helbing & Lichtenhahn Basel 1990

McAdam, Jane: The Enduring Relevance of the 1951 Refugee Convention, International Journal of Refugee Law, 2017, Vol. 29, Nr. 1, S. 1-9

McAdam, Jane/Chong, Fiona: Refugees – Why seeking Asylum is legal and Australia's policies are not, UNSW Press Sydney 2014

McDonald, Brooke/Gifford, Sandy/Webster, Kim/Wiseman, John/Casey, Sue: Refugee Resettlement in Regional and Rural Victoria: Impacts and Policy Issues, VicHealth März 2008, online abrufbar unter: https://www.researchgate.net/publication/242306952_Refugee_Resettlement_in_Regional_and_Rural_Victoria_Impacts_and_Policy_Issues

McMaster, Don: Asylum Seekers – Australia's Response to Refugees, Melbourne University Press Melbourne 2001

Meiritz, Annett: Australien ist auch keine Lösung, Spiegel-online vom 05.08.2016, online abrufbar unter: https://www.spiegel.de/politik/ausland/fluechtlingskrise-das-modell-australien-ist-fuer-die-eu-kein-vorbild-a-1106179.html

Moreno-Lax, Violeta: Hirsi Jamaa and Others v Italy or the Strasbourg Court versus Extraterritorial Migration Control?, Human Rights Law Review, 2012, Vol. 12, Nr. 3, S. 574-598

Moreno-Lax, Violeta: The Interdiction of Asylum Seekers at Sea: Law and (mal) practice in Europe and Australia, in: Kaldor Centre (Andrew & Renata Kaldor Centre for International Refugee Law): Policy Brief 4, Mai 2017, online abrufbar unter: https://www.kaldorcentre.unsw.edu.au/sites/default/files/Policy_Brief_4_Interdiction_of_asylum_seekers_at_sea.pdf

Moreno-Lax, Violeta/Guiffré, Mariagiulia: The Rise of Consensual Containment: From ‚Contactless Control' to ‚Contactless Responsibility' for Forced Migration Flows, in Juss, Satvinder (Hrsg): Research Handbook on International Refugee Law, Edward Elgar Cheltenham 2019, S. 82-109

Münz, Rainer: Phasen und Formen der europäischen Migration, in: Angenendt, Steffen (Hrsg): Migration und Flucht – Aufgaben und Strategien für Deutschland, Europa und die internationale Gemeinschaft, Schriftenreihe der Bundeszentrale für politische Bildung Bonn 1997, S. 34-48

Neumann, Klaus: ‚Queue jumpers' and ‚boat people': the way we talk about refugees began in 1977, The Guardian, vom 5. Juni 2015, online abrufbar unter: https://www.theguardian.com/commentisfree/2015/jun/05/queue-jumpers-and-boat-people-the-way-we-talk-about-refugees-began-in-1977

Nuscheler, Franz: Internationale Migration – Flucht und Asyl, VS Verlag Wiesbaden 2. Auflage 2004

Nußberger, Angelika: Flüchtlingsschicksale zwischen Völkerrecht und Politik – Zur Rechtsprechung des EGMR zu Fragen der Staatenverantwortung in Migrationsfällen, NVwZ 2016, S. 815-822

Nygh, Peter/Blay, Sam: Refugees, in: Blay, Sam/Piotrowicz, Ryszard/Tsomenyi, Martin (Hrsg): Public International Law – An Australian Perspective, Oxford University Press Oxford 2. Auflage 2005, S. 287-323

Nykänen, Eeva: Fragmented State Power and Forced Migration: A Study on Non-State Actors in Refugee Law, Martinus Nijhoff Publishers Leiden 2012

Oltmer, Jochen: Flucht, Vertreibung, Asyl: Gewaltmigration und Aufnahme von Schutzsuchenden im 20. und frühen 21. Jahrhundert, in: Oppelland, Torsten (Hrsg): Das Recht auf Asyl im Spannungsfeld von Menschenrechtsschutz und Migrationsdynamik, Berliner Wissenschaftsverlag Berlin 2017, S. 75-111

Oltmer, Jochen: Globale Migration – Geschichte und Gegenwart, C.H.Beck München 2012

Oltmer, Jochen: Migration – Geschichte und Zukunft der Gegenwart, Theiss Verlag Stuttgart 2017

Oltmer, Jochen: Migration vom 19. bis zum 21. Jahrhundert – Enzyklopädie Deutscher Geschichte, De Gruyter Berlin 3. Auflage 2016

OSZE (Organisation für Sicherheit und Zusammenarbeit in Europa): Wer wir sind, Stand 2020, online abrufbar unter: https://www.osce.org/de/who-we-are

Oudejans, Nanda/Rijken, Conny/Pijnenburg, Annick: Protecting the EU External Borders and the Prohibition of Refoulement, Melbourne Journal of International Law, 2018, Vol. 19 (2)

Parliament of Australia: Chapter 10 – Pacific Solution: Negotiations and Agreements, online abrufbar unter: https://www.aph.gov.au/Parliamentary_Business/Committees/Senate/Former_Committees/maritimeincident/report/c10

Parliament of the Commonwealth of Australia/House of Representatives: Explanatory Memorandum, Migration and Maritime Powers Legislation Amendment (Resolving the Asylum Caseload Legacy) Bill 2014, S. 10, online abrufbar unter: https://www.aph.gov.au/Parliamentary_Business/Bills_LEGislation/Bills_Search_Results/Result?bId=r5346

Parliamentary Joint Committee on Human Rights: Examination of legislation in accordance with the Human Rights (Parliamentary Scrutiny) Act 2011 – Migration Legislation Amendment (Regional Processing and Other Measures) Act 2012 and related legislation, 9. Report 2013, online abrufbar unter: https://www.aph.gov.au/Parliamentary_Business/Committees/Joint/Human_Rights/Scrutiny_reports/2013/2013/92013/index

Peers, Steve: Immigration, Asylum and the European Union Charter of Fundamental Rights, in: Guild, Elspeth/Minderhoud, Paul (Hrsg): The first decade of EU Migration and Asylum Law, Martinus Nijhoff Publishers Leiden 2011, S. 437-468

Phillips, Janet: A comparison of Coalition and Labor government asylum policies in Australia since 2001, Parliament of Australia, Department of Parlimantary Servies, Research Paper Series, 2006-17, 2. Februar 2017, online abrufbar unter: https://www.aph.gov.au/About_Parliament/Parliamentary_Departments/Parliamentary_Library/pubs/rp/rp1617/AsylumPolicies

Rah, Sicco: Kein Flüchtlingsschutz auf See? Flüchtlings- und seerechtliche Probleme am Beispiel der „Cap Anamur", Humanitäres Völkerrecht, 2005, 18. Jahrgang, Ausgabe 4, S. 276-286

Richter, Dagmar: Quasi-Asyl als Menschenrecht, ZEuS-Sonderband 2016, S. 51-91

Rogowicz, Eva: Asyl- und Flüchtlingsrecht – Ein Vergleich des materiellen Asyl- und Flüchtlingsrechts sowie ausgewählte Aspekte des Asylverfahrensrechts in den Ländern Deutschland und Polen unter Berücksichtigung der Entwicklung einer europäischen Asyl- und Flüchtlingspolitik, Verlag Dr. Kovac Hamburg 2009

Rohländer, Jonas: EU-Türkei-Erklärung – Saubere Lösung oder schmutziger Deal, Kritische Justiz, 2017, Vol. 50, Nr. 1, (KJ 50 (2017) Heft 1), S. 81-93

Rothwell, Donald R./Crawford, Emily: International Law in Australia, Thomson Reuters Australia Limited Sydney 3. Auflage 2017

Ryan, Bernard: Extraterritorial Immigration Control: What Role for Legal Guarantees?, in: Ryan, Bernard/Mitsilegas, Valsamis (Hrsg): Extraterritorial Immigration Control – Legal Challenges, Martinus Nijhoff Publishers Leiden 2010, S. 3-38

Saunders, Cheryl: The Constitution of Australia – A contextual Analysis, Hart Publishing Oxford 2011

Schech, Susanne: Silent Bargain or Rural Cosmopolitanism? Refugee Settlement in Regional Australia, Journal of Ethnic and Migration Studies, 2014, Vol. 4, Nr. 4, S. 601-618

Schmahl, Stefanie: Die Internationalen und die Supranationalen Organisationen, in: Vitzthum, Wolfgang Graf/Proeßl, Alexander, Völkerrecht, De Gruyter Berlin 8. Auflage 2019, S. 319-462

Schmalz, Dana: Der Flüchtling als Normative Idee, Metaphora Journal for Literary Theory and Media, 2018, Edited Vol. 3, IV, S. 1-17

Schneider, Jan: Das Gemeinsame Europäische Asylsystem: Auf Sand gebaut? Emergenz und Agonie eines teilharmonisierten Politikfeldes, in: Oppelland,

Torsten (Hrsg): Das Recht auf Asyl im Spannungsfeld von Menschenrechtsschutz und Migrationsdynamik, Berliner Wissenschaftsverlag Berlin 2017, S. 113-151

Schweitzer, Michael/Dederer, Hans-Georg: Staatsrecht III, C.F. Müller GmbH Heidelberg, 12. Auflage 2020

Senat of the Parliament of the Czech Republic, 549th Resolution of the Senate on the Proposal for a Regulation of the European Parliament and the Council establishing a Union Resettlement Framework an damending Regulation (EU) No 516/2014 of the European Parliament and the Council, 19.10.2016, online abrufbar unter: https://www.europarl.europa.eu/RegData/docs_autres_institutions/parlements_nationaux/com/2016/0468/CZ_SENATE_CONT1-COM(2016)0468_EN.pdf

Shaw, Malcolm: International Law, Cambridge University Press Cambridge 8. Auflage 2017

Sherrell, Henry: Australia and the Global Compact on Migration, Parliament of Australia, vom 15. März 2019, online abrufbar unter: https://www.aph.gov.au/About_Parliament/Parliamentary_Departments/Parliamentary_Library/FlagPost/2019/March/Australia_and_the_Global_Compact_on_Migration

Skordas, Achilles: Article 7 1951 Convention, in: Zimmermann, Andreas (Hrsg): The 1951 Convention Relating to the Status of Refugees and its 1967 Protocol – A Commentary, Oxford University Press Oxford 2011, S. 715-754

Skran, Claudena: Historical Development of International Refugee Law, in: Zimmermann, Andreas (Hrsg): The 1951 Convention Relating to the Status of Refugees and its 1967 Protocol – A Commentary, Oxford University Press Oxford 2011, S. 3-36

Spinks, Harriet: Australia's Settlement Service for Migrants and Refugees, Parliament of Australia Department of Parliamentary Service, Research Paper no. 29, 2008-09, 29. April 2009, online abrufbar unter: https://www.aph.gov.au/About_Parliament/Parliamentary_Departments/Parliamentary_Library/pubs/rp/rp0809/09rp29

Stern, Joachim/Tohidipur, Timo: Migration von Drittstaatsangehörigen, in: von Arnauld, Andreas (Hrsg): Europäische Außenbeziehungen, Enzyklopädie Europarecht, Nomos Verlagsgesellschaft Baden-Baden 1. Auflage 2014

Stern Magazin: Schily wird konkret, online abrufbar unter: https://www.stern.de/politik/deutschland/asyl-vorstoss-schily-wird-konkret-3078342.html

Süddeutsche Zeitung: Italien und Libyen schließen umstrittene Flüchtlingsvereinbarung, vom 3. Februar 2017, online abrufbar unter: https://www.sueddeutsche.de/politik/fluechtlingspolitik-italien-und-libyen-schliessen-umstrittene-fluechtlingsvereinbarung-1.3362307

Tagesschau: Übergangslösung für Bootsflüchtlinge steht, vom 23. September 2019, online abrufbar unter: https://www.tagesschau.de/ausland/bootsfluechtlinge-119.html

Tagesspiegel, Flüchtlinge: Wir können uns keinen Schlendrian leisten, vom 26.10.2015, online abrufbar unter: https://www.tagesspiegel.de/meinung/wir-konnen-uns-keinen-schlendrian-leisten-5093743.html

Thym, Daniel: Migrationssteuerung im Einklang mit den Menschenrechten – Anmerkungen zu den migrationspolitischen Diskursen der Gegenwart, Zeitschrift für Ausländerrecht und Ausländerpolitik (ZAR) 2018, Vol. 38, Nr. 5-6, S. 193-200

UN: Human Development Indices and Indicators 2018 Statistical Update, online abrufbar unter: www.hdr.undp.org/sites/default/files/2018_human_development_statistical_update.pdf

UN Generalversammlung: Bericht des Hohen Flüchtlingskommissars der Vereinten Nationen, Teil II Globaler Pakt für die Flüchtlinge, Offizielles Protokol, Dreiundsiebzigste Tagung Beilage 12 (A/73/12 (Part II)), online abrufbar unter: https://www.unhcr.org/dach/wp-content/uploads/sites/27/2018/11/GCR_final_GER.pdf

UN Generalversammlung: Declaration and Comprehensive Plan of Action of the International Conference on Indo-Chinese Refugees, Report of the Secretary-General, A/44/523, vom 22. September 1989

UNHCR: An Introduction to International Protection – Protecting persons of concern to UNHCR, Self-study module 1, 1. August 2005, online abrufbar unter: https://www.unhcr.org/publications/legal/3ae6bd5a0/self-study-module-1-introduction-international-protection-protecting-persons.html

UNHCR: Genfer Flüchtlingskonvention, Vorwort zum Abkommen, online abrufbar unter: http://www.unhcr.org/dach/wp-content/uploads/sites/27/2017/03/GFK_Pocket_2015_RZ_final_ansicht.pdf

UNHCR: Global Trends – Forced Displacement in 2018, Trends at a Glance, online abrufbar unter: https://www.unhcr.org/globaltrends2018/

UNHCR: Global Trends – Forced Displacement in 2018, Stand: 19. Juni 2019, online abrufbar unter: https://www.unhcr.org/statistics/unhcrstats/5d08d7ee7/unhcr-global-trends-2018.html

UNHCR: Global Trends – Forced Displacement in 2019, Stand: 18. Juni 2020, online abrufbar unter: https://www.unhcr.org/statistics/unhcrstats/5ee200e37/unhcr-global-trends-2019.html

UNHCR: Handbuch und Richtlinien über Verfahren und Kriterien zur Feststellung der Flüchtlingseigenschaft – Gemäß dem Abkommen von 1951 und dem

Protokoll von 1967 über die Rechtstellung der Flüchtlinge, Neuauflage, Genf, 2011 (deutsche Version 2013)

UNHCR: Protection Policy Paper - Maritime interception operations and the processing of international protection claims: legal standards and policy considerations with respect to extraterritorial processing, November 2010, online abrufbar unter: http://www.refworld.org/docid/4cd12d3a2.html

UNHCR: Refugee Data Finder, Key Indicators, Stand: 18. Juni 2020, online abrufbar unter: https://www.unhcr.org/refugee-statistics/

UNHCR: Richtlinie zum Internationalen Schutz Nr. 2: „Zugehörigkeit zu einer bestimmten sozialen Gruppe" im Zusammenhang mit Artikel 1 A (2) des Abkommens von 1051 bzw. des Protokolls von 1967 über die Rechtstellung der Flüchtlinge, vom 7. Mai 2002, HCR/GIP/02/02

UNHCR: Richtlinie zum Internationalen Schutz Nr. 12; Anträge auf Anerkennung der Flüchtlingseigenschaft im Zusammenhang mit bewaffneten Konflikten und Gewalt gemäß Artikel 1 A (2) des Abkommens von 1951 bzw. dem Protokoll von 1967 über die Rechtsstellung der Flüchtlinge und den regionalen Flüchtlingsdefinitionen, vom 2. Dezember 2016, HCR/GIP/16/12

UNHCR: The Global Report 2000, Stand: 30. Juni 2001, online abrufbar unter: https://www.unhcr.org/publications/fundraising/4a0d27b66/global-report-2000.html

UNHCR: UNHCR Resettlement Handbook – Division of International Protection, Genf 2011, online abrufbar unter: https://www.unhcr.org/46f7c0ee2.pdf

UNHCR: UNHCR Resettlement Handbook and Country Chapters – Country Chapters: Australia, Stand: Mai 2018, online abrufbar unter: https://www.unhcr.org/3c5e542d4.html

UNHCR: UNHCR urges Australia to evacuate off-shore facilities as health situation deteriorates, vom 12. Oktober 2018, online abrufbar unter: https://www.unhcr.org/news/briefing/2018/10/5bc059d24/unhcr-urges-australia-evacu ate-off-shore-facilities-health-situation-deteriorates.html

UN Human Rights Committee: General Comment No 15: The Position of Aliens under the Covenant, UN Doc HRI/GEN/1/Rev.9 (Vol 1), vom 11. April 1986

UN Human Rights Committee (HRC): General Comment No. 36, Article 6: Right to Life, CCPR/C/GC/36, vom 3. September 2019

UN International Covenant on Civil and Political Rights – Human Rights Committee: Views adopted by the Committee under Article 5(4) of the Optional Protocol, concerning communication No 2728/2016, CCPR/C/127/D/2728/2016 vom 07. Januar 2020 (Ioane Teitiota und Neuseeland)

Vitzthum, Wolfgang Graf: Begriffe, Geschichte und Rechtsquellen des Völkerrechts, in: Vitzthum, Wolfgang Graf/Proeßl, Alexander (Hrsg): Völkerrecht, De Gruyter Berlin 8. Auflage 2019, S. 1-72

van Berlo, Patrick: Australia's Operation Sovereign Borders: Discourse, Power, and Policy from a Crimmigration Perspective, Refugee Survey Quarterly, 2015, Vol. 34, Nr. 4, S. 75-104

Vedsted-Hansen, Jens: The asylum procedures and the assessment of asylum requests, in: Chetail, Vincent/Bauloz, Céline (Hrsg): Research Handbook on International Law and Migration, Edward Elgar Cheltenham 2014, S. 439-458

von Doussa, John: Human Rights and Offshore Processing, UTS Law Review, 2007, Nr. 9, S. 41-56

Vrachnas, John/Bagaric, Mirko /Dimopoulos, Penny /Pathinayake, Athula: Migration and Refugee Law - Principles and Practice in Australia, Cambridge University Press Cambridge 3. Auflage 2012

Weiß, Wolfgang in: Streinz, Rudolf (Hrsg): EUV/AEUV, C.H. Beck München 3. Auflage 2018

Wouters, Cornelis: International Refugee and Human Rights Law: Partners in Ensuring International Protection and Asylum, in: Sheeran, Scott/Rodley, Sir Nigel (Hrsg): Routledge Handbook of International Human Rights Law, Routledge London 2013, S. 231-244

Yazici, Göksun: Aus den Augen, aus dem Sinn – Flüchtlinge und Migranten an den Rändern Europas – Ein brüchiger Deal, Heinrich Böll Stiftung, E-Paper, Februar 2017, online abrufbar unter: https://www.boell.de/sites/default/files/ein_bruechiger_deal.pdf

Zamfir, Ionel: Refugee and asylum policy in Australia – Between resettlement and deterrence, in: European Parliament/European Parliamentary Research Service: Members' Research Service, Briefing November 2016, online abrufbar unter: https://www.europarl.europa.eu/RegData/etudes/BRIE/2016/593517/EPRS_BRI(2016)593517_EN.pdf

Ziebritzki, Catharina: Humanitäre Visa für Flüchtlinge, Teil 2: wirklich keine Angelegenheit der EU?, Verfassungsblog, vom 9. März 2017, online abrufbar unter: https://verfassungsblog.de/humanitaere-visa-fuer-fluechtlinge-teil-2-wirklich-keine-angelegenheit-der-eu/

Zieck, Marjoleine: The limitations of voluntary repatriation and resettlement of refugees, in: Chetail, Vincent/Bauloz, Céline (Hrsg): Research Handbook on International Law and Migration, Edward Elgar Cheltenham 2014, S. 562-582

2015 Valletta Summit on Migration: Action Plan, Valletta Summit, 11./12. November 2015, online abrufbar unter: https://www.consilium.europa.eu/media/21839/action_plan_en.pdf.

Urteilsverzeichnis

EU/Europa

EGMR, Urteil: Abdulaziz, Cabales, and Balkandali v. The United Kingdom, Az. 15/1983/71/107-109, vom 24. April 1985

EGMR, Urteil: Soering vs. Großbritannien, Az. 14038/88, vom 07. Juli 1989

EGMR, Urteil: Ahmed vs. Österreich, Az. 25964/94, vom 17. Dezember 1996

EGMR, Urteil: Amuur vs Frankreich, Az.19776/92, vom 25. Juni 1996

EGMR, Urteil: Öcalan vs. Türkei, Az. 46221/99, vom 12. Mai 2005

EGMR, Urteil: Riad und Idiab vs. Belgien, Az. 29787/03; 29810/03, vom 24. Januar 2008

EGMR, Urteil: S.D. vs. Griechenland, Az. 53541/07, vom 11. Juni 2009

EGMR, Urteil: Mikolenko vs. Estland, Az. 10664/05, vom 8. Oktober 2009

EGMR, Urteil: A.A. vs. Griechenland, Az. 12186/08, vom 22. Juli 2010

EGMR, Urteil: Abdolkhani und Karimnia vs. Türkei (Nr. 2), Az. 50213/08, vom 27. Juli 2010

EGMR, Urteil: M.S.S. vs. Belgien und Griechenland, Az. 30696/09, vom 21. Januar 2011

EGMR, Urteil: Al-Skeini vs. United Kingdom, Az. 55721/07, vom 7. Juli 2011

EGMR, Urteil: Hirsi Jamaa u. a. vs. Italien, Az. 27765/09, vom 23. Februar 2012

EGMR, Urteil: A.F. vs. Griechenland, Az. 53709/11, vom 13. Juni 2013

EGMR, Urteil: Tarakhel vs. Schweiz, Az. 29217/12, vom 4. November 2014

EGMR, Urteil: Khlaifia und andere vs. Italien, Az. 16483/12, vom 15. Dezember 2016

EGMR, Urteil: N.T., und N.D. vs. Spanien, Az. 8675/15 und 8697/15, vom 13.2.2020

EuGH, Urteil: (Abdulla u.a. vs. Deutschland), C-175/08, C-176/08, C-178/08 und C-179/08, vom 2. März 2010

EuGH, Urteil: (Kreis Warendorf vs. Alo und Osso vs. Region Hannover), C-443/14 und C-444/14, vom 1. März 2016

EuGH, Urteil: C-643/15 und C-647/15, vom 6. September 2017

EuGH, Urteil: (Ahmed vs. Bevándorlási és Menekültügyi Hivatal) C-369/17, vom 13. September 2018

EuGH, Urteil: C-715/17; 718/17; 719/17, vom 02. April 2020

EuG, Beschluss: (NF v. Europäischer Rat), T-192/16, vom 28. Februar 2017

Australien

High Court of Australia: Citizen Limbo, Re (1989) 92 ALR 81, vom 27. November 1989

High Court of Australia: Mabo vs Queensland (No 2) [1992] HCA 23; (1992) 175 CLR 1, vom 3. Juni 1992

High Court of Australia: Australian Capital Television Pty Ltd v Commonwealth [1992] HCA 45; (1992) 177 CLR 106, vom 30. September 1992.

High Court of Australia: Minister of State for Immigration & Ethnic Affairs v Ah Hin Teoh („Teoh's Case") [1995] HCA 20; (1995) 128 ALR 353; (1995) 69 ALJR 423; (1995) EOC 92.696 (extract); (1995) 183, vom 7. April 1995

High Court of Australia: Re Kavanagh's Application [2003] HCA 76, 78 ALJR 305; 204 ALR 1, vom 10. Dezember 2003

High Court of Australia: Minister for Immigration and Multicultural and Indegenous Affairs vs B [2004] HCA 20, A246/2003, vom 29. April 2004

High Court of Australia: Al-Kateb vs. Godwin [2004] HCA 37; 219 CLR 562; 208 ALR 124; 78 ALJR 1099, vom 6. August 2004

High Court of Australia: Plaintiff M70/2011 v Minister for Immigration and Citizenship, [2011] HCA 32, vom 31. August 2011

High Court of Australia: CPCF v Minister for Immigration and Border Protection [2015] HCA 1, vom 28 Januar 2015

High Court of Australia: Plaintiff S195/2016 v Minister for Immigration and Border Protection (CTH) & ors [2017] HCA 31, vom 17. August 2017

High Court of Australia: Plaintiff M174/2016 v Minister for Immigration and Border Protection [2018] HCA 16, vom 18. April 2018

Federal Court of Australia, Urteil: Victorian Council for Civil Liberties Incorporated vs. Minister for Immigration & Multicultural Affairs (& Summary) (Tampa Decision), [2001] FCA 1297, vom 11. September 2001

Federal Court of Australia, Urteil: Ruddock v Vadarlis, [2001] FCA 1329, vom 18. September 2001

Weitere Jurisdiktionen

Supreme Court of Papua New Guinea: Namah v Pato [2016] PGSC 13; SC1497, vom 26 April 2016

Supreme Court of New Zealand: Ioane Teitiota v. The Chief Executive of the Ministry of Business, Innovation and Employment, [2015] NZSC 107, vom 20. Juli 2015

Verträge und Gesetze

International bzw. Universell

Convention of 28 October, 1933 relating to the International Status of Refugees, League of Nations (1933 Convention)

Allgemeine Erklärung der Menschenrechte, vom 10. Dezember 1948, (A/RES/3/217 (III))

Satzung des Amtes des Hohen Kommissars der Vereinten Nationen für Flüchtlinge, vom 14. Dezember 1950

Abkommen über die Rechtsstellung der Flüchtlinge (Genfer Flüchtlingskonvention), vom 28. Juli 1951

Internationales Übereinkommen zur Beseitigung jeder Form von Rassendiskriminierung, vom 21. Dezember 1965, (Resolution 2106A (XX))

Internationaler Pakt über bürgerliche und politische Rechte, vom 16. Dezember 1966, (Resolution 2200A (XXI))

Internationaler Pakt über wirtschaftliche, soziale und kulturelle Rechte, vom 16. Dezember 1966, (Resolution 2200A (XXI))

Konvention der Organisation für Afrikanische Einheit zur Regelung der Probleme von Flüchtlingen in Afrika (OAU-Konvention), vom 10. September 1969

Internationale Übereinkommen von 1974 zum Schutz des menschlichen Lebens auf See (International Convention for the Safety of Life at Sea, SOLAS), vom 01. November 1974

Internationale Konvention über die Suche auf See und die Seenotrettung (International Convention on Maritime Search and Rescue, SAR), vom 27. April 1979

Seerechtsübereinkommen der Vereinten Nationen (UNCLOS), vom 10. Dezember 1982

Übereinkommen zur Beseitigung jeder Form von Diskriminierung der Frau, vom 18. Dezember 1979, (Resolution 34/180)

Übereinkommen gegen Folter und andere grausame, unmenschliche oder erniedrigende Behandlung oder Strafe, vom 10. Dezember 1984, (Resolution 39/46)

Übereinkommen über die Rechte des Kindes, vom 20. November 1989, (Resolution 44/25)

1991 Paris Peace Agreement, vom 23. Oktober 1991

Memorandum of Understanding between Papua New Guinea and the Commonwealth of Australia, vom 11. Oktober 2001

Memorandum of Understanding between the Republic of Nauru and the Commonwealth of Australia, vom 11. Dezember 2001

Memorandum of Understanding between the Republic of Nauru and the Commonwealth of Australia, relating to the transfer to and assessment of persons in Nauru, and related issues, vom 29. August 2012

Memorandum of Understanding between the Government of the Independent State of Papua New Guinea and the Government of Australia, relating to the Transfer to and Assessment of Persons in Papua New Guinea, and Related Issues, vom 8. September 2012

New York Declaration for Refugees and Migrants, Resolution A/RES/71/1, vom 19. September 2016

Globaler Pakt für eine sichere, geordnete und reguläre Migration, A/RES/73/195, vom 19. Dezember 2018

Globaler Pakt für Flüchtlinge, A/73/12 (Part II), vom 17. Dezember 2018

EU/Europa

Satzung des Europarates, vom 5. Mai 1949

Konvention zum Schutze der Menschenrechte und Grundfreiheiten (EMRK), vom 4. November 1950

Europäisches Übereinkommen über die Aufhebung des Sichtvermerkzwangs für Flüchtlinge, vom 20. April 1959

Resolution Nr. (67) 14 des Ministerkomitees des Europarates, vom 29. Juni 1967

Empfehlung des Europarates zur Rechtsstellung der De-facto-Flüchtlinge, Empfehlung 773 (1976), vom 26. Januar 1976

Europäisches Übereinkommen über den Übergang der Verantwortung für Flüchtlinge, vom 16. Oktober 1980

Empfehlung des Ministerkomitees des Europarates an die Mitgliedstaaten über die Angleichung von staatlichen Asylverfahren, Empfehlung Nr. R (81) 16, vom 5. November 1981

Dubliner Übereinkommen, vom 15. Juni 1990

Übereinkommen zur Durchführung des Schengener Abkommens (Schengen II), vom 16. Juni 1990

Vertrag über die Europäische Union, vom 07. Februar 1992

Vertrag von Amsterdam zur Änderung des Vertrags über die Europäische Union, der Verträge zur Gründung der Europäischen Gemeinschaften sowie einiger damit zusammenhängender Rechtsakte („Vertrag von Amsterdam"), (97/C 340/01), vom 02. Oktober 1997

Empfehlung des Ministerkomitees des Europarates über die Familienzusammenführung von Flüchtlingen und anderen Personen, die des internationalen Schutzes bedürfen, Empfehlung Nr. R (99) 23, vom 15. Dezember 1999

Empfehlung des Europarates über die vorübergehende Schutzgewährung, Empfehlung Nr. R (2000) 9, vom 3. Mai2000

Richtlinie 2001/51/EG des Rates vom 28. Juni 2001 zur Ergänzung der Regelungen nach Artikel 26 des Übereinkommens zur Durchführung des Übereinkommens von Schengen, vom 14. Juni 1985

Richtlinie 2001/55/EG des Rates vom 20. Juli 2001 über Mindestnormen für die Gewährung vorübergehenden Schutzes im Falle eines Massenzustroms von Vertriebenen und Maßnahmen zur Förderung einer ausgewogenen Verteilung der Belastungen, die mit der Aufnahme dieser Personen und den Folgen dieser Aufnahme verbunden sind, auf die Mitgliedstaaten

Verordnung (EG) Nr. 343/2003 des Rates vom 18. Februar 2003 zur Festlegung der Kriterien und Verfahren zur Bestimmung des Mitgliedstaats, der für die Prüfung eines von einem Drittstaatsangehörigen in einem Mitgliedstaat gestellten Asylantrags zuständig ist

Richtlinie 2004/83/EG des Rates vom 29. April 2004 über Mindestnormen für die Anerkennung und den Status von Drittstaatsangehörigen oder Staatenlosen als Flüchtlinge oder als Personen, die anderweitig internationalen Schutz benötigen, und über den Inhalt des zu gewährenden Schutzes

Richtlinie 2005/85/EG des Rates vom 1. Dezember 2005 über Mindestnormen für Verfahren in den Mitgliedstaaten zur Zuerkennung und Aberkennung der Flüchtlingseigenschaft

Vertrag von Lissabon zur Änderung des Vertrags über die Europäische Union und des Vertrags zur Gründung der Europäischen Gemeinschaft, 2007/C 306/01, vom 13. Dezember 2007

Richtlinie 2008/115/EG des Europäischen Parlaments und des Rates vom 16. Dezember 2008 über gemeinsame Normen und Verfahren in den Mitgliedstaaten zur Rückführung illegal aufhältiger Drittstaatsangehöriger (Rückführungsrichtlinie)

Richtlinie 2011/95/EU des Europäischen Parlaments und des Rates vom 13. Dezember 2011 über Normen für die Anerkennung von Drittstaatsangehörigen oder Staatenlosen als Personen mit Anspruch auf internationalen Schutz, für einen einheitlichen Status für Flüchtlinge oder für Personen mit Anrecht auf subsidiären Schutz und für den Inhalt des zu gewährenden Schutzes (Neufassung)(Qualifikationsrichtlinie)

Verordnung (EU) Nr. 604/2013 des Europäischen Parlaments und des Rates vom 26. Juni 2013 zur Festlegung der Kriterien und Verfahren zur Bestimmung des Mitgliedstaats, der für die Prüfung eines von einem Drittstaatsangehörigen oder Staatenlosen in einem Mitgliedstaat gestellten Antrags auf internationalen Schutz zuständig ist (Neufassung)(Dublin III-VO)

Richtlinie 2013/32/EU des Europäischen Parlaments und des Rates vom 26. Juni 2013 zu gemeinsamen Verfahren für die Zuerkennung und Aberkennung des internationalen Schutzes (Neufassung) (Verfahrensrichtlinie)

Richtlinie 2013/33/EU des Europäischen Parlaments und des Rates vom 26. Juni 2013 zur Festlegung von Normen für die Aufnahme von Personen, die internationalen Schutz beantragen (Neufassung) (Aufnahmerichtlinie)

Verordnung (EU) Nr. 603/2013 des Europäischen Parlaments und des Rates vom 26. Juni 2013 über die Einrichtung von Eurodac für den Abgleich von Fingerabdruckdaten zum Zwecke der effektiven Anwendung der Verordnung (EU) Nr. 604/2013 zur Festlegung der Kriterien und Verfahren zur Bestimmung des Mitgliedstaats, der für die Prüfung eines von einem Drittstaatsangehörigen oder Staatenlosen in einem Mitgliedstaat gestellten Antrags auf internationalen Schutz zuständig ist und über der Gefahrenabwehr und Strafverfolgung dienende Anträge der Gefahrenabwehr- und Strafverfolgungsbehörden der Mitgliedstaaten und Europols auf den Abgleich mit Eurodac-Daten sowie zur Änderung der Verordnung (EU) Nr. 1077/2011 zur Errichtung einer Europäischen Agentur für das Betriebsmanagement von IT-Großsystemen im Raum der Freiheit, der Sicherheit und des Rechts (Neufassung)

Verordnung (EU) Nr. 656/2014 des Europäischen Parlaments und des Rates vom 15. Mai 2014 zur Festlegung von Regelungen für die Überwachung der Seeaußengrenzen im Rahmen der von der Europäischen Agentur für die operative Zusammenarbeit an den Außengrenzen der Mitgliedstaaten der Europäischen Union koordinierten operativen Zusammenarbeit

Beschluss (EU) 2015/1523 des Rates vom 14. September 2015 zur Einführung von vorläufigen Maßnahmen im Bereich des internationalen Schutzes zugunsten von Italien und Griechenland

Beschluss (EU) 2015/1601 des Rates vom 22. September 2015 zur Einführung von vorläufigen Maßnahmen im Bereich des internationalen Schutzes zugunsten von Italien und Griechenland

Verordnung (EU) 2016/1624 des Europäischen Parlaments und des Rates vom 14. September 2016 über die Europäische Grenz- und Küstenwache

Australien

Victorian Act to Make Provisions for Certain Immigrants 1855

Commonwealth of Australia Constitution Act (The Constitution), vom 09. Juli 1900, in der Version der Zusammenstellung vom 04. September 2013

Immigration Restriction Act 1901, No. 17 of 1901 vom 23. Dezember 1901

Migration Act 1958, Nr. 62, 1958, Zusammenstellung Nr. 147, zuletzt geändert mit Act Nr. 110, 2019, aktueller Stand vom 5. Dezember 2019

Migration Amendment Act 1992, No. 24 of 1992, An Act to amend the Migration Act 1958, vom 6. Mai 1992

Migration Regulations 1994, Statutory Rules No. 267, 1994, erlassen unter dem Migration Act 1958

Border Protection Legislation Amendment Act 1999, No. 160, 1999, vom 8. Dezember 1999

Border Protection (Validation and Enforcement Powers) Act 2001, No. 126, 2001, An Act to validate the actions of the Commonwealth and others in relation to the MV Tampa and other vessels, and to provide increased powers to protect Australia's borders, and for related purposes, vom 27. September 2001

Migration Amendment (Excision from Migration Zone) Act 2001, Nr. 127, 2001, An Act to excise certain Australian territory from the migration zone under the Migration Act 1958 for purposes related to unauthorised arrivals, and for related purposes, vom 27. September 2001

Australian Capital Territory, Human Rights Act 2004

Victorian Charter of Human Rights and Responsiblities Act 2006

Human Rights (Parliamentary Scrutiny) Act 2011, Nr. 186, 2011, Zusammenstellung Nr. 3, zuletzt geändert mit Act Nr. 10, 2015, aktueller Stand vom 5. März 2015

Maritime Powers Act 2013, Nr. 15, 2013, An Act to provide for the administration and enforcement of Australian laws in maritime areas, and for related purposes

Migration and Maritime Powers Legislation Amendment (Resolving the Asylum Legacy Caseload) Act 2014, No. 135, 2014, An Act to amend the law relating to migration and maritime powers, and for related purposes, vom 15. Dezember 2014

Australian Minister for Immigration and Border Protection: Direction No. 65 – Migration Act 1958 – Direction under section 499 Visa refusal and cancellation under s501 and revocation of a mandatory cancellation of a visa under s501CA, vom 22. Dezember 2014

www.ingramcontent.com/pod-product-compliance
Ingram Content Group UK Ltd.
Pitfield, Milton Keynes, MK11 3LW, UK
UKHW021928290926
8980IPUK00016B/1517

9 783631 908891